# 汉魏"服制制罪"及其社会治理范式研究

A Study on "the Incrimination by Mouring Apparels" and Its Social Governance Paradigm in Han and Wei Dynasties

陈鹏飞 著

中国社会科学出版社

# 图书在版编目（CIP）数据

汉魏"服制制罪"及其社会治理范式研究 / 陈鹏飞著 . —北京：中国社会科学出版社，2021.6
ISBN 978-7-5203-7797-3

Ⅰ.①汉… Ⅱ.①陈… Ⅲ.①法制史—研究—中国—汉代 ②法制史—研究—中国—魏晋南北朝时代 Ⅳ.① D929.3

中国版本图书馆 CIP 数据核字（2021）第 018334 号

| 出 版 人 | 赵剑英 |
|---|---|
| 责任编辑 | 许　琳 |
| 责任校对 | 鲁　明 |
| 责任印制 | 王　超 |

| 出　　版 | 中国社会科学出版社 |
|---|---|
| 社　　址 | 北京鼓楼西大街甲 158 号 |
| 邮　　编 | 100720 |
| 网　　址 | http://www.csspw.cn |
| 发 行 部 | 010-84083685 |
| 门 市 部 | 010-84029450 |
| 经　　销 | 新华书店及其他书店 |
| 印　　刷 | 北京君升印刷有限公司 |
| 装　　订 | 廊坊市广阳区广增装订厂 |
| 版　　次 | 2021 年 6 月第 1 版 |
| 印　　次 | 2021 年 6 月第 1 次印刷 |
| 开　　本 | 710×1000　1/16 |
| 印　　张 | 18.5 |
| 字　　数 | 332 千字 |
| 定　　价 | 99.00 元 |

凡购买中国社会科学出版社图书，如有质量问题请与本社营销中心联系调换
电话：010-84083683
版权所有　侵权必究

# 国家社科基金后期资助项目

## 出 版 说 明

　　后期资助项目是国家社科基金设立的一类重要项目，旨在鼓励广大社科研究者潜心治学，支持基础研究多出优秀成果。它是经过严格评审，从接近完成的科研成果中遴选立项的。为扩大后期资助项目的影响，更好地推动学术发展，促进成果转化，全国哲学社会科学工作办公室按照"统一设计、统一标识、统一版式、形成系列"的总体要求，组织出版国家社科基金后期资助项目成果。

全国哲学社会科学工作办公室

# 序

中国古代的丧服制度简称服制。它以血缘、婚姻或拟制亲属关系为基础，按照服丧期限及治丧时丧服质地的差别，分为斩衰、齐衰、大功、小功、缌麻五等服叙，并设定了相应的服丧行为规范。在我国古代小农经济社会中，服制关涉到"事生葬死"的宗法族规，实乃中华孝道之制度化。在我国古代以孝治国的皇权政治架构中，服制是最具影响力的礼制之一，蕴含着丰富的社会治理智慧和具有普遍价值的社会和谐要素，值得研究发掘和创造性传承。然而，随着传统礼制的逐步淡化和废止，古代丧服礼制的社会价值及其与政治法律关系等诸多问题，渐渐成为学术研究领域长期少人问津的清冷角落，甚至出现严重误读。

2010年秋，河南籍学子陈鹏飞以优异成绩通过了西南政法大学博士研究生入学考试，进入我的门下攻读传统法律文化博士学位。他来自辉映着周礼汉魂、唐风宋韵光彩的中原厚土，深受华夏传统文化的熏陶，自硕士研究生阶段开始就致力于法律思想史研究。他与许多"慢热型"博士研究生不同，入学不久就向导师表达了对于古代礼制与法制关系问题的兴趣，获得我的认可和鼓励。

鹏飞经过大量的广泛阅读与资料搜集，并请教和吸收了导师组其他教师的意见，初步框定了博士学位论文的选题方向。在导师指导下反复修改形成博士学位论文开题报告，并顺利获得导师组审议通过。至此，鹏飞博士论文选题，确定以古代丧服制度与社会治理问题为研究方向，旨在探讨服制在汉代的社会治理功能，发掘其社会价值。然而，在写作初稿提纲过程中，我们师徒俩都感觉到，直接将丧服制度的运行与汉代社会治理结合起来研究，似乎二者之间缺乏一个链接性的"中介"，即两个事项在研究中的契合点。於是，社会治理中最为典型的犯罪治理就成为首要的选择。再则，按照学校规定博士论文10万字的体量要求，也没有必要对庞杂的社会治理问题做全面研究。

在将研究主题具体定为汉代服制论罪之后，鹏飞的博士论文写作进入比较顺畅的坦途。2013年春，鹏飞提前完成20余万字的博士论文《汉代服制论罪考议》。在论证中，针对学术界关于"服制制罪"形成于《晋律》的观点提出质疑。作者以翔实的正史文献、出土简牍资料和碑刻史料，对汉代的服制论罪进行了二重证据考证。认定服制论罪在西汉已经开始发展，在东汉已经制度化，增强了本学位论文的学术价值。

鹏飞博士毕业后如愿去高校从事教学科研工作，继续坚持将当初选择的研究方向，作为自己长期的学术定位。人谓有志者事竟成，随着对于古代丧服礼制与社会治理研究的深入，鹏飞独具匠心的系列学术成果陆续面世。其中学术著作《汉魏"服制制罪"及其社会治理范式研究》获批2018年度国家社科基金后期资助项目；2020年其国家社科基金后期资助研究报告精要，被《中国社会科学报（国家社科基金专刊）》推介；现又欣闻其同名专著在中国社会科学出版社即将付梓。

余忝为作者导师，深为弟子学术成果感到欣慰。惟愿以行百里者半九十自勉！是为序。

西南政法大学教授、博士生导师、
博士后合作导师　曾代伟
辛丑仲夏於渝

# 目 录

**导 论** ……………………………………………………………（1）
    一　相关学术研究综述…………………………………………（2）
    二　选题依据及研究价值………………………………………（8）
    三　解决的关键问题……………………………………………（12）
    四　本书的框架设计……………………………………………（16）

**第一章　服制观念及其在汉魏受到的重视**……………………（18）
  第一节　服制观念及其功能……………………………………（18）
    一　服制观念的变迁……………………………………………（18）
    二　先秦丧服礼制的精神及其发挥的社会治理功能…………（24）
  第二节　汉魏孝治政治为丧服礼制提供的历史舞台…………（35）
    一　汉代孝治方略的确立………………………………………（35）
    二　汉魏孝治政治对丧服礼制的内在需求……………………（40）
  第三节　汉魏丧服礼制的变革与推广…………………………（43）
    一　汉魏丧服礼制的重大变革…………………………………（43）
    二　汉魏丧服礼制推行及教化效果……………………………（48）

**第二章　汉魏丧服礼制的法制化**………………………………（64）
  第一节　丧服礼制法制化进程…………………………………（64）
    一　周秦丧服礼制的法制化体现………………………………（64）
    二　汉魏服制法制化演变………………………………………（72）
  第二节　汉魏服制敕令化考……………………………………（73）
    一　限制亲属连坐的敕令………………………………………（73）
    二　限制亲属相犯的敕令………………………………………（83）
  第三节　汉魏服制律令化考……………………………………（84）

一　有限的亲属连坐律条……………………………………（85）
　　二　禁止亲属违礼相犯的律条……………………………（87）

**第三章　服制在汉魏限制亲属连坐中的司法功能**………………（93）
　第一节　亲属连坐对丧服礼制的滥用和破坏……………………（93）
　　一　亲属连坐源流略考……………………………………（94）
　　二　秦亲属连坐酷刑的猖獗………………………………（96）
　　三　亲属连坐的本质………………………………………（100）
　第二节　政治株连与经学服制在汉魏司法中的较量……………（102）
　　一　武帝时政治犯罪的族刑及限制………………………（102）
　　二　昭宣至曹魏时期的政治连坐及限制…………………（106）
　第三节　服制对汉魏普通犯罪亲属连坐的限制…………………（116）
　　一　汉初司法中限制亲属连坐标尺的缺失………………（116）
　　二　普通犯罪中限制亲属连坐的探索……………………（119）
　　三　对禁锢的限制…………………………………………（122）
　　四　服叙成为限制亲属连坐的司法标准…………………（124）

**第四章　服制在汉魏处置亲属相犯中的司法功能**………………（127）
　第一节　服制在规制不孝中的司法应用…………………………（127）
　　一　对谋杀及殴詈尊亲的司法处置………………………（129）
　　二　对告言尊亲的司法处置………………………………（135）
　　三　对不事尊亲的司法处置………………………………（138）
　　四　对子孙违背教令的司法处置…………………………（142）
　第二节　服制在汉魏规制亲属相犯中的司法应用………………（144）
　　一　对殴杀卑幼同产和夫妻的司法处置…………………（144）
　　二　对亲属争夺财产的司法处置…………………………（149）
　第三节　服制在规制亲属严重违礼中的司法应用………………（156）
　　一　对亲属奸的司法处置…………………………………（156）
　　二　对服丧违礼的司法处置………………………………（163）

**第五章　汉魏"服制制罪"在社会治理方面的成就**……………（174）
　第一节　"服制制罪"对礼法秩序重构的贡献…………………（174）
　　一　先秦的礼法秩序………………………………………（174）
　　二　"服制制罪"对汉魏社会秩序重构的作用……………（184）

第二节 "服制制罪"的司法成就 …………………………（193）
　一 "服制与事实并重"的司法审判模式 ………………（193）
　二 培养了一代代"经律双通"的司法人才………………（197）

**第六章 "服制制罪"的必然性及成制推理** ……………………（201）
　第一节 基于唯物史观范式研究的"服制制罪"
　　　　　逻辑推演……………………………………………（201）
　　一 唯物史观范式研究方法 ………………………………（202）
　　二 "服制制罪"的逻辑推演 ……………………………（206）
　第二节 汉魏"服制制罪"的"三转"推理及逻辑结论……（211）
　　一 亲亲相隐：开启礼法反抗公权侵害的历史 …………（211）
　　二 服制决狱：儒学经义开始成为律令的灵魂 …………（220）
　　三 服制律章句：实现了礼与法的学理统一 ……………（229）
　　四 汉魏"服制制罪"的成制推论 ………………………（232）

**第七章 "服制制罪"的礼法价值及其当代传承** ……………（235）
　第一节 "服制制罪"的礼法价值 …………………………（235）
　　一 汉魏"服制制罪"的历史影响 ………………………（235）
　　二 "服制制罪"的礼法价值 ……………………………（240）
　第二节 亲情服制在当代立法中的传承 ……………………（248）
　　一 防止公权对家庭成员的侵害 …………………………（248）
　　二 明确亲属之间的权利义务 ……………………………（250）
　　三 防范亲属之间的相犯 …………………………………（251）
　第三节 丧服礼制的当代困境及创造性转化 ………………（252）
　　一 "服制制罪"的当代"二律背反" …………………（253）
　　二 "服制制罪"的创造性转化 …………………………（261）

**参考文献** ………………………………………………………（273）

**后　记** …………………………………………………………（287）

# 导　　论

　　清末经学家皮锡瑞在总结2000年儒家思想时认为："古礼最重丧服。"[①] 当代研究丧服制度专家丁凌华指出，就礼制对法制的影响力而言，丧服制度是第一位的。[②] 在华夏古礼中，丧礼确实最具活力。它以血缘或婚姻为纽带，以五等丧服服叙将社会成员纳进一个个服制圈，以"事生葬死"之礼规范着亲属之间的权利与义务，形成古代最具特色的礼制。这些丧服礼制在汉魏时期与律令融合，被运用到教化、调解和司法裁判中，形成了"服制制罪"原则和制度，不仅有效防止了亲情之间违礼相犯，还保障着司法中亲情不受撕裂。同时，又推动着汉唐家训及宋明以降家法族规的形成和发展，对中国古代长期稳定的社会结构和社会秩序做出了巨大贡献。可惜自清末修律后，涉及礼教的律令逐步被废止和清除，涉及丧服礼制对古代立法和司法影响的法学研究一直比较清冷，古代丧服礼制与政治法律的诸多问题长期得不到深度研究和说明，甚至遭到严重误解。

　　儒家政治奠基于汉代"以孝治天下"的政治理念及实践。两汉在政治实践中将春秋时期诸侯们认为不济世的儒家学说确立为治国思想，经过汉魏经学家及帝王政要们持续推行，历经400余年的浸润，儒家思想最终融入华夏民族政治法律理念及制度，融入人们生活习惯，成为规范和调整人们行为的准则。这一时期，逐步形成的礼法准则和礼法习惯，以教化、调处等方式滋润着宗族和乡里和睦和谐的温情家园，又以司法辅助手段，确保国家治理和乡里自治的有机统一。丧服礼制作为孝治政治的重要方面和主要抓手，在治理宗族乡里社会发挥的重大作用由此自然成为理解汉魏社会乃至整个中国古代良法善治不可回避的重大问题。

---

[①] （清）皮锡瑞：《经学通论》，中华书局1954年版，第39页。
[②] 参见丁凌华《五服制度与传统法律文化》，商务印书馆2013年版，第8页。

## 一 相关学术研究综述

汉魏礼法问题历来颇受重视。近代以来,丧服学界和历史学界结合经学著作和考古文献,对汉魏丧葬礼俗多有研究。法学界在探讨汉代礼法融合时,对亲属连坐和亲亲相隐多有探索,不过对于汉魏时期的"服制制罪"专门研究基本空白,只是丁凌华先生在对"五服制度"及传统法文化进行研究时初步推论《魏科》存在"服制制罪"。[①] 其他社会学和历史学学者还考察了汉魏包含丧服礼制的教化作用。

1. 涉及先秦和汉魏丧服礼制的专门研究

丧服学界及历史学界的丧礼爱好者对先秦两汉丧礼发展进行了初步考察。

第一,对先秦时期丧服礼制的研究主要集中于"三年之丧"创制问题。"三年之丧"创制于何时,自古及今争论未休,共有七种主张。一是"古今之所壹"说。唐初孔颖达为《礼记》作疏时最早提出,上三代之时,帝尧崩,百姓如丧考妣三载,故知"尧以前丧考妣已三年,但不知定在何时"。[②] 稍后,贾公彦也认为该制在上三代已有,后人由此便称之为"古今之所壹"说。二是"周公之法"说。朱熹认为,滕、鲁两国国君"不行三年之丧……非周公之法本然也",[③] 对"古今之所壹"的说法提出异议。然该观点遭到清代学者的质疑,认为西周已经很多人不守此制,并提出更早的创制观点。三是"殷商旧制"说。清初,毛奇龄称三年之丧乃"殷商旧制"。[④] 四是"武王创制"说。稍晚于毛奇龄的王念孙提出该学说。[⑤] 五是"孔子创制"说。晚清,今文经学家廖平和康有为又提出"孔子创制"说;民初,郭沫若依据考古文献对之进行了论证。[⑥] 六是"东夷之俗"说。我国台湾地区学者孔达生提出的"东夷之俗"说,其弟子张景明在20世纪70年代又对之进行了论证。[⑦] 七是"叔向创制"说。顾颉刚及其女儿顾洪认为,孔子是接受了叔向的三年

---

① 参见丁凌华《五服制度与传统法律文化》,第200页。
② (东汉)郑玄注、(唐)孔颖达疏:《礼记正义》卷58《三年问》,北京大学出版社1999年标点本,第1560页。
③ (南宋)朱熹:《四书章句集注》,中华书局1983年点校本,第231页。
④ 参见《四库全书》经部八《四书腾言》卷三。
⑤ 参见(清)王念孙《读书杂志》,中国书店1985年版,第99—199页。
⑥ 参见郭沫若《长安县张家坡铜器群铭文汇释》,《考古学报》1912年第1期。
⑦ 张景明:《先秦丧服制度考》,(台北)中华书局1971年版,第15—16页。

服丧观。①

今之学者对上述七种主张各有支持和论证，杨朝明认为："伯禽'变俗革礼'不是在推行周人之制，而是'启以商政'，推行殷民礼俗。"②丧服专家丁鼎认为："'周公之法'说、'孔子创制'说较其他诸说可取之处为多。"③丁凌华先生也倾向于"周公之法"的论断。④方述鑫认为"三年之丧"是由叔向、孔子等人结合殷代周祭，将当时通行的"既葬除丧"习俗加以规范和改造而形成，⑤近年还有学者撰文支持其观点。⑥但是，李玉洁教授考证认为，"三年之丧"是经过孔子、孟子和荀子的宣传及推广而成为制度。⑦

"三年之丧"是丧服礼制中最重的服丧，其创制标志着具有宗教般的丧礼文化开始形成。从古今研究争论可以归纳出，"三年之丧"在上三代和夏商时代形成习俗，西周作为礼俗得以推广，春秋时期随着儒家经典的逐步形成而制度化。这就为汉代服制的推行奠定了文化基础。

第二，关于两汉丧服礼制发展的研究。从历代史料记载和今之学者研究看，两汉丧服礼制对先秦丧服礼制进行了变革、丰富和完善。首先，对《礼记》中大量丧礼内容的形成时间进行了界定。《礼记》多篇专论丧服礼制，杨天宇教授认为，《礼记》四十九篇初为西汉"武、宣时期的戴圣所纂辑，当无可疑"，⑧杨天宇的学生范志军认为，这应是石渠阁会议之后，对先秦丧服礼制在西汉发展成果的记述。⑨华友根探讨了西汉宣元之世服制的变革。⑩其次，对汉魏丧服礼制进行了专题考察，这些研究证实了对《礼记》丧服礼制所作出的结论。曹学群的《马王堆汉墓〈丧服图〉简论》展示了汉初五服俱全，并且当时官方重视，推广至郡县和诸侯国。⑪还有一些关于两汉丧礼制度的考证性论文，从不同方面展现了汉代的丧礼，不再赘

---

① 顾洪：《试论"三年之丧"的起源》，《齐鲁学刊》1989 年第 3 期。
② 杨朝明：《"三年之丧"应为殷代遗制说》，《史学月刊》1995 年第 2 期。
③ 丁鼎：《〈仪礼·丧服〉考论》，社会科学文献出版社 2003 年版，第 48 页。
④ 参见丁凌华《五服制度与传统法律文化》，第 134—136 页。
⑤ 方述鑫：《"三年之丧"起源新论》，《四川大学学报》（哲学社会科学版）2002 年第 2 期。
⑥ 参见黄瑞琦《"三年之丧"起源考辨》，《齐鲁学刊》1988 年第 2 期。
⑦ 李玉洁：《中国古代丧服制度的产生、发展和定型》，《河南大学学报》（哲学社会科学版）1989 年第 4 期。
⑧ 杨天宇：《〈礼记〉译著》，上海古籍出版社 2010 年版，第 16 页。
⑨ 参见范志军《汉代丧礼研究》，博士学位论文，郑州大学，2006 年，第 2 页。
⑩ 参见华友根《戴德的丧服主张及其〈大戴礼记〉》，《学术月刊》1997 年第 11 期。
⑪ 参见曹学群《马王堆汉墓〈丧服图〉简论》，《湖南考古学辑刊》1994 年第 6 期。

述。再次，学者依据考古数据和正史记载，对两汉丧葬礼俗进行了考察。[①]丧葬礼俗虽不属于本书研究重点，但其礼俗影响是本书要考察的对象。

2. 涉及两汉丧礼法律化的初步考察

丧服礼制的法律化是礼法融合的重要内容，也是法律史学界老生话题。现有研究主要涉及 3 个方面。

一是"不孝入律"。学界对简牍文献和正史中的孝亲问题从制度层面进行了梳理考察，[②]同时还对孝亲的学理进行了探索和思考。[③]这个问题史料较多，但是较为简明，不多赘述。

二是"亲亲相隐"。对汉魏丧礼入律的研究涉及"亲亲相隐"这个专题，即"亲亲得相首匿"问题。"亲亲得相首匿"体现了服制对亲属连坐观念的限制，法学界认为这也是两汉立法和司法中体现丧服礼制法律化的典型代表。但是学者们只是侧重考察其出现时间，将这一原则入律的时间从宣帝地节四年提前到了汉初或更早时间。[④]也有学者与当代联系，提出了亲属豁免权的中国渊源。[⑤]当然也有不少论著侧重批评"亲亲相隐"实施中造成的特权等级现象。

三是"春秋决狱"。"春秋决狱"是以《春秋》经义解释律令，进而原心定罪的司法原则。春秋决狱多涉人伦服制，后文涉及人伦服制经义决狱的内容，也称之为"服制决狱"。董仲舒"春秋决狱"中形成的"决事比"案例中应该有许多涉及人伦服制，是研究西汉中前期服制论罪的最佳资料，

---

① 参见杨树达《汉代婚丧礼俗考》，上海古籍出版社 2009 年版。参见李如森《汉代丧葬制度》，吉林大学出版社 1995 年版。参见韩国河《秦汉魏晋丧葬制度研究》，陕西人民出版社 1999 年版。

② 参见侯欣一《孝与汉代法制》，《法学研究》1998 年第 4 期。参见刘敏《从〈二年律令〉论汉代"孝亲"的法律化》，《南开大学学报》2006 年第 2 期。参见刘厚琴《汉代不孝入律研究》，《齐鲁学刊》2009 年第 4 期。参见李莎《论汉代丧礼中的以礼入法现象》，《东岳论丛》2007 年第 4 期。参见吕利《〈二年律令〉所见汉代亲属制度》，《枣庄学院学报》2015 年第 1 期。

③ 参见李文玲《汉代孝伦理法律化基础探析》，《求索》2010 年第 4 期。参见王健《试论汉代纲常与法律的互动》，《宁夏社会科学》2009 年第 1 期。

④ 杨颉慧认为，《二年律令》的诸多律条已经体现出亲亲得相首匿的思想，范忠信教授甚至认为秦律已有这种现象。参见杨颉慧《从张家山汉〈二年律令〉看汉初法典的儒家化》，《学术论坛》2006 年第 10 期。参见范忠信《中西法律传统中的"亲亲相隐"》，《中国社会科学》1997 年第 3 期。

⑤ 参见李拥军《"亲亲相隐"与"大义灭亲"的博弈：亲属豁免权的中国博弈》，《中国法学》2014 年第 6 期；张宏、曾颜璋《论"亲亲相隐"制度的人权价值》，《南华大学学报》（社会科学版）2007 年第 3 期。

可惜这些案例逸散，留诸后世成例很少，也不全面。程树德对汉代"春秋决狱"案件进行了考察，归纳了61例事例，其中29例涉及到亲情服制。[①]此后研究者多是对这些事例进行评述。

就引经决狱整体研究而言，瞿同祖、杨鸿烈等前辈都认为，以经义决狱是对法家专任刑罚的一次大反动。俞荣根先生对春秋决狱予以很高评价，他认为儒家由此获得了解释法律和运用法律的权力，并进一步发展了中国古代"议事以制"制度及判例法制度，将《春秋》决狱"的司法成果制为"决事比"，从而涉足立法领域，开启了中国法律儒家化的闸门。[②]武占江教授认为：春秋决狱使得儒法相互靠拢，并且以儒家情理对法家法律规范和法律体系作适度的调整与纠正。[③]对此，程政举教授还认为，春秋决狱将亲情与律令有机结合，成为两汉时期维护社会公平正义的衡平法。[④]

四是民国以来对"服制制罪"成制的研究。民国时期，学者们以《晋律》提到"准五服以制罪"为由，认为"服制制罪"创制于晋朝。其中，瞿同祖先生特别强调："《晋律》最重要的一点为'峻礼教之防，准五服以制罪'，开后代以服制定罪之先河。"[⑤]作为法学家，他的观点直接被写进此后的《中国法制史》教材，可见影响之大。20世纪80年代张警教授在为《晋律》作注时也提出，"准五服以制罪"是晋朝创制的新制，被后世历代沿用，直至清末。[⑥]然除前述丁凌华教授对此提出质疑外，王立民教授亦对此观点提出质疑。[⑦]两位教授注意到《晋律》是对曹魏律的承袭，同时注意到两汉存在以服制定罪量刑的事例，于是提出"准五服以制罪"原则很可能确立于东汉建安十八年（公元213年）曹操制定的《魏科》，这一观点较《晋律》所言该原则提前了近60年。虽然两位学者基本是顺带考察该问题，但这是一个前瞻性的学术推论，对本研究有很大启迪和帮助。

3. 人伦之礼在汉魏的教化作用研究

研究服制制罪，不仅要考察丧服礼制的法制化及其运行，更为重要的是要考察其社会教化作用，借用当代法理学说法，叫考察法律的社会作用，

---

[①] 参见程树德《九朝律考》，中华书局2006年版，第163—177页。
[②] 参见俞荣根《儒家法思想通论》，商务印书馆2018年版，第583页。
[③] 参见武占江《"引经决狱"与儒法法律文化的融通》，《法学杂志》2012年第7期。
[④] 参见程政举《经义决狱与汉代衡平法的形成和发展》，《法律科学》2012年第1期。
[⑤] 瞿同祖：《中国法律与中国社会》，中华书局1981年版，附录。
[⑥] 参见张警《〈晋书·刑法志〉注释》，成都科技大学出版社1994年版，第79页。
[⑦] 参见王立民《中国法律与社会》，北京大学出版社2006年版，第169页。

6　汉魏"服制制罪"及其社会治理范式研究

这是其社会治理范式的核心问题。两汉"以孝治天下",丧服礼制作为推行教化的主要工具,不仅有利于家族和睦,对民风民俗的改变也起到了重要作用。许多学者采用社会学方法或与社会学交叉的方法,对汉魏时期人伦之礼的推行应用进行了尝试性研究,取得了不少成果。

一些学者著述或撰文考察了汉魏时期人伦之礼在家庭和社会教育中的重要作用。[①] 肖群忠在其《孝与中国文化》一书中指出,人伦之礼不仅在汉魏发挥了重要的教化作用,还成为此后中国传统教育的核心,它塑造了中国人尊老爱幼、知礼守法的国民品性,成为中国传统伦理的元德。[②] 学者们还考察了两汉家训和基层三老的独特教化作用。[③] 在家庭养老和尊老方面,学者们非常注重从出土简牍文献中考察两汉养老和尊老情况。[④] 此外,研究者还认为,人伦之礼成为两汉社会有序的重要法宝。[⑤] 马小红教授甚至将人伦之礼称之为软法,它使民间形成自发的社会秩序,并且能够

---

① 参见阎爱民《汉晋家族研究》,上海人民出版社2005年版。参见翟博撰《中国家训经典》,海南出版社2000年版。参见康世昌《汉魏六朝家训研究》,博士学位论文,台湾文化大学,1985年。
② 参见肖群忠《孝与中国文化》,人民出版社2001年版,第160页。
③ 马新、黄今言等学者研究指出,汉魏三老实际上继承了传统血缘关系自我教化和管理的功能。参见马新《里父老与汉代乡村社会秩序略论》,《东岳论丛》2005年第6期;黄今言《汉代三老、父老的地位与作用》,《江西师范大学学报》(哲学社会科学版)2007年第5期;王雪岩《汉代"三老"的两种制度系统》,《中国社会经济史研究》2009年第2期。
④ 参见尚永琪《中国古代的杖与尊老制度》,《中国文化与典籍》1997年第2期;张从军《鸠杖与汉代敬老习俗》,《民俗研究》2005年第1期;卢鹰《汉代王杖制度对老年人权益的保障》,《人民法院报》2013年9月6日第5版。
⑤ 赵克尧认为,两汉孝治将孝礼作为自我保护的出发点,通过事亲、事君达到行道、扬名的功利目的,并最终沉淀到孝治政治深层中去,成为维护个人、家族、国家的纽带。参见赵克尧《论汉代的以孝治天下》,《复旦学报》(社会科学版)1992年第3期。吴凡明认为,汉代孝治展示了其社会秩序建构的德化机制,而且这种德化治道成为社会成员的核心价值,并建立了一种基于善良情感之上的秩序运作模式。参见吴凡明《汉代的孝治及其社会秩序建构的德化机制》,《湖南大学学报》(社会科学版)2009年第4期。李建业、张仁玺、张英都认为,汉代的人伦孝治为确立社会制度、维护国家稳定发挥了重要作用。参见李建业《孝文化于汉代社会》,博士学位论文,山东师范大学,2007年;张仁玺《汉代强化孝伦理的措施及社会化于汉代社会》,博士学位论文,山东师范大学,2007年;张仁玺《汉代强化孝伦理的措施及社会影响》,《云南社会科学》2006年第2期;张英《汉代孝文化及其对社会发展的影响》,《兰台世界》2014年第7期。

凝聚共识，形成主流价值。①

4. 对相关研究的简评

综上所述，历史学界、法学界和社会学界对两汉丧服礼制相关问题进行了比较深入的研究，在不同侧面都取得了丰硕成果。这些成果为本研究提供许多借鉴和启发，尤其是历史学及社会学研究者对汉魏人伦之礼的教化作用研究启发本书作者，法律史研究不能孤立考察丧服礼制及其制罪问题，应将其放到汉魏社会治理大背景下研究，既要考察其规范制度，也要考察其制度运行，更要考察其社会效果及其取得效果的条件。当然，也不难发现，这些研究，在研究范围、资料运用和研究方法等方面，不同程度也存在一些缺憾。

第一，就研究范围而言，上述研究多涉及通史性考察亲情人伦，专门研究汉代丧服礼制者极少。似乎当代社会没有丧服礼制，只有亲情关系，研究中就只谈亲情。须知亲情只是一个感情化的语词，而丧服礼制则包含了亲情之间事生葬死的一系列制度，具有丰富的权利义务内容。就极个别研究丧服礼制的成果而言，或者只是关联涉及汉代丧服礼制，或者只是将丧礼限于殡葬习俗方面的使用进行考察。目前，将汉代丧服礼制放入两汉社会治理大背景下从事生角度进行考察，同时进行制度化研究的成果尚未见到。

第二，就资料运用而言，研究先秦丧服礼制的资料多依据《周礼》《礼记》，甚至《尚书》，但这些资料成书存在疑问，此中的丧服礼制是否就是先秦制定并实施，存在许多争议。连基本的"三年之丧"产生于何时尚且争执不下，更无须提其他的丧礼实施问题。尚需结合出土文献甄别使用。此外，对于两汉的丧服礼制，目前虽有出土文献佐证，但是在诸如《银雀山汉墓竹简》《尹湾汉墓简牍·东海郡吏员簿》《敦煌悬泉汉简·悬泉月令诏条》《武威汉简·王杖诏令册》《长沙五一广场东汉简牍》《长沙尚德街东汉简牍》等简牍中的行政文书、司法裁判、故事和地方治理的记载中，涉及丧服礼制的资料尚不充分。

第三，就研究方法而言，传统研究基本上是资料考证或者依据出土文献资料的阐释，而且还容易将二者进行割裂。历史学研究者擅长于对文献的考证梳理，但是综合挖掘其社会作用和价值还比较欠缺。法学和社会学研究者注重对考古资料的运用，注重探索丧服礼制在司法方面的

---

① 参见马小红《"软法"定义：从传统的"礼法合治"中寻求法的共识》，《政法论坛》2017年第1期。

体现及得失评论；但是容易用西方实证主义和自由主义的现代价值观念评价我国古代丧服礼制及其作用，常将古代特权、专制等一系列社会问题笼统归咎于以丧服礼制为核心的宗法礼制，也自然导致律令与礼制的割裂，甚至完全否定古代服制入律的社会作用。一些论者在"客观"描述唐宋或明清丧服礼制及介绍相关知识时，缺乏溯源性考察，未能追问其过去何以能够存在并发展，当代如何传承其文化优势。甚至在思想和价值层面呈现出盲目批判或功利性的价值判断，似乎丧服礼制在清末总体上被涤荡清除，其价值自然就不值得研究，纵有研究，也是将之划为古代律令的附庸。这样，将近代中国未能自动地生成西方的"民主法治"原因部分归罪于丧服礼制，同时否定了古代人伦服制长期稳定家庭和社会的功能。当代司法审判中，单纯靠法律无法有效解决亲情纠纷，甚至还导致亲情进一步撕裂，形成中西法文化冲突性的两个"二律背反"。第一个"悖论"是，丧服礼制能够长期有效维护中国古代的家庭和睦、社会和谐，形成超稳定的社会结构，却无法促进古代中国社会向近代的民主政治发展；第二个"悖论"是，舶来的民主法治似乎受到人们期待，但却无法解决影响当代中国家庭和睦和谐的一系列问题，诸如家庭暴力、兄弟阋墙、父子反目、亲情撕裂、乡邻不和，甚至运用移植的法律机械裁判又加剧了这些矛盾冲突。

总之，传统丧服礼制的实证考察存在孤立性，一些诠释研究又存在主观性、甚至伪证性，由此导致评价古代丧服礼制标准错误，认知不全。我国古代丧服礼制及其法制化不可否认存在等差有别、甚至特权随意等问题，但将长期有效维护家庭和整个社会稳定的丧服礼制进行否定，并导致上述"二律背反"的难题，或许是研究方法存在问题。[①] 基于此，深入研究"汉魏服制制罪"问题不仅是一个重要的社会问题，而且是一个十分必要的学术及社会问题。

## 二　选题依据及研究价值

1. 选题依据

中国社会近代化过程中，本土礼法遭到异质文化消解，等差有序的丧服礼制及相关律令遭到涤荡。传统社会结构和秩序被打破，新的社会结构和秩序在形成中又多有坎坷，养老、析产、继承、离婚子女的抚养教育等

---

① 至于本书采用方的方法，下文详述。

亲情纠纷以及家庭暴力成为近代以来突出的社会问题。在矛盾与冲突的司法裁决中，过分依赖舶来的司法理念和制度常常导致亲情撕裂，甚至引发冲突与悲剧。以宗法服制为纽带的传统熟人社会解体，又使新生代失去家法族规中"和合"内在精神的滋养与呵护，内心缺乏认同的价值观念。这些新生代虽然也忌惮国法，但是又容易激愤忘性，轻身忘家，以致斗杀凶残案件多有发生。在如此严峻的社会现实面前，要构筑新的法治秩序，必须"弘扬中华优秀传统文化，增强法治的道德底蕴"，"发挥法治在解决道德领域突出问题中的作用，引导人们自觉履行法定义务、社会责任、家庭责任"。①因此，围绕亲情服制选题，挖掘"服制制罪"维护家庭和睦及民间和谐秩序的价值功能，对提升当代依法治国能力具有重要的理论和实践意义。

以《汉魏"服制制罪"及其社会治理范式研究》为题，旨在厘清中国古代"服制制罪"成制时间；通过唯物史观范式研究，探寻丧服礼制发挥的社会治理功能，以及由此形成的社会秩序认同观念对维持中国古代超稳定社会的作用；②探索服制教化和服制入律对解决当下家庭亲情间各种冲突的借鉴，对加快和谐乡村治理的启发，对"推动中华优秀传统文化创造性转化、创新性发展"③的支撑。故而，本书以汉魏"服制制罪"的考察为切入点，有如下三个方面的考虑。

首先，服制入律属于"礼法融合"的核心问题，有较高学术研究价值。中国古代法的一个重大特点是"礼法合一"。因此，单纯研究礼制或律令问题，都容易割裂礼法，也难以挖掘古代礼法最有价值的智慧。马小红教授评论道："一百余年来我们研究的最大失误在于越来越强调传统的礼与法的矛盾和对立，由此导致了对传统法一些基本概念和问题缺乏研究。"④尽管她指出，诸如"准五服以制罪"等局部礼法统一问题的研究扩大了礼与法

---

① 《中共中央关于全面推进依法治国若干重大问题的决定》，人民出版社2014年版，第20页。
② 尽管中国古代多次朝代更迭，但每次更迭很快就能进入到新朝代的兴盛阶段。金观涛、刘青峰研究认为："这种剧烈而又高效的王朝更迭，说明了中国封建社会结构内部存在着一种生命力极其顽强的修复机制。"在这种机制中，家是一种强大的力量。参见金观涛、刘青峰《兴盛与危机——论中国封建社会的超稳定结构》，香港中文大学出版社1992年版，第132、第46页。
③ 《决胜全面建成小康社会　夺取新时代中国特色社会主义伟大胜利》，人民出版社2017年版，第6页。
④ 马小红：《礼与法：法的历史连接》，北京大学出版社2005年版，自序。

的对立，但是这正说明"服制制罪"问题是礼法的一个极其重要问题。同时，也说明对"准五服以制罪"的研究依然缺乏正本溯源的考证和探索，更缺乏将该问题放在古代社会治理大背景下进行深度研究。而那些以西方近现代法律价值评判服制入律的错误观点，又加剧了服制之"礼"与社会之"法"研究的人为割裂。

其次，汉魏是中国历史上丧服礼制法律化的关键阶段，是研究"服制制罪"不可逾越的时期。先秦丧服礼制尚处萌芽和形成阶段，而且在大宗法及西周礼治背景下，服制尚不具备后世律令化的特征，其社会应用价值受到很大局限。唐宋以降，丧服礼制法律化已经成熟，虽不乏涉及五服丧礼的律条和成例，但中唐以后，随着皇权政治日趋式微，它们逐步被作为强化皇权统治的工具，无法剔除皇权政治中特权、等级和有违人性的一些负面影响。企图从该阶段去厘清"服制制罪"原创性社会治理功能、成效和价值，难度很大。诸如清人崔述在《五服异同汇考》中所言："由唐以逮宋、明，代增其服，至数倍于古人，而守礼者反少。"① 当代学人屈永华也认为，唐宋以来，涉及服制的法律片面强调卑幼对尊长的义务，逐步走向极端，他甚至由此认为"准五服以制罪"是对儒家礼教精神的背离。② 汉魏既是皇权政治上升时期，也是"礼法融合"关键阶段，并且该时期丧服礼制适应小宗法社会发展的需求，与先秦服制相比有了很大变革和发展。故从时间上看，探寻汉魏时期"服制制罪"恰到好处。同时，汉代孝治实践推动着古老的先秦丧服礼制脱胎换骨和普及推广，也推动着丧礼与律令融合。经曹魏立法整理和两晋发展，至唐代，丧服礼制几乎成为立法及司法的核心原则。③ 因此，以汉魏时期的"服制制罪"为研究对象，探索其变迁、推广、法律化和司法应用情况，既可反应小宗法时代服制对家庭和睦及乡里和谐发挥作用的原貌，也可挖掘"服制制罪"对汉代礼法秩序重构的功能和价值，这是中唐以降任何时期的相关"服制制罪"案例都难以体现的，故极具代表性。

再次，汉魏历史资料比较可靠，研究具有可行性。研究古代丧服礼制的法律化及其礼法价值，首先要有信实可靠的资料，才有可能接近了解古

---

① （清）崔述：《崔东壁遗书》，上海古籍出版社1983年版，第665页。
② 参见屈永华《准五服以制罪是对儒家礼教精神的背离》，《法学研究》2012年第5期。
③ 其明显的标志有二：一是502条的《唐律疏议》有182条涉及丧服礼制；二是由汉魏司法实践探索出的礼教与是非曲直并重司法模式，经唐代完善，一直广泛应用至清末，影响深远。

代"服制制罪"的真实情况，挖掘其原创价值。研究汉魏"服制制罪"的资料主要有3个来源：一是经学典籍，二是正史资料，三是出土文献及田野考察资料。经学典籍虽有形成时间争议和个别内容真伪的辨别，但只是关于这些经典成书于先秦，还是由汉代经学家编辑增删之类的争议。对于研究汉代丧服礼制发展变化问题而言，这些典籍至少反映了西汉的丧礼发展和推广成就，因此，这些争议对本课题研究并无大碍。关于20世纪田野考察挖掘的出土文献资料，无论是竹简木牍，墓葬考古成果，或是碑阙刻记，其真实可靠性在史学界和法学界均无可置疑。又众所周知，唐代之前的正史记载少有伪造。如此，以先秦至汉代形成的经典典籍和出土的秦汉至魏晋文献为基础，配合正史资料，再将研究放在汉魏社会发展的背景下，详细考证和分析汉魏"服制制罪"及其睦亲安邦功能，预计会有诸多新发现。

2. 研究价值

文化自信是一个国家和民族发展中更基本、更深沉、更持久的力量，[①]由先秦形成、两汉完善并付诸政治实践的丧服礼制，不仅为两汉社会礼法秩序重构做出了重大贡献，也为后历代礼法治理奠定了制度、思想和文化基础。从唯物史观范式研究看，我国古代的丧礼文化符合人道亲亲，也是儒家仁爱思想的体现。不仅具有历史性和时代性特点，还超越了历史时空，凝聚了华夏各民族，对当代中国文化建设和依法治国都具有重大意义。

第一，从德刑关系角度重新认识"服制制罪"与教化的关系。"服制制罪"不是单纯的刑罚问题，它是汉代加强宗法礼制教化、实施孝治政治的一个重大举措。中国古代的德刑，并非如现代西方法制，单纯依靠规制和惩罚人的外在行为去维护社会秩序，而是通过礼制的实施，既规范人的外在行为，又内化到人的内心，达到内在思想与外在行为的契合。如果严重违礼，则补充以训诫或惩处。德刑的观念通过礼法的制度表现出来，无论是德刑，还是礼法，都是有机的统一，并非西方的道德与法律具有割裂、对峙的张力存在。

"服制制罪"字面意思是以丧服礼制关系定罪量刑，但是其目旨在通过对错误甚至犯罪的训诫或处罚，督促长辈教育晚辈，以礼修身，以礼齐家，谨守孝道，不可忘乎所以。"罪"在中国古代并非专指足以入刑的行为，也包含着错误、过错。因而，古代的"制罪"并非只限于今天的刑事

---

① 《决胜全面建成小康社会夺取新时代中国特色社会主义伟大胜利》，第7页。

审判，也包括民事审判，甚至包括由官吏和长者出面调处的纠纷案件。比如，汉代缪肜因弟媳们争财而深感惭愧，责怪自己理家无方，"弟及诸妇闻之，悉叩头谢罪"。[①] 此类实例不胜枚举，后文所举也很多。因此，无论是惩罚和教化都是为了实现儒家的"无讼"刑措理念。

第二，纠正民国以来"服制制罪"成制时间的错误定论及相应错误认识。民国以来，"服制制罪"创制于《晋律》的观点使人们认为，晋代注重礼法融合，且成就斐然。而事实上，西晋时短，纵然礼法融合有所成就，亦是两汉孝治政治及礼法融合的延续。大量正史史料和简牍文献的发掘和论证，证明该制度创制于汉代。同时，《晋律》及曹魏创制观点未能看到汉代礼法融合属于礼法内部调适，只是粗略认为礼法融合是道德法制化或律令道德化。这是本书确立"服制制罪"东汉应劭创制观的学术目的。

第三，传承我国传统法文化的优秀成果，提升我国文化软实力。汉魏"服制制罪"重在强化德礼教化，实现家庭和睦。家风传承与家庭和睦传统不仅有利于推进我国和谐社会建设，也有利于防范舶来的极端自由主义导致人情冷漠与社会撕裂。汉魏"服制制罪"蕴含着调适礼法的方法论价值、社会认同感价值、适度反对公权侵犯价值，彰显出中国传统文化调适力、亲和力、凝聚力和创造力等功能。这些价值功能有利于提升我国文化的软实力，增强社会主义法治国家的文化自信、理论自信、道路自信及制度自信。

## 三 解决的关键问题

本书主要解决三个问题。

1. "服制制罪"的创制探原

服制是对斩衰、齐衰、大功、小功、缌麻五等丧服制度的简称，法律史学界和丧服学界均已约定成俗，没有任何歧义。故用"服制制罪"或"五服制罪"简称《晋书》的"准五服以制罪"。由于"服制制罪"一词中"制罪"的"制"属于动词，其在古汉语中有"规定""裁断""决断""控制""抑制"等多种含义，因此，"服制制罪"的外延不仅包括因亲情服叙关系而连坐获罪或因亲属违礼相犯而获罪的刑事治罪，也包括官方审理、调解、教化的民事司法活动。从"制"的"控制""抑制"含义看，"服制制罪"还应包括宗族与乡里自治中以亲情服制之礼旌表、惩戒、教化等准

---

① （南朝宋）范晔撰、（唐）李贤等注:《后汉书》卷81《独行列传·缪肜》，中华书局1965年点校本，第2685—2686页。

司法活动。研究"服制制罪"的探原和社会治理问题，均应基于这一概念的内涵和外延而展开。这也是本书使用"服制制罪"而不用"服制治罪"一词的基本原因，因为后者仅仅是一种刑事裁判活动。

公元267年制定的《晋律》记载"峻礼教之防，准五服以制罪"，被学界认为开"服制制罪"之先河。丁凌华教授和王立民教授注意到《晋律》承袭曹魏律，同时注意到两汉存在以服制定罪量刑的事例，故推测"准五服以制罪"确立于公元213年曹操制定的《魏科》。"服制制罪"创制时间的这一质疑，其学术意义恐不单是时间先后的问题。按《晋律》创制说，法科学人会认为魏晋南北朝虽局势动荡，却注重儒学思想和制度，且成就斐然。[①] 但是依《魏科》创制说，恐怕会认为，在曹魏时期，曹魏注重以儒学思想和制度力挽狂澜，凸显曹魏政权的历史贡献。这两种观点恐怕多为后世学者的一种推测，或许动荡的时局下不乏如此思想，但是说力挽狂澜及成就斐然恐言之过甚。如果依据两汉翔实资料、汉魏社会思想及司法变迁情况，能够考证该制度是两汉孝治政治实践的结果，其学术导向就会截然不同。即便是认为该制度成就于曹魏甚至《晋律》，它也只不过是两汉儒法融合的延续成果，能使人们对两汉儒法融合成就及其对传统法文化的贡献倍加重视，甚至认识到丧服礼制在诸礼中的宗教性统摄作用。

在"服制制罪《魏科》创制说"的指导下，本书尝试对汉魏"服制制罪"及其礼法秩序重构的功能进行考察研究。对"服制制罪"的创制进行探原是本书的其中一个任务，通过汉代大量考古文献、碑阙、出土简牍和正史资料的梳理，对丧服礼制观念、服制入律法制化、司法化考察和逻辑论证，依据近10年的考察，将"服制制罪"创制至少提前到东汉初平初（公元190年）的应劭修律。可以说，这个问题不仅是对丁凌华教授"《魏科》创制说"的求证，更是对"服制制罪"两汉创制的发现和定位。由于以应劭修律为主要时间标志，也可以将这种细化的观点称之为"服制制罪"创制的"应劭修律说"。将该观点放在两汉孝治大背景下考虑，与丁先生和王先生的时间点相错虽然只有20多年，但是也有本质区别，"服制制罪"是汉代孝治政治和儒法融合的必然结果，而非曹魏政权注重儒学的结果。

2. 汉魏"服制制罪"的社会治理范式及历史影响

研究汉魏"服制制罪"不只是一个制度创制的探原问题，还需探索其社会治理功能、方式、成效和价值。汉魏社会治理涉及多方面，但是服制

---

① 法学界提倡注重加强对魏晋南北朝的研究，实际就是受这种观点的影响。

入律及"服制制罪"是孝治政治中礼法治理的核心问题，它涉及家庭、家族的教化与和睦，涉及乡里社会的和谐有序，涉及皇权制度在家国一体化格局中的落实。人们说中国古代社会的"家国一体化"，本质就是将亲情服制关系"移孝作忠"，形成"尊尊"的政治关系。探索汉魏"服制制罪"社会治理问题，既是汉魏孝治的核心，也是将"服制制罪"放到整个礼法秩序重构的背景下全面考察，窥其本质功能及价值。对于一个已被废止和湮灭上百年的法律制度，如此锲而不舍地探究，正是想知道该制度在当时发挥的作用、历史贡献及其价值所在。

"范式"是自然科学研究采用的方法，只要研究者遵循一定的理念、原则、操作技术，所得出的科学研究结论都能被认同。不同的理念、原则和操作技术对同一事物研究的结论会有很大出入。因此，其研究结果不会被其他范式研究者认同。作为社会科学研究的范式方法，要采用唯物史观的范式研究，考察在汉魏孝治背景下，丧服礼制的理念、法制化、司法化、具体运行情况、效果等一系列问题。还要运用逻辑进行论证，考察其存在、发展及其发挥作用的历史必然性。唯其如此，才能正视其社会治理功能和良法善治经验智慧。关于"范式"研究由自然科学领域应用到社会科学领域的转化，将在第六章介绍。

汉魏"服制制罪"的社会治理范式及历史影响可概括如下。秦推行经济改革迅速强大，兼并六国，但专任刑罚，奖励亲属告奸，厉行亲属连坐，皆割裂礼法，使民不知廉耻，败坏了民风民俗，[①]也导致人人自危。汉承秦制，百废待兴，秦之"遗风余俗，犹尚未改"。[②]汉庭一面运用丧服礼制倡导孝治，[③]稳定民心；另一面在司法中坚持限制亲属连坐，运用经义解释所承袭的冰冷秦法，向天下民众展示反秦酷法的行动和决心。两汉礼法秩序正是在这种礼法融合的孝治政治和司法实践中不断建构。

汉魏"服制制罪"加快了律令与经义的融合，对古代司法影响至深。"服制制罪"司法活动又形成了服制与事实并重的司法模式，一直被沿用至

---

① 贾谊论秦重法轻礼时谈道："弃仁恩，并心于进取，行之二岁，秦俗日败。"败到何种程度？败到今日乡村民众犹有同感，"借父耰鉏，虑有德色；母取箕箒，立而谇语。抱哺其子，与公并倨；妇姑不相说，则反唇而相稽"。(东汉)班固撰、(唐)颜师古注：《汉书》卷48《贾谊传》，中华书局1962年点校本，第2244页。

② 《汉书》卷48《贾谊传》，第2244页。

③ 贾谊总结汉初治安之道时指出："建久安之势，成长治之业，以承祖庙，以奉六亲，至孝也。"《汉书》卷48《贾谊传》，第2231页。

清末。"服制制罪"活动中多用亲情服制调解和教化，在汉魏时期已经催生了家训族规，至唐宋，民间家法族规逐步形成和完善，丧服礼制成为民间基层教化、司法调解及裁决的核心内容，由此也推动了中国古代的乡里自治。

汉魏"服制制罪"具有多方面功能和价值。首先，汉代一元论礼法理论得以形成。在汉代孝治实践中，丧服礼制的教化功能和入律定罪功能促进了战国荀子"礼法观"的理论化。其次，亲属容隐刑事正义观的形成。有不少学人认为，"诸法合体，以刑为主"是中国古代法律的重要特点，后遭学界质疑。其实，质疑主要基于发现了中华法系有其他诸多重要特点，而质疑却未从微观上发现前辈论断中的丰富内涵。亲属容隐包含着私权对公权的适度对抗，[①] 亲属容隐还意味着刑事正义观念在汉代的确立，亲属容隐与"服制制罪"又意味着古代私权与公权的相得益彰。将汉魏时期形成的这种刑事正义观念进行挖掘，能够重新发现中国古代刑事法律的优秀内涵。第三，铸造了孝亲感恩的民族特征。丧服礼制无论在教化层面，还是在处理亲情纠纷方面，强调尊亲、尊长，否则将以礼俗予以谴责或以法律予以制裁。汉魏近5个世纪的孝治实践，形成了孝亲感恩的民族风尚，后经广泛传播和锤炼，成为整个中华民族的重要特质。第四，私权自治与公权治理相得益彰，有效化解各种亲情纠纷。亲情矛盾和纠纷不同于其他人之间的矛盾纠纷，不能单纯用律令制度去谳狱和处罚，也不能绝对抛弃律令制度的规制。"服制制罪"体现了国家对私人领域有限的干预，是为了配合教化，预防亲情矛盾引发社会矛盾，由此形成了私权自治和公权相助相得益彰的关系，这是古代皇权不下州县的本质所在。

"服制制罪"蕴含的上述原创价值多半在唐宋以降发挥着巨大作用，亦为学界认可。只是这些价值和现象通常被孤立研究，或是被认为是唐宋以后的贡献。如此，脱离了汉魏"服制制罪"形成发展的土壤，难见其根本，难知其属性。

3. "服制制罪"价值的创造性转化

本书要解决的第三个问题是探索汉魏"服制制罪"功能和价值的当代转型应用。汉魏"服制制罪"的价值对当时及后世的和睦宗亲、治国安邦产生了重大影响，惜乎清末以降服制问题因强调亲疏等差而被视为吃人礼教，遭到口诛笔伐，与"服制制罪"相关的实体法和程序法也于清末修律

---

[①] "亲亲得相首匿"诏彻底否定了秦及武帝时又抬头的重首匿之科理念，开启了以礼法适度对抗公权侵害私权的历史。陈鹏飞:《"服制定罪"创制探原》,《现代法学》2015年第2期。

后几乎不存在。20世纪的近四分之三时间里，传统法文化屡遭鞭挞，服制亦未能例外。受极左思想影响，部分人企望在切割历史中进行社会秩序、文化和制度的重构。而抛弃历史的重构不仅要付出沉重代价，也缺乏文化根基。当下亲情矛盾及其冲突几乎与前述《汉书》中贾谊所言汉初情况近似。突出表现在：多种原因叠加导致养老矛盾日益突出，许多老人无所适从，詈骂、虐待父母尊亲也时有发生；兄弟姐妹争夺家产，对簿公堂，甚者殴詈伤害；离婚率不断攀升，导致离婚后子女的抚养、教育问题堪忧。这些亲情问题又导致诸多社会问题，以至于法律也难以应对。基于此，本书尝试从"服制制罪"睦亲安邦的价值中寻求解决问题的良方。

丧服礼制已作古，但是血缘亲情本质却无法去掉，绵延几千年的丧服礼制精神实质就是尊重和关爱血缘之亲，倡导亲情人格的彰显。[①] 因此，抛弃古代大、小宗法时代过分强调等差有序的形式主义，抛弃古代皇权政治在利用服制加强统治时的不良思想和一些制度裹挟，在当代社会背景下，既体现出家庭抚养教育子女和孝亲养老的亲情服制精神，又体现出家庭成员人格独立和平等的权责统一观念。这是服制精神随时代变迁升华的观念创新。同时，将以亲情为核心铸造的古代社会"仁""义""礼""智""信"核心价值作为当代社会核心价值的文化基础，为培育和践行社会主义核心价值观，提供具有传统文化底蕴的论证，使之真正成为个人、家庭和社会共同追求的最高价值。在实践应用层面，本书尝试将丧服礼制在古代社会形成的礼法治理社会理念与现代法治相结合，构建仁爱型法治；将承担养育并教化后代的"家"重新镶嵌入社会，发挥主导性教化作用，为现代社会提供合格的人格的成人；并就亲属纠纷从司法实践角度进行道德和法律综合运用探索。

## 四 本书的框架设计

本书拟分7个部分来完成前述需要解决的3个关联性问题。前6部分依照范式研究模式系统考察汉魏"服制制罪"的创制及其对礼法秩序重构的功能。在此基础上，第七部分挖掘汉魏"服制制罪"的原创价值及其当代创造性转化。

---

[①] 丧服礼制在发展中蕴含着"慎终追远，民德归厚"的"尊亲""爱人"精神。先秦服叙关系蕴藏着许多对应性现实需求，彰显了主体之间对应性的权利义务法律精神。参见陈鹏飞《礼治视阈下先秦服制的精神及其社会功能》，《法学杂志》2015年第2期。

本书第一章为"服制观念及其在汉魏受到的重视"。探索丧服礼制观念的变迁及在汉魏受到的重视，考察汉魏对丧服礼制的改革和推广。这是研究汉魏"服制制罪"的一个前提。第二章为"汉魏丧服礼制的法制化"。丧服礼制法制化是其制度运行的基础和核心，既包括国家制定法的律令，也包括皇帝的敕令。这些规范化、法制化的丧服礼制不仅适用于普通民众教化与管理，也普遍适用于整个社会的吏治管理。第三章为"服制在汉魏限制亲属连坐中的司法功能"。国家权威对亲情服制关系的不当干涉——夷族连坐——极易使亲情和睦生活及社会秩序遭到破坏。该章考察汉魏利用丧服礼制持续限制秦酷刑连坐、有效遏制公权对私权的侵犯所取得的非凡成就。第四章为"服制在汉魏处置亲属相犯中的司法功能"。家庭成员自身违背亲情服制关系，导致家庭矛盾和社会纷争。"服制制罪"最为广泛的内容集中在亲属之间的违礼相犯方面，涉及领域广、罪名多。本章以司法案例或事例为主，考察这些"服制制罪"在此方面的运行及发展。第五章为"汉魏'服制制罪'在社会治理方面的成就"。"服制制罪"对汉代礼法秩序重构做出了突出贡献，在司法方面也取得了重大成就。第六章为"'服制制罪'必然性及成制的推理"。本章从唯物史观范式研究角度，以逻辑推理方式，推理和阐释"服制制罪"在汉魏时期的必然性，同时从其发展过程的三次大转折梳理总结东汉应劭创制的严密逻辑链条。第七章"'服制制罪'的礼法价值及其当代传承"。在前六章研究"服制制罪"基础上，本章挖掘其礼法价值、后世影响及当代创造性转化进行探索。

以上各部分内容组成一个有机体，既可彰显礼法秩序重构背景下"服制制罪"成制的合理性、必然性，也以实证及严密逻辑链条证成该制度至迟成制于东汉应劭修律。尽管从现代文明看，小农经济和皇权政治对该制度运行造成了一些负面影响，诸如尊卑同犯不同判、等级特权、以服制经义论罪具有随意性等问题，但是"服制制罪"所实现的亲情和睦、孝亲感恩、齐家而后平天下、老吾老以及人之老、幼吾幼以及人之幼等等古代礼法秩序特征，以及由此积淀的诸多良法善治中蕴含的经验和智慧，都是华夏历史治理的瑰宝，不容无视和抹去。再者，"服制制罪"的负面问题也并非其自身问题，多由小农经济狭隘性和皇权政治私利性裹挟所致。弘扬传统优秀法文化必须先以范式研究方法理清所研究的问题本质及其时代必然、制度必然、文化必然，方可进行创造性转化及应用。

# 第一章 服制观念及其在汉魏受到的重视

考察两汉及曹魏的丧服礼制及其推行成效是研究汉魏"服制制罪"的基础，也是深挖"服制制罪"礼法价值的基础。从范式研究视角看，考察汉魏对丧服礼制的重视，是对"服制制罪"及其社会治理功能的理念探索。以丧服礼制作为社会教化治理的措施，其背后蕴含着符合人道和天道的理念，这些理念又是华夏民族生生不息的民族精神。

## 第一节 服制观念及其功能

汉魏丧服礼制是由先秦传承而来，西汉社会注重丧服礼制不惟儒家思想登上政治舞台之故，亦有丧礼自身属于人道因素及社会需求之背景，研究汉魏"服制制罪"及其社会治理范式，需先理清先秦时期丧服礼制的观念及其曾经发挥的社会功能。

### 一 服制观念的变迁

丧服礼制已经作古，但是今天的丧葬礼俗、追思及祭奠亡亲之礼依然为每一个家庭谨守。也许人们不会去深思，为何要隆重葬亲，祭奠宗亲，但是感恩尊亲的养育之恩，教育子女尊老孝亲的基本理念，大家却一致认同。由此，必须要从丧服礼制的历史追溯这种观念的由来和演变。

（一）送亲归天的丧礼观念

"礼"是先秦时代华夏民族逐步形成的一种独特仪礼和规范，古礼包括"吉""嘉""宾""军""凶"五种，丧礼又只是5种凶礼[1]的一部分。丧礼通达万民，万民皆能认知，在此观念引导下，核心的丧服礼制开始形成，并逐

---

[1] 五种凶礼包括哀悼死亡的丧礼、哀悼凶札的荒礼、哀悼祸灾的吊礼、哀悼围败的襘礼、哀悼寇乱的恤礼。

步发挥其重要的社会作用，故清末经学家皮锡瑞指出古礼最重丧服之礼。①

"丧"在甲骨文中写作"𣏞"，②于省吾先生在《甲骨文字释林》中的考证解释，殷商中晚期"丧"字已经存在，其含义至少有四种：即表示桑树、人名、地名、丧亡。就"丧亡"之意看，甲骨文还有"亡"（𠃑）"死"（𣦵）。"𠃑"表示人藏于木板、门板之后，含有死亡之意；"𣦵"表示跪着对死者尸体不舍之情，纯粹表达生命结束之死。那么，"丧"字何以表达死亡？姚孝遂先生认为丧与军旅伤亡有关，并对《合集》二七九七二的"�羌方不丧众"③释义说明。再从《尚书·舜典》及《史记》记载看，"帝（尧）乃殂落，百姓如丧考妣，三载，四海遏密八音"，④尧崩，"三年，四方莫举乐，以思尧"。⑤殷商时期的"丧"很可能含有哀悼、送葬之意。西周金文"丧"字在甲骨文基础上已转为"𣏞"，进而春秋战国的篆体"丧"已经转化为"𣏞"，许慎释义为"从哭从亡"。⑥由是观之，"丧"在上古时期不仅蕴含有"死""亡"含义，还蕴含着对亡故首领、同伴、亲属哀悼送别的仪式。所以，甲骨文的丧（𣏞）字已经不再仅仅表示"亡""死"的重复意思，应该重在表达一种哀悼观念。从𣏞字的形和意看，旨在说明，人们举着与送葬相关的植物标志，哭喊着送别亡故的亲人。

这一解释并非猜测，《礼记·表记》曰："殷人尊神，率民以事神，先鬼而后礼。"⑦神有天神，亦有人神，已故先祖中远祖为神，近祖为鬼。祭神活动要先拜祭亡故近祖，那么对这些近祖的丧葬之礼也自然隆重。司马迁认为商祝辩乎丧礼，对此，张守节正义云："习商家神礼，以相佐丧事，故云辩丧礼。"⑧故殷商时代，虽神、人之祭无根本区分，但丧事隆重，表达对亡故尊亲哀悼之情自是当然之礼。古之神、人之祭没有区分，结合藏族等少数民族天葬习惯，也能理解丧礼有送亡故之亲归上天之意。从殷商

---

① 参见（清）皮锡瑞《经学通论》，第39页。
② 胡厚宣主编：《甲骨文合集释文》（上、下），中国社会科学出版社1999年版，19492。该书没有页码，只注编号。下文引用只注编码。以下简称：《合集》。
③ 参见于省吾《甲骨文字话林》，中华书局1996年版，第1408—1409页。
④ （西汉）孔安国传、（唐）孔颖达疏：《尚书正义》卷3《舜典》，北京大学出版社1999年标点本，第71页。
⑤ （西汉）司马迁撰、（南朝宋）裴骃集解、（唐）司马贞索引、（唐）张守节正义：《史记》卷1《五帝本纪》，中华书局1959年点校本，第30、44页。
⑥ （东汉）许慎：《说文解字》，九州出版社2001年版，第231页。
⑦ 《礼记正义》卷54《表记》，第1485页。
⑧ 参见《史记》卷24《乐书》，张守节正义，第1205页。

各祀组的祭祀周期表①看，殷人祭祀重心突出的是祖先神，这也说明他们认为先祖是"天命玄鸟，降而生汤"，只要祭好祖先，他们回归天堂后就足以护佑凡间子孙后代。此亦证明丧礼包含着送亲归天之意。

考古学者对殷商墓上建筑研究表明，殷商时期，墓穴上多有建筑，用作守丧和丧祭活动。商言认为这些墓上建筑很可能就是甲骨文卜辞中"宗"的指意，为祖先之标志。②关于墓上建筑与祭祀关系，考古学者和史学专家还通过墓葬研究及祭祀卜辞多方考证、对比和分析，肯定了二者的联系。③先秦史专家刘兴林通过陵与寝之分始于秦代的论据，认为殷商陵寝不分，进而确定墓上建筑当为祭祀所用。考古专家杨鸿勋否定"古不墓祭"之说，并认定商代墓上建筑就是用以祭祀先人。④先秦史专家晁福林还认为墓上建筑就是用于生者吊丧之用。⑤对于殷墟墓穴大量堂坑出现，考古专家认为这是墓上建筑遗迹或祭祀设施遗迹，这符合贫富均有丧祭活动的习俗。墓上建筑可能还是守丧居所。对此，考古专家刘兴林对比了云南基诺族在新中国成立前的原始丧礼。基诺族与殷商习惯一样，墓不起坟，他们于墓上搭棚，供祭一至两年，甚至住在棚内守丧数月。他由此认为殷商墓上建筑同样用于祭祀以及守丧之居。⑥这充分表明，亡故尊亲的丧礼持续时间之长，主要是在墓上筑房祭祀，以确保他们到达远祖那里，与远祖的先人们会面。

从太甲被送往桐宫居忧一案看，⑦桐宫作为殷商墓地，⑧国王到墓地守丧三年至少应符合当时守丧礼制，否则伊尹就是违礼。太甲是否在其父太丁

---

① 参见常玉芝《商代周祭制度》，中国社会科学出版社 1987 年版，第 39—110 页。
② 参见商言《殷墟墓葬制度研究略述》，《中原文物》1986 年第 3 期。
③ 参见刘兴林《殷墟墓上建筑及其相关问题》，《殷都学刊》1990 年第 1 期。
④ 杨鸿勋通过大量考古事实认为这些墓上建筑属于祭祀所用，否认了"古不墓祭"之说，他认为商代既有祭墓习惯。他还对杨宽等考古学者以"登坟不敬"否定商代墓上建筑的祭祀功能进行反质疑，认为若真登坟不敬，那墓的封土又如何夯筑？参见杨鸿勋《关于秦代以前墓上建筑的问题》，《考古》1983 年第 7 期；参见杨鸿勋《关于秦代以前墓上建筑的问题要点的重申——答杨宽先生》，《考古》1983 年第 8 期。
⑤ 参见晁福林《试释甲骨文"堂"字并论商代祭祀制度的若干问题》，《北京师范大学学报》（社会科学版）1995 年第 1 期。
⑥ 参见刘兴林《殷墟墓上建筑及其相关问题》，《殷都学刊》1990 年第 1 期。
⑦ 成汤崩于太甲元年十一月，太甲十二月即位，因不明居丧之礼被宰臣伊尹送往桐宫居忧思过三年。参见（晋）皇甫谧《帝王纪事》，辽宁人民出版社 1997 年版，第 30 页。
⑧ 《尚书》记载："三祀十有二月朔，伊尹以冕服奉嗣王归于亳。"《尚书正义》卷 8《太甲中》，第 210 页。

墓上建筑内居丧，没有史料证实。中小贵族和普通民众守丧就没有必要或没有能力另建规模宏大的守丧居所，只要将墓上一般建筑作为守丧之居即可。殷商甲骨文卜辞中的"尸"字本身也是丧祭与祖祭不可分割、都是归天之神的有力证明。尸与丧关系密切，文献中的尸祭有既葬的虞祭、卒哭，还有小祥、大祥等祭，当然还包括祭祖的飨尸之祭。孔子曰："祭成丧者必有尸。"①尸祭表达了生者对死者葬后的悲痛与怀念，以孙子代表祖辈形象进行祭祀。关于尸祭起源，传说尧时已有，《礼器》认为："夏立尸而卒祭，殷坐尸。"②"周之所因于殷也，殷人坐尸，周因坐之。"③殷尸是1937年郭沫若从甲骨文中考证出尸字后，诸多尸祭卜辞证明其存在。北京大学考古专家葛英会列举了48组甲骨卜辞对殷商立尸之祭进行说明。④其实甲骨卜辞中不止这48组尸祭，《合集》中也存在一些以尸祭卜吉凶的卜辞，下面一条水平置放的殷商甲骨卜辞是丁未日于（向）神祖丁（🁢）的祭，用尸（🁢）十（🁢）人，用牛（🁢）一头。

《合集》00828：🁢🁢🁢🁢🁢🁢🁢🁢🁢🁢

通过分析可以看出由上古到夏商时代，祭神与祭祖、丧祭与祖祭没有本质区别，丧礼内容和仪式大体上融于祭祖活动中，还没有发展到《礼记》所载丧礼内容之丰富程度，它只是表达了与亡亲离别难舍之意，当然也表达送亲归天、祝福他们在另一个世界生活美好的愿望，同时需要他们与远祖之神共同保佑活着的亲人们平安幸福。

（二）孝亲感恩的服制观念

如果说夏商丧礼蕴含着送亲归天的浓厚敬畏观念，期望亡亲归天安宁，同时与先祖们在想象的天界共同眷顾活着的后代。那么，西周的丧礼则开始向着孝亲感恩的现实主义观念过渡，并伴随着丧服礼制的逐步形成而发展。

西周是我国政治哲学思想发生巨大变化的时代。基于夏商灭亡教训，西周统治者发现"天命靡常，惟德是辅"。这个"德"是指"敬天保民"，于是"民"被提到了政治统治和社会治理的关键地位，"民"甚至就是天。《尚书·泰誓》载，武王伐纣，在黄河北岸对将士们讲："天视自我民视，天听自

---

① 《礼记正义》卷19《曾子问》，第610页。
② 《礼记正义》卷19《曾子问》，第745页。
③ 《礼记正义》卷19《曾子问》，孔颖达疏，第745页。
④ 参见葛英会《说荼祀立尸卜辞》，《殷都学刊》2000年第1期。

我民听。"①百姓责难和怨言就是上天对君王和统治者的责难和怨言。周武王已经清醒地认识到,"民"不仅是战争胜负的关键,更成为政治统治和政治治理的头等大事。自此,夏商"天命天罚"的"神牧"时代结束,依靠统治者德行安民保民的"人牧"时代在西周拉开序幕。虽然西周统治者也号称"天命",但他们已经不随意实施"天罚"。况且,他们的"天命"还要依靠保民的"德"来衡量和维持,否则将会失去"牧民"的资格。"民"成为政治统治和治理的出发点和最高目标,民心、民意成为政治治理优劣的镜子和尺度。

然而,夏商时代的"民"还存在质朴粗野遗风,②西周便以尊亲孝慈之礼进行教化。而西周的教化突出人伦秩序,丧服礼制因而格外重要。就可信史料而言,周公制礼,便在各诸侯国力推服丧制度,周公的儿子伯禽被封到鲁国,三年后才回京汇报工作,父问其故,伯禽曰:"变其俗,革其礼,丧三年然后除之,故迟。"③即为改变民风,在鲁地推行丧礼,让人们坚持守丧三年,所以回来晚了。《春秋左传》所记东周服丧事件则屡见不鲜。"闵公二年夏五月,吉禘于庄公。"禘祭为丧终之祭,该祭距庄公卒二十二个月,④跨越三个年头,可见闵公的服丧期并非只是庄公之葬期。鲁僖公之丧也跨越了三个年头,于文公二年八月禘祀。⑤又鲁襄公十五年十一月晋悼公卒,十六年正月葬,虽不合葬期,但晋平公仍然遵循守丧的丧期;十六年冬,鲁大夫叔孙豹希望晋国攻打齐国,以救援鲁国,晋平公说寡君尚未禘祀,不敢用兵。⑥可见,卒哭并非丧期的结束。从天子到诸侯、大夫、士,乃至普通百姓,并非卒哭后丧期就结束,而是在禘祀之后,即守丧三年,新死之主入于宗庙后,丧期才真正结束。

故《礼记》说亲人刚去世如同进入绝境,既葬,仍然盼望见到亲人而弗得,即便大祥的禘祭之后,心中依然寂寞空虚,⑦此时,已经不仅是送亲

---

① 《尚书正义》卷11《泰誓中》,第277页。
② 太史公曰:"夏之政忠。忠之敝,小人以野,故殷人承之以敬。敬之敝,小人以鬼。"《史记》卷8《高祖本纪》,第393页。
③ 《史记》卷33《鲁周公世家》,第1524页。
④ 参见(周)左丘明传、(晋)杜预注、(唐)孔颖达正义、李学勤主编《春秋左传正义》卷10《庄公三十二年》,北京大学出版社1999年标点本,第297页。《春秋左传正义》卷11《闵公二年》,第306页。
⑤ 参见《春秋左传正义》卷18《文公二年》,第490页。
⑥ 参见《春秋左传正义》卷34《襄公十六年》,第941页。
⑦ 其原文强调:"始死,充充如有穷。既殡,瞿瞿如有求而弗得。既葬,皇皇如有望而弗至。练而慨然,祥而廓然。"《礼记正义》卷6《檀弓上》,第187页。

归天，而是怀念亲人，心丧已经成为西周守丧的关键。"三年之丧"在西周民间推广到何种程度，诗经中的《素冠》反映出西周后期到春秋早期民间三年丧礼的普遍使用。该诗描写了一民间女子在祥祭后，仍为失去丈夫而哀伤，大祥之后，素衣素冠，仍忧心博博，希望见到逝者的影子，却难以成为现实。① 当然，《素冠》也以民谣方式讽刺民间存在不为至亲服丧三年的现象，足见当时对违背丧礼的情况所进行的舆论监督和道德评论。

西周如此重视丧服礼制，最重要的应该是实现孝亲感恩的理念，进而实现"封建亲戚，以蕃屏周"的政治理想。自春秋及战国传下的经学典籍明确了西周服制的原则，即"亲亲""尊尊""名""出入""长幼"和"从服"的六条服术原则，② 它们指导着不同人伦关系因亲亲尊尊不同而服叙有别，也指导着相同人伦关系因"名""出入""长幼"及"从服"导致服叙关系之差别或有无。西周的服制理论包括取之人情的"恩""理""节""权"。③ 所谓"恩者，仁爱也"，对有恩者要报恩行重服之礼。④ 这是对商周以来服丧三年习惯的理论提升，也是对春秋时期孔子三年服丧制现实主义思想的抽象化、理论化。⑤ "理"，义也，属于"尊尊""贵贵"之大义，故臣为君斩衰三年，宦于大夫者自管仲始为之服是也。⑥ 节者，丧礼有节，不可毁人性也，是故子路为姊丧，当除丧而未除，孔子矫之。⑦ 权者，改革、权变，出入、长幼、服从皆权之道。这些原则及原理在春秋晚期到战国时期经过不断抽象概括，而传之于世。

---

① 《素冠》原文为："庶见素冠兮，棘人栾栾兮。劳心博博兮。庶见素衣兮，我心伤悲兮。聊子与同归兮。庶见素韠兮，我心蕴结兮。聊子如一归兮。"（西汉）毛亨传、（东汉）郑玄笺、（唐）孔颖达疏、李学勤主编：《毛诗正义》卷7《国风·桧风·素冠》，北京大学出版社1999年标点本，第462—464页。
② 参见《礼记正义》卷34《大传》，第1005页。
③ 参见《礼记正义》卷63《丧服四制》，第1673页。
④ 这种"恩"既包括父母养育之情，也包括对非亲之答谢，比如《史记·赵世家》记载的约公元前584年赵武为程婴服齐衰三年是也。参见《史记》卷43《赵世家》，第1785页。
⑤ 孔子在论语中批评宰我说："子生三年，然后免于父母之怀。夫三年之丧，天下之通丧也。予也，有三年之爱于其父母乎？"（魏）何晏等注、（北宋）邢昺疏、李学勤主编：《论语注疏》卷17《阳货》，北京大学出版社1999年标点本，第242页。将三年服丧说成是报答父母养育之恩，与神秘的祭祖祭神、求福求安根本区别开来，彻底冲破了夏商乃至西周的神秘主义。
⑥ 管仲遇盗，取二人焉，上以为功臣，曰："斯人与游辟也，可人也。"管仲死，桓公让被提拔的两个贼盗出身的大夫为恩人管仲服丧。《礼记正义》卷43《杂记下》，第1226页。
⑦ 参见《礼记正义》卷6《檀弓上》，第193页。

周武王伐纣凯旋，授土封爵，提出"五教""惟食""丧祭""惇信"崇德等五大"垂拱而治"纲领，[①]作为周王朝治国之本。其中的丧祭要求丧以送死、祭以追远，以使各宗族贤能者之精神不断发扬，万古长存，激励本族后人孝亲感恩，荣光耀祖。[②]西周形成的这种感恩孝亲的服制观念成为此后3000多年华夏孝亲文明的基本理念。

## 二 先秦丧服礼制的精神及其发挥的社会治理功能

先秦丧服礼制由原始血缘纽带抽象化和规范化而成，具有维系伦常、孝亲感恩、教化子孙的人伦精神，也孕育了人格对等的法律责权精神。

（一）丧服礼制形成中蕴含的人伦精神及法律精神

从现有研究丧服礼制的成果看，对"三年丧制"的起源研究比较深刻，[③]其他等级的服叙和整个丧礼产生则基本上以《仪礼·丧服》所载为准。众所周知，汉代尚无《仪礼》之书名，这就出现了新的问题，各种丧礼及五等服叙究竟产生于何时，实际上并不清楚。甚至还出现倒置性的循环论证，比如有学者提出，丧服礼制是以西周嫡长子继承制为基础而产生和发展的。这不仅与服制的形成明显不符，也未能揭示丧服礼制的独特人伦及法律精神，遑论对其社会功能的认识和理解。为此，作者结合新出土的文献资料，在概括梳理丧服礼制的形成中，挖掘其蕴含的人伦精神和法律精神。

第一，先秦丧服礼制蕴含的人伦精神。丧祭之礼是人类埋葬亡故亲属时表达的哀悼之情，此乃人类本能，故丧祭之礼可能在史前文明期已经萌生。从史载文献看，尧舜时已有约定成俗的哀悼丧期。前述《尚书》有"帝（尧）乃殂落，百姓如丧考妣，三载，四海遏密八音"的记载，太史公也考证："三年，四方莫举乐，以思尧"。[④]同时，太史公还追述了舜崩禹服丧三年及禹崩益服丧三年的传颂。这些记载体现了上古丧葬习俗中服丧

---

① 参见《尚书正义》卷11《武成》，第295页。
② 对于西周将丧礼作为治国纲领而言，汉代刘安认为是武王伐纣后，太公为武王策划的愚民谋略。武王恐伐纣落下臣下犯上之口舌，为后世效尤，进而用兵不休、争斗不止。太公提出行三年之丧，可令其着；倡尊卑谦让，可止其争斗；以厚葬久丧而殚其家财。以此移风易俗，则天下弗失。《淮南子》中这种说法只是汉代黄老思想对周礼的贬斥而已，但却反映了丧葬礼俗，尤其是三年之丧在武王之后逐步兴起，并得到普遍推广的客观现实。
③ 学界将自唐代以来关于"三年丧制"产生的各种学说进行考察和论证，并提出新的观点。导论部分对7种观点已经做了初步介绍。
④ 《史记》卷1《五帝本纪》，第30、44页。

三年为最隆重的哀悼之礼。

夏商天命观使得祭天祈福之礼迅速发展，也推动了丧祭礼俗发展。从前文提及的殷商大量祭祀先祖周期表看，殷人祭天拜鬼的实质是祭祖和敬祖，他们认为先祖"玄鸟"来自上天，祭祀亡故后到天堂的祖先就足以护佑其后代的福祉。看来殷人祭天与祭祖无根本区分，天神已经包括远祖，只是新近亡故的祖辈尚为鬼，配以哀悼丧礼祭祀他们的亡魂，以便超度亡灵，使之升天为神。祭天之礼促使祭祖礼俗不断丰富，出土的甲骨卜辞有很多关于"大宗""小宗"的记载，其祭祀礼数有别。同时，殷商宗法制度已有发展，"盛行对近世直系祖先的特祭制度"。[1] 这种特祭包括对远祖和近祖的追思祭奠，其中对近祖的祭奠就是丧葬祭祀。史书还记载了太甲、沃丁、高宗等三年服丧情况，追思尊亲的三年丧礼基本已成固定习俗。只是殷商丧祭活动与祖祭活动的混合使得我们无法区分具体的丧祭之礼。

周初注重以礼治国，《尚书·顾命》记载了多种丧葬服饰及丧礼，由此推知，当时丧礼已初具规模。周代丧事管理机构的存在以及丧服之礼的广泛应用推动了丧礼的迅速发展。考诸《周礼》，有120多种官职涉及丧葬管理与监督职责。出土文献又证实"《周礼》六官体系与西周中晚期金文中的官制体系大体是相近的"，[2] 可推知当时很重视丧礼。"饭共""含玉"体现了西周丧礼应用的一个方面。《礼记·王制》记载，西周葬礼"饭用米、贝，弗忍虚也。不以食道，用美焉耳"，出土的西周墓葬尸体含玉又显示当时葬礼用玉已普及，现将田野考察中出土的西周3728座墓穴尸体口含玉考古记述[3] 列表如下（表1-1）。

表1-1

|  | 一等墓含玉 | 二等墓含玉 | 三等墓含玉 | 四等墓含玉 | 合计 |
| --- | --- | --- | --- | --- | --- |
| 西周早期（武王至昭王） | 1 | 3 | 8 | 1 | 13 |
| 西周中期（穆王至懿王） | 5 | 2 | 4 | 32 | 43 |
| 西周晚期（厉王至幽王） | 11 | 7 | 5 | 365 | 388 |
| 春秋时期（含战国早期） | 7 | 5 | 7 | 16 | 35 |
| 合计 | 24 | 17 | 24 | 414 | 479 |

表1-1数据显示，西周中期之后，丧葬含玉已普及化。虽然466个墓

---

[1] 常玉芝：《商代周祭制度》，第304页。
[2] 张亚初等：《西周金文官制研究》，中华书局2004年版，第141页。
[3] 孙庆伟：《周代用玉制度研究》，上海古籍出版社2008年版，第245—251页。

葬的口含玉只占3728座墓葬的12%多，但是墓葬中还有大量头饰玉、头枕玉、手握玉、颈戴玉、腰腹挂玉等现象，极可能是口中含贝、含饭与其佩玉合用。墓葬中还有许多以贝壳和石块代玉情况，概"庶人无玉，用石而已"，[①] 当然也有无玉无石墓葬，或许是以含米作为对尊亲的敬重。

服叙问题是丧礼应用及发展的又一重要方面。前述"伯禽受封，三年报政"一事，可见周初已运用丧服礼制改变民风民俗。史料还显示，"三年服丧"在春秋时已被普遍认可，[②] 此时虽礼乐衰败，但是从前述《诗经·国风·素冠》记载民间少妇依丧礼变服后对亡夫哀痛有异[③]情况看，普通妇女尚且知道服变之礼，更何况贵族呢？又从经书记载看，其他服叙也已存在并普及开来，可考的滕伯文[④]就为其叔父和侄子服齐衰服。

西周丧葬饭共含玉的普及和"三年服丧"的推广充分体现了"周人尊礼"，通过强调遵守丧礼丧制，实现爱亲人、教子孙、定风俗之目的。正如《礼记·经解》所言，丧礼使"死者不见背违，生者恒相从念"，其目的与其他礼仪教化一样，"使人日徙善远罪而不自知也"。可见，丧服礼制在发展中蕴含着"慎终追远，民德归厚"的尊亲爱人精神，这种精神实质恰恰是西周丧服礼制产生与发展的基础。

春秋后期，孔子将西周以来的丧礼进行系统总结，他编订的《仪礼》有五分之一内容涉及丧礼。《仪礼》将五等服叙系统勾勒出来，第一次展现出西周以来逐步完备的丧服礼制，且贯穿着"尊祖孝亲"思想。《仪礼》以"己"为坐标点，将本宗上下九辈以及旁亲、外亲融于五等服叙的网络之中，并辅以"隆""杀"原则。其中，"隆"表达了对尊亲的敬重，由尊亲又延伸出尊君，臣对君的服叙等级被隆为斩衰等级。《仪礼》还以"补充"原则将夫家相当远的长者补充为缌麻等级，将姻亲中较近、舍之又不合情

---

① 《毛诗正义》卷15《小雅·鱼藻之什·都人士》，孔颖达疏，第917页。
② 史载闵公守丧跨三个年头，二十二个月吉禘，被讥为"丧制未阕"。参见《春秋左传正义》卷11《闵公二年》，第306—307页。又文公亦二十二个月为鲁僖公禘祀，亦跨三个年头，也被指责少三个月。看来当时三年之丧为二十五个月。又晋悼公卒一年余，鲁大夫叔孙豹求晋攻齐以救鲁，晋平公以"寡君之未禘祀"，不敢用兵。参见《春秋左传正义》卷33《襄公十六年》，第941页。
③ 《素冠》实际上描述了少妇从丈夫去世到一年后，再到三年后的哀痛情况。丈夫刚去世到一周年这一段，忧思亡夫，容貌戚戚，体瘦如柴。一年后则恍若亡夫犹在，一起回家。三年后则是常常内心怀念，好似丈夫仍在，心中有一种幸福之感。
④ 历史文献及出土西周皿器证明，滕伯文为西周中期昭穆时代的诸侯国君，而非殷商国君。参见张志鹏《滕国新考》，《河南大学学报》（社会科学版）2011年第4期。

理的诸表兄补充为缌麻等级，将"爱亲"的人伦精神充分予以体现。至此，以"尊亲"为核心的等差有序服叙之礼将宗族上下九辈及相关姻亲纳入到服制圈中，整个社会都被叠加交叉的服叙关系所统摄，并且代代相续。

第二，先秦服制中孕育的法律精神。"出礼入刑"说明先秦的法是"礼刑"形态的礼法，①礼既是约束内在道德的规范，又是约束外在行为的规范，外在行为违背礼后，需要予以惩罚，而惩罚可能包括家族惩治和来自公权力的刑罚处罚。可见，违背丧服礼制当然也要入刑。由此看来，丧服之礼必然存在着当事人之间的权利义务关系。再从丧服礼制的服叙等级看，五等服叙不仅体现出其尊亲爱亲的人伦精神，还将亲属间的亲、疏、远、近及其相应的权利义务关系予以确定。

权利义务关系虽属现代法学理论的概念，但为揭示先秦"礼刑"所具有的法律本质，不妨借用并加以分析。我们先从服叙人伦关系进行分析。先秦服叙所涉及的人与人之间关系，作为一种宗法伦理关系自然也包含伦理关系的主体、主体媒介和主体意识3大基本要素。其中，主体媒介被认为是沟通主体双方的介质，它与法律关系中的客体具有相似之处。所以，考察这个相似点，寻找二者相通甚至交叉之处，对理解服叙关系主体间权利义务相对应的责权法律精神十分必要。服叙关系的媒介是沟通服叙关系主体双方的必要介质，没有介质的沟通，两个独立的自然人根本不可能形成具体的服叙关系。马克思认为，人的本质是人的真正社会联系，而这种社会联系形成和发展的根本动力在于人的需要。因此，各种社会关系并非由人的反思产生，而是因个人需要出现。②法律关系和人伦服叙关系均属于社会关系，二者当然都蕴含着主体的某种物质需求，这就是它们的相通之处。只是法律关系主体的需求体现在法律客体中，并且明白易知，而服叙关系主体之间的物质需求却被血缘、婚姻和情感等宗法伦理光环所笼罩，被赋予了更多的人伦道德因素，显得隐晦难辨。

家庭或家族成员之间的人伦服叙关系可能遮蔽他们之间对应性的权利义务关系，理论上，不同辈分之间具有相互服丧和相互照料的义务，这些权利和义务可能不会绝对平等，但具有对应性。就服叙关系中具有生养死葬义务的主体双方而言，似乎赡养和送葬的义务缺乏权利基础，但被赡养的权利依据一般是对子女尽抚养教育义务。拟制服叙关系中的赡养义务虽然不一定是以父母的抚养义务为基础，但它同此后的财产、爵位、门户、

---

① 本书第四章总结汉魏"服制制罪"的礼法秩序重构功能时论及西周礼刑的礼法性质。
② 《马克思恩格斯全集》第42卷，人民出版社2016年版，第24页。

祭祀等继承权都有着密切联系。所以，服叙关系中的仪礼不是对卑者单方面规定义务，它蕴含着主体双方对应性的权利和义务要求。诚如孔子所言："三年之丧，天下之通丧也，予也有三年之爱于其父母乎。"孔子从现实对应责任的角度解释为何要为父母服丧三年。先秦墨家思想中也具有对应义务或责任的论述，墨子指出，子女不关爱父母，就是亏父母而自利；父母不关爱子女，就是亏待子女而自利。① 在墨子看来，服叙关系主体具有对应的爱，这就是他的"兼爱"。可见，先秦服叙关系不仅具有尊亲、爱亲的人伦精神，其背后还蕴藏着许多权责对应的现实需求，彰显了主体之间对应性的权利义务法律精神。正是在此意义上，我们才说，先秦服制之礼具有法律属性。

（二）丧服礼制在先秦发挥的社会治理功能

考察丧服礼制的人伦及法制精神，旨在为探索其早期的社会治理功能奠定基础。夏商的天命天罚观过渡到西周重人尊礼的礼治观后，人被明确禁止作为祭品，缓和了社会矛盾，保存了劳动力。同时，宗族被明确赋予教化管理的自治权力，节约了社会治理成本。

1. 宗族自治功能

宗族在殷商已经形成，并无异议，作为宗法人伦之礼的丧服礼制在西周乃至春秋时期发挥着封建亲戚、以藩屏周的国家治理作用也无争议。这一时期的丧服礼制是否具有宗族自治功能尚需探讨。要考察丧服礼制在西周至春秋战国时代的宗族自治功能，需考察丧服礼制在当时发挥作用的基本社会条件。至少要满足两个基本条件：一是丧服礼制当时是否广泛存在，二是当时的基层社会是否存在自治管理。前者在先秦服制人伦精神形成部分已经得到肯定答案。后者由于缺乏历史记载，需要给予考察。

周武王克殷，以少胜多，随即实施封邦建国政策。封邦建国涉及周天子对诸侯王的选择和授权，对地方依然是少数贵族对多数土著居民进行统治。借用当代法权观念审视，西周封地实际是将归顺土地分封给贵族，土著居民再以一种法律虚构形式，在名义上接受贵族的授土授田。② 各地宗族对自己原有的山泽及农田仍然拥有支配权，殷商时代那种以宗族集体耕作的生产组织方式并未发生变化。《尚书·多士》对此有所记载，"尔乃尚有尔土，尔乃尚宁干止"，③ 即广大殷商旧民仍保留原来的土地，仍在故土

---

① 参见（清）孙诒让《墨子闲诂》，中华书局 2001 年版，第 100 页。
② 参见朱凤瀚《商周家族形态研究》，天津古籍出版社 1990 年版，第 326 页。
③ 《尚书正义》卷 16《多士》，第 428 页。

上劳作与休息。证明了殷商故土的田土及耕作方式在周初保持着稳定性。此后,西周虽实行新的井田制,但人们除公田劳作之外,宗族生产并不受官府强制干预,族田耕作仍由族人协商安排。即便到春秋,社会已发生剧烈变化,那种"聚族而居、聚族而葬和家族事业以世世相承为常态的生活形态,似乎不曾根本动摇",① 核心家族仍是当时农民的一种生活和生产单位。由此可见,西周至春秋,宗族始终是基本的生产组织单位。另外,西周对被征服地区长期实施怀柔政策,② 也使宗族获得了更多自我管理权力。这为探索丧服礼制当时所发挥的宗族自治功能提供了可能性。

首先,丧服礼制成为家族及宗族团结和睦的主要纽带。丧礼本为哀悼亡故亲人的凶礼,然周人认为"事死如事生",丧中思亲如同亲人存在,如此方为至孝。《礼记·曲礼》中"升降不由阼阶,出入不当门隧",③ 正是这种精神的体现,即尊亲去世后,子女在守丧期间不走父母在世时出入的正台阶,不走正门的路。至孝体现在事生上,主要指事亲、尊亲。曾子将至孝概括为"大孝尊亲,其次弗辱,其下能养"。④ 这样,丧礼便沟通了死葬之礼与生养之礼,成为人生行孝的圭臬,也是家庭和睦的基本要求。《尚书·酒诰》载有周公对殷商遗民孝亲的教诲,言"肇牵车牛,远服贾,用孝养厥父母,厥父母庆,自洗腆,致用酒"。要求男人们农事完毕后驾车到外地贸易,换得孝养父母的各种物质需求,父母则在家备酒等待犒劳归来的儿子。服制孝道将家庭紧密团结在一起。

丧服之礼还将宗族中尊卑长幼关系悉数予以界定,使宗族成员获得一种亲情认同感。无论是族内的生产生活,还是与其他宗族往来,血缘亲情使本族、本宗的利益一致化,形成了一种集体利益观念。考古学家对此惊叹:"能够把人们聚合起来进行这种集体协作的组织只能是血缘家族组织。"⑤ 在族内、宗内产生矛盾时,服制亲情成为一种矛盾调和的黏合剂。虽然要考虑是非曲直,但是温情的服制又使人们宽容族人。直到今天,民间还存在"打断骨头连着肉"的民谣,人们常以此劝和亲情之间的矛盾。

---

① 邢义田:《从战国至西汉的族居、族葬、世业论中国古代宗族社会的延续》,载《周秦文化研究》,陕西人民出版社1998年版,第828页。
② 该政策延至西周末年仍在实施,据《尚书·文侯之命》记载,周平王时还要求诸侯们"柔远能迩,惠康小民"。参见《尚书正义》卷20《文侯之命》,第560页。
③ 《礼记正义》卷3《曲礼上》,第76页。
④ 《礼记正义》卷48《祭义》,第1332页。
⑤ 朱凤瀚:《商周家族形态研究》,第418页。

其次，丧服之礼成为约束宗人行为的一种主要准则。《礼记·丧服小记》云："亲亲，尊尊，长长，男女有别，人道之大者也。"这既是礼的基本特点，也是服丧的基本准则。亲亲、尊尊、长长本是如何对待具有血缘关系的父母、祖父、曾祖、高祖、兄及旁亲。该书的孔颖达疏曰："不言卑幼，举尊长则卑幼可知也"，同时认为此乃"人间道理最大者"。即无论尊卑长幼，生活中皆以此为大道。这一解释使该服丧准则成了生活的行为准则。对不同服叙而言，吉凶之礼虽有别，然违者都将受到谴责。《左传》将所涉大小人物都放在人伦生活中加以记述，到处可见以丧服礼制褒贬人的行为。如《春秋左传·昭公九年》载，晋大夫荀盈未葬，"晋侯饮酒乐。膳宰屠蒯趋入，请佐公使尊"。屠蒯对使人罚酒，实际是对贵为诸侯的晋平公之谴责。

再次，服制对宗族教化和议事的影响。先秦设庠序，负责民间识字教化。《孟子·滕文公章句》云："庠者养也，校者教也，序者射也……学则三代共之，皆所以明人伦。"在《仪礼·丧服》中，郑玄注曰："父母兄弟夫妇之理，人伦之大者。"看来服制人伦是宗族和学校教育的重要内容。至于西周宗族议事、议政情况，资料匮乏，详情难知。但宗族作为组织生产的基本单位，族人势必经常议事。由春秋"子产不毁乡校"一事可知，春秋的"庠""序"不但是地方官学和尊贤养老之地，也是乡党议事的重要地方。据此推测，宗间议事则可能在门塾（明堂），因为史料还记载，门塾乃西周"教农人以义"之地。①

2. 社会治理功能

西周"礼治"扭转了夏商以"天命天罚"思想管理社会的思维，而以极高的政治法律智慧开创了中华政治文明的新纪元。丧服礼制在这一新的社会治理方式中发挥着独特功能。

丧服礼制在思想教化和国家秩序诸方面发挥着十分突出的作用。服制是先秦宗族教化和学校教育的主要内容，《礼记》所言"七教"中的父子、兄弟、夫妇、君臣、长幼等教化内容，无不涉及服制内容。尤其是"庠序之教"规定：

---

① 《尚书·洛诰》有"兹予其明农哉"之言。孔安国认为，此周公归政，"则身当无事，如此我其退老于州里，明教农人以义哉！"伏生《书传》也认为，在西周，致仕之臣，依礼教于州里，大夫为父师，士为少师，朝夕坐于门塾，而教出入之子弟。是"教农人以义"也。由此可见，宗间门塾自然也是宗族农人议事之地。

学优者，移于国，学于小学，再优者学于大学，成为造士。① 造士可升为司马、进士，成为治国栋梁。这一先秦选举路径不仅是后来儒家"修齐治平"的经验来源，又是汉代"举孝廉"、甚至隋唐以降科举制度的雏形，有利于笼络宗族，加强社会治理。

在安邦定国方面，西周服制最突出的应用在于辅助"君统"及"分封制"，确保着君统承嗣有序和边疆稳定。西周统治者运用丧服亲等巧妙地创造出宗祧继承制度，并将该制度运用到王位继承中，于是有嫡长子继承制。② 天下非天子一人所有，乃宗室共有，故庶子不必失落，通过封建亲戚，被派往诸侯国，承担着"以藩屏周"重任。诸侯在封地享有至高权力，而且可以世代享国。如此，又很好地"平衡"了王室宗亲的利益，有效减少了内部争权斗争，确保了君统继承的稳定性。同时，被分封到各地的诸侯与周王室具有天然的血缘宗亲或姻亲挚爱关系，他们在各邦国将周王室的君统权威真正树立起来，根本上改变了殷商对偏远邦国统而不治的现象。

在社会管控方面，服制在西周已发挥着稳定社会的强制功能，前述西周有120多种官职涉及丧葬管理职责，尤其是世妇、职丧、大司马、射人承担着对丧服礼制的执行监督和处罚职责。《周礼》记载，世妇"大丧，比外、内命妇之朝暮哭，不敬者苛罚之"；③ 职丧"以国之丧礼莅其禁令"；④ 大司马"贼杀其亲则正之……外内乱，鸟兽行，则灭之"；⑤ 射人"大丧，与仆人迁尸。比其庐，不敬者，苛罚之"。⑥ 这些规定于今虽不可详细求证，然从接下来司法矫正功能中所引《春秋左传》正史中所见的案例及其处置，又可印证西周丧礼之规定和实施情况。

总之，丧服礼制在形成中蕴含的"爱亲""孝亲"思想和权利义务相对应法律思想在春秋战国时期被应用到治亲安邦政治治理和司法实践中。同时，它们也被儒家思想所吸收，儒家在主张"克己复礼为仁"时，又提

---

① 造士是学业有成就的士子。《礼记·王制》云："升于司徒者不征于乡，升于学者不征于司徒，曰造士。"孔颖达疏曰："学业既成，即为造士。"
② 王位传子继承在商代已存在，但尚不成定制，西周宗祧制确立，嫡长子继承得以成制。这也再次证明嫡长子继承制非丧服礼制产生的基础，恰恰相反，丧服礼制是嫡长子继承制的基础。
③ （东汉）郑玄注、（唐）贾公彦疏、李学勤主编《周礼注疏》，北京大学出版社1999年标点本，《周礼注疏》卷21《春官宗伯·世妇》，第563页。
④ 《周礼注疏》卷22《春官宗伯·职丧》，第572页。
⑤ 《周礼注疏》卷28《夏官司马·大司马》，第783页。
⑥ 《周礼注疏》卷30《夏官司马·射人》，第810页。

出孝悌是仁的根本。① 汉初采纳以孝治天下既是亲情服制精神影响的结果，也是对丧服礼制治亲安邦功能的继承和弘扬，是历史发展的必然选择。

3. 司法矫正功能

先秦丧服礼制的礼法精神到西周开始发挥越来越重要的社会治理功能，至春秋，违背丧服礼制遭受刑罚处罚的范围明显扩大，频度明显提高。《春秋左传》记载了春秋时期诸多弑君、弑亲及通奸等违背丧服礼制的事例，弑君及弑亲者都遭到当时或后世谴责，被钉在耻辱史上。部分弑君、弑亲及通奸者在当时受到不同程度的刑罚处罚，当然春秋服制的"违礼入刑"基本不属于两汉的"以礼入律"问题，它反应的是西周"出礼入刑"的"礼刑"特点。但这种现象肯定为汉魏"服制入律"和"服制制罪"提供了观念与实践先导。

在弑君案中，《春秋左传》记载的"公子佗杀太子免"和"齐无知弑齐君诸儿"两案最为经典。桓公五年五月，陈国陈桓公刚去世，其弟陈陀便将太子陈免杀死，篡权夺位。诸侯国都不承认陀的君位合法性，于是隐公六年，蔡国将陀赶下君位，并杀之。又庄公八年冬，齐襄公诸儿的从兄长无知为篡权夺位，安排杀手弑杀齐襄公。庄公九年春，由于无知篡权得不到合法承认，被废除，并杀之。这两个案例中，并非胜者为王，也并非强权就是真理。违背由亲情服制开出的王位继承制，即使得到王位，② 也因以不合礼制而被废除，甚至被处以极刑。可谓"礼，国之干也"。违背丧服礼制，必以刑罚或其他处罚矫之。

《春秋左传》记述的通奸案中，有7个案例也非常经典，在此列举并分析。

案例一：《桓公十六年》载："初，卫宣公烝于夷姜，生急子，属诸右公子。为之娶于齐，而美，公取之。"③

案例二：《桓公十八年》载："公会齐侯于泺，遂及文姜如齐。齐侯通焉。"④

案例三：《闵公二年》载："闵公，哀姜之娣叔姜之子也，故齐人

---

① 子曰："孝弟也者，其为仁之本与。"《论语注疏》卷1《学而》，第3页。
② 有意思的是，这一时期古希腊靠强力违制获得城邦君主或执政官者被称为僭主，被视为变态政治。
③ 参见《春秋左传正义》卷7《桓公十六年》，第208页。
④ 参见《春秋左传正义》卷7《桓公十八年》，第212页。

立之。共仲通于哀姜,哀姜欲立之。闵公之死也,哀姜与知之,故孙于邾。齐人取而杀之于夷,以其尸归。"①

案例四:《文公十四年》载:"冬,单伯如齐。齐人执单伯。"②《公羊传》载:"单伯之罪何?道淫也。恶乎淫?淫乎子叔姬。然则曷为不言齐人执单伯及子叔姬?内辞也,使若异罪然。"汉代何休考而解诂曰:"时子叔姬嫁,当为齐夫人,使单伯送之。"③

案例五:《襄公二十五年》载,齐庄公与其近臣崔杼之妻棠姜多次通奸,"庄公通焉,骤如崔氏,以崔子之冠赐人"。崔杼愤欲弑之,"公踰墙,又射之,中股,反队,遂弑之"。④

案例六:《襄公三十年》载:"蔡景侯为大子般娶于楚,通焉。大子弑景侯。"⑤

案例七:《昭公二十年》载:"公子朝通于襄夫人宣姜,惧,而欲以作乱。""八月辛亥,公子朝、褚师圃、子玉霄、子高鱼出奔晋。闰月戊辰,杀宣姜"。⑥

在这 7 个案例中,案例一讲卫宣公不仅与庶母夷姜乱伦生子,而且夺子之妻。对此,《诗经》专门以诗歌讽刺卫宣公,使之遗臭万年。⑦案例二讲鲁桓公之妻文姜在齐国与齐侯通奸,其结果是,"三月,夫人孙于齐。不称姜氏,绝,不为亲,礼也"。⑧即文姜无颜在鲁国生存,儿子庄公与之断绝母子之亲。案例三中,哀姜通奸,被其娘家处死,以捍颜面。对于案例四中单伯与叔姬早年的通奸,后被查证,双双被抓,《春秋穀梁传》则直接称这种行为入罪,即"齐人执单伯。私罪也。单伯淫于齐,齐人执之",⑨只不过将其归为"私罪",即近似于后来秦代的家罪。案例五和案例六均提到所弑君名讳,依《春秋左传·襄公

---

① 参见《春秋左传正义》卷 11《闵公二年》,第 309 页。
② 参见《春秋左传正义》卷 19 下《文公十四年》,第 549 页。
③ 参见(西汉)公羊寿传,(东汉)何休解诂,(唐)徐彦疏,李学勤主编《春秋公羊传注疏》卷 14《文公十四年》,北京大学出版社 1999 年标点本,第 309 页。
④ 参见《春秋左传正义》卷 36《襄公二十五年》,第 1013、1014 页。
⑤ 参见《春秋左传正义》卷 36《襄公三十年》,第 1115 页。
⑥ 参见《春秋左传正义》卷 39《昭公二十年》,第 1390、1393 页。
⑦ 参见《毛诗正义》卷 2《国风·邶风·新台》,第 176—177 页。
⑧ 参见《春秋左传正义》卷 8《庄公元年》,第 218 页。
⑨ (晋)范宁集解、(唐)杨士勋疏、李学勤主编:《春秋穀梁传注疏》卷 11《文公十四年》,北京大学出版社 1999 年标点本,第 180 页。

四年》言"凡弑君,称君,君无道也;称臣,臣之罪也",齐蔡二公侯皆无道。案例七中,男的流窜,女的被杀。总之,违背人伦服制之礼,不仅受到谴责,还遭受通缉、抓捕、杀头等不同司法处置。

除了这7个案例外,还有两个反映丧服礼制的典型案件,即"从昆弟争室案"和"晋侯丧中作乐案"。其中,"从昆弟争室案"乃郑国上大夫公孙黑和下大夫公孙楚两从昆弟争妻之事引发的案件。① 案中,徐吾犯之妹相亲选夫时认为,夫当如夫道,应当刚强,妇当如妇节,应当柔弱也,于是便选择了公孙楚做丈夫。此后引发的从昆弟纠纷中,子产认为,兄公孙黑抢弟公孙楚妻,弟有理,弟伤兄长兄有理,故"直钧",都有理。但贱犯贵、幼犯长,故公孙楚有罪,这明显是以服制之礼在断案。又第二年,在处置公孙黑时,子产认为,此前争弟之妻,公孙黑有罪,只是此前以丧服之礼考虑,罪轻于弟,才流放弟弟而已。足见后世服制定罪中,尊卑贵贱之别在此处都能找到谳狱理念和依据。

"晋侯丧中作乐案"记述的是:"昭公九年晋荀盈如齐逆女,还,六月,卒于戏阳殡于绛,未葬。晋侯饮酒乐。"宰夫屠蒯责怪师旷及李调不告诫及规劝君侯之过失,并进行罚酒。②《礼记·檀弓》对此事还记载:"平公曰:'寡人亦有过焉,酌而饮寡人。'"③ 春秋违礼司空见惯,然诸侯王于大臣丧中饮酒,又自知违礼,可见丧服礼制的影响。罚酒虽为礼罚,而非刑罚,但丧服礼制的"礼刑"特质已尽表其中。

这种以礼约束、"出礼入刑"的治理模式,自然不会引起社会抱怨,与

---

① 其内容为:昭公元年,"郑徐吾犯之妹美,公孙楚聘之矣,公孙黑又使强委禽(禽,纳采之雁)焉。犯惧,告子产。子产曰:'是国无政,非子之患也。唯所欲与。'犯请于二子,请使女择焉。皆许之。子晳(公孙黑)盛饰入,布币而出。子南(公孙楚)戎服入,左右射,超乘而出。女自房观之,曰:'子晳信美矣,抑子南,夫也。夫夫妇妇,所谓顺也。'适子南氏。子晳怒,既而櫜甲以见子南,欲杀之而取其妻。子南知之,执戈逐之,及冲,击之以戈。子南伤而归,告大夫曰:'我好见之,不知其有异志也,故伤。'大夫皆谋之。子产曰:'直钧,幼贱有罪,罪在楚也。'"乃执子南而数之,曰:"国之大节有五,女皆奸之。畏君之威,听其政,尊其贵,事其长,养其亲,五者所以为国也。今君在国,女用兵焉,不畏威也。奸国之纪,不听政也。子晳上大夫,女嬖大夫,而弗下之,不尊贵也。幼而不忌,不事长也。兵其从兄,不养亲也。"昭公二年,公孙黑将作乱,诸大夫欲杀之。子产使吏数其三罪,其中之一乃"昆弟争室"。《春秋左传正义》卷41《昭公元年》及《春秋左传正义》卷42《昭公二年》,第1152、1176页。
② 《春秋左传正义》卷45《昭公九年》,第1273页。
③ 《礼记正义》卷9《檀弓下》,第258页。

"天命天罚"相比，还大大降低了社会治理的成本。可见，通过《春秋左传》正史资料考察分析，在社会治理中，丧服礼制已在司法层面成为辨别人道正义、矫正行为偏差的标准。

## 第二节　汉魏孝治政治为丧服礼制提供的历史舞台

如果说先秦服制的礼法精神及其社会治理功能为其在汉魏发挥治亲安邦社会治理功能埋下了一颗种子，那么汉魏孝治政治则为丧服礼制功能充分发挥提供了良好土壤。孝治政治自身促使着丧服礼制在汉代兴盛和发展。

### 一　汉代孝治方略的确立

"以孝治国"即以孝道作为治国之根本。今言汉代孝治政治者司空见惯，然两汉正史及文献资料却未见汉代明确"孝治"的律令诏书。因此需作考察和说明。"孝治"一词最早见于《孝经》，"昔者明王之以孝治天下也。"[1] 然《孝经》成于何时，尚无确凿定论。太史公于《史记》中四次提到"孝经"，其中，有孔子弟子曾参作《孝经》之记载，[2] 惜无具体内容对照；又有两处提到发生在景帝到武帝时所引《孝经》的情况，[3] 皆为今《孝经》所载。此外，采撷百家而成书于公元前239年的《吕氏春秋》，在《察微》篇中提到《孝经》内容，[4] 与今《孝经》内容相符。于是可推测，《孝经》主要内容可能在春秋至战国时已初步形成，后因焚书或战乱遗失，至西汉初再现私藏本，或据相关文献逐步补出并完善。西汉昭帝诏曰："朕

---

[1] （唐）李隆基注、（北宋）邢昺疏、李学勤主编：《孝经注疏》卷4《孝治章》，北京大学出版社1999年标点本，第23页。

[2] 其内容为："曾参，南武城人，字子舆。少孔子四十六岁。孔子以为能通孝道，故授之业。作《孝经》，死于鲁。"《史记》卷67《仲尼弟子列传》，第2205页。

[3] 一次是太史公自引："孝经曰：'非法不言，非道不行。'此圣人之法言也。今主上不宜出好言于梁王。"《史记》卷58《梁孝王世家》，第2090页。另一次为当朝大皇太后诏大司徒大司空："盖闻治国之道，富民为始；富民之要，在于节俭。孝经曰'安上治民，莫善于礼。'"《史记》卷112《平津侯主父列传》，第2963页。两次引用《孝经》内容皆在今传《孝经》中。

[4] 《吕氏春秋·察微》载："《孝经》曰：'高而不危，所以长守贵也；满而不溢，所以长守富也。富贵不离其身，然后能保其社稷，而和其民人。'"这些内容与今之《孝经·诸侯章》内容一致。

以眇身获保宗庙，战战栗栗，夙兴夜寐，修古帝王之事，通保傅，传'孝经''论语''尚书'，未云有明。其令三辅、太常举贤良各二人，郡国文学高第各一人。赐中二千石以下至吏民爵各有差。"① 可见武帝至昭帝时，《孝经》已被广泛传授，实施孝治政治已经有了最重要的经典依据。

至于汉初为何"以孝治国"，有其历史背景。公元前3世纪的最后20年间，中国历史上发生了惊天动地的变化。先是公元前221年，秦王嬴政称始皇帝，建中国历史上第一个真正统一的强大王朝，自此，结束了春秋以来500多年诸侯割据混战局面。孰料，12年后，天下反秦，一时战火四起。又两年，在位仅46天的子婴三世向汉王投降，虽四方战事未休，但强秦帝国寿终正寝。秦之速亡几乎令那个时代的思想家和政客们无所适从。一方面人民"疾秦酷法"，另一方面又不知据何法宝治理新世。故天下初定时汉高祖刘邦语出："乃公居马上而得之，安事诗书。"② 然为缓和社会矛盾，高祖启用各色人物，并诏安民心。以刀笔吏出身的丞相萧何及此后的曹参顺势变更，简秦法，与民清静。当时的民歌体现了这种情景："萧何为法，顜（讲）若画一；曹参代之，守而勿失。载其清靖，民以宁壹。"③ 又儒生陆贾劝高皇帝以《诗》《书》治国，帝令其作秦失汉得及古今成败之《新语》十二篇；儒生叔孙通注重规制世俗，帝令其制礼仪，正君位。可见，汉初之治，不弃法令，兼采黄老儒术，并非专任一家思想治国。

从汉初杂取各家内容中约略体现出以孝治国思想。太史公评价高祖一生功过时曰：

> 夏之政忠。忠之敝，小人以野，故殷人承之以敬。敬之敝，小人以鬼，故周人承之以文。文之敝，小人以僿，故救僿莫若以忠。三王之道若循环，终而复始。周秦之闲，可谓文敝矣。秦政不改，反酷刑法，岂不缪乎？故汉兴，承敝易变，使人不倦，得天统矣。④

这段话较难理解，可尝试解之。《说文解字》曰："忠，敬也，从心。"⑤ 待人若仅强调不二之心，缺乏外在顺从修饰，便显得粗野，故云"忠之

---

① 《汉书》卷7《昭帝纪》，第223页。
② 《史记》卷97《陆贾传》，第2699页。
③ 《汉书》卷39《曹参传》，第2021页。
④ 《史记》卷8《高祖本纪》，第393页。
⑤ （东汉）许慎：《说文解字》，第603页。

敝，小人以野"。《说文解字》又曰："人所归为鬼，从人，象鬼头，鬼阴气贼害。"[①] 这样，"敬之敝，小人以鬼"可理解为，待人过分追求外在顺从的表态，就难免存在内心虚伪的弊端。周人便制定蕴含人伦纹（文）理的典章制度，以约束和教化人，使言行合文理而内心诚待人。然文并未解决内心虚伪之弊，所以又强调真诚待人的"忠"。正是这种弊端促使秦以文法治心，使得"忠""敬"与"文"关系严重失调。汉兴，高祖"承敝易变"，既注重以礼修饰外在行为，又不可使之繁缛，还要表达出内心之真诚。故汉初治国绝非单纯用"贵清静而民自定"的黄老思想，亦非简单的杂取法、道、儒三家之论；而是调适礼法，即使言行有礼有度，又以自然孝道施以教化，导民质朴纯正。汉初治理确实体现了这一思想的不断丰富和完善。

高祖虽一生征战，然安民实为其要务，其安民措施中多有"尊贤""尊孝礼""重教化"之诏令，现梳理（表1-2）如下。这些活动或敕令在汉初已基本决定了汉代"以孝治国"的方向和策略，为后世子孙顺承祖制，推行孝治奠定了基础。

表1-2

| 时间 | 内容 | 文献出处 |
| --- | --- | --- |
| 二年冬 | 汉王如陕，镇抚关外父老。 | 《汉书·高祖纪》 |
| 三年二月 | 举民年十五以上，有修行，能帅众为善，置以三老，乡一人。择乡三老一人为县三老，与县令、丞、尉以事相教。 | 《汉书·高祖纪》 |
| 三年三月 | 为义帝发丧，袒而大哭，哀临三日。 | 《汉书·高祖纪》 |
| 四年十一月 | 下令：军士不幸死者，吏为衣衾棺椁，转送其家。四方归心焉。 | 《汉书·高祖纪》 |
| 六年冬 | 诏曰："人之至亲，莫亲于父子，故父有天下传归于子，子有天下尊归于父，此人道之极也。" | 《汉书·高祖纪》 |
| 七年冬 | 置宗正官以叙九族。 | 《汉书·高祖纪》 |
| 八年冬十一月 | 令士卒从军死者，为槥归其县，县给衣衾棺葬具，祠以少牢，长吏视葬。 | 《汉书·高祖纪》 |
| 十年八月 | 令诸侯王皆立太上皇庙于郡国。 | 《汉书·高祖纪》 |

---

① （东汉）许慎：《说文解字》，第522页。

续表

| 时间 | 内容 | 文献出处 |
| --- | --- | --- |
| 十一年二月 | 盖闻王者莫高于周文伯者,莫高于齐桓,皆待贤人而成名。今天下贤者智慧岂特古之人乎?患在人主不交,故也士奚由进。今吾以天之灵,贤士大夫定有天下以为一家。欲其长久世世奉宗庙亡绝也,贤人已与我共平之矣,而不与我共安利之,可乎?贤士大夫有肯从我游者,吾能尊显之,布告天下,使明知朕意。 | 《两汉诏令》 |
| 十二年十月 | 上还,过沛,留,置酒沛宫,悉召故人父老子弟佐酒。 | 《汉书·高祖纪》 |
| 十二年十一月 | 过鲁,以大牢祀孔子。 | 《汉书·高祖纪》 |

汉惠帝继续推行高祖重孝的成制,并首次以"孝悌力田"奖励农耕。奖励农耕虽秦已有,然以孝悌教导、劝勉,奖励天下百姓孝顺父母,尊敬兄长,协力务农,实乃汉之新制。惠帝崩,礼官依照惠帝生前内修亲亲、外尊宰相、劝天下以孝悌的施政追求,定谥为孝,以示天下谨守孝道。师古曰:"孝子善述父之志,故汉家之谥,自惠帝以下皆称孝也。"① 至高后,新置"孝悌力田"两千石官吏,教导天下之人,孝尊亲、重亲情,协力务农。出土的《张家山汉墓竹简·二年律令》当为高后时制定,其中有诸多关于不孝和教人不孝罪的律令。这些应能说明,经过汉初20多年逐步实践,孝治政治已初步成为一种治国思想,并发展出诸多相关政令制度。

这种注重以孝治国思想在文景之世愈显清晰。文帝继位初,天下虽平,然纲纪疏阔,外有匈奴之患,内有诸侯内乱之忧。故文帝接受贾谊"建久安之势,成长治之业,以承祖庙,以奉六亲,至孝也;以幸天下,以育群生"②之建议,兴孝礼之教,以资重农。文帝十二年三月又诏:

孝悌,天下之大顺也。力田,为生之本也。三老,众民之师也。廉吏,民之表也。朕甚嘉此二三大夫之行。今万家之县,云无应令,岂实人情?是吏举贤之道未备也。其遣谒者劳赐三老、孝者帛人五匹,悌者、力田二匹,廉吏二百石以上率百石者三匹。及问民所不便安,而以户口率置三老孝悌力田常员,令各率其意以道民焉。③

---

① 《汉书》卷2《惠帝纪》,颜师古注,第86页。
② 《汉书》卷48《贾谊传》,第2231页。
③ 《汉书》卷4《文帝纪》,第124页。

在汉代，一"率"乃一万家，一万家为一标准县的人口规模。"以户口率置常员"就是将高后时郡一级的三老、孝悌及力田官制新扩大到县。这样就贯通了原有的郡与基层孝悌力田官制，构成了郡、县、乡三级教化事农的完备官制。同时，乡、里开始实行孝廉选举制度，责令地方乡里推荐那些贤良、孝子和为人忠厚的廉洁者，再经郡县策问，推举到朝廷。这种制度在武帝时形成常制。足见文帝对孝文化的重视，难怪后世称汉代的选官制度为乡里举孝廉。① 文帝也获得了"专务以德化民，是以海内殷富，兴于礼义"之美评。②

武帝继承祖上伟业，贯彻汉初以来孝治思想。除承袭孝悌力田和三老教化外，还将孝悌独定为选举常制，对不举孝廉者以不敬论罪。③ 从汉武帝严厉处罚不孝却不处罚不力田的情况看，汉代的治国理念已经与秦截然不同，以至于当时举孝廉蔚然成风。被举荐的孝悌经策士选拔，优秀者可以为官，其余也都留在地方官府，作为教化百姓的师傅，④ 获得了较高荣誉和地位。武帝还强调，养老孝亲不能落在口上，要一以贯之。发布诏令："今天下孝子顺孙愿自竭尽以承其亲，外迫公事，内乏资财，是以孝心阙焉。朕甚哀之。民年九十以上，已有'受鬻法'，为复子若孙，令得身帅妻妾遂其供养之事。"⑤ "复子若孙"的"复"指免除子或孙的赋税和徭役，这是在文帝创制的"受鬻法"基础上，对养老有心无力者新增的激励性敕令。武帝还接受了董仲舒的阴阳五行思想，认为天生万物，万物又以五行相生相克，自是生生不息。人亦受五行天道支配，只是这时的天道体现为孝道，是否遵守孝道，不仅人可评判，还能通过天人感应得以体现。《春秋繁露》载：

> 天有五行：木、火、土、金、水是也。木生火，火生土，土生金、金生水。水为冬，金为秋，土为季夏，火为夏，木为春。春主生，夏主长，季夏主养，秋主收，冬主藏。藏，冬之所成也。是故父之所生，其子长之；父之所长，其子养之；父之所养，其于成之。诸父所为，其子皆奉承而续行之，不敢不致如父之意，尽为人之道也。故五行者，五行也。由此观之，父授之，子受之，乃天之道也。故曰："夫孝者，

---

① 参见钱穆《中国历代政治得失》，生活·读书·新知三联出版社2004年版，第13页。
② 《汉书》卷4《文帝纪》，第135页。
③ 参见《汉书》卷6《武帝纪》，第167页。
④ 文景之世尚不见三老为民师之规定，武帝时，不仅三老可为民师，孝悌亦可为民师。
⑤ 《汉书》卷6《武帝纪》，第156页。

天之经"也。①

把孝子的孝行看成五行相生和相受的天理天道，以近乎神学的观念将孝道上升为先天的客观存在。至此，以《孝经》为经典的孝道理论支撑着孝治的各种具体政策和法律，标志着汉代孝治政治方略的确立。

## 二 汉魏孝治政治对丧服礼制的内在需求

先秦丧服礼制已经具有治亲安邦的治理功能，汉魏推行孝治政治，更需丧服礼制教化、引导、规范亲情之间的关系，从而充分发挥其治亲安邦功能。至少从以下3个方面可以明显看出汉魏孝治对丧服礼制的独特需求。

其一，汉魏孝治政治需要对春秋以来衰败的丧礼进行复兴。西周礼治过于文饰，无法确保发自内心的敬重，故而在春秋战国逐步衰落。由此导致礼的功能无法充分发挥，服制观念也随之弱化。而西汉中前期逐步确立起来的"孝治政治"既是对先秦礼治的继承，又是对先秦礼治突破性的发展，孝治更加强调人伦之间尊卑有序之道，丧服礼制在社会生活中的作用开始从情感和制度方面双向加强。

虽然先秦丧服礼制有治亲安邦社会治理功能，但是在西周礼治背景下，除丧服礼制不完善之外，礼治对于礼的作用发挥尚有局限性。夏商有礼，尚无礼治，统治者认为政权来自于天，故治国无须与民协商与妥协，只需替天行罚。天罚动辄灭人，由人代天行罚自然容易受人性影响，也无法避免暴政。出土文献表明，商代"占卜问天"甚至将人祭常态化，②其他草菅人命之事更不足为奇。周统治者对夏商暴政进行了深刻反思，认为"天命靡常""惟德是辅"。西周确曾提出"底（替）天之罚"和"恭行天罚"口号，③那只是寻求伐纣的合法性而已。从对"天人关系"的认知看，西周已经看到人并重视人。基于此，西周将逐渐成熟的各种礼进行规范化和系统化，用礼规范和指导人的行为，使人们形成尊礼守礼的观念和生活传统，以满足政治统治需求。丧服礼制作为礼制的一部分，在西周逐步发挥着其应有的作用。但诚如前引司马迁所言，周礼过于强调文饰，宗法伦理尚未作为一种天道浇筑于人的内心深处。另一方面，随着经济和社会的发展，

---

① （清）苏舆校注：《春秋繁露义证》卷10《五行对》，中华书局2002年版，第314—317页。

② 参见《郭沫若全集·历史编》卷1，人民出版社1982年版，第241页。

③ 《尚书正义》卷11《泰誓下》，第273、280页。

社会利益也使得大宗法背景下的礼治对丧服礼制功能发挥的制约一面明显表现出来。

一方面，服制体现的亲属之间对应的权利义务在王室和诸侯间被破坏。由于西周的分封制以丧服礼制为基本原则，故诸侯对周王室承担着重大责任。到春秋战国之时，周王室式微，无法使宗法制度下的分封制有效运行，周王室和诸侯之间由血缘纽带及丧服礼制产生的权利义务关系也逐步松弛，诸侯撕下虚伪的侍周面具，公开僭越礼制，各自独立。依靠诸侯与周王室亲属关系而发挥"以藩屏周"作用基本不复存在。另一方面，服制维护的大宗法体系整体开始瓦解。在先秦，宗法礼制限定了大宗贵族的人数，使宗室贵族大量后代逐步沦落为士，"生不为嫡"者几代之后就由富贵阶层被边缘化为士农阶层，甚至贫贱落魄，客观上壮大了平民阶层力量。据《仪礼·丧服》所载，西周大宗生活曾是"异居而同财，有余则归之宗，不足则资之宗"，小宗自然无法掌控社会及家族财富。如此，沦落为士的贵族后代必定反对大宗的经济控制与盘剥，"宗法体制之中，已孕育着对这种体制的反动"。① 春秋末至战国初，许多获得了经济独立的小宗联手野遂庶人，② 公然对抗宗法体制，在经济与政治上对抗大宗。士、庶联合的一体化促使大宗法制度逐步成为虚设。在大宗法社会中，以维护宗子权益为核心目标的丧服礼制也不再被人们重视，因为对抗大宗必然导致小宗及士农阶层漠视对大宗应服的丧礼和应尽的义务，丧服礼制在家族或宗族的推行中大打折扣，在实施中不同程度被违背。到孔子生活时代，甚至连基本的"士丧礼"都被很多人所不熟悉，如此就不难理解"恤由之丧，哀公使孺悲之孔子，学士丧礼"。③ 亲情之礼如此衰落，必然导致社会关系紧张和冲突，在此情况下，需要从文化层面进行改革提升。而战国至秦，统治者在改革中急功近利，虽然发现人趋利属性，却误认为依靠繁密甚至严峻的刑律就可以彻底矫正人的私利心。没有适应社会变化，重视和加强对先秦礼文化的改革，这是政治思想和文化层面秦亡的一个重要原因。

其二，汉魏孝治政治追求的目标与先秦丧服礼制追求的目标基本一致。服制的本质在于哀悼已故亲属，这些礼仪在先秦时期已逐步被规范为五等服叙，不同等级的服叙有不同的礼仪规定。规范化的丧服礼制实际

---

① 赵沛：《论先秦到两汉宗族形态的变迁》，《学习与探索》2006年第4期。
② 西周有国野之制。都城和近郊为国，郊外边远地区为野；国中分乡，野中分遂。野遂之人多为边缘地区庶人、穷人。
③ 《礼记正义》卷43《杂记下》，第1222页。

上确定了生者之间的礼仪等级,从而将葬死之礼转化为具有事生要求的礼仪。从先秦丧服礼制发挥的社会治理功能看,服制精神追求仁爱和孝亲,追求家庭和家族成员之间尊卑有序、和睦安宁,进而实现社会生产和生活的有序和谐。这种追求与汉代孝治政治的目标基本一致。完善于汉代的《孝经》充分反映了汉代孝治政治的目标,所谓"生则亲安之,祭则鬼享之,是以天下和平,灾害不生,祸乱不作。故明王之以孝治天下也如此"。① 可见孝治的目标也是事生葬死、安亲理天下。由是孝治与丧服礼制追求基本一致。只是孝治政治需要更多的礼仪发挥作用,而非单纯的丧服礼制而已。

其三,汉魏孝治政治需要服制创造性地凝聚民心、淳化民风。战国秦时期,以家庭为单位的生产生活逐步替代了先秦以宗族或大家族为单位的生产生活方式,大宗法逐步解体。对此,明末清初思想家顾炎武指出:"春秋时犹论宗姓氏族,而七国则无一言及之矣。"② 由秦强制推行的分户法令,彻底瓦解了先秦以来的大宗法制度。大宗法解体客观上反映了社会进步,不过秦王朝以力服人,过分强调事功,确实造成民风衰败,以至于"妇姑不相说,则反唇而相稽。其慈子嗜利,不同禽兽者亡几耳"。③ 面对这种婆媳不和、子争父财局面,刘汉政权认识到,需以孝亲之礼凝聚亲情,淳化民风。据汉代应劭记载,汉文帝"为皇太薄后持三年服,庐居枕块如礼",④ 十分注重垂范作用。武帝即位,广招儒士,厘定礼制。重臣窦婴、田蚡建议等"以礼为服制,以兴太平",师古认为,这里的处"服制""谓丧服之制也"。⑤ 这当为汉代欲以丧礼变民俗、兴天下的宏图。直至曹魏时期,始终注重以服制教化民众,正元三年(公256年)高贵乡公在诏书中强调:"夫养老兴教,三代所以树风化垂不朽也。"⑥ 至曹魏末期,西征将军邓艾在平蜀时还牢记朝廷孝治理念,注重以丧服礼制安顿民心和军心,他强调:"葬一人而天下慕其行,埋一人而天下归其义。"⑦

---

① 《孝经注疏》卷4《孝治章》,第27—28页。
② (清)顾炎武著、黄汝成集释:《日知录集释》,山花文艺出版社1990年版,第585页。
③ 《汉书》卷48《贾谊传》,第2244页。
④ (东汉)应劭著、王利器校注:《风俗通义》卷2《正失》,中华书局1981年版,第94页。
⑤ 《汉书》卷52《田蚡传》,注引师古语,第2379页。
⑥ 参见(晋)陈寿撰、(南朝宋)裴松之注《三国志》卷4《魏书·三少帝纪》,中华书局1964年点校本,第142页。
⑦ 《三国志》卷28《魏书·邓艾传》,第783页。

## 第三节 汉魏丧服礼制的变革与推广

基于丧服礼制内在精神和汉魏孝治政治的需求，其在汉魏时代受到高度重视。汉魏政权不断变革、丰富和完善丧服礼制，并大力推广和应用。从效果上看，确实淳化了民风民俗，还初步塑造了华夏民族尊老爱幼的民族风格。

### 一 汉魏丧服礼制的重大变革

本书旨在考察汉魏"服制制罪"及其社会治理功能与价值。丧服礼制虽重要，但只是"服制制罪"的依据，故对汉魏丧服礼制变革只做重点梳理，以体现这一时期对丧服礼制的重视和采取的措施，进而体现汉魏丧服礼制的变革成果。

资料显示，汉初丧制采撷周秦丧制并进行了简丧改革。刘邦集团注重以孝礼安抚天下，自然希望用先秦服礼制凝聚亲情关系，缓和社会矛盾。然秦禁书或焚书运动以及秦末汉初的战乱使得先秦礼书佚失，叔孙通奉命制礼也只能"颇采古礼与秦仪杂就之"。[①] 此中自然包含采撷周秦的丧葬礼制，惜文本散佚，貌不可窥。所幸，出土马王堆三号汉墓的《丧服图》为今人提供了宝贵依据，该图的文字记载再现了汉初丧服礼制基本情况。考古学者认为，该墓主下葬年份应为汉文帝前元十二年（公元前168年），《丧服图》华盖下左方的文字校对后显示："三年丧，属服廿五月而毕。行其年者，父，斩衰十三月而毕；祖父、伯父、昆弟、昆弟之子、子、孙、姑、姊、妹、女子子，皆齐衰，九月而毕；箸（著）大功者皆七月；小功、緦（緦）皆如箸。"该记载一方面反应汉初承袭了先秦的五等服叙丧礼，另一方面，又有明显的秦汉之际丧礼改革痕迹。司马迁认为秦礼虽承古制，却"尊君抑臣""不合圣制"，[②]该丧服图的内容明显具有这种特点。曹学群先生认为，三年之丧本是先秦"子为父、诸侯为天子、臣子为诸侯等共同采用的礼制，而秦及汉初的三年丧制，已为皇帝所专享，子为父等只居丧两年"。[③] 此外，先秦时为祖父、伯父，兄弟服丧皆为齐衰二年，但《丧服图》已将之降级为

---

① 《史记》卷99《叔孙通传》，第2722页。
② 《史记》卷23《礼书》，第1159页。
③ 曹先生考证认为汉初《丧服图》中的丧期已比先秦减轻，已将先秦为父斩衰三年已简化为二年（期年），将为祖父、伯父、兄弟服齐衰二年降为九个月。参见曹学群《马王堆汉墓〈丧服图〉简论》，《湖南考古学辑刊》1994年第6期。

齐衰九月，明显反映出汉初丧制简丧改革的特点。不惟如是，文帝遗诏还特意进行简丧制度改革。其遗诏曰：

> 当今之世，咸嘉生而恶死，厚葬以破业，重服以伤生，吾甚不取。且朕既不德，无以佐百姓；今崩，又使重服久临，以罹寒暑之数，哀人父子，伤长老之志，损其饮食，绝鬼神之祭祀，以重吾不德，谓天下何……其令天下吏民，令到出临三日，皆释服。无禁取妇嫁女祠祀饮酒食肉。自当给丧事服临者，皆无践。（侄）[绖] 带无过三寸。无布车及兵器。无发民哭临宫殿中。殿中当临者，皆以旦夕各十五举音，礼毕罢。非旦夕临时，禁无得擅哭（临）。以下，服大红十五日，小红十四日，纤七日，释服。它不在令中者，皆以此令比类从事。布告天下，使明知朕意。①

该诏涉及薄葬、短丧、简化服饰等三个问题，而丧期的缩短尤为引人注意。应劭认为："红者，中祥大祥以红为领缘也。纤者，禫也。凡三十六日而释服。"② 即先秦的"三年丧制"自汉文帝之后便缩短为三十六天。此诏虽是为皇帝服丧之规定，但由于"皆以此令比率从事"，且"布告天下"，使得王宫贵族乃至天下臣民纷纷使用。

西汉中期至西汉末，丧服礼制不断改革和完善，可以说，在理论和实践方面都奠定了小宗法时代丧服礼制之基础，后世的丧礼和丧制改革只是据此进行修补。

武帝即位，招儒术，采风俗，定礼制。窦婴、田蚡主张以礼完善丧服制度，以兴太平。考古学者韩国河教授根据历史文献及出土的汉代墓葬研究认为："从现有的汉代丧葬习俗材料分析，不管是汉代诸侯王与列侯级别的墓，或是一般墓主的葬制及丧礼、居丧制度、随葬品制度，很多都是汉武帝前后固定下来。"③

昭、宣、元、成之世，儒学巩固，丧服制度不断完善。宣帝曾亲自主持石渠阁会议，讨论礼制，所议内容大都关于丧葬礼仪。内容涵盖《通典》卷八十一至卷一百零二，计二十余卷，这些内容已被出土《武威汉简》中的《仪

---

① 《史记》卷10《孝文本纪》，第433—434页。
② 《史记》卷10《孝文本纪》，注引《集解》，第435页。
③ 韩国河：《秦汉魏晋丧葬制度研究》，第56页。

礼》内容佐证。① 其中值得注意的是石渠阁会议抛弃了"周制诸侯绝旁，周卿大夫绝缌"的原则，使"公卿朝士服丧亲属各如其亲"。② 这样，唯皇帝才可以"旁亲绝期"，强化了天子独尊的地位。

其中，宣元之世的戴德和戴圣对服制贡献最大。戴德和戴圣依据能够见到的先秦文献对礼制进行梳理探究，"戴德传记八十五篇，则《大戴礼》是也。戴圣传礼四十九篇，则此《礼记》是也"。③ 其中戴圣所传《礼记》中关于丧葬之礼的独立篇目有《丧服小记》《丧大记》《奔丧》《问丧》《服问》《三年问》及《丧服四制》，其他篇目不同程度也涉及丧葬礼仪制度，对先秦服制进行了系统研究、补充和完善。如果说无法判断戴圣的《礼记》与春秋《礼记》中服制的明显区别，而戴德的《丧服记》和《丧服变除》则可见汉代丧服制度对先秦服制的发展。戴德发展、完善了先秦服制的服叙等级。他根据"隆父原则"将孙为祖后嗣者的丧礼服叙等级提升为斩衰等级，包括祖父到高祖父。无论是天子、诸侯、卿、大夫、士，均应为祖父斩三年，也就是"与子为父同"。④ 此外，根据唐人引述戴德《丧服变除》内容看，戴德没有提到子为母斩衰三年，从而与《仪礼·丧服》中所言父死子为母斩衰三年有异。此为其主张对待父母丧服之不同，很可能是根据汉代儒家三纲中夫权思想而提出的服制变革，故而与《礼记》不同。戴德在《丧服变除》中认为，未成年人也当有服，"礼不为未成人制服者，为用心不能一也。其能服者，亦不禁衰绖，不以制度，唯其所能胜"。⑤ 而且，戴德还认为："朋友吊服有绖，绖大与缌麻绖同，素冠素带，既葬而除，皆在他国则袒免。"⑥ 从而扩大了先秦服制的使用范围。戴德还努力将丧服制度运用于社会治理之中，他认为不孝生于不仁爱，不仁爱生于丧祭之礼不明。而"丧祭之礼明，则民孝矣。故有不孝之狱，则饬丧祭之礼"。⑦

这一时期，随着经学兴起，丧服礼制发扬光大。经学弟子大力倡导三

---

① 由于内容较多，不再详列比较。参见甘肃省博物馆、中国社会科学院考古研究所编著《武威汉简》，文物出版社1964年版。
② （唐）杜佑：《通典》卷93《礼·三公诸侯大夫降服议》，中华书局1988年版，第2529页。
③ 《礼记正义·钦定四库全书总目·正义六十三卷》，疏引郑玄《六艺论》，第1页。
④ （唐）杜佑：《通典》卷81《礼·诸侯及公卿大夫为天子服议》，第2206页。
⑤ （唐）杜佑：《通典》卷81《礼·童子丧服议》，第2211页。
⑥ （唐）杜佑：《通典》卷83《礼·天子诸侯大夫士吊哭议》，第2254页。
⑦ 黄怀信主撰：《大戴礼记汇校集注》卷8《盛德》，三秦出版社2005年版，第887页。

年之丧,以至于"不为亲行三年服不得选举",<sup>①</sup>文帝遗诏倡导的短丧规矩已经被打破。哀帝诏令:"博士弟子父母死,予宁三年。"<sup>②</sup>至此,三年服丧开始成为强制性律令规定。王莽主政,虽朝政不稳,然通经学的王莽力图通过丧制改革,加强对朝野的控制。他废除文帝的短丧制度,不仅规定皇帝死天下官吏"六百石以上皆服丧三年",<sup>③</sup>还注重厚葬。不仅官吏如此,王莽对丧葬礼制的改革当时还得到普遍推行,出土材料证实了这一点。《居延汉简》载:"辨衣裳审棺椁之厚营丘龙之小大高卑薄厚度贵贱之等级●始建国二年十一月丙子下。"(210.35)<sup>④</sup>以棺椁的有无、厚薄及坟丘的大小考量贵贱等级,可谓贵者自贵,贱者自贱,既拉拢了贵族集团对新莽政权的支持,又便于以丧服礼制控制天下百姓。

西汉对丧制的重视本是对孝礼文化的加强,但是又不可避免带来一些形式上的问题,即厚葬问题。因此,东汉时期丧服礼制改革开始纠正这些奢华的形式主义。东汉丧制改革主要体现在反对厚葬、守丧制度多变和服叙适用三个问题上。前面已经提到,董仲舒以阴阳五行和天人感应打造孝治理论,将孝治政治抬高到神话地步。因孝治推崇丧服礼制,不免导致贵族以厚葬亡故尊亲来显示晚辈孝心。厚葬不仅具有世俗炫耀心理,也有希望通过天人感应给子孙带来福气的谶纬思想,甚者还有借赙赠索取财物心理。加上新莽政权大力推行厚葬,从西汉到东汉厚葬之风愈演愈烈。对此,东汉初光武帝特下诏:"世以厚葬为德,薄终为鄙,至于富者奢僭,贫者单财,法令不能禁,礼义不能止,仓卒乃知其咎。其布告天下,令知忠臣、孝子、慈兄、悌弟薄葬送终之义。"<sup>⑤</sup>该诏指出了当时厚葬之风带来的生产和生活危害,还具有违礼违法之祸害。东汉帝王多次颁布类似诏书,禁止厚葬。

一般而言,反对厚葬意味着主张短丧,但是东汉时期对待该问题却很复杂。一方面,在反对厚葬的同时,却在民间大力推行三年丧制,并一以贯之。另一方面,对于朝廷命官之守丧,又多次改变制度。东汉初,诏令"公卿、二千石、刺史不得行三年丧",<sup>⑥</sup>元初三年(公元116年)诏:"初听大臣、

---

① 西汉扬雄在论及汉礼时曰:"旷以岁月,结以倚庐。"倚庐丧风之盛或基于孝道,或处于选举之功利也,故应劭释曰:"汉律以不为亲行三年服不得选举。"《汉书》卷87《扬雄传》,注引应劭语,第3569页。
② 《汉书》卷11《哀帝纪》,第336页。
③ 《汉书》卷99《王莽传》,第4078页。
④ 谢桂华等:《居延汉简释文合校》,文物出版社1987年版,第325页。
⑤ 《后汉书》卷1《光武帝纪》,第51页。
⑥ 《后汉书》卷39《刘般传》第1307页。

二千石、刺史行三年丧。"① 甚至元初中，"邓太后诏长吏以下不为亲行服者，不得典城选举"。② 建光元年（公元 121 年）冬十一月，"复断大臣二千石以上服三年丧"。③ 永兴二年（公元 154 年）春正月，"初听中官得行三年服"。④ 难怪清代学者赵翼在其著《廿二史札记》中言，"两汉丧服无定制"。对于赵翼的"无定制"说法要做正确判断，根据两汉关于守丧诏令及出土文献记载看，这里的"无定制"并非是说制度没有成熟，而是说两汉守丧制度多有变动。其实赵翼的论断还应该隐含着一种理论支撑，即章帝主持的白虎观会议，强调五服丧制只是一种礼仪，更重要的是要表达"恩从内发"之情理。故无论守丧多久，都需人人从内心遵守。⑤ 由此可以看出，薄葬可以用"恩从内发"的心丧解释，这样，东汉薄葬即三年丧礼改革与注重丧礼便能够协调。

对于汉代的服叙适用问题，郑玄在注释三礼过程中，依据自己对丧礼的深刻见解，在原有的五等丧服基础上明确提出了"降服""正服""义服"的学说。所谓"降服"是指，因特殊原因将服叙降等。比如子为母斩衰服，但父在则为母二年齐衰杖期；为兄弟一年齐衰不杖期，但嗣子则为兄弟大功服。"正服""义服"则是在不改变原本五等服叙基础上，以服饰的不同将各等服叙适用的亲属范围再做细微区别。如斩衰正服为衰三升冠六升，斩衰义服则衰三升半冠六升，从孝服麻数多少在同一个服叙等级内区分亲疏。郑玄在为《丧服》斩衰章和大功章作注时提出：

> 衰，斩衰也。或曰三升半者，义服也。其冠六升，齐衰之下也。斩衰正服，变而受之此服也。三升，三升半，其受冠皆同，以服至尊，宜少差也。
>
> 此以小功受大功之差也。不言七升者，主于受服，欲其文相值，言服降而在大功者衰七升，正服衰八升，其冠皆十升。义服九升，其冠十一升。亦皆以其冠为受也。斩衰受之以下大功，受之以正者，重者轻之，轻者从礼，圣人之意然也。其降而在小功者，衰十升，正服衰十一升，义服衰十二升，皆以即葛及缌麻无受也。此大功不言受者，

---

① 《后汉书》卷 5《孝安帝纪》，第 226 页。
② 《后汉书》卷 39《刘般传》，第 1307 页。
③ 《后汉书》卷 5《孝安帝纪》，第 234 页。
④ 《后汉书》卷 7《孝桓帝纪》，第 302 页。
⑤ 对于为何五服丧制必须通行天下，《白虎通》记载，虽然"礼不下庶人者，尊卑制度也。服者恩从内发，故为之制也"。即丧服之礼是人性固有的情感之礼，不同于尊卑上下的其他外在之礼。（东汉）班固：《白虎通》，中华书局 1995 年版，第 276 页。

其章既着之。①

丁凌华先生认为这"反映了封建中央集权制等级制度进一步发展的特征"，②但是客观地讲，它反映了汉代重视丧服礼制，是服制理论的重大发展，为其发挥治亲安邦礼法功能提供了依据。

曹魏时期丧服礼制变革最突出体现在对官吏守丧制度的限制。由于曹魏处于鼎立而又征战之世，除吴国谢慈的礼论之作《丧服图及变除》外，几乎未能对丧礼进行改革，缺乏丧礼制度和理论发展的新成就。这一时期割据征战，人才缺乏，都主张短丧。从史料看，魏有"时制，吏遭大丧者，百日后皆给役"之记载；③蜀有先主之丧，"满三日除丧，到丧期复如礼；其郡国太守、相、都尉、县令长，三日便除服"之记载。④至于吴国，关于三年丧与朝廷命官之丧，诏令十分清楚。嘉禾六年（公元237年）诏曰：

> 三年之丧，天下之达制，人情之极痛也；贤者割哀以从礼，不肖者勉而致之。世治道泰，上下无事，君子不夺人情，故三年不逮孝子之门。至于有事，则杀礼以从宜，要经而处事。故圣人制法，有礼无时则不行。遭丧不奔非古也，盖随时之宜，以义断恩也……方今戎事军国异容，而长吏遭丧，知有科禁，公敢干突，苟念闻忧不奔之耻，不计为臣犯禁之罪，此由科防本轻所致。忠节在国，孝道立家，出身为臣，焉得兼之？故为忠臣不得为孝子。宜定科文，示以大辟，若故违犯，有罪无赦。以杀止杀，行之一人，其后必绝。⑤

而民间三年丧制不仅在吴国，魏蜀等地皆如此，然则吴之朝廷命官亲丧却不能归宁，开了不好的历史先河。

## 二 汉魏丧服礼制推行及教化效果

汉魏在对丧服礼制进行变革和完善的同时，还加大推行力度。一方面，

---

① （东汉）郑玄注、（唐）贾公彦疏、李学勤主编：《仪礼注疏》卷34《丧服》，北京大学出版社1999年标点本，第653、第654页。
② 丁凌华：《五服制度与传统法律文化》，第98页。
③ 《三国志》卷24《魏书·高柔传》，第687页。
④ 《三国志》卷32《蜀书·先主备传》，第891页。
⑤ 《三国志》卷47《蜀书·吴主权传》，第1141页。

通过丧礼实施和教化，化民风，厘民俗；另一方面，通过丧礼入律，发挥法令在解决亲情纠纷中的作用，甚至服制成为司法审判依据。丧礼法律化过程所发挥的司法功能是本课题研究的重心，将从下章开始详细考察。就其推行及教化效果而言，尽管伴有厚葬奢华等不良现象，但是整体而言，汉魏时期不断改变着战国秦功利政治导致的弃恩嗜利民风，改变着以力服人所致的礼衰乐败粗俗世风。民风世风向着知恩重义、崇尚仪礼方向转变，这是汉魏孝治政治追求的目标，也为"服制制罪"奠定了社会基础。就当时及对后世影响深刻的亲情和睦、恩情笃厚方面而言，下面3个方面深刻反映了汉魏丧服礼制推行及教化的效果

（一）首重孝敬尊亲

周礼和汉代儒家经学均强调"事存如事亡"。吊亡之礼本为葬死，然五等服叙及对应的守丧、服饰之礼蕴含着亡者生前与各等服叙亲属之间的权力与义务关系，故而丧服之礼在推行中与事生之礼紧密结合。对子孙晚辈而言，不仅要为尊亲服斩衰或齐衰礼，还蕴含着要孝敬在世尊亲。

虽然商周之际，就开始强调大孝尊亲，然尊亲成为中华民族文化传统却是汉魏时期的文化发展成就。夏商尚为万邦时代，各邦国民风民俗颇有差异，孝养尊亲风气尚无记载。至周公制礼，方始推行孝亲教化。不期春秋至战国秦，世风逆转，风俗败坏，以至于"借父耰鉏，虑有德色；母取箕帚，立而谇语"。[①]不尊父母已司空见惯，谩骂父母也常见之，甚至连借给父母斧锄镰刀之类日常工具也自矜有恩于父母，不孝敬父母已经成为一种普遍现象。汉初，这种遗风旧俗一时难改，弃礼仪，舍廉耻，杀父兄，不足奇怪。纵然秦汉之际已有惩治不孝之律令，然战国秦培养的刀笔吏谳狱者，由于缺乏知礼、尚礼素养，处置不孝案件，难免多有撕裂亲情。[②]故而刘汉政权在实施孝治过程中，重点还是希望通过推行事生葬死之孝礼，逐步扭转这种世风和民风。

---

[①]《汉书》卷48《贾谊传》，第2244页。

[②] 在出土的简牍中，秦有"免老告人以为不孝，谒杀，当三环之不？不当环，亟执勿失"之案例。睡虎地秦墓竹简整理小组：《睡虎地秦墓竹简》，文物出版社1990年版，第117页。汉初有"父母告子不孝，其妻子为收者，皆锢，令毋得以爵偿及赎"之律令。二四七号汉墓竹简整理小组：《张家山汉墓竹简》，文物出版社2006年版，第14页。很难想象60岁以上的老人去控告自己的儿子，希望法律立即处死自己的孩子，更难想象，因不孝让自己的子孙被禁锢，世代钉在耻辱柱上。因子不孝又导致骨肉撕裂的事情，从情感角度讲，几乎没有父母愿意这样，或许只是世风败坏的时代以法律为震慑。这是过去研究中不被重视的地方。

汉高祖初定天下，将其成就尊归于父，封父为太上皇。及父崩，又行重礼葬之，封其陵曰"万年"，是为天下做表率。又置宗官，序九族，以亲亲和睦安顿天下。此后，不断加大对鳏寡老人的救助力度，设立王杖制度，强化尊老养老意识。在实践中，推行"三老教化"和"举孝廉"等表彰制度，使得尊亲、孝亲和养老风气开始流行。至武帝时，养老孝亲，服丧尽孝已初见成效。最关键的成就是为后生们树立了一个成人及为人的标尺。当时，官方举孝廉要求孝亲知书，这既是读书人治国平天下的出路，也是每一个家庭和家族对晚辈最高的期望，能够参与治国平天下意味着后生成人，也意味着荣光耀祖。故孝敬尊亲成为所有年轻人成长的基本要求，一个基本标尺。武帝时的名相公孙弘，在被征为博士前就"养后母孝谨"，出任左内史后依然如此，"后母卒，服丧三年"。① 公孙弘虽非孝廉，但以贤良征博士，并被天子擢为第一，不仅才能出众，其贤良孝名确实符合朝廷要求，可谓官方确立的孝子人生榜样。②

自宣帝至西汉末的近百年中，孝敬尊亲之风逐步深入人心，民风大有改善。尽管昭宣之世，与匈奴的战争尚未消停，孝敬尊亲尚有不少问题，③ 但是通过大力推行丧服礼制，孝敬尊亲民风仍进一步好转和进步。为推行孝道，解决民间厌事父母现象，宣帝特颁《父卒为嫁母服》诏："妇人不养舅姑，不奉祭祀，下不慈子，是自绝也，故圣人不为制服。明子无出母之义，玄成议是也。"④ 不事舅姑是违背服制人伦之礼，违之就是自绝，今以服制规定就是法律，若不遵守，则法所不赦。可谓礼就是法，是礼外无法，礼法合一。该诏自此成为民间教化及司法谳狱之依据。宣帝时，于定国为廷尉，遇东海孝妇被诬案中，孝妇少寡，无子，谨慎养公婆，公婆不忍心欲使其再嫁，少妇不肯。公婆谓邻人曰："孝妇事我勤苦，哀其亡子守寡。我老，久累丁壮，奈何？"⑤ 又平帝时，游侠楼护，赡养无子的吕公夫妇，后护发现妻子颇讨厌吕公，流泪责妻子曰："吕公以故旧穷老托身于我，义

---

① 《汉书》卷58《公孙弘传》，第2619页。
② 当然，武帝好大喜功，耗尽民脂，也曾对民风转化带来阻力。
③ 时魏相进言："民以其愁苦之气，伤阴阳之和也。出兵虽胜，犹有后忧，恐灾害之变因此以生。今郡国……风俗尤薄，水旱不时。案今年计，子弟杀父兄、妻杀夫者，凡二百二十二人，臣愚以为此非小变也。"《汉书》卷47《魏相传》，第3136页。足见当时的一些丧礼改革尚未扎实推行，杀父殴父时有发生，孝养尊亲还存在不少问题。
④ （唐）杜佑撰：《通典》卷89《礼·父亲为嫁母服》，第2455页。
⑤ 《汉书》卷71《于定国传》，第3041页。

所当奉。"① 妻子不再讨厌吕公，遂养其终身。可以窥见这一时期民间养老孝亲风气大为改观，日趋向善。不仅如此，为父母守孝三年之风也在民间广泛实施，除接下来表中正史记载的民间有名孝子外，出土文献也见到如前文提到汉文帝为母"庐居"三年的普通黎民情况。1984 年江苏扬州胥浦 101 号汉墓出土的《先令券书》反映出高都里普通百姓朱凌到新安里"庐居"病重一事。该简牍明确时间为西汉平帝元始五年（公元 5 年）九月，依据"庐居""凌自言有三父""请县乡三老都乡有秩"记载，结合整个简牍记载的凌统帅六个异父兄弟姊妹内容判断，朱凌应该在新安里为其后父"病长宾"庐居守丧。②

官吏素养高，家庭多殷实，其养老孝亲可能会更好些。正史有对孝养后母者进行记载和表彰，较少记载孝养亲生父母事例，大概是孝养亲生父母无需表彰，只对违者记之。③ 成帝时，丞相薛宣迎后母，其弟薛修为临淄令，养后母不放，"后母病死，修去官持服。宣谓修三年服少能行之者"。④ 其后不久的丞相翟方进身已富贵，而继母尚在，方进仍然内行修饰，供养后母甚笃。永始三年（公元前 14 年），进"后母终，既葬三十六日，除服起视事，以为身备汉相，不敢踰国家之制"。⑤ 哀帝初，原涉的父亲为南阳太守，曾靠太守官职在丧事中收赙送（赠送治丧的财物）定产业。但是父亲死后，原涉归还了那些赙送，尽管当时简丧，少有在家庐行三年丧者，涉还是"行丧冢庐三年，繇是显名京师"。⑥ 看来，当时官

---

① 《汉书》卷 92《游侠传》，第 3708 页。
② 简牍内容为：元始五年九月壬辰朔辛丑□高都（1078 简）里朱凌庐居新安里甚疾其死故请县（1079 简）乡三老都乡有秩佐里师田谭等（1080 简）为先令券书凌自言有三父子男女（1081 简）六人皆不同父欲令子各知其父家次子女以（1082 简）君子真子方仙君父为朱孙弟公文父（1083 简）吴衰近君女弟弱君父曲阿病长宾（1084 简）妪言公文年十五去家自出为姓遂居外未尝（1085 简）持一钱来归妪于子真子方自为产业子女仙君（1086 简）弱君等贫毋产业五年四月十日妪以稻田一处桑（1087 简）田二处分予弱君波田一处分予仙君于至十二月（1088 简）公文伤人为徒贫无产业于至十二月十一日仙君弱君（1089 简）各归田于妪让予公文妪即受田以田分予公文稻田二处（1090 简）桑田二处田界易如故公文不得移卖田予他人时任（1091 简）知者里师伍人谭等及亲属孔聚田文满真（1092）先令券书明白可以从事（1093 简）。李均明、何双全：《散见简牍合集》，文物出版社 1990 年版，第 105—106 页。
③ 汉代对为官不孝者以免职训戒等处分，正史记载不只一例。参见本书第二章。
④ 《汉书》卷 83《薛宣传》，第 3394 页。
⑤ 《汉书》卷 84《翟方进传》，第 3416 页。
⑥ 《汉书》卷 92《游侠传》，第 3714 页。

员对尊亲孝养多能尽心,而在对尊亲事亡方面,基本是遵循文帝短丧遗诏。不过服三年丧之风已经开始普及,并被人们广为效仿。平帝时,王莽主政,"征明礼者宗伯凤等与定天下吏六百石以上皆服丧三年",① 其义是顺乎人情,让官吏为天下做表率。②

东汉初,时局不宁。尽管强调简丧,又要求官吏短丧,但是并不影响事亲孝亲风气的传播。一方面,为父母尊亲服丧三年之风不断盛行,另一方面,孝养尊亲礼俗也广为传播,可谓事生如事亡。正史多有孝子被举孝廉的记载,更有许多为亲服三年丧的记载。既孝养尊亲又服丧尽孝的实例也是史不绝书。由于篇幅所限,无法细述更多事例。特将梳理的 28 例东汉至曹魏时期正史所载孝子事例列表如下。从表 1-3 中记载看,东汉孝子事生事死孝表里如一,前后一致。而且体现出"事生贵在尊与养,事死贵在心哀"特点。

表1-3

| 序号 | 时间 | 孝子 | 史料内容 | 出处 |
| --- | --- | --- | --- | --- |
| 1 | 西汉末 | 鲍永 | 事后母至孝,妻尝于母前叱狗,而永即去之……会遭母忧,去官,悉以财产与孤弟子。 | 《后汉书·鲍永传》 |
| 2 | 更始中 | 郭丹 | 丹七岁而孤,小心孝顺,后母哀怜之。 | 《后汉书·郭丹传》 |
| 3 | 更始中 | 刘平 | 平朝出求食,逢饿贼,将亨[之],平叩头曰:"今旦为老母求菜,老母待旷为命,愿得先归,食母毕,还就死。"……遂还诣贼。众皆大惊,相谓曰:"……子去矣,吾不忍食子。" | 《后汉书·刘平传》 |
| 4 | 建武初 | 刘茂 | 少孤,独侍母居。家贫,以筋力致养,孝行着于乡里……遭母忧去官。 | 《后汉书·独行列传·刘茂》 |
| 5 | 建武初 | 梁统 | 今统内有尊亲,又德薄能寡,诚不足以当之。 | 《后汉书·梁统传》 |
| 6 | 建武初 | 江革 | 穷贫裸跣,行佣以供母……太守尝备礼召,革以母老不应。及母终,至性殆灭,尝寝伏冢庐,服竟,不忍除。 | 《后汉书·江革传》 |
| 7 | 建武中 | 孔奋 | 事母孝谨,虽为俭约,奉养极求珍膳。躬率妻子,同甘菜茹。 | 《后汉书·孔奋传》 |

---

① 《汉书》卷 99《王莽传》,第 4078 页。
② 杨天宇教授也认为:"到成帝以后,特别是王莽时期,服三年丧者渐多,且王莽躬行三年丧礼以为天下倡,则当与西汉后期经学盛行,而王莽又处处'以周公为比',借经学以为其篡汉改制服务有关。"杨天宇:《略论汉代的三年丧》,《郑州大学学报》(哲学社会科学版)2002 年第 5 期。用丧服礼制篡汉改制自然要顺乎民意,否则不会这样做。

第一章　服制观念及其在汉魏受到的重视　53

续表

| 序号 | 时间 | 孝子 | 史料内容 | 出处 |
|---|---|---|---|---|
| 8 | 建武中 | 冯豹 | 后母恶之，尝因豹夜寐，欲行毒害，豹逃走得免。敬事愈谨，而母疾之益深，时人称其孝。 | 《后汉书·冯衍传》 |
| 9 | 建武中 | 樊鯈 | 事后母至孝，及母卒，哀思过礼，毁病不自支。 | 《后汉书·樊宏传》 |
| 10 | 永平初 | 廉范 | 范父遭丧乱，客死于蜀汉……与客步负丧归葭萌。载船触石破没，范抱持棺柩，遂俱沈溺。众伤其义，钩求得之，疗救仅免于死。 | 《后汉书·廉范传》 |
| 11 | 永平中 | 班超 | 兄固被召诣校书郎，超与母随至洛阳。家贫，常为官佣书以供养。 | 《后汉书·班超传》 |
| 12 | 和帝初 | 周盘 | 居贫养母，俭薄不充……和帝初，拜谒者，除任城长，迁阳夏、重合令……后思母，弃官还乡里。及母殁，哀至几于毁灭，服终，遂庐于冢侧。 | 《后汉书·周盘传》 |
| 13 | 和帝初 | 蔡顺 | 顺少孤，养母……母年九十，以寿终。未及得葬，里中灾，火将逼其舍，顺抱伏棺柩，号哭叫天，火遂越烧它室，顺独得免。 | 《后汉书·蔡顺传》 |
| 14 | 约和帝初 | 李充 | 妻窃谓充曰："今贫居如此，难以久安，妾有私财，愿思分异。"……充于坐中前跪白母曰："此妇无状，而教充离间母兄，罪合遣斥。"便呵叱其妇，遂令出门。 | 《后汉书·独行列传·李充》 |
| 15 | 约和帝时 | 虞诩 | 早孤，孝养祖母。县举顺孙，国相奇之，欲以为吏。诩辞曰："祖母九十，非诩不养。"相乃止。后祖母终，服阕，辟太尉李修府。 | 《后汉书·虞诩传》 |
| 16 | 永元中 | 汝郁 | 母病不能食，郁常抱持啼泣，亦不食。母怜之，强为饭。宗亲共异之。性仁孝，及亲殁，遂隐处山泽。 | 《后汉书·贾逵传》 |
| 17 | 安帝时 | 薛包 | 丧母，以至孝闻。及父娶后妻而憎包，分出之，包日夜号泣，不能去，至被欧杖。不得已，庐于舍外，旦入而洒扫，父怒，又逐之。乃庐于里门，昏晨不废。积岁余，父母惭而还之。后行六年服，丧过乎哀。 | 《后汉书·刘赵淳于江刘周赵列传》[①] |
| 18 | 安帝末 | 崔寔 | 父卒，隐居墓侧。服竟，三公并辟，皆不就。 | 《后汉书·崔骃传》 |

---

① 薛包是该列传的序言所介绍的两个至诚孝子人物之一。

续表

| 序号 | 时间 | 孝子 | 史料内容 | 出处 |
|---|---|---|---|---|
| 19 | 永初四年 | 邓骘兄弟 | 母新野君寝病,骘兄弟并上书求还侍养。太后以骘最少,孝行尤着,特听之。 | 《后汉书·邓禹传》 |
| 20 | 永初中 | 窦章 | 居贫,蓬户蔬食,躬勤孝养,然讲读不辍,太仆邓康闻其名,请欲与交,章不肯往。 | 《后汉书·窦章传》 |
| 21 | 顺帝初 | 黄琼 | 遭父忧,服阕,五府俱辟,连年不应。 | 《后汉书·黄琼传》 |
| 22 | 顺帝时 | 朱晖 | 年五岁,便有孝称。父母有病,辄不饮食,差乃复常。 | 《后汉书·朱晖传》 |
| 23 | 桓帝时 | 蔡邕 | 邕性笃孝,母常滞病三年,邕自非寒暑节变,未尝解襟带,不寝寐者七旬。母卒,庐于冢侧。 | 《后汉书·蔡邕传》 |
| 24 | 桓帝时 | 茅容 | 旦日,容杀鸡为馔,林宗谓为己设,既而以供其母,自以草蔬与客同饭。 | 《后汉书·郭太传》 |
| 25 | 约桓帝时 | 姜肱 | 肱性笃孝,事继母恪勤。母既年少,又严厉。肱感《凯风》之孝,兄弟同被而寝,不入房室,以慰母心。 | 《后汉书·姜肱传》 |
| 26 | 灵帝初 | 赵咨 | 盗尝夜往劫之,咨恐母惊惧,乃先至门迎盗,因请为设食,谢曰:"老母八十,疾病须养,居贫,朝夕无储,乞少置衣粮。"……盗皆惭叹,跪而辞。 | 《后汉书·赵咨传》 |
| 27 | 灵帝初 | 李昙 | 昙少丧父,躬事继母。[继母]酷烈,昙性纯孝,定省恪勤,妻子恭奉,寒苦执劳,不以为怨。得四时珍玩,先以进母。养亲行道,终身不仕。 | 《后汉书·徐穉传》① |
| 28 | 兴平中 | 鲍出 | 出从后到,知母为贼所略……奋击贼。贼问出曰:"卿欲何得?"出责数贼,指其母以示之,贼乃解还出母。 | 《三国志·魏书·阎温传》 |

史料4、6、7、11、16、20、22、23、24的内容皆为尽心侍奉父母,或苦力劳作以供养父母,并且尽量让父母改善生活,保持身体不受亏损;或父母有病,作为子女担忧不能进食,尽心伺候。能够尽孝事生者自然能够尽孝事亡,这些史料已经反映出此问题。史料3、26、28中,孝子养母

---

① 不知何故范晔在《后汉书·徐穉传》后加上与前后无关的李昙,但不为其独标传。或许是范晔笔下之误,将介绍李昙的事迹漏掉,或者是后人编纂后汉书时,在标传时将其遗漏。

第一章　服制观念及其在汉魏受到的重视　55

之心感动盗贼。孝子不仅能够感动泯灭人性的杀人贼盗，还能够惊世人、动鬼神，史料10和13是孝子感动同遭江河洪水之害的众人、感动无情火灾的渲染性记载。这5条记载无论对当时还是后世无不具有教化或讽刺意义，杀人越货的贼盗尚且能被孝子感动，古今多少冠冕堂皇的正常人，包括官人及学人，不尽心侍奉父母，连盗贼和杀人犯都不如，甚至不配做人，只是披着人皮的禽兽而已。孝子能感动天地，免水火之灾，那么不孝，肯定会遭到神灵报应。可见儒家孝道经过两汉经学的浸润，在侍奉父母尊亲生死方面，已经达到了宗教化程度，或者说孝道已成为人们共认并接受的天理人道。

　　史料1和14皆为妇对姑婆缺乏孝心，被孝子赶出家门。史料2、8、9、17、25、27均记载了东汉时期孝子对后母之尽心尽孝，并且多是后母不慈，然孝子依然尽心奉养、尽孝服丧。史料5、12、15、18、19、21记载的是辞官或不应招以尽心侍奉父母或祖父母，或是为父母服丧后，追思尊亲，终生在家劳作，守护父母坟茔，而没有应承官府的聘官。

　　上述史料以孝亲为主，但展现了丧服礼制的教化作用。可以说，以养亲和服丧为核心的孝礼经过两汉经学浸润和改革推广，不断融化于人心，民风民俗得到了根本的好转。当然，此中也有违礼甚至亲情相犯的事情和典型案例，这正是服制定罪需要讨论的问题。

　　曹魏时，天下鼎立，又多战乱，然仍推行服制孝道。这方面曹操确实起到了表率作用。史载太祖曹操擒陈宫，以其老母和妻子相要挟，陈宫对曰："宫闻孝治天下者不绝人之亲，仁施四海者不乏人之祀，老母在公，不在宫也。"[①]陈宫被杀，曹操随养陈宫之母，并终其身。曹操非但不连坐杀陈宫的母亲，还为其养老送终。又曹操的司空军谋掾孙礼，因战乱而丢失母亲，同郡一个叫马台的人求得其母，孙礼用全部家产感谢马台，[②]其至孝之心感动四方。曹操时，曲周有一县民，其父生病，宰牛祈祷，时耕牛少，杀者罪至死，县府结案对该县民弃市，曹操的司空掾属陈矫曰："此孝子也。"于是表请赦免。[③]足见中华孝亲价值观念经两汉400余年大力践行，至曹魏已经使先秦形成的礼文化转化成以孝礼为核心的文化。

　　在此基础上，曹魏政权依然不遗余力光大这种孝文化。黄初元年（公

---

① 《三国志》卷7《魏书·张貌传》，第229页。
② 参见（晋）和凝撰、杨奉琨校《疑狱集·折狱龟鉴校释》，复旦大学出版社1998年版，第227页。
③ （晋）和凝撰，杨奉琨校：《疑狱集·折狱龟鉴校释》，第226页。

元 220 年），诏赐"为父后及孝悌力田人二级"，① 即嗣子及孝悌者身份爵位升两级。继两汉之后，服制和孝悌继续作为维护曹魏政权稳定与发展的基本着力点。贵乡公甘露三年（公元 258 年）又诏："夫养老兴教，三代所以树风化垂不朽也，必有三老、五更以崇至敬，乞言纳诲，着在惇史，然后六合承流，下观而化。宜妙简德行，以充其选。"② 不仅基层精选善良孝亲之人充任三老、五更，从正史记载看，当时孝廉为官者也不乏其人。这种措施使得孝亲蔚然成风。时有书生司马芝避乱荆州，路遇山贼，同行者皆弃老弱而逃，芝独坐守老母，贼人感慨，称其孝子，杀之则不义。③ 又魏明帝时，琅琊有王祥者，性至孝，寒冬，后母欲吃鱼，祥便脱衣暖冰，破冰求鱼，④ 世道虽多变，然民风依然纯朴。

与曹魏鼎立而存的蜀、吴，孝风亦不逊色。蜀章武中，武阳人杨洪，"忠清款亮，忧公如家，事继母至孝"。⑤ 延熙中，武阳有李密者，自小由祖母所养，事祖母至孝，祖母有病，李密"侍疾则泣涕侧息，日夜不解带，膳饮汤药，必自口尝"。⑥ 又成都张裔之友杨恭早亡，裔便接迎并留养杨恭的寡母和遗孤，"事恭母如母"，⑦ 被赞为至孝。吴黄龙间，松滋人陈表异母兄早亡，表谓其母曰："兄不幸早亡，表统家事，当奉嫡母。"⑧ 随孝养嫡母。

（二）推崇兄弟和睦

丧服礼制随着儒家经义在汉魏时期的发展而深入传播，兄弟之间已经具有严格的服丧秩序。马新师在《两汉乡村社会史》中也认为："两汉间兄弟关系的变化脉络基本上与夫妻、父子等关系呈同步状态。"⑨ 汉魏也出现许多弟为兄服丧去官现象，甚至有兄为弟服丧去官之事。

西汉成帝时，阆中谯玄"以弟服去职"。⑩ 西汉末，茂陵人马援兄况卒，

---

① 《三国志》卷 2《魏书·文帝纪》，第 76 页。
② 《三国志》卷 4《魏书·三少帝纪》，第 142 页。
③ 参见《三国志》卷 12《魏书·司马芝传》，第 386 页。
④ 参见《三国志》卷 18《魏书·吕虔传》，第 541 页。
⑤ 《三国志》卷 41《蜀书·杨洪传》，第 1014 页。
⑥ 《三国志》卷 45《蜀书·杨戏传》，第 1078 页。
⑦ 《三国志》卷 41《蜀书·张裔传》，第 1012 页。
⑧ 《三国志》卷 55《吴书·陈武传》，第 1289 页。
⑨ 马新师：《两汉乡村社会史》，齐鲁书社 1997 年版，第 318 页。
⑩ 《后汉书》卷 81《独行列传·谯玄》，第 2667 页。

"援行服朞（一）年，不离墓所"。① 东汉时，阆中杨仁"行兄丧去官"。② 平陵韦义"以兄顺丧去官。比辟公府，不就"。③ 太常丞谯玄、槐里令曹全皆以弟丧去官。④ 不仅如此，东汉还为姊丧去官，史载会稽太守陈重"遭姊忧去官"。⑤ 三国时期，赵云以兄丧辞归，先主刘备捉手而别，云辞曰："终不背德也。"⑥ 可见，三国时，兄弟服丧依然秉持。总之，汉魏时期，兄弟服制关系在行丧方面被推崇到近乎父子关系的程度。

兄弟服丧常态化，使得先秦儒家提倡的"兄友弟恭"在汉魏社会生活中得到普及和深化，使战国秦以来小宗法社会中兄弟相私的观念出现了根本转化，家庭生活中的和睦相处又使"兄友弟恭"在人们心中成为一种必须遵守的天理和天道。上述所载，东汉时平陵韦义为兄服丧去官，官府征招不就，成为地方学习楷模，韦义在世时家乡人便为其立庙旌表。韦义去世后，家乡周围三县百姓为之举哀，悲痛如丧考妣。可见其影响至深。这种事例并非个案，东汉至曹魏时期，兄弟相爱，和睦相处已成一种普遍社会现象。下述典型事例，足以反应西汉后期至曹魏时期兄弟亲爱已经成为一种文化。

  事例一：成帝时，汉宣帝重孙刘纡早丧母，"同产弟原乡侯平尚幼，纡亲自鞠养，常与共卧起饮食。及成人，未尝离左右。平病卒，纡哭泣欧血，数月亦殁。"⑦
  事例二：建初三年（公元78年），"刘般嗣子恺，素行孝友，谦逊絜清，让封弟宪，潜身远迹。"⑧
  事例三：东汉明帝时，陵阳侯丁鸿"让国于弟盛"，鄳侯邓彪"让国于弟荆"。⑨

这3个事例都是王侯兄弟情深或让贤之例，与兄弟争权相残者相比较，

---

① 《后汉书》卷24《马援传》，第828页。
② 《后汉书》卷79《儒林列传·杨仁》，第2574页。
③ 《后汉书》卷26《韦彪传》，第921页。
④ 参见《风俗通义》卷5《十反》，注引朱彝尊曰，第219页。
⑤ 《后汉书》卷81《独行列传·陈重》，第2687页。
⑥ 《三国志》卷36《蜀书·赵云传》，第949页。
⑦ 参见《后汉书》卷39《刘般传》，第1303页。
⑧ 参见《后汉书》卷39《刘般传》，第1306页。
⑨ 参见《后汉书》卷39《刘般传》，李贤注，第1307页。

这些事例充分体现了在儒家经学及服制沐浴下，汉魏之际的上层社会兄弟孝友、谦卑之风气，也足以证明服制孝道的教化功能。

　　事例四：章帝初，句阳人魏霸，"少丧亲，兄弟同居，州里慕其雍和。"①
　　事例五：东汉章帝时，安平人崔瑗，兄弟三人，"瑗兄章为州人所杀，瑗手刃报仇，因亡命。会赦，归家。家贫，兄弟同居数十年，乡邑化之。"②

事例四和事例五中，民间的兄弟同居，和睦生活，对家族、乡邻甚至州县都产生了很大正面引导作用。《唐律》中有"父母在不能别居异财"的相关规定，这恰恰是汉魏时期形成的兄弟同居风气延续到隋唐的结果。

　　事例六：顺帝时，长陵人第五访，"少孤贫，常佣耕以养兄嫂。"③
　　事例七：东汉明帝时，任城人郑均，"失兄，养孤兄子甚笃，已冠娶，出令别居，并门，尽推财与之，使得一尊其母。"④
　　事例八：汉魏之际，曹操名将夏侯渊，曾因饥荒贫穷，"弃其幼子，而活亡弟孤女。"⑤

兄弟少时本一家，长大之后的私利往往产生于自己有了家室和子女。而汉魏时的这 3 个事例则足以反应服制经学在汉魏时期教化的魅力。尤其是在事例八中，为不让亡弟断骨血，竟将自己襁褓中儿子抛弃饿死，以换取亡弟孤女的生存，这是丧服礼制血食祭祀思想传承的一种友爱。

　　事例九：东汉末，广戚人姜肱，兄弟互相友爱。"肱与季江俱乘车行适野庐，为贼所劫，取其衣物，欲杀其兄弟。肱谓盗曰：'弟年幼，父母所怜愍，又未娉娶，愿自杀身济弟。'季江言：'兄年德在前，家之珍宝，国之英俊，乞自受戮，以代兄命。'盗戢刃曰：'二君所谓贤

---

① 参见《后汉书》卷 25《魏霸传》，第 886 页。
② 参见《后汉书》卷 52《崔骃传》，第 1722 页。
③ 参见《后汉书》卷 76《循吏列传·第五访》，第 2475 页。
④ 参见《后汉书》卷 27《郑均传》，李贤注，第 946 页。
⑤ 参见《三国志》卷 9《魏书·夏侯渊传》，第 270 页。

人，吾等不良，妄相侵犯。'弃物而去。肱车中尚有数千钱，盗不见也，使从者追以与之，亦复不受。"①

事例十：东汉末，鲁人孔融，兄弟争义。高平人张俭"与融兄褒有旧，亡投褒。遇褒出……融知俭长者……因留舍藏之。后事泄，国相以下密就掩捕，俭得脱走，登时收融及褒送狱。融曰：'保纳藏舍者融也，融当坐之。'褒曰：'彼来求我，罪我之由，非弟之过，我当坐之。'兄弟争死，郡县疑不能决，乃上谳"。②

事例十一：曹魏时期，吴国"仲膺名邵。初，伯膺亲友为人所杀，仲膺为报怨。事觉，兄弟争死，皆得免"。③

这3个事例或案例皆为兄弟争相死的美德传送。兄弟相亲和睦事例不惟是民间的楷模，甚至成为盗贼的楷模。事例九中，盗贼被姜肱兄弟言行感动，随悔罪道歉："贤人，吾等不良，妄相侵犯。"这远比惩罚和官方讨伐或说教有效果。当然兄弟同居和睦，也是官方孝治政治的要求。在事例十和事例十一中，除了查清事实外，基本上都因兄弟争死得到宽宥。

（三）尊敬恩师长吏

汉魏在服制改革和推行中出现了弟子为恩师、属吏为长官服丧现象，尤其到东汉时期，这种现象已经普遍。这是先秦服制少有的现象。

先秦弟子不为老师服五服之丧，只有心丧。《礼记》记载，先秦之"师无当于五服，五服弗得不亲"，④"事师无犯无隐，左右就养无方，服勤至死，心丧三年"。⑤看来，先秦的尊师和孝亲体现在丧服礼制方面是有巨大差别。《家语》也记载："仲尼既葬，弟子皆家于墓，行心丧之礼。三年丧毕，或去或留。"⑥然而，随着丧服制度的改革和推行，汉魏弟子则为师服五服之丧。西汉宣帝时，太子太傅夏侯胜卒，"太后赐钱二百万，为胜素服五日，以报师傅之恩"，⑦对为师服丧具有重大影响。汉元帝之师孔霸卒，"上素服临吊者再，至赐东园秘器钱帛，策赠以列侯礼，谥曰烈君"。⑧看

---

① 《后汉书》卷53《姜肱传》，注引谢承书，第1749页。
② 参见《三国志》卷12《魏书·崔琰传》，注引《前汉书》，第370—371页。
③ 参见《三国志》卷51《吴书·宗室列传·孙邻》，第1210页。
④ 《礼记正义》卷36《学记》，第1070页。
⑤ 《礼记正义》卷6《檀弓上》，第169页。
⑥ 《后汉书》卷82《方术列传·李合》，注引《家语》，第2718页。
⑦ 《汉书》卷75《夏侯胜传》，第3159页。
⑧ 《汉书》卷81《孔光传》，第3353页。

来，中央政权极力将孝道扩大到师徒范围。西汉末，龚胜卒，"门人衰绖治丧者百数"。[①]至东汉及曹魏，弟子为师服无服之丧更是蔚然成风。不仅如此，由于举孝廉、举贤良等官吏铨选制度在汉魏的推行，上下级官吏可能形成门徒关系，于是开始以恩师或恩人之名为有恩的上级官吏服丧。此种风气东汉到曹魏十分盛行。笔者依据正史资料和出土碑文初步梳理了表1-4中的20多例为师、为长吏服丧事例。

表1-4

| 序号 | 时间 | 师或长吏 | 服丧者 | 史料内容 | 出处 |
| --- | --- | --- | --- | --- | --- |
| 1 | 光武帝时 | 苟谏 | 鲍永 | 谏每戒永曰："君长几事不密，祸倚人门。"永感其言。及谏卒，自送丧归扶风。 | 《后汉书·鲍永传》 |
| 2 | 永元中 | 申君 | 戴封 | 师事鄄令东海申君。申君卒，送丧到东海。 | 《后汉书·独行列传·戴封》 |
| 3 | 明帝时 | 李鸿 | 李恂 | 太守颍川李鸿请（恂）署功曹，未及到，而州辟为从事。会鸿卒，恂不应州命，而送鸿丧还乡里。既葬，留起冢坟，持丧三年。 | 《后汉书·李恂传》 |
| 4 | 和帝时 | 焦永 | 乐恢 | 恢长好经学，事博士焦永。永为河东太守，恢随之官，闭庐精诵，不交人物。后永以事被考……坐法诛，故人莫敢往，恢独奔丧行服。 | 《后汉书·乐恢传》 |
| 5 | 顺帝时 | 李合 | 冯胄 | （合）年八十余，卒于家。门人上党冯胄独制服，心丧三年，时人异之。 | 《后汉书·方术列传·李合》 |
| 6 | 顺帝时 | 景君 | 众多 | 景君卒，故吏、门生为其行三年服者凡八十七人。 | 北海相景君碑阴 |
| 7 | 桓帝建和三年 | 荀淑 | 李膺 | （荀）去职还乡里。当世名贤李固、李膺等皆师宗之……建和三年卒，李膺时为尚书，自表师丧。二县皆为立祠。 | 《后汉书·荀淑传》 |

---

① 《汉书》卷72《龚胜传》，第3085页。

续表

| 序号 | 时间 | 师或长吏 | 服丧者 | 史料内容 | 出处 |
|---|---|---|---|---|---|
| 8 | 桓帝时 | 赵盛 | 朱穆 | 赵康叔盛者,隐于武当山,清静不仕,以经传教授。穆时年五十,乃奉书称弟子。及康殁,丧之如师。其尊德重道,为当时所服。 | 《后汉书·朱穆传》 |
| 9 | 桓帝时 | 不详 | 延笃 | 举孝廉,为平阳侯相……以师丧弃官奔赴,五府并辟不就。 | 《后汉书·延笃传》 |
| 10 | 桓帝时 | 刘瓆 | 王允 | 赵津贪横放恣,为一县巨患,允讨捕杀之。而津兄弟谐事宦官,因缘谮诉,桓帝震怒,征太守刘瓆,遂下狱死。允送丧还平原,终毕三年,然后归家。 | 《后汉书·王允传》 |
| 11 | 桓灵之时 | 郭林宗 | 众多 | 郭林宗卒,门人着锡衰者千数。 | 郭林宗碑 |
| 12 | 灵帝时 | 不详 | 傅燮 | 举孝廉。闻所举郡将丧,乃弃官行服。 | 《后汉书·傅燮传》 |
| 13 | 灵帝时 | 王吉 | 桓典 | 国相王吉以罪被诛,故人亲戚莫敢至者。典独弃官收敛归葬,服丧三年,负土成坟,为立祠堂,尽礼而去。 | 《后汉书·桓荣传》 |
| 14 | 灵帝时 | 向苗 | 桓鸾 | 时太守向苗有名迹,乃举鸾孝廉,迁为胶东令。始到官而苗卒,鸾即去职奔丧,终三年然后归,淮汝之闲高其义。 | 《后汉书·桓荣传》 |
| 15 | 灵帝时 | 袁逢 | 荀爽 | 司空袁逢举有道,不应。及逢卒,爽制服三年,当世往往化以为俗。 | 《后汉书·荀淑传》 |
| 16 | 灵帝时 | 不详 | 童翊 | (翊)及(兄)恢被命,乃就孝廉,除须昌长。化有异政,吏人生为立碑。闻举将丧,弃官归。后举茂才,不就。卒于家。 | 《后汉书·循吏列传·童恢》 |
| 17 | 东汉末 | 孔宙 | 众多 | 载为孔宙服丧立碑的门生、弟子达五十余人。 | 孔宙碑 |
| 18 | 东汉末 | 王元赏 | 众多 | 门徒雨集,盛于洙酒,故衰杖过礼等于事父。 | 王元宾碑阴 |

续表

| 序号 | 时间 | 师或长吏 | 服丧者 | 史料内容 | 出处 |
|---|---|---|---|---|---|
| 19 | 东汉末 | 不详 | 张季 | 张季礼远赴师丧,遇寒冰车毁。 | 《后汉书·独行列传·刘翊》 |
| 20 | 建安五年 | 郑玄 | 诸弟子 | (玄)遗令薄葬。自郡守以下尝受业者,缞绖赴会千余人。 | 《后汉书·郑玄传》 |
| 21 | 建安中 | 不详 | 孔昱 | 以师丧弃官,卒于家。 | 《后汉书·党锢列传·孔昱》 |
| 22 | 东汉末 | 不详 | 任末 | 后奔师丧,于道物故。 | 《后汉书·儒林列传·任末》 |
| 23 | 曹魏时 | 令狐愚 | 马隆 | 东平马隆,托为愚家客,以私财更殡葬,行服三年,种植松柏。一州之士愧之。 | 《三国志·魏书·王凌传》 |
| 24 | 蜀汉时 | 祝恬 | 刘焉 | 焉少仕州郡,以宗室拜中郎,后以师祝公丧去官。 | 《三国志·蜀书·刘焉传》 |
| 25 | 东吴时 | 孙策 | 虞翻等 | 策薨,诸长吏并欲出赴丧,翻曰:"恐邻县山民或有奸变,远委城郭,必致不虞。"因留制服行丧。诸县皆效之,咸以安宁。 | 《三国志·吴书·虞翻传》 |

上述25条史料中,有14条明确记载有服丧"三年""礼等于事父""去官""弃官"等为父母服丧方有的文字标志。由此可见,东汉至曹魏时期为师、为长吏弃官服丧已经广泛存在,而且这种服丧等级已达到为父斩衰的等级。孟子曰:"亲亲,仁也。敬长,义也。无他,达之天下也。"[1]这是施于天下最大的善行了。

总之,汉魏时期丧服礼制的推行,使得儒家思想中的"亲亲之仁"和"尊贤之义"有机结合在一起,通过悲戚而又严肃的丧礼形式,对尊亲和师长表达出发自内心的尊敬和感恩,对兄弟和挚友表达出情同手足的友善。如此,为孝治政治奠定了质朴良善的民风民俗,也铸就了孝亲尊长的民族

---

[1] (东汉)赵岐注、(北宋)孙奭疏、李学勤主编:《孟子注疏》卷13《尽心章句下》,北京大学出版社1999年标点本,第359页。

特征。韩国河先生也认为,汉魏丧服礼制"不仅仅具有承上启下的作用,还在于强调和补充了维护封建社会形成及壮大时期的道德伦理关系",并把"'治死'作为人与人、人与家族、人与国家、人与社会相益相害的衡量尺度"。[①] 当然,这种衡量尺度是什么?它又是如何从无到有的演变?其内容包含哪些方面?这正是本书要考论的中心议题。

---

① 韩国河:《秦汉魏晋丧葬制度研究》,第 304 页。

# 第二章 汉魏丧服礼制的法制化

上一章考察了丧服礼制送亲归天和孝亲感恩的观念，而孝亲感恩观念适应了汉魏孝治政治的需求，不仅使丧服礼制在魏时期备受重视，广泛推行，也为汉魏丧服礼制法制化及运行提供了民族、文化、心理等条件。丧服礼制理念的实施要通过制度得以具体体现，方可在教化、政务和司法等领域发挥作用。因此，范式研究汉魏"服制制罪"及其社会治理功能，不仅要厘清丧服礼制的理念，还需考察这种理念的律令制度化。"服制制罪"侧重于从司法及调处方面考察丧服礼制的功能，故而本章需从律令规范层面考察汉魏丧服礼制的法制化，为"服制制罪"的司法及调解运行奠定基础。

## 第一节 丧服礼制法制化进程

丧服礼制法制化是指蕴含服制亲情人伦精神的习惯或礼制被规范化为具有强制力的律条、敕令诏书，或者以其他典礼方式在司法层面发挥法律作用的制度。丧服礼制法制化意味着先秦服叙关系中的法律精神在汉魏时期正式被律令化、司法化，不仅在亲属之间形成了明确的权利义务关系，还成为调处说理及司法追责问责的依据。其实，先秦时期丧服礼制已经制度化，也出现违背丧服礼制被谴责或入刑处罚现象。秦代更是利用亲情实施亲属连坐，而且已经部分法令化。汉初承袭秦制，一些蕴含丧服礼制的秦代律令被承袭，同时也出现了重新以经义决狱并释律的决事比、律章句，使得这些律令在使用过程中不断趋向宽缓。同时，敕令也不断限制亲属连坐，发挥着法律作用。

### 一 周秦丧服礼制的法制化体现

先秦丧服礼制已经作为礼制规范发挥着社会治理功能，尤其西周的丧服礼制已经成为许多官职工作的主要责任，用现代法律来讲，当时的丧服礼制已成为行政法规。本书以《周礼》为依据进行了梳理，对不包括冬官在内的346种官制进行梳理，共有120多种不同的官制参与了丧事活动的管理与监督工作，若按《周礼》记载，占到了当时除冬官外官制的三分之一强。① 梳理发现，这些官制中，有礼仪教化之官，有司法行政之官，对于不同层次、不同领域、不同辖区的丧葬活动及丧礼运用，乃至墓地批准，他们都分工有序地执掌某些方面，或联合共同参与丧事活动（见表2-1）。

表2-1　　　　　　　周代管理及监督丧事活动官职表②

| 官职 | | 涉及丧葬事务的分工或监督职责 |
|---|---|---|
| 天官冢宰 | 大宰 | 大丧，赞赠玉、含玉。 |
| | 小宰 | 丧荒之联事。丧荒，受其含玉、襚、币、玉之事。 |
| | 宰夫 | 凡邦之吊事，掌其戒令，与其币、器、财用，凡所共者。大丧、小丧，掌小官之戒令，帅执事而治之。三公、六卿之丧，与职丧帅有司而治之。凡诸大夫之丧，使其旅帅有司而治之。 |
| | 宫正 | 大丧，则授庐舍，辨其亲疏贵贱之居。 |
| | 庖人 | 共丧纪之庶羞。 |
| | 外饔 | 凡小丧纪，陈其鼎，俎而实之。 |
| | 甸师 | 丧事，代王受眚灾。 |
| | 兽人 | 丧纪、宾客，共其死兽、生兽。 |

---

① 《周礼》原无冬官之职，为汉人取《考工记》所补，《考工记》为战国后期人所作，是战国时期手工业发展水平的总结性著作，故在梳理西周丧事活动资料时，不取该部分内容。

② 该表是根据李学勤主编的《周礼注疏》进行梳理汇总，每一官职丧事的职责引文，参见表内页码标注。

续表

| 官职 | | 涉及丧葬事务的分工或监督职责 |
|---|---|---|
| 天官冢宰 | 渔人 | 丧纪，共其鱼之鲜薨。 |
| | 腊人 | 丧纪，共其脯腊，凡干肉之事。 |
| | 凌人 | 大丧共夷盘冰。 |
| | 笾人 | 丧事及宾客之事，共其荐羞笾。 |
| | 醢人 | 凡祭祀，共荐羞之豆实。宾客、丧纪亦如之。 |
| | 幕人 | 大丧共帷、幕、帟、绶。三公及卿大夫之丧，共其帟。 |
| | 掌次 | 凡丧，王则张帟幕三重，诸侯再重，孤、卿大夫不重。 |
| | 大府 | 山泽之赋以待丧纪。凡邦国之贡以待吊用。 |
| | 玉府 | 大丧，共含玉、复衣裳、角枕、角柶。 |
| | 内府 | 丧纪、会同、军旅，共其财用之币赉，赐予之财用。 |
| | 司裘 | 大丧，廞裘，饰皮车。 |
| | 内宰 | 凡丧事，佐后使治内、外命妇。正其服位。 |
| | 内小臣 | 丧纪，则摈，诏后之礼事，相九嫔之礼事，正内人之礼事。 |
| | 阍人 | 丧纪之事，设门燎，跸宫门、庙门。 |
| | 寺人 | 丧纪，帅女宫而致于有司。 |
| | 内竖 | 丧纪之事，则为内人跸。王后之丧迁于宫中，则前跸。及葬，执亵器以从遣车。 |
| | 九嫔 | 大丧，帅叙哭。 |
| | 世妇 | 丧纪之事，帅女宫而濯摡，为粢盛。掌吊临卿大夫之丧。 |
| | 女御 | 大丧，掌沐浴。后之丧持翣。从世妇吊于卿大夫之丧。 |
| | 典丝 | 丧纪，共其丝纩组文之物。 |
| | 典枲 | 掌布缌缕纻之麻草之物。 |
| | 内司服 | 共丧衰之衣服。后之丧共其衣服。 |
| | 缝人 | 丧，缝棺饰焉。 |
| | 追师 | 丧纪，共箭笄。 |
| | 夏采 | 丧以冕服复于大祖。 |
| 地官司徒 | 大司徒 | 祖坟墓。四闾为族，使之相葬。大丧，帅六乡之庶众，属其六引，而治其政令。 |
| | 小司徒 | 掌丧纪禁令。大丧，帅邦役，治其政教。 |
| | 乡师 | 大丧用役，帅民而至。及葬，执纛与匠师御柩。共吉凶二服。共丧器。 |

续表

| | 官职 | 涉及丧葬事务的分工或监督职责 |
|---|---|---|
| 地官司徒 | 州长 | 大丧，皆莅其位。 |
| | 党正 | 丧纪，教其礼事。 |
| | 族师 | 相葬埋。 |
| | 保师 | 教丧纪之容。 |
| | 媒氏 | 禁迁葬者与嫁殇者。男女阴讼。 |
| | 遂人 | 大丧，帅六师遂之役而致之。及葬，帅而属六綍。及窆，陈役。 |
| | 遂师 | 大丧，帅其属以幄、帟先，道野役；及窆，抱磨，共丘笼及蜃车之役。 |
| | 鄼长[①] | 治本鄼丧纪之事。 |
| | 稍人 | 大丧，帅蜃车与其役以至。 |
| | 委人 | 丧纪共其薪蒸、木材。 |
| | 土均 | 丧纪，以地美恶为轻重之法而行之，掌其禁令。 |
| | 稻人 | 丧纪共其苇事。 |
| | 泽虞 | 丧纪，共其苇蒲之事。 |
| | 掌荼 | 以时聚荼，以共丧事。 |
| | 掌蜃 | 敛互物蜃物，以共闉圹。 |
| | 囿人 | 丧纪，共生兽、死兽之物。 |
| | 舍人 | 丧纪，共饭米、熬谷。 |
| 春官 | 大宗伯 | 以丧礼哀死亡。大丧为上相。 |
| | 小宗伯 | 王崩，执事大敛、小敛，帅异族而佐。县衰冠之式于门之外。及执事视献器。既葬，诏相丧祭之礼。成葬而祭墓。 |
| | 肆师 | 大丧、令外、内命妇序哭。禁外、内命男女之衰不中法者，且授之杖。凡卿大夫之丧，相其礼。 |
| | 郁人 | 大丧，共其肆器。 |
| | 鬯人 | 大丧之大渳，设斗，共其衅鬯。 |
| | 鸡人 | 丧纪，夜呼旦以叫百官。 |
| | 司尊彝 | 大丧，存奠彝。 |

---

① 鄼是西周的基层行政单位，按周礼规定五家为邻，五邻为里，四里为鄼，五鄼为鄙，五鄙为县，五县为遂。由此可见一鄼为一百户。参见《周礼注疏》卷15《地官·遂人》，北京大学出版社1999年标点本，第390页。

续表

| 官职 | | 涉及丧葬事务的分工或监督职责 |
|---|---|---|
| 春官 | 司几筵 | 凡丧事，设苇席。 |
| | 天府 | 大丧，出国之玉镇、大宝器而陈之。凡吉凶之事，祖庙之中，沃盥执烛。 |
| | 典瑞 | 大丧，共饭玉、含玉、赠玉。 |
| | 司服 | 掌王之吉凶衣服。凡凶事服弁、服。凡吊事弁绖、服。凡丧，为天王斩衰，为王后齐衰。大丧，共其复衣服，敛衣服，奠衣服，廞衣服，皆掌其陈序。 |
| | 世妇 | 大丧，比外、内命妇之朝莫哭，不敬者苛罚之。 |
| | 内宗 | 大丧，序哭者。凡卿大夫之丧，掌其吊临。 |
| | 外宗 | 大丧，则叙外内朝莫哭者。 |
| | 冢人 | 掌公墓之地。大丧，请度甫竁，遂为之尸。共丧之窆器。 |
| | 墓大夫 | 掌凡邦墓之地域。令国民族葬而掌其禁令，正其位。 |
| | 职丧 | 掌诸侯之丧，及卿、大夫、士凡有爵者之丧，以国之丧，莅其禁令，序其事。凡其丧，诏其号，治其礼。职丧令之，趣其事。 |
| | 大司乐 | 诸侯薨，令去乐。大臣死，令弛县。大丧，莅廞乐器。 |
| | 乐师 | 凡丧，陈乐器，则帅乐官。及序哭，亦如之。 |
| | 大师 | 大丧，帅瞽而廞；作柩、谥。 |
| | 小师 | 大丧，与廞。 |
| | 视瞭 | 大丧，廞乐器。 |
| | 笙师 | 大丧，廞其乐器。 |
| | 镈师 | 大丧，廞其乐器。 |
| | 籥师 | 大丧，廞其乐器。 |
| | 典庸器 | 大丧，廞笋虡（jù）。 |
| | 司干 | 大丧，廞舞器。 |
| | 大卜 | 凡丧事，命龟。 |
| | 龟人 | 丧祭，奉龟以往。 |
| | 大祝 | 大丧，始崩，以肆鬯渳濯尸。祔、练、祥，掌国事。 |
| | 小祝 | 大丧，赞渳，设熬。及葬设道赍之奠。外内小丧祭，掌事。 |
| | 丧祝 | 大丧劝防、令启、御柩、奠、饰棺、遂御、出宫乃代，除饰。小丧亦如是。凡卿大夫之丧，掌事而敛、饰棺。 |
| | 司巫 | 凡丧事，掌巫降之礼。 |

续表

| 官职 | | 涉及丧葬事务的分工或监督职责 |
|---|---|---|
| 春官 | 男巫 | 王吊，与祝前。 |
| | 女巫 | 王后吊。与前祝。 |
| | 大史 | 大丧，执法以莅劝防。凡丧事考焉。小丧赐谥。 |
| | 巾车 | 大丧，饰遣车，遂廞之，行之。及葬，执盖从车，持旌。及墓，呼启棺，陈车。小丧，共柩路，与其饰。 |
| | 典路 | 大丧赞驾说。 |
| | 司常 | 大丧，共铭旌，建廞车之旌；及葬，亦如之。 |
| 夏官 | 大司马 | 以九伐之法正邦国。贼杀其亲则正之；外内乱，鸟兽行，则灭之。吊劳士、庶子，则相。大丧，平士大夫；丧祭，奉诏马牲。 |
| | 小司马 | 丧纪，掌其事。 |
| | 量人 | 掌丧祭、奠竁之俎实。 |
| | 挈壶氏 | 凡丧，县壶以代哭。 |
| | 射人 | 大丧，与仆人迁尸。比其庐，不敬者，苛罚之。 |
| | 司士 | 大丧，作士掌事。 |
| | 诸子 | 大丧，正群子之服位。 |
| | 虎贲氏 | 大丧守王门。及葬，从遣车而哭。 |
| | 旅贲氏 | 丧纪，则衰葛，执戈盾。 |
| | 方相氏 | 大丧，先柩。及墓，入圹，以戈击四隅，驱方良。 |
| | 大仆 | 丧纪，正王之服位。大丧，戒鼓传达于四方。窆亦如之。县丧首服之法于宫门。掌三公、孤、卿之吊劳。 |
| | 小臣 | 掌士、大夫之吊劳。 |
| | 祭仆 | 大丧，复于小庙。 |
| | 御仆 | 掌群吏之逆，与其吊劳。大丧，持翣。 |
| | 隶仆 | 大丧，服于小寝、大寝。 |
| | 弁师 | 掌王之弁绖。 |
| | 司兵 | 大丧、廞五兵。 |
| | 司弓矢 | 大丧，共明弓矢。 |
| | 校人 | 大丧，饰遣车之马。 |
| | 圉人 | 丧纪，牵马而入陈。 |

续表

| 官职 | | 涉及丧葬事务的分工或监督职责 |
|---|---|---|
| 秋官 | 大司寇 | 大丧，前王。 |
| | 小司寇 | 后、世子之丧前王辟。凡国之大丧，使其属跸。 |
| | 士师 | 大丧，帅其属而跸于王宫。 |
| | 乡士 | 大丧纪，掌其乡之禁令，帅其属夹道而跸。 |
| | 遂士 | 六卿若有丧事则为之前驱而辟。 |
| | 县士 | 大夫若有丧事则为之前驱而辟。 |
| | 司隶 | 邦有丧纪之事，则役其畟缛之事。 |
| | 蜡氏 | 大国丧禁凶服者。 |
| | 大行人 | 若有大丧，则诏相诸侯之礼。 |
| | 小行人 | 国札丧，令赗补之。 |
| | 象胥 | 凡国之大丧，诏相国客之礼仪，而正其位。 |
| | 掌客 | 凡宾客死，致礼以丧用。遭主国之丧，不受飨，食，受牲礼。 |

对出土文献研究发现，《周礼》所记与出土金文中的官制体系大致相符，[①] 验证了《周礼》记载的诸多官职涉及丧服礼制监管职责的可靠性，也更加确定了当时社会对服制推行和落实工作的常态化，因为众多不同官员都被赋予了管理或监督丧葬活动的责任。鉴于西周礼治中"出礼入刑"的事实，可以界定，当时这些涉及丧礼的职官职责规定具有法制化雏形。

当然，这些具有法律规范作用的礼制，毕竟只有笼统的违礼入刑观念。对于处置亲情关系的一般违礼问题，基于亲情和谐和睦的需要，许多事情可能通过以礼明理，大事化小，小事化了，但是对于亲情人伦之间的严重违礼，因出礼入刑时，"刑"的定性和量刑尚无缺乏明确标准，处罚因人而异，模糊不清，可谓"临事议制"，容易造成处置随意性，引起宗法内部不满。如此，容易导致人们对礼缺乏敬畏感。就春秋战国时期的僭越礼制实例记载而言，不能说与缺乏违礼规制的处罚标准无关。

战国秦时期，法家企图改变人性，将丧服礼制与律令相结合，创制了诸多亲属连坐的律令。由于秦亲属连坐对礼法秩序造成极大破坏，遭到汉代乃至后世的诟病，我们将在本章第二节和第三章涉及到。当然，战国秦也有对亲情严重违礼行为的法令。可以从《睡虎地秦墓竹简》中《法律答

---

① 参见张亚初等《西周金文官制研究》，第141页。

问》记载的亲属相犯处置规定窥见一斑（见表2-2）。

表2-2

| 序号 | 简牍内容 | 相犯类别 | 简牍编号 |
| --- | --- | --- | --- |
| 1 | 「父盗子，不为盗。」今叚（假）父盗叚（假）子，可（何）论？当为盗。 | 父盗子 | 第一九简 |
| 2 | 盗父母，父母擅杀、刑、髡子及奴妾，不为「公室告」。 | 子盗父（母） | 第一〇三简 |
| 3 | 「殴大父母，黥为城旦舂。」今殴高大父母，可（何）论？比大父母。 | 殴大父母、高大父母 | 第七八简 |
| 4 | 妻悍，夫殴治之，夬（决）其耳，若折支（肢）指、胅膿（體），问夫可（何）论？当耐。 | 夫殴悍妻 | 第七九简 |
| 5 | 擅杀子，黥为城旦舂。其子新生而有怪物其身及不全而杀之，勿罪。今子全身殹（也），毋（无）怪物，直以多子故，不欲其生，即弗举而杀之，可（何）论？为杀子。 | 父擅杀子；杀身有怪物之新生子 | 第七〇简 |
| 6 | 人奴妾治（笞）子，子以肤死，黥颜，畀主。｜相与斗，交伤皆论不殴（也）？交论。 | 家奴笞子；家奴与其子斗 | 第七四简 |
| 7 | 士五（伍）甲毋（无）子，其弟子以为后，与同居，而擅杀之，当弃市。 | 父擅杀后子 | 第七一简 |
| 8 | 「擅杀、刑、髡其后子，澉之。」·可（何）谓「后子」？·官其男为爵役，及臣邦君长所为后大（太）子，皆为「后子」。 | 父擅杀、刑、髡其后子 | 第七二简 |
| 9 | 人奴擅杀子，城旦黥之，畀主。 | 奴擅杀子 | 第七三简 |
| 10 | 「子告父母，臣妾告主，非公室告，勿听。」可（何）谓「非公室告」？主擅杀、刑、髡其子、臣妾，是谓「非公室告」，勿听，行而告，告【者】罪已行，它人有（又）襲其告之，亦不当听。 | 父擅杀、刑、髡子；主擅杀、刑、髡臣妾 | 第一〇四简、第一〇五简 |
| 11 | 「家人之论，父时家罪殹（也），父死而甫（甫）告之，勿听。」可（何）谓「家罪」？「家罪」者，父杀伤人及奴妾，父死而告之，勿治。 | 父杀伤奴妾 | 第一〇六简 |
| 12 | 可（何）谓「家罪」？父子同居，杀伤父臣妾、畜产及盗之，父已死，或告，勿听，是胃（谓）「家罪」。 | 杀伤父臣妾、畜产；子盗父 | 第一〇八简 |

续表

| 序号 | 简牍内容 | 相犯类别 | 简牍编号 |
| --- | --- | --- | --- |
| 13 | 臣强与主奸，可（何）论？比殴主。｜斗折项骨，可（何）论？比折支（肢）体。 | 与主奸；殴主 | 第七五简 |
| 14 | 同母异父相奸，可（何）论？弃市。 | 同母异父奸 | 第一七二简 |
| 15 | 「内（纳）奸，赎耐。」今内（纳）人人未蚀奸而得，可（何）论？除。 | 通奸 | 第五六简 |
| 16 | 弃妻不书，赀二甲。其弃妻亦当论不当？赀二甲。 | 休妻 | 第一六九简 |

由表 2-2 可见，战国秦时期亲属之间相盗、殴伤、擅杀、相奸乃至休妻等相犯及严重违礼问题已经分类纳入律令规制。

## 二 汉魏服制法制化演变

汉魏服制律令化经历了"形"和"质"的变化。所谓"形"是形式上的律条，所谓"质"是律条与礼的精神有机融合。汉初承袭秦制，从包括汉初《二年律令》和其他稍晚的简牍文献可以看出，汉律把秦严重违背亲属相犯的律条进行了承袭。然秦律的规定仍然比较笼统，而且运用时多以律令机械推理。

汉初"捃摭秦法，取其宜于时者"，要消除秦亡不良影响，必然需要举起反秦大旗，首先要从"苦秦久矣"的法律方面着手宣传和改变。从《睡虎地秦墓竹简》中确实看到，秦亲属连坐之法严酷。汉初多次以敕令方式，逐步禁止和消除秦连坐酷法。伴随着这些敕令，汉初在"引经决狱"司法实践中，运用先秦经典中礼制思想解释秦律。"引经决狱"既是一种司法活动，也是一种立法活动，所决案件史称"决事比"，而决事比此后也成为汉代法律的一种形式。引经决狱表现在许多方面，但突出在以亲情服制关系问题上，尤其是"亲亲相隐"敕令及司法制度的实施，不仅延续到东汉及魏晋，甚至在唐宋时期依然没有停止。与此同时，汉代还通过敕令及法令对亲属相犯进行有效规制，加大孝治政治力度。

以敕令方式禁止亲属连坐，实施"亲亲相隐"，逐步规制亲属相犯，这一过程明显属于服制入律的发展阶段。武帝以后，经学逐步取得政治主导地位，律学与经学开始进一步结合，不仅引经释律，引经解律，还出现被赋予法律效力的经学章句。据正史记载，西汉末年到东汉中后期，治律通经者动辄有上万或上十万言的律章句。本书将在第五章"服制制罪"成就中进一步考察。同时，违背丧服之礼的处罚也不仅限于严重的亲属违礼相犯，一般的亲属违礼相犯也被律条律令规制。为孝治政治所注重的丧服礼制逐步深入人心，民众对之愈加敬畏。

虽然汉魏服制入律尚未达到唐律成熟阶段，但是基本的"服制制罪"内容已经成熟。

## 第二节 汉魏服制敕令化考

律、令、科、比是汉魏主要的法律形式，汉魏服制的法制化同样包括这四种形式。由于丧服礼制法制化突出表现在敕令及律条方面，今可考的涉及丧服礼制的"科"十分有限，"比"又涉及成例及司法运行，故放在具体司法运行部分。基于此，将魏服制的律令分为涉及亲属连坐及亲属违礼相犯两项内容进行考察。本节考察敕令的相关内容。

### 一 限制亲属连坐的敕令

"敕令"是古代皇帝颁行天下的命令、诏书。"律"乃正刑定罪，"令"乃设范立制，故敕令一般具有法律权威及效力。之所以言"一般"具有法律权威和效力，乃汉代始有封驳制度，臣下可就皇帝不合适诏书进行封还，使之不发生效力。皇帝颁行的敕令与时政紧密相关，有的发生一次性效力，有的则具有持久影响力，或演变为立法原则或成为成例"故事"。相关限制亲属连坐的敕令一般与当时时政联系密切，故结合时政进行考察，不但对敕令内容进行了梳理，也显示出这些敕令当时的必要性、紧迫性和时效性。

（一）汉初限制亲属连坐的敕令

汉初治世面临着制度选择、律令承袭及草创等困难。一方面袭秦制，另一方面亟须对秦严刑酷法进行变革。这一过程中，敕令诏书在限制亲属连坐、缓和社会矛盾、稳定社会秩序方面起着沟通、融合礼与法的作用，甚至直接发挥着律令功能。

汉初，萧何定《九章律》多除秦夷族连坐之法，然应急之需，多承秦制，难免包含着诸多亲属连坐律令。对此，汉初多以敕令进行限制和制度性替代。高祖入关，与关中父老约法三章，承诺除杀人偿命、侵犯人身及财产三类罪需抵罪外，其他族刑及弃市等酷刑尽废。这是刘邦集团向天下百姓承诺、并指明的未来制度蓝图，即大汉仍有章法，但无苦秦之法。考诸《史记》《汉书》，高祖时，除元年十月"与父老约法三章""余悉除去秦法"外，还有十四次赦天下或赦一定范围的罪人，[①] 其中，不乏因亲属关系而连坐入罪者获得自由（见表2-3）。

表2-3

| 序号 | 时间 | 诏令内容 |
| --- | --- | --- |
| 1 | 高祖二年正月 | 诏：汉王东略地……赦罪人。 |
| 2 | 五年六月 | 诏：立太子，赦罪人。 |
| 3 | 六年春正月 | 诏：今天下事毕，其赦天下殊死以下。 |
| 4 | 六年春二月 | 诏：军吏卒会赦。 |
| 5 | 六年六月 | 诏：大赦天下。 |
| 6 | 六年冬十二月 | 诏：或未习法令，或以其故犯法，大者死刑，吾甚怜之。其赦天下。 |
| 7 | 九年秋八月 | 诏：吏有罪未发者，赦之。 |
| 8 | 十年正月 | 诏：前有罪殊死以下皆赦之 |
| 9 | 十一年七月 | 赦栎阳囚死罪以下 |
| 10 | 十一年八月 | 诏：吏民有罪也，能去豨、黄归者，皆赦之。 |
| 11 | 十二年六月 | 诏：上赦天下死罪以下，皆令从军。 |
| 12 | 十二年十二月 | 诏：赦代地吏民为陈豨、赵利所劫掠者，皆赦之。 |
| 13 | 十三年二月 | 诏：与缟居，去来归者皆赦之。 |
| 14 | 十三年四月 | 乃以丁未发丧，大赦天下。 |

汉初，天下未定，战争频仍。这些针对不特定多数的特赦及大赦主要为争取军心和民心，尽量避免生灵涂炭。依照秦律，叛军自然重刑连坐，表中1、4、9、10、12、13之赦令都涉及曾经与朝廷为敌情况。面对诛族之刑，这些赦诏的颁布必然消除了曾经叛者的疑虑，有利于归附团结，减少生灵涂炭。其他赦罪诏令也不同程度地包括因亲属连坐被赦免情况。

高祖与关中父老"约法三章"，奠定了蠲除酷刑连坐的目标。该"约"自然具有原则性作用，指导着此后乃至整个汉代不断消除秦酷刑连坐的立法和司法活动。其他赦诏效力虽只涉及一次特定或不特定人，但所有赦诏在汉初战争频仍之时已营造了除秦酷法理念和制度氛围，为接下来不断消除连坐酷刑的立法和司法奠定了制度基础。

惠帝时，天下基本安定，一系列缓和社会矛盾的诏令陆续颁行，其中除秦酷刑连坐诏书尤为突出。惠帝五年（公元前190年）春三月，诏："除

---

[①] 沈家本在《历代刑法考》中指出，高祖在世共9次特赦及大赦。今考除发丧赦非本人发布外，仍有13次针对不特定的特赦及大赦。

挟书律。"挟书律本为秦朝株连酷律，"秦律敢有挟书者族"。①"除挟书律诏"以具有普遍效力的法制化诏令废除了秦代诛心酷刑。惠帝六年（公元前189年）八月，赦降。沈家本对之解释曰："降者，减罪一等……今减等之法概源于此。"②减死罪必然减少了许多基于亲属服制的缘坐。高后临朝，继续废除汉律令中因袭秦夷族连坐律条，高后元年（公元前187年）正月诏："孝惠皇帝欲除三族罪、妖言令，议而未决崩。今除之。"③进一步以限制了族刑连坐刑罚，这些诏书都具有持续性制度效力。

黄老主张清净，有利于汉初与民休养生息。故汉初多尊黄老，黄老虽然强调"道法自然"和"法自道生"，强调爱民与天道同，④但是清静的黄老思想反而无法遏制战国秦时期延续下来的社会奢靡之风，而打击奢靡之风又导致酷刑不断。汉文帝深感法之功能为禁暴卫善，认为夷族连坐之刑破坏了现实生活亲情关系，也违背了黄老刑名思想中省刑与崇尚自然的要求。既然犯者已论，再使犯者无辜父母、妻子、同产相连坐，甚无道理。于是文帝即位便诏群臣商议废除连坐法令。虽有周勃及陈平建议如其故，但文帝坚持认为："法正，则民悫；罪当，则民从。且夫牧民而道（导）之以善者，吏也；既不能道（导），又以不正之法罪之，是法反害于民，为暴者也。"众臣以为然，"遂尽除收帑相坐法"。⑤该诏说明，文帝已明确将"连坐收帑之法"视为害民邪法。文帝三年（公元前177年）五月，文帝又下诏："今法有诽谤、妖言之罪，使众臣不敢尽情，而上无有闻过失也。将何以来远方之贤良？其除之。"⑥在厘清亲属连坐性质后，开始明文废止汉承袭秦制遗留的株连亲属之法。此外，文帝后四年（公元前160年）五月诏："赦天下。免官奴婢为庶人。"⑦此诏不仅使那些被连带收官者恢复平民身份，而且使所有官奴婢的后代不再因连带入罪而为奴。景帝即位，谨遵父志，其首诏甚嘉文帝功德，诏中"罪人不帑，不诛亡罪"，⑧显示了景帝继续禁止亲属连坐之政策和决心。

文景之世，努力废除战国以降秦、赵、楚、魏、韩等诸侯国兴起的收

---

① 《汉书》卷2《惠帝纪》，颜师古注引张晏语，第90页。
② （清）沈家本：《历代刑法考》，中华书局2006年版，第681页。
③ 《汉书》卷3《高后纪》，第96页。
④ 参见陈鼓应《皇帝四经今译——马王堆汉墓出土帛书》，商务印书馆2007年版，第229页。
⑤ 《汉书》卷23《刑法志》，第1105页。
⑥ 《汉书》卷4《文帝纪》，第118页。
⑦ 《汉书》卷4《文帝纪》，第130页。
⑧ 《汉书》卷5《景帝纪》，第137页。

孥、夷族等亲属连坐之法，① 同时，坚持不懈地对肉刑等诸多酷刑进行改革和废止。文帝在"齐太仓令淳于公"案件中，下诏书自责，认为法有肉刑，而奸不止，乃教导不善所致，深表惭愧。除了认识到"教未施而刑已加焉，或欲改行为善，而道亡繇至"，② 而除肉刑外，对不逃亡的罪人，依据罪行轻重，服役期满后免为庶人，不再入官奴。如此，普通犯罪中的"连坐收孥"③ 情况原则上被废止，即使犯者自身也有免除终身为奴之可能。经过连续的刑制改革，至景帝中六年（公元前149年），肉刑在制度层面不复存在，普通刑罚仅存死刑、迁徙性、劳役刑以及以教育为目的的笞臀之刑。刑制改革不只是为封建五刑的形成奠定了刑种基础，而且对限制亲属连坐极具推动作用。它使尚存的被连坐者处罚轻缓，减轻了被连坐者的痛苦，进而推动一些亲属连坐制度因不合既有刑制而被取消。

当然，废止亲属连坐绝非一蹴而就，汉初依然存在夷三族等诸多亲属连坐。不过，本书将在第三章会就具体情况进行甄别，做出符合实际的分析判断，而不是见到亲属连坐尚存，就否定当时限制及废除亲属连坐的成就。

(二) 武帝至西汉末期限制亲属连坐的敕令

自武帝时儒家思想登上政治舞台后，经学逐步成为官学，并在昭宣至西汉末持续广泛宣传，经学对服制亲情的"关照"不断深入人心。这一时期的敕令诏书在限制亲属连坐方面融进了经学理念，不仅具有律令效力，而且为敕令乃至律令提供了经学为基础的学理化支撑。

经学对丧服礼制倍加推崇，在孝治政治施政过程中，涉及连坐问题的诏书、敕令逐步体现出丧服礼制的深刻影响，都体现了丧服礼制的法制化。先是建元二年（公元前139年），诏"赦吴楚七国孥输在官者"，④ 使因七王反叛被连坐收官为奴的家属获恢复了自由民身份。又元光元年（公元前134年），诏"复七国宗室前绝属者"，⑤ 恢复受株连者原有身份，最起码体现了对亲属连坐的拨乱反正。此后，元朔六年（公元前123年）又诏："诸禁锢及有过者，咸蒙厚赏，得免减罪。"⑥ 使得因连坐被禁止做官者获得赦免。

---

① 战国时期，楚有灭家、夷宗和夷三族之法。赵有收家之法，身死收家。魏有夷乡、夷族之法，株连妻氏、母氏。
② 《汉书》卷23《刑法志》，第1098页。
③ "孥"与"帑"为通假字。本书古文献用"帑"的不变，非古文引用的用"孥"字。
④ 《汉书》卷6《武帝纪》，第157页。
⑤ 《汉书》卷6《武帝纪》，第160页。
⑥ 《汉书》卷6《武帝纪》，第173页。

昭帝元凤元年（公元前 80 年），诏"赦王太子建、公主子文信及宗室子与燕王、上官桀等谋反父母同产当坐者，皆免为庶人。其吏为桀等所诖误，未发觉在吏者，除其罪"。① 该诏中的"诖误"说明，即使对于诸侯谋反罪行，也要区分是否故意或无辜，对于无辜者，即便重罪亦不连坐，不仅体现了服制限制连坐的法制化，更体现了其中的刑事法律学理化。

宣帝地节元年（公元前 69 年），诏复宗室因罪被牵连收身者，以选拔人才。这次赦免涉及人多，应该是对"盐铁会议"贤良文学派注重亲情服制主张的贯彻，意义重大，直接推动了此后宣帝地节四年（公元前 66 年）"亲亲得相首匿"诏内容的形成。地节四年诏曰："父子之亲，夫妇之道，天性也。虽有患祸，犹蒙死而存之。诚爱结于心，仁厚之至也，岂能违之哉！自今子首匿父母，妻匿夫，孙匿大父母，皆勿坐。其父母匿子，夫匿妻，大父母匿孙，罪殊死，皆上请廷尉以闻。"② 该诏可以说是汉初以来反秦酷刑连坐的一次重大法制及学理突破。从学理上讲，它是对秦首匿相坐及武帝时又抬头的首匿相坐观念的彻底否定。从制度及学理双层意义上讲，它是对西汉反秦株连酷刑近一个半世纪的经验总结，用丧服制度的服叙之礼第一次法制化并且原则性地规定了亲等相隐范围和罪行相隐范围，为此后亲属连坐确立了学理指导思想和制度操作依据。尤其是以卑幼子孙隐匿父母、大父母等尊亲，妻隐匿丈夫等规定成为常态化法制；而以尊亲隐匿卑幼，死罪以下，虽需经上请亦可能被赦免无罪，也成为常制。

良法务须良吏执行。对于如何落实"亲亲得相首匿"诏，两年后的元康二年（公元前 64 年）三月，宣帝特下诏："狱者，万民之命，所以禁暴止邪，养育群生也。能使生者不怨，死者不恨，则可谓文吏矣。今则不然。用法或持巧心，析律贰端，深浅不平，增辞饰非，以成其罪。奏不如实，上亦亡繇知。此朕之不明，吏之不称，四方黎民将何仰哉！二千石各察官属，勿用此人。吏务平法。"③ 这是针对"亲亲得相首匿"诏颁布以后促进其实施的制度性对策。它标志着亲情服制不仅成为限制亲属连坐的原则和制度，更成为立法与司法公正的学理评判标准，即"生者不怨，死者不恨"。亦可谓确立了符合"天人合一"理念的中国式的"自然法"理论及具体法令评价标准。

鸿嘉四年（公元前 18 年），成帝下诏："数赦有司，务行宽大，而禁

---

① 《汉书》卷 7《昭帝纪》，第 226 页。
② 《汉书》卷 8《宣帝纪》，第 258 页。
③ 《汉书》卷 8《宣帝纪》，第 255—256 页。

苛暴，讫今不改。一人有辜，举家拘系，农民失业，怨恨者众，伤害和气……遣使者循行郡国。"[①] 看来，从武帝到宣帝时期，尽管仍然继续限制亲属连坐，但基于"巫蛊事件"等多种因素影响，当时的亲属连坐问题仍存在不少问题。亲属连坐不仅导致"怨恨者众"，加深社会矛盾，甚至影响经济与社会稳定发展。不过"数赦有司"意味着相关法令以不同形式多次公布，以亲情服制限制亲属连坐的赦令法制不断发展和深化，限制亲属连坐理念不断深入人心。

西汉末期，尽管权柄外移，时有朝臣被诛，但是在经学服制之礼影响和统摄下，限制亲属连坐的诏令不断发布，其影响得以纵深发展。绥和二年（公元前7年），成帝崩，哀帝即位，限制诸王、列侯在长安名田及畜奴婢数，诏："除任子令及诽谤诋欺法。掖庭宫人年三十以下，出嫁之。官奴婢[②]五十以上，免为庶人。"[③] 诽谤罪在秦是夷族之罪，至汉初文帝废之，但汉武帝、宣帝、成帝时期仍有此罪，只是宣成之世处罚不再夷族而已。汉元帝诏令除之，是儒家经义对刑罚向着宽缓慎刑方向引导的法制结果。这些都是服制之礼对连坐酷刑限制的法制化发展。平帝即位，虽百官听命于王莽，但元始二年（公元2年）大赦天下，且比过去较为宽缓。诏曰："往者有司多举奏赦前事，累增罪过，诛陷亡辜……自今以来，有司无得陈赦前事置奏上。有不如诏书为亏恩，以不道论。定著令，布告天下，使明知之。"[④] 该诏在总结过去赦诏的缺陷后，明确禁止"无得陈赦前事"，违者以不道罪论处。依照汉律，杀一家无辜三人者为不道。这种将阻遏大赦视为连坐杀人，并因此定为法令的做法，使得大赦真正能够免除亲属连坐之罪。元始三年（公元3年）平帝又诏："盖夫妇正则父子亲，人伦定矣。前诏有司复贞妇，归女徒，诚欲以防邪辟，全贞信。及眊悼之人刑罚所不加，圣王之制也。惟苛暴吏多拘系犯法者亲属，妇女老弱，构怨伤化，百姓苦之。其明敕百僚，妇女非身犯法，及男子八十岁以上七岁以下，家非坐不道，诏所名捕，它皆无得系。其当验者，即验问。定著令。"[⑤] 该诏虽被称为"无系老弱诏"，但实际是运用服制经义限制亲属连坐。至此，通过诏令方式确立了禁止亲属连坐的常态化制度和学理。诏书中的"定著

---

① 《汉书》卷8《宣帝纪》，第255页。
② 正史记载官奴婢本是战犯、犯罪者或其没入官府的家属，汉代官奴婢主要是主要来源于犯罪者及其家属。
③ 《汉书》卷11《哀帝纪》，第336页。
④ 《汉书》卷12《平帝纪》，第348页。
⑤ 《汉书》卷12《平帝纪》，第356页。

令"意味着亲情服制已经成为处置亲属连坐相关问题律令及其司法运行的内在精神和指导原则，充分体现了西汉经学服制对亲属连坐限制的推进和影响。

（三）东汉及曹魏时期限制亲属连坐的敕令

东汉至曹魏时期经学及丧服礼制已经深入民心，随着丧服礼制律令化不断发展，这一时期涉及丧服礼制的限制亲属连坐敕令诏书主要是对律所不及的补充，起到了补充律条及细化完善律条作用。

建武三年（公元27年）七月，光武帝针对亲属连坐问题下诏："男子八十以上，十岁以下，及妇人从坐者，自非不道，诏所名捕，皆不得系。当验问者即就验。"①此诏明确规定，除了大逆不道之罪和诏书点名逮捕的犯者，其他所有犯罪者被系捕时，均不能捕其家庭老少和妇女。如果需要询问，也只能在犯者家庭现场讯问，不能将犯者老小传往官府讯问。对于限制连坐法令制度而言，这无疑是细则化的制度发展与完善。该诏虽然不可能根除连坐，但是规范了审讯程序，有利于家庭亲情免受惊扰。建武六年（公元30年）十一月又诏："王莽时吏人没入为奴婢不应旧法者，皆免为庶人。"②概是因反对王莽被入罪连坐者特赦。此后，建武十二年和十三年连续下诏赦免因战事被掠为奴者，皆为庶人。初步统计光武年间先后9次诏免奴婢，对消除亲属连坐贡献很大。

光武之后，明、章二帝继续励精图治，安定民生，促进经济，出现了30多年稳定繁荣的"明章之治"。对于亲属连坐，明帝多次下诏减轻处罚，缩小连坐范围。永平八年（公元65年）诏："三公募郡国中都官死罪系囚，减罪一等，勿笞，诣度辽将军营，屯朔方、五原之边；妻子自随，便占著边县；父母同产欲相代者，恣听之。其大逆无道殊死者，一切募下蚕室。"③郡中都官是掌管郡刑狱的官吏，此诏让各郡都官办理，可见减罪面遍及全国各郡。死罪减等处罚，妻子自随者，上边县户口，以平民待之，不属于亲属连坐。从此诏看，貌似肉刑在东汉又被恢复，实际是以肉刑是替代死刑，也算得是对汉初轻刑化刑制改革的承袭。永平九年（公元66年）诏："郡国死罪囚减罪，与妻子诣五原、朔方占著，所在死者皆赐妻父若男同产一人复终身；其妻无父兄独有母者，赐其母钱六万，又复其口筭。"④这里的"复"为免除徭役赋税。从本诏看，自随屯边死者，免夫家或娘家一人终身赋税，或国家补偿六万钱，免家庭中一人的人口税。可

---

① 《后汉书》卷1《光武帝纪》，第35页。
② 《后汉书》卷1《光武帝纪》，第50页。
③ 《后汉书》卷2《孝明帝纪》，第111页。
④ 《后汉书》卷2《孝明帝纪》，第112页。

见，东汉改造犯罪同样是用亲情服制，只不过不似秦朝以亲情服制进行连坐恐吓，而是孝治政治中让亲属以自由民方式陪伴照应。不仅使罪囚生活得到照顾，更重要的是从情感上温暖罪囚，起到了很好的改造和教化犯罪作用。十六年（公元 73 年）诏："令郡国中都官死罪系囚减死罪一等，勿笞，诣军营，屯朔方、敦煌；妻子自随，父母同产欲求从者，恣听之；女子嫁为人妻，勿与俱。谋反大逆无道不用此书。"①该诏特别强调，出嫁女不能从。出嫁女之所以不从，实乃服叙等级降低之故。不惟如此，十八年诏还准"殊死已下赎"。②这些诏书内容在章帝建初七年（公元 82 年）、元和元年（公元 84 年）诏中一直被强调，甚至安帝元初二年（公元 116 年）诏亦如此，③足见这些诏令法制化的稳定性。

又建初元年（公元 76 年），杨终认为，广陵、楚、淮阳、济南之狱，徙边者万数，又远屯绝域，吏民怨旷，于是上疏曰："臣闻'善善及子孙，恶恶止其身'，百王常典，不易之道也。……今以比年久旱，灾疫未息……仍连大狱，有司穷考，转相牵引，掠考冤滥，家属徙边……传曰：'安土重居，谓之众庶。'昔殷民近迁洛邑，且犹怨望，何况去中土之肥饶，寄不毛之荒极乎？"④帝从之，听还徙者，悉罢边屯。杨终所奏涉及多案。奏中所言"转相牵引，掠考冤滥"已远远超过三族，这并非秦酷刑连坐的复燃，实际是指东汉兴起的党锢之风。党锢连坐甚广，但多为资格禁止或徒刑迁徙，并不涉及灭族或为奴的连坐。杨终以"恶止其身、善及子孙"为百王常典，直陈时弊，善及子孙实际上是服制关系的内涵。章帝从之，悉罢边屯，开始从制度上杜绝因禁锢连坐将亲属发配边疆的现象。

此外，建初二年（公元 78 年）诏："还坐楚、淮阳事徙者四百余家，令归本郡。"⑤该诏中连坐被徙边者归本郡是指免除其连坐之罪。永初四年（公元 104 年）诏："自建初以来，诸妖言它过坐徙边者，各归本郡；其没入官为奴婢者，免为庶人。"⑥不断赦免此前被连坐的亲属。建和三年（公元 149 年）诏："昔孝章帝愍前世禁徙，故建初之元，并蒙恩泽，流徙者使还故郡，

---

① 《后汉书》卷 2《孝明帝纪》，第 121 页。
② 正史记载以缣帛赎罪。参见《后汉书》卷 2《孝明帝纪》，第 123 页。
③ 由于这些诏书与章帝建初中诏书内容基本相同，故不再详列原文。参见《后汉书》卷 3《孝章帝纪》，第 143、147 页。参见《后汉书》卷 5《孝安帝纪》，第 224 页。
④ 《后汉书》卷 48《杨终传》，第 1597 页。
⑤ 《后汉书》卷 3《孝章帝纪》，第 135 页。
⑥ 《后汉书》卷 5《孝安帝纪》，第 215 页。

没入者免为庶民。先皇德政，可不务乎！其自永建元年迄乎今岁，凡诸妖恶，支亲从坐，及吏民减死徙边者，悉归本郡；唯没入者不从此令。"①此诏的"没入者不从此令"，并非是仍然连坐，而是基于"没入者免为庶民"的前提，这些没入者当时在官方以平民身份协助官府事务，其身份地位和处境要比"悉归本郡"者好多。整体而言，该诏还是不断以诏令形式，普遍性批量地解决前朝的亲属连坐遗留问题。可见，自光武中兴以来的近百年中，特重视亲情服制，除大逆不道外，其他亲属连坐基本得以消除。

但是，东汉以来，多有党锢斗争，因之连坐入罪者逐渐增多，且兄弟、子孙或弟子因禁锢不能任官，这成为东汉亲属资格刑连坐最突出的问题。尽管如此，儒家经学仍然对此进行限制。东汉中前期，章帝对此已有所警觉，元和元年（公元84年）十二月诏："书云：'父不慈，子不祗，兄不友，弟不恭，不相及也。'往者妖言大狱，所及广远，一人犯罪，禁至三属，莫得垂缨仕宦王朝。如有贤才而没齿无用，朕甚怜之，非所谓与之更始也。诸以前妖恶禁锢者，一皆蠲除之。"②足见亲情服制解除禁锢之功能。延平元年（公元106年），皇太后诏曰："自建武以来诸犯禁锢，诏书虽解，有司持重，多不奉行，其皆复为平民。"③这次大赦将此前禁锢连坐遗留问题一并解决。永初中，三公曹陈忠"奏上二十三条，为决事比……解臧吏三世禁锢……事皆施行"。④大臣上奏，皇帝准奏，其功效具有敕令效力。可见限制党锢连坐也进入立法层面，至少是对立法的补充或细化。

桓灵之世，多有宦官或佞幸干政，党锢事件多发。即便如此，经学出身的士大夫和知识阶层奋起抗击，迫使佞幸让步，帝室不断以亲情服制限制党锢连坐。前述建和三年（公元149年）桓帝诏中提及"帝愍前世禁徙"，表明桓帝诏赦包含着对禁锢连坐者赦免。灵帝光和二年（公元180年）四月诏："大赦天下，诸党人禁锢小功以下皆除之。"⑤以服叙等级明确禁锢连坐范围。针对该诏，上禄长和海上言："礼，从祖兄弟别居异财，恩义已轻，服属疏末。而今党人锢及五族，既乖典训之文，有谬经常之法。"灵帝"览而悟之，党锢自从祖以下，皆得解释"。⑥至少说，和海认为该赦

---

① 《后汉书》卷7《孝桓帝纪》，第293页。
② 《后汉书》卷3《孝章帝纪》，第148页。
③ 《后汉书》卷4《孝和孝殇帝纪》，第197页。
④ 《后汉书》卷46《陈宠传》，第1556页。
⑤ 《后汉书》卷8《孝灵帝纪》，第343页。
⑥ 《后汉书》卷67《党锢列传》，第2189页。

诏存在很多问题，禁锢服叙过宽，限制禁锢不彻底，因为党锢连坐本身违背父子兄弟罪不相及的经常。光和三年（公元181年）癸丑赦令诏书："吏民依党禁锢者赦除之，有不见文，他以类比疑者谳。"① 在此，因亲情服制而被禁锢者一律解除，不再连带。同时，还明确没有官司档案而被连坐禁锢者，只要情实，可以决事比的方式处置，并且案卷记录存档，即所谓的"于是诸有党郡皆谳廷尉，人名悉入方笥中"。② 随即，在农民起义震慑下，经学重臣终于战胜阉宦，又迫使无能的皇帝在中平元年（公元184年）三月下诏："大赦天下党人，还诸徙者。"③ 东汉末年黄巾军起义，朝中大臣明确指出，"党锢久积，人情多怨。若久不赦宥，轻与张角合谋，为变滋大，悔之无救"。④ 帝惧其言，乃大赦党人，诸徙之家皆归故郡。

汉魏之际，连坐现象虽有扩大之势，但三国鼎立之初，均采撷汉代律令制诏，作为各自政令律法。此时，虽军事争夺中多有连坐之事，但为逐鹿中原，一统华夏，整体而言，还是继续推行孝治政治，并以经学辅以教化。从文献资料看，亲情服制对亲属连坐限制持续不断，而且从诏令制度方面看，还展现出两汉限制亲属连坐的常态性效果。

为严防酷刑连坐，黄初五年（公元224年）春正月，诏"令谋反大逆乃得相告，其余皆勿听治；敢妄相告，以其罪罪之"。⑤ 该诏令只许揭发并控告谋反大逆，其他罪行不许控告揭发，这当然包括不许违背"亲亲得相首匿"制度。不仅如此，明帝即位颁布诏令，要求从制度上宽缓慎刑。同时，改汉旧律不行于魏者皆除之，着手删定汉律。从青龙四年（公元236年）六月删定汉律诏书看，⑥ "郡国毙狱，一岁之中尚过数百"记述了当年死刑有几百例，且其中的谋反连坐并未占多数。对于谋反重罪的有限连坐

---

① 《后汉书》卷103《志第十三·五行一》，第3272页。
② 《后汉书》卷103《志第十三·五行一》，第3272页。
③ 《后汉书》卷8《孝灵帝纪》，第348页。
④ 《后汉书》卷67《党锢列传》，第2189页。
⑤ 《三国志》卷2《魏书·文帝纪》，第84页。
⑥ 诏内容为："有虞氏画象而民弗犯，周人刑错而不用。朕从百王之末，追望上世之风，邈乎何相去之远？法令滋章，犯者弥多，刑罚愈众，而奸不可止。往往按大辟之条，多所蠲除，思济生民之命，此朕之至意也。而郡国毙狱，一岁之中尚过数百，岂朕训导不醇，俾民轻罪，将苛法犹存，为之陷穽乎？有司其议狱缓死，务从宽简，及乞恩者，或辞未出而狱以报断，非所以究理尽情也。其令廷尉及天下狱官，诸有死罪具狱以定，非谋反及手杀人，亟语其亲治，有乞恩者，使与奏当文书俱上，朕将思所以全之。其布告天下，使明朕意。"《三国志》卷3《魏书·明帝纪》，第107页。

案件，曹魏政权也在吸收两汉经验，并作出明确服制化的刑罚连坐。据干宝《晋纪》记载，正元中（公元254—256年），主簿程咸为议："大魏承秦、汉之弊，未及革制。所以追戮已出之女，诚欲殄丑类之族也。若已产育，则成他家之母。于防则不足惩奸乱之源，于情则伤孝子之思，男不御罪于他族，而女独婴戮于二门，非所以哀矜女弱，均法制之大分也。臣以为在室之女，可从父母之刑，既醮之妇，使从夫家之戮。""朝廷从之，乃定律令。"[①] 无论是删定汉律或是在此基础上新定律令，都明确了以服制作为连坐标准。事实上当时一般案件已经基本不存在连坐，该标准只是适用于少数政治或军事方面的重大案件。就当时而言，每年重大死刑案仅数百件，重大政治军事案件也不甚多。所以这一建议符合儒家"德主刑辅"的刑事司法原则，即便不得已而杀之，也要对亲属连坐作出限制。可见东汉永平十六年（公元73年）诏中的"女子嫁为人妻，勿与俱。谋反大逆无道不用此书"的规定，经过持续实践和探索，在这时已经升华为律令制度，并且适用于所有可能亲属连坐的刑罚。足见东汉时期形成的以服制限制亲属连坐的制度，在曹魏时期不仅法制早已常态化，而且孝亲法制文明已经形成。

## 二 限制亲属相犯的敕令

由于汉魏推行孝道，注重教化，并且以举孝廉等措施鼓励孝亲养尊，丧服礼制首先在尊卑亲属之间形成了一种相对应的权利义务关系，并由此在五种服叙等级的亲属之间均形成了轻重不同的权利义务关系。服叙等级愈高，权利义务愈重，反之愈轻。诸如父子斩衰关系的权利义务就比兄弟齐衰关系的权利义务重。亲属之间如果违背丧服礼制，出现不服丧、不孝、相犯、违礼及服丧违礼等矛盾或纠纷，实际上就违背了相应的权利义务关系，需要教化、惩戒甚至法律处置。

汉魏时期，不孝及亲属违礼相犯多由乡里基层调处或由司法依照律令处置。这方面普遍性的敕令较少，至于概因亲属相犯逆天理，多处重刑，这从下节所考《张家山汉墓竹简·二年律令》重亲属相犯的律条可知一斑。就出土文献《武威汉简》的《王杖十简》尊老教化及处罚制诏看，这方面的处罚也比大逆不道重处（见表2-4）。

---

① 《三国志》卷12《魏书·何夔传》，裴松之注引干宝《晋纪》，第382页。

表2-4

| 序号 | 简牍内容 | 规制类别 | 出土文献 |
|---|---|---|---|
| 1 | 制诏御史曰，年七十受王杖者比六百石，入宫廷不趋，犯罪耐以上毋二尺告劾，有敢征召、侵辱者比大逆不道。建始二年九月甲辰下。 | 比大逆不道 | 《武威新出土王杖诏令册》（简一、二） |
| 2 | 制诏丞相御史，高皇帝以来至本二年胜甚哀老小，高年受王杖，上有鸠，使百姓望见比于节。有敢妄骂詈殴之者比逆不道，得出入官府郎第，行驰道市卖复毋所与。 | 比逆不道 | 《武威新出土王杖诏令册》（简三、四） |

关于服丧违礼问题，首先涉及不安规制服丧。在第一章第三节的"汉魏丧服礼制的变革"考察中，已经揭示当时服丧已经成为法制化的制度，在此略作补充和梳理。文帝虽有短丧遗诏，但只是丧期问题，从遗诏明确的"皆以此令比率从事"看，服丧诏令法制化是没争议的。武帝以后随着儒学登上政治舞台及经学发展，多有诏令不断强化服丧法制。前考哀帝诏令："博士弟子父母死，予宁三年。"至东汉元初中，"邓太后诏长吏以下不为亲行服者，不得典城选举"。元初三年（公元116年），安帝诏："大臣得行三年丧，服阕还职。"①建光元年（公元121年）又召，"复断大臣二千石以上服三年丧"。永兴二年（公元154年）诏，"初听中官得行三年服"。通过考察这些诏令，足见服丧制度已经法制化，为不服丧而违背服丧之礼或其他违背服丧之礼受到惩罚，奠定了法制基础。

## 第三节　汉魏服制律令化考

汉魏服制法制化突出表现在皇帝的敕令诏书及国家律令制科两方面。就律令制科而言，无论正史记载还是出土简牍文献，相关亲属连坐和亲属相犯的内容均不少。汉魏整体上持续限制亲属连坐，但是也不是一蹴而就的，不仅经历了长期坚持，而且涉及朝廷安危的重罪和党争引发的罪行连坐汉魏始终存在，只是整体而言亲属连坐在趋于缓和并轻刑化。

---

① 《后汉书》卷46《陈宠传》，第1560页。

## 一 有限的亲属连坐律条

汉魏时期持续限制亲属连坐，由于律令明确规定限制或禁止亲属连坐不属于常态法令，因而只能以亲属连坐的律条存在多少看限制的效果。在此，我们从有限的亲属连坐律条去分析和窥见限制亲属连坐效果的法制化及常态化。汉魏时期一方面限制亲属连坐的法制以敕令为主，另一方面汉初乃至相当长时间相关的亲属连坐律令仍然存在。通过对《张家山汉墓竹简》的《二年律令》详细梳理，发现涉及服制的亲属连坐律条仍然存在。具体是贼律1条、盗律2条、具律3条、亡律2条、收律3条、钱律3条、户律1条，共15条（见表2-5）。

表2-5

| 律部 | 简牍内容 | 律令要义简释 | 规制类别 | 简牍编号 |
|---|---|---|---|---|
| 贼律 | 其坐谋反者，能偏捕，若先告吏，皆除坐者罪。 | 社稷安危，连坐尚存，但亲属告吏者免罪。 | 亲属连坐 | 简二 |
| 盗律 | 劫人、谋劫人求钱财，虽未得若未劫，皆磔之。罪其妻、子，以为城旦舂。其妻子当坐者偏（徧）捕，若告吏，吏捕得之，皆除坐者罪。 | 汉初普通杀人，仍亲属连坐，故有敕令不断限制。 | 亲属连坐 | 简六八简六九 |
| 盗律 | 诸予劫人者钱财，及为人劫者，同居智（知）弗告吏，皆与劫人者同罪。 | 汉承秦制，汉初劫财亦亲属连坐。故亟须敕令限制。 | 亲属连坐 | 简七二简七三 |
| 具律 | 上造、上造妻以上，及内公孙、外公孙、内公耳玄孙有罪，其当刑及当为城旦舂者，耐以为鬼薪白粲。 | 本条蕴含着以爵位减刑和限制亲属连坐情形。 | 亲属连坐 | 简八二 |
| 具律 | 吕宣王内孙、外孙、内耳孙玄孙，诸侯王子、内孙耳孙、徹侯孙、内孙有罪，如上造、上造妻以上。 | 本条蕴含着以爵位减刑和限制亲属连坐情形。 | 亲属连坐 | 简八五 |
| 具律 | 其有赎罪以下，及老小不当刑、刑尽者，皆笞百。 | 本条蕴含亲属连坐。 | 亲属连坐 | 简九一 |
| 亡律 | 吏民亡，盈卒岁，耐；不盈卒岁，击（繫）城旦舂；公士、公士妻以上作官府，皆偿亡日。其自出殹（也），笞五十。给逋事，皆籍亡日，軵数盈卒岁而得，亦耐之。 | 此条蕴含以身份减刑。 | 亲属连坐 | 简一五七 |
| 亡律 | □□颇界主。其自出殹（也），若自归主，主亲所智（知），皆笞百。 | 主奴以尊卑亲属论，而承担连带责任。 | 亲属连坐 | 简一五九 |

续表

| 律部 | 简牍内容 | 律令要义简释 | 规制类别 | 简牍编号 |
|---|---|---|---|---|
| 收律 | 罪人完城旦舂、鬼薪以上，及坐奸府（腐）者，皆收其妻、子、财、田宅。其子有妻、夫，若为户，有爵，及年十七以上若为人妻而弃、寡者，皆勿收。坐奸、略妻及伤其妻以收，毋收其妻。 | 此条既体现了当时亲属连坐的一面，又体现了限制亲属连坐的一面，实为承秦制又开始减轻处罚。 | 亲属连坐 | 简一七四 简一七五 |
| | 夫有罪，妻告之，除于收及论；妻有罪，夫告之，亦除其夫罪。毋夫，及为人偏妻为户若别居不同数者，有罪完舂、白粲以上，收之，毋收其子。内孙毋为夫收。 | 此条同上条，既体现了当时亲属连坐的一面，又体现了限制亲属连坐的一面，实为承秦制又开始减轻处罚。 | 亲属连坐 | 简一七六 简一七七 |
| | 奴有罪，毋收其妻子为奴婢者。有告劾未遝死，收之。匿收，与盗同法。 | 基本思想体现了连坐和限制连坐情况。 | 亲属连坐 | 简一八〇 |
| 钱律 | 盗铸钱及佐者，弃市。同居不告，赎耐。 | 同居知而不告，连坐。 | 亲属连坐 | 简二〇一 |
| | 智（知）人盗铸钱，为买铜、炭，及为行其新钱，若为通之，与同罪。 | 显然包含着亲属为通，处罚重于亲属知而不告。 | （含）亲属连坐 | 简二〇三 |
| | 盗铸钱及佐者，智（知）人盗铸钱，为买铜、炭，及为行其新钱，若为通之，而能颇相捕，若先自告、告其与，吏捕，颇得之，除捕者罪。 | 此条包含亲属为之辅助行为。 | （含）亲属连坐 | 简二〇六 简二〇七 |
| 户律 | 隶臣妾、城旦舂、鬼薪白粲，家室居民里中者，以亡论之。 | 此罪之人皆有政府控制，然"家室"又意味着有整个家庭为这些罪者，不是一个人，故属连坐。 | 亲属连坐 | 简三〇七 |

从表中律令内容分析，贼律的这条律令涉及社稷安危，属于谋反之罪。谋反危机皇权政治，在2000余年皇权政治时代，谋反连坐都未能取消。表中除首条外的其他14条连坐条款则随着汉魏丧服礼制的推行，不断缩小连坐范围、减轻处罚刑罚，或者不复存在，这从第三章限制连坐的司法实践可以看出。这也再次显示，汉魏时期限制亲属连坐敕令诏书的法

制化效果。

西汉末期和东汉末期天下战乱，宫廷斗争激烈，连坐之狱多现。但是从后文分析看，也多属于政治斗争的打击报复，并非属于常态法制。从《魏书》记述曹魏初期的情况看，"时天下草创，多逋逃，故重士亡法，罪及妻子"。[①] 又《晋志》载，魏科"嫌汉律太重，故令依律论者听得科半，使从半减也"。魏明帝受禅，"又改贼律，但以言语及犯宗庙园陵，谓之大逆无道，要斩，家属从坐，不及祖父母、孙。至于谋反大逆，临时捕之，或污潴，或枭菹，夷其三族，不在律令，所以严绝恶迹也"。[②] 大逆不道尚且不连及父母和孙子，其他普通犯罪就更禁止亲属连坐，这就进一步严格限制了亲属连坐。从律令制度上消除了包括谋反大逆政治犯罪中的夷族刑罚。

整体而言，汉魏时期随着丧服礼制对亲属连坐限制的深入，涉及亲属连坐的律令逐步减少，十分有限。

## 二　禁止亲属违礼相犯的律条

汉魏亲属违礼相犯的律令是"服制制罪"成制的标志，属于本书的一个重点问题。纵观正史及出土文献，虽然汉魏相关方面的律令不及唐律完备，但无论是汉初还是此后的修律都有不少相关律条或罪名。汉初"高祖受命，萧何创制，大臣有宁告之科"，[③] 意味着不服丧及服丧违制会受到官制及考核惩处。据汉代扬雄记载，汉律规定"不为亲行三年服不得选举"。[④] 从正史记载及后文所举的事例看，民间不服丧三年不得为孝子，不可举孝廉，确实已经成为汉魏时期民间习惯法。对于官吏不服丧尽管多受道德谴责，但在后文相关官员黜治实例中，也提及服丧违制情况。

从出土文献《张家山汉墓竹简》中《二年律令》的内容看，贼律、具律、告律、亡律、杂律、置吏律、户律及置后律共有34条律令涉及亲属违礼相犯。具体涉及亲属暴力相犯、不孝、亲属奸、守丧及继承等方面（见表2-6）。

---

[①]《三国志》卷22《魏书·卢毓传》，第650页。
[②]（唐）房玄龄撰：《晋书》卷30《刑法志》，中华书局1974年点校本，第925页。
[③]《后汉书》卷46《陈宠传》，第1561页。
[④] 见第一章注释所考汉代扬雄记载。

表2-6

| 律部 | 简牍内容 | 律令要义简释 | 规制类别 | 简牍编号 |
| --- | --- | --- | --- | --- |
| 贼律 | 妻捍而夫殴笞之，非以兵刃也，虽伤之，毋罪。 | 一般家事，妻强悍无礼，夫殴之，毋以罪论。 | 亲属相犯 | 简三二 |
| | 妻殴夫，耐为隶妾。 | 妻一贯殴夫，入罪。 | 亲属相犯 | 简三三 |
| | 子贼杀伤父母，奴婢贼杀伤主、主父母妻子，皆枭其首市。 | 卑杀尊，以不孝重处。 | 亲属相犯 | 简三四 |
| | 牧杀父母，殴泰父母、父母叚（假）大母、主母、后母，及父母告子不孝，皆弃市。其子有罪当城旦舂、鬼薪白粲以上，及为人奴婢者，父母告不孝，勿听。 | 谋杀尊亲重处；子有罪，父母又告不孝者，只论原罪。 | 亲属相犯 | 简三五<br>简三六 |
| | 年七十以上告子不孝，必三环之。三环之各不同日而尚告，乃听之。教人不孝，黥为城旦舂。 | 概父教子，一般不予干涉。但年七十者三次以上告子不孝，要受理；教人不孝，次于不孝处置。 | 不孝 | 简三六<br>简三七 |
| 贼律 | 贼杀伤父母，牧杀父母、欧〈殴〉母，父母告子不孝，其妻子为收者，皆锢，令毋得以爵、免除及赎。 | 不孝者妻子不得以爵位免罪，不得以钱赎罪。此乃律令对家庭的整体惩罚。 | 不孝 | 简三八 |
| | 父母殴笞子及奴婢，子及奴婢以殴笞辜死，令赎死。 | 教育子女及奴婢但不能重伤至死。 | 亲属相犯 | 简三九 |
| | 妇贼伤、殴詈夫之泰父母、父母、主母、后母，皆弃市。 | 妇人殴打及詈骂尊亲者，重处。 | 亲属相犯 | 简四〇 |
| | 殴兄、姊及亲父母之同产，耐为隶臣妾。其詈詈之，赎黥。 | 殴打同胞及通产者，入罪，且量刑明确。 | 亲属相犯 | 简四一 |
| | 殴父偏妻父母、男子同产之妻、泰父母之同产，及夫父母同产、夫之同产，若殴妻之父母，皆赎耐。其詈詈之，罚金四两。 | 同是殴尊长、詈骂尊长，但因服制关系不同，处罚轻于亲生父母及祖父母。 | 亲属相犯 | 简四二<br>简四三 |
| | □母妻子者，弃市。其悍主而谒杀之，亦弃市；谒斩若刑，为斩、刑。其詈詈主、主父母妻□□□者，以贼论之。 | 奴主关系，主尊奴卑。子杀父母尚以不孝重处，奴亦依然。但认为奴为财产说法，不符合古代宗法伦理。 | 亲属相犯 | 简四四<br>简四五 |
| 具律 | □杀伤其夫，不得以夫爵论。 | 妻伤害夫，毋以夫爵减刑。 | 亲属相犯 | 简八四 |

续表

| 律部 | 简牍内容 | 律令要义简释 | 规制类别 | 简牍编号 |
|---|---|---|---|---|
| 告律 | 杀伤大父母、父母，及奴婢杀伤主、主父母妻子，自告者皆不得减。告人不审，所告者有它罪与告也罪等以上，告者为不审。 | 第一，杀伤尊亲重处不因投罪减刑。第二，奴杀伤主人比子女定罪量刑，而非简单以除掉财产论。 | 亲属相犯 | 简一三二 |
| 告律 | 子告父母、妇告威公、奴婢告主、主父母妻子，勿听而弃告者市。 | 禁止卑告尊。 | 亲属相犯 | 简一三三 |
| 亡律 | 取（娶）人妻及亡人以为妻、及为亡人妻，取（娶）及所取（娶）、为谋（媒）者智（知）其请（情），皆黥以为城旦舂。 | 此条实际属于服制制罪的亲属相犯。侵犯了夫妻服制关系。 | 亲属相犯 | 简一六八 |
| 杂律 | 民为奴妻而有子，子畀奴主。主婢奸，若为它家奴妻，有子，子畀婢主，皆为奴婢。 | 此条虽是身份定论，实乃尊卑相犯之法。 | 亲属奸 | 简一八八 |
| 杂律 | 奴与庶人奸，有子，子为庶人。 | 同上，虽是定论身份，实为尊卑相犯之法。 | 亲属奸 | 简一八九 |
| 杂律 | 奴取（娶）主、主之母及主妻、子以为妻，若与奸，弃市，而耐其女子以为隶妾。其强与奸，除所强。 | 第一，奸主弃市。第二，奸主连坐。 | 亲属奸 | 简一九〇 |
| 杂律 | 同产相与奸，若取（娶）以为妻，及所取（娶）皆弃市。其强与奸，除所强。 | 禁止同产乱伦，重处。 | 亲属奸 | 简一九一 |
| 杂律 | 复兄弟、孝（季）父、柏（伯）父之妻、御婢，皆黥以为城旦舂。复男、弟兄子、孝（季）父、柏（伯）父子之妻、御婢，皆完为城旦舂。 | 第一，禁止奸尊亲、兄弟之妻或御婢。第二，处置明显因服制关系远于母、后母、同产姊妹而轻。 | 亲属奸 | 简一九五 |
| 置吏律 | 诸侯王得置姬八子、孺子、良人。 | 虽然荒唐的人伦规定，但实为禁止违背王室服制关系之法令。 | 亲属相犯 | 简二二一 |
| 置吏律 | 彻侯得置孺子、良人。 | 虽然荒唐，但实为禁止违背王室服制关系之法令。 | 亲属相犯 | 简二二二 |
| 置吏律 | 诸侯王女毋得称公主。 | 虽为身份之限制，实为禁止违背王室服制关系之法令。 | 亲属相犯 | 简二二三 |

续表

| 律部 | 简牍内容 | 律令要义简释 | 规制类别 | 简牍编号 |
|---|---|---|---|---|
| 户律 | 孙为户，与大父母居，养之不善，令孙且外居，令大父母居其室，食其田，使其奴婢，勿贸卖。孙死，其母代为户，令毋敢遂（逐）夫父母及入赘，及道外取其子财。 | 孙不养祖父母者，法令处置。 | 亲属相犯 | 简三三八 简三三九 |
| 户律 | 孽子皆□ | 简牍缺字，然"孽子"规定，必为犯亲。 | 亲属相犯 | 简三四一 |
| 户律 | 寡夫、寡妇毋子及同居，若有子、子年未盈十四，及寡子年未盈十八，及夫妻皆（癃）病，及老年七十以上，毋异其子。今毋它子，欲令归户养，许之。 | 养老为上，不得违背。 | 亲属相犯 | 简三四二 简三四三 |
| 置后律 | □□□□为县官有为也，以其故死若伤二旬中死，皆为死事者，令子男袭其爵。毋爵者，其后为公士。毋子男以女，毋女以父，毋父以母，毋母以男同产，毋男同产以女同产，毋女同产以妻。诸死事当置后，毋父母、妻子、同产者，以大父，毋大父以大母与同居数者。 | 继承顺序：男→女→父母→兄弟→姐妹→祖父母→同居者 | 服制继承法制化 | 简三六九 简三七〇 简三七一 |
| 置后律 | 其自贼杀，毋为置后。 | 此条虽无直接亲属相犯，但犯的是尊亲名义。 | 亲属相犯 | 简三七五 |
| 置后律 | 父母及妻不幸死者，已葬卅日，子、同产产、大父母、大父母之同产，十五日之官。 | 对先秦三年之丧的简化。 | 守丧法制化 | 简三七七 |
| 置后律 | 同产相为后，先以同居，毋同居乃以不同居，皆先以长者。其或异母，虽长，先以同母者。 | 同产继承顺序：同居同母先→无同居者以长少→长少中同母先异母兄弟姊妹 | 服制继承法制化 | 简三七八 |
| 置后律 | 弃妻子不得与后妻子争后。 | 弃妻子必有伤亲之故，故限之。 | 亲属相犯 | 简三八〇 |
| 置后律 | 后妻毋子男为后，乃以弃妻子男。 | 弃妻子虽有过，然服制使然。 | 服制继承法制化 | 简三八一 |
| 置后律 | 婢御其主而有子，主死，免其婢为庶人。 | 续宗之规 | 服制继承法制化 | 简三八五 |
| 置后律 | 寡为户后，予田宅，比子为后者爵。其不当为户后，而欲为户以受杀田宅，许以庶人予田宅。毋子，其夫，夫毋子，其夫而代为户。夫同产及子有与同居数者，令毋贸卖田宅及入赘。其出为人妻若死，令以次代户。 | 名田是继承法的重要内容，国家严格限制隐田，但又以服制关系进行合理规制。 | 以服制关系名田的法令 | 简三八六 简三八七 |

第二章 汉魏丧服礼制的法制化 91

表中大量简牍条文显示，汉初依据服制亲情的律令大量存在，涉及面也较为广泛，包括民事方面具有服制关系者的财产继承、续宗、名田继承、孝养父母祖父母；包括家庭一般矛盾的詈骂父母祖父母、詈骂父姑。当然，更是禁止了家庭亲属之间的殴伤及杀害，包括殴尊亲、殴夫、殴妻、殴同胞、殴子及奴婢至死、杀害尊亲、杀或伤尊亲、杀伤丈夫。还有禁止违背服制人伦的同产奸、奸尊亲、奸主、娶活人妻等等。可以说这些律令的制定和实施基本上将家庭家族事物纳入法制轨道，但是同时又有别于一般人的法律规制，即可防止矛盾冲突的出现，又能在问题出现后基于亲情关系作出依法处置，不至于亲情撕裂。

此外梳理其他汉魏出土文献，有 7 条涉及亲属相犯的普遍性律令，涉及亲属相殴、不孝、亲属奸及婚丧礼等方面（见表 2-7）。

表2-7

| 序号 | 简牍内容 | 规制类别 | 出土文献 |
| --- | --- | --- | --- |
| 1 | 殴亲父母及同产，耐为司寇，作如司寇。其诟詈之，罚金一斤。 | 亲属相犯 | 《敦煌悬泉汉简·贼律》（ⅡT0115③：421） |
| 2 | 律御史大夫□□□从吏民非宿卫，从官列侯以上，□□得以绛青，□卮黄得归□绛衣以□，嫁女得衣绛，其昏礼 | （婚）丧礼 | 《居延新简》（简一八五） |
| 3 | 庶人不与母居者，为什伍，罚作官寺一年。 | 不孝 | 《长沙尚德街东汉简牍》 |
| 4 | 妻淫失（佚）煞夫，不道。 | 亲属相犯 | 《长沙尚德街东汉简牍》 |
| 5 | 同产相奸，弃市。 | 亲属奸 | 《长沙尚德街东汉简牍》 |
| 6 | 与伯季父子奸，右止。 | 亲属奸 | 《长沙尚德街东汉简牍》 |
| 7 | 伤兄姊，加罪二等。 | 亲属相犯 | 《长沙尚德街东汉简牍》[①] |

表 2-7 中的史料 1 为出土的西汉末至东汉初简牍，属履行汉律令之记载，还是当时发展的律章句，学界存疑。史料 1 的简牍与汉初《二年律令》简三五"殴詈泰父母、父母……皆弃市"相比，明显处罚减轻。可能是《二年律令》制定后，面临贾谊所记述的"妇姑不相说，则反唇相稽"汉初风气，无法实施，故实际减轻了处罚。经过两汉几百年移风移俗，至唐，《唐律》第三二九条殴父母斩的规定才恢复了《张家山汉墓竹简》中

---

① 长沙市文物考古所：《长沙尚德街东汉简牍》，岳麓书社 2016 年版，第 220—221 页。

《二年律令》的基本规定，以显示礼法社会对服制亲情法制化的重视。史料7作为东汉中期的简牍强调殴亲罪加二等，应当是对《二年律令》简四一"耐为隶臣妾"的加重，这与《唐律》第三二八条规定基本吻合。史料6与《二年律令》简一九五"黥城旦舂"比也加重了处罚。说明汉代经学对于连坐宽缓主张，对于殴亲则加重，至东汉中期这些处罚多数都稳定下来，后世《唐律》规定基本与此一致。

史料2反映的是东汉初边关对丧礼及嫁娶礼履行的规制，简牍有"律"字，说明服制丧礼已经入律。学界也认为："（一八五）简是关于职官婚嫁丧葬时衣着服饰应合礼制的汉律条文。"[①]西北边陲丧礼的法制化要求尚且如此，广大的汉朝腹地可想而知。结合东汉末陈蕃处置乐安郡假守丧的赵宣事件看，西汉后期以后，不仅服丧服饰入律，违礼也有相应处罚。

从正史记载看，汉代已经有了不孝、禽兽行、杀继母、杀子孙、殴父母、殴兄弟、发墓、居丧奸、乱妻妾位等涉及亲属违礼相犯的罪名。其中不孝以弃市论罪，[②]禽兽行当诛，[③]杀母依律以大逆论，[④]杀子孙与杀人同罪，[⑤]殴兄姊罪在四年以下，[⑥]居丧奸当死。[⑦]足见汉代亲属违礼相犯律令已经具备。

---

① 薛英群等：《居延新简释粹》，兰州大学出版社1988年版，第90页。
② 参见《汉书》卷44《衡山王赐传》，第2156页。
③ 汉书有四处以上记载禽兽行，其处罚均为当诛。具体内容可参见本研究第四章的相关司法案例分析。程树德认为，依据汉代禽兽行处罚，唐律规定内乱，并将之界定为"奸小功以上亲父祖妾及与和奸者"。参见程树德《九朝律考》，第96页。
④ 参见（唐）杜佑撰《通典》卷166《刑法四·杂议》，第4288页。
⑤ 参见《后汉书》卷67《党锢列传·贾彪》，第3216页。
⑥ 参见程树德《九朝律考》，第111页。
⑦ 参见《汉书》卷16《高惠高后文功臣表》，第537页。

# 第三章 服制在汉魏限制亲属连坐中的司法功能

丧服礼制在汉魏孝治政治中发挥着重要作用。一方面通过教化起到和睦宗亲、和谐社会作用。另一方面通过司法运行，调处矛盾，实现生活稳定。在第一章考察丧服礼制的变革及推广时，已经附带考察了丧服礼制的教化及效果。对于严重违背丧服礼制导致的问题就不是家族调解和惩处的问题，而是需要从官方司法方面进行规制。违背亲情服制包括国家权威对亲情服制关系的不当干涉，进而扰乱家庭正常生活及社会秩序，也包括家庭成员自身违背亲情服制关系，导致家庭矛盾和社会纷争。本章和下章将从司法角度分别讨论违背亲情服制的两种情况。

本章考察汉魏司法中运用丧服礼制对亲属连坐的限制。亲属连坐是由公权力对亲情服制的破坏，干扰家庭生活秩序，甚至实施违背人性的灭族。战国秦时代，诸侯征战，以秦国为代表的诸侯国将连坐融入法律，强行推广，以保证富国强兵的改革措施有效实施。秦统一六国后，无视西周以来的形成的礼乐文化。将专任刑罚的连坐之法肆意扩展，对家庭乃至家族成员实施酷刑处置，企图以亲属连坐改造人性，捍卫强秦帝国。亲属连坐法令扭曲了丧服礼制敦睦家庭、化育晚辈的本质，反而撕裂亲情关系，破坏亲情相爱的自然秩序，导致秦帝国大厦遽然倒塌。因此，限制亲属连坐成为刘汉政权的首要任务，也因此成为汉魏"服制制罪"的一个重要方面。

## 第一节 亲属连坐对丧服礼制的滥用和破坏

秦亡不在其用法，而在用法酷急以及将法作为万能，撕裂亲情，甚至以法治心，这已被学界多数学者公认。夷族连坐是秦酷刑重法的核心，它企图以重刑改造人性，由此破坏了温情脉脉的亲情礼法秩序。

## 一　亲属连坐源流略考

"连坐"又称"从坐""随坐""缘坐",[①]汉代又称为"坐率",[②]是指"一人犯罪而牵连亲属、邻里、同伍以及其他与之有联系的人都承担罪责的刑罚制度"。[③]连坐最早起源于原始部落征战,胜利方将战败方全族屠杀或肉刑致残的军事性惩罚。[④]人类进入文明时代后,连坐被作为习惯或写进法律制度中,并发明出乡邻什伍连坐和职务连坐。

夏商已经存在亲属连坐。夏启讨伐有扈氏,告诫六卿:"用命,赏于祖。弗用命,戮于社,予则孥戮汝。"孔安国为此作传时指出:"孥,子也。非但止汝身,辱及汝子。"[⑤]今有学者认为,此"孥"指奴隶,非妻子之义,并以《大禹谟》中"罚弗及嗣"左证,否定夏代有亲属连坐。这种质疑忽略了两个事实,一是对周边没有归顺、甚至经常发生战事的地方,可能还沿用古老的灭族措施。二是对违背国家政权危机的叛乱,处以族群连坐可能性很大。因此,不能否定夏商时代的连坐。至少正史文献记载商代亲属连坐的资料就有三处。一是《尚书·汤誓》记载:"尔无不信,朕不食言。尔不从誓言予则孥戮汝,罔有攸赦。"[⑥]孔安国认为,《汤誓》的孥戮虽然株连到子,但是可能为权时之威胁,并非制度化措施,而商代大罪不止其身,恐实有其罪。[⑦]二是《尚书·盘庚》记载,盘庚告诫那些邪恶之徒以及阻止迁都改革的奸诈之徒,"我乃劓殄灭之,无遗育,无俾易种于兹新邑"。[⑧]孔安国认为这时的"灭去恶种,乃是常法",[⑨]既是常法就说明殷商中期已经确凿无疑有亲属连坐之刑。三是《史记》载:"九侯女不憙淫,纣怒,杀之,而醢九侯。鄂侯争之强,辨之疾,并脯鄂侯。"[⑩]九侯之女不仅连带了父亲,

---

① 今之学人将"相保"混为连坐,实不知"保"与"坐"之别。沈家本认为:"相保之事,有督察,有劝导,皆其责任也。""连坐者,罪与之同,乃秦之酷法。"(清)沈家本:《历代刑法考》,第89页。
② 程树德"疑率本汉律中语"。程树德:《九朝律考》,第141页。
③ 高潮、马建石:《中国古代法学辞典》,南开大学出版社1989年版,第202页。
④ 参见栗劲《秦律通论》,山东人民出版社1985年版,第17页。
⑤ 《尚书正义》卷7《甘誓》,孔安国传,第173页。
⑥ 《尚书正义》卷8《汤誓》,第191页。
⑦ 《尚书正义》卷8《汤誓》,孔安国传,第193页。
⑧ 《尚书正义》卷10《盘庚》,第241页。
⑨ 《尚书正义》卷10《盘庚》,孔颖达疏,第242页。
⑩ 《史记》卷3《殷本纪》,第106页。

就连相劝的鄂侯亦被连坐"脯"之。此外，武王伐纣时也指出夏桀残害忠良，"罪人以族"。看来，殷商时期，连坐制度已经不再局限于战争惩罚。

周初主张恶恶止其身，纣亡之子武庚禄父及弟管叔、蔡叔被封诸侯是其证。但是管蔡叛乱及淮夷、徐戎地区造反，导致西周局部刑事政策亦随之发生变化。《尚书·费誓》记载了甲戌日鲁侯伯禽征讨徐戎，要求都城郊区遂人备好筑成工具，否则，"汝则有无余刑，非杀"。唐朝经学家孔颖达依据汉代郑玄考察认为，此处的"无余刑"即是"尽奴其妻子，不遗其种类"之意，并且将郑玄对"奴"的解释再次明确。[①]若与《费誓》同篇中牿之伤（伤害耕牛或马）、逾垣墙、窃马牛、诱臣妾等罪相比较，便会发现后者被明确为常刑，无连坐。而违背讨伐叛乱的军令则为大罪，将以非常刑予以处罚，这种非常刑就是"无余刑"。看来，这一史料表明西周使用连坐仍局限于特殊的政治军事背景之下，商代的亲属连坐制度可能与昏君、天命天罚有关。

春秋诸侯征战，各诸侯国内部斗争也异常激烈与残酷，《春秋左传》《史记》《吕氏春秋》《国语》记载了不少灭族刑例，典型的有表3-1记载。

表3-1

| 史料内容 | 用刑国 | 资料出处 |
| --- | --- | --- |
| 1.崔子止其弩，以求五鹿。 | 齐国 | 《左传·襄公二十五年》 |
| 2.兴徒兵以攻崔符之盗，尽杀之。 | 郑国 | 《左传·昭公二十年》 |
| 3.（秦文公）二十年，法初有三族之罪。 | 秦国 | 《史记·秦本纪》 |
| 4.鋗人曰："新王下法，有敢饟王从王者，罪及三族，且又无所得食。" | 楚国 | 《史记·楚世家》 |
| 5.叔向之弟羊舌虎善栾盈。栾盈有罪于晋，晋诛羊舌虎，叔向为之奴而鬃。 | 晋国 | 《吕氏春秋·开春论》 |
| 6.钟子期夜闻击磬者而悲，使人召而问之日：子何击磬之悲也？答曰："臣之父不幸而杀人，不得生。臣之母得生而为公家酒，臣之身得生而为公家击盘。" | 楚国 | 《吕氏春秋·精通》 |

表3-1中的史料1属于连带性人质，如果达不到政治目的，将对多个人质进行处理，这是春秋乃至战国经常而又普遍存在的现象。史料2讲的是对盗贼集中的崔符，采用了夷平之法，比起罪三族还要残酷。史料3和史料4均明确秦楚有"罪及三族"规定，而且史料3明确秦文公二十年（公元

---

[①] 郑玄云："奴，从坐而没入县官者，男女同名。"《尚书正义》卷20《费誓》，孔颖达疏引郑玄注，第566、567页。

前 746 年）法律第一次明确夷三族。史料 4 又明显属于政治事件使用亲属连坐。史料 5 中，叔向之弟被株连，又因血缘纽带株连了自己，幸亏祁溪的营救，叔向才得以免罪。史料 6 中，钟子期父亲杀人，自己和母亲由此被收为官奴。这反映出春秋时期，一些非政治性犯罪已经开始实行亲属连坐。

总之，从现有的史料看，夏、商、西周及春秋各代皆有亲属连坐，但是主要限于军事和政治斗争，而且基本属于"临事议制"。除了商末昏君扩大使用亲属连坐外，基本上不见将亲属连坐用于普通刑事案件而广泛钳制和镇压民众。

## 二　秦亲属连坐酷刑的猖獗

战国时期，尤其在秦国，亲属连坐被法制化，并应用于社会生活诸多方面。虽秦文公二十年（公元前 754 年）"法初有三族之罪"，但"武公之后，秦亦不常用此法，至商鞅而始着为常法"。[①] 此后，秦亲属连坐愈演愈烈。秦政治斗争中的灭族案基本类似前代，如"诛三父而夷三族"案、"车裂商君而灭其祖"案、"夷荆轲族"案、"诛杀蒙毅的连坐"案、"具李斯五刑而夷三族"案、"杀赵高而夷三族"案等等。在此主要考察秦法中普通刑事案件的亲属连坐。

李悝在《法经》中提出，杀人及议国令者诛，并籍其家及其妻氏；越城十人以上者，夷其乡及族，[②] 这是普通刑事案件中最早记载的亲属连坐法。后商鞅变法扩大了《法经》的连坐范围，不仅如应劭考证的一人有罪而并坐其室家，[③] 甚至没有犯罪，但事末利及怠而贫者，均举以为收孥。[④] 文献记载，商鞅为推行《垦令》，将亲属连坐与什伍制度结合，创造性地制定出什伍连坐制度，即一家有罪而五家牵连，使那些褊急之民、狠刚之民、怠惰之民、费资之民、巧谀恶心之民必须顾及家族和邻里，让他们在国内没有生存之地，只有参与耕战的出路。[⑤] 这验证了《史记》记载和《集解》考证的秦亲属连坐。至秦始皇帝，族刑连坐广为应用和发展，还将李悝的诛心灭族之刑发扬光大，敢有偶语诗书即弃市，"以古非今者族。吏见知不

---

① （清）沈家本：《历代刑法考》，第 72 页。
② 参见（明）董说《七国考·秦刑法》，中华书局 1956 年版，第 366—367 页。
③ 参见《史记》卷 10《孝文本纪》，注引《集解》应劭曰，第 419 页。
④ 参见《史记》卷 68《商君列传》，第 2230 页。
⑤ 参见（战国）商鞅《商君书》，贵州人民出版社 1990 年版，第 20 页。

## 第三章 服制在汉魏限制亲属连坐中的司法功能 97

举者与同罪",[1] 开创了中国皇权政治史上文字狱灭族之先河。

出土秦简见证了秦连坐酷刑的详细内容。秦简记载的连坐内容涉及盗窃、军法、户籍管理和日常生活秩序多方面,尤以盗窃规定最多,足见王政莫急于盗贼。在此,以秦盗窃连坐为例作一详细剖析。

《睡虎地秦墓竹简》的《法律答问》记载,"盗及者(诸)它罪,同居所当坐"(简二二),即所有盗窃及相类似的犯罪一般都要导致同居亲属连坐。秦律又规定"与盗同法"或"与同罪"(简二一)的犯罪都要连坐同居、里典和同伍。秦法还规定了盗窃连坐的标准。从云梦秦简看,在司法活动中,盗窃连坐至少要达到两个标准:一是按照刑罚标准实施亲属连坐。秦律有"隶臣将城旦,亡之,完为城旦,收其外妻、子"之规定(简一一六)。"完城旦"相当于一种无期徒刑,[2] 也即刑罚达到无期徒刑的盗窃犯罪(包括其他犯罪),均要连坐亲属。二是赃值及亲属知情与否。秦律并非对一切盗窃行为都认为是犯罪,《龙岗秦简》有"取人草囗囗蒸、茅、刍、藁囗勿论"之文,[3] 即盗窃田地蒿草之类行为轻微,没有对行窃者及其家属实施处罚。而《睡虎地秦墓竹简·法律答问》中反复出现盗钱"百一十"或所匿"百一十"的法律规定,诸如"削(宵)盗,臧(赃)直(值)百一十,其妻、子智(知),与食肉,当同罪"(简一七),"夫盗二百钱,妻所匿百一十,可(何)以论妻?妻智(知)夫盗,以百一十为盗,弗智(知),为守臧(赃)"(简一六)。看来超过一百一十钱,对于同居者而言,即便不知道钱是盗窃的,也要以守臧(赃)罪而连坐,知道钱是盗窃而来,不进行揭发,则与盗者同罪。

"百一十"似乎成为盗窃罪中亲属连坐的一个重要赃值标准,对于这一标准,亲属知情者同罪连坐,不知情者以收赃罪连坐。此处的收赃罪显然不同于罚赀处罚。不仅夫妻、父子收赃要连坐,《龙岗秦简》还记述了其他亲朋匿盗的处罚,"囗匿盗囗。(简七二)""囗贼迹,赀二甲;其罪匿之囗囗"(简七三)。这一规定可能适用于亲朋藏匿盗贼,或者知道盗贼踪迹而没有举报的情况,不仅罚款,而且要以所匿者之罪连坐。从该简文看,匿盗连坐并

---

[1] 《史记》卷6《秦始皇本纪》,第255页。
[2] 徐世虹教授也认为不能将秦代的"完城旦"与汉文帝刑制改革后的有期徒刑"城旦刑"相混淆。虽然徐教授没有明确界定为无期徒刑,但是其探讨中已经基本搞清楚了这一刑种为无期徒刑。参见徐世虹《秦及汉初律中的城旦刑》,载张中秋主编《中华法系国际学术研讨会论文集》,中国政法大学出版社2007年版,第198—204页。
[3] 中国文物研究所编:《龙岗秦简》,中华书局2001年版,第153页。

没有规定赃值数额。不过,若所盗赃值不够刑事处罚时,对匿者只是罚赀处罚,若所盗赃值达到法定标准,匿者当连坐所匿之罪。结合涉及盗窃的其他秦简推测,"百一十"可能是罚赀与徒刑相别的标准。

秦将"百一十"作为连坐亲属的标准,这个标准并不高。《睡虎地秦墓竹简·金布律》记载,"禀衣者,隶臣、府隶之毋(无)妻者及城旦,冬人百一十钱"(简九六)。看来"百一十"钱就是一身囚犯过冬用的粗麻厚衣服价钱。也就是说,秦法规定偷别人一身破棉袄,家人就要连坐入狱。这是秦亲属连坐猖獗的一个方面。

《睡虎地秦墓竹简》还详细记载了亲属连坐范围。秦律中亲属连坐范围主要是同居、室人、三族。其中《法律答问》记载,"可(何)谓「同居」? ·户为「同居」"(简二二)。关于同居的界定,历史久远,比较复杂。《史记·张释之传》中"有兄仲同居"之言,张释之兄仲就没有另立门户。《汉书·惠帝纪》有"父母妻子与同居"之记载,师古曰:"同居,谓父母妻子之外若兄弟及兄弟之子等见与同居业者"。① 《睡虎地秦墓竹简》整理小组依据简牍文献指出,秦律的"同居"是指同一个母亲的人而又生活在一起。秦简和汉书的这些同居内容一致,即除父母、夫妻、孩子之外的兄弟或兄弟之妻子。但是日本学者冨谷至认为,有同一个门闩的居住房屋就是"同居",也称作户。② 如此,冨谷所言的"同居"或"户"还包括其他"室人"。从"室人,尽当坐罪人之谓也"的简牍规定看,③ 同居与室人不同,室人的范围要比同居的范围大。《法律答问》(简二二)接着又记载:"坐隶,隶不坐户。"有充分理由认为,其释疑应该是户要连带奴隶坐罪,而奴隶不先做户坐罪。④

---

① 《汉书》卷2《惠帝纪》,第82页。
② [日]冨谷至:《秦汉刑罚制度研究》,柴生芳、朱恒晔译,广西师范大学出版社2006年版,第156页。
③ 《睡虎地秦墓竹简》,第141页。
④ 《睡虎地秦墓竹简·法律问答》第一四一简曰:"或捕告人奴妾盗百一十钱,问主购之且公购?公购之。"即奖赏之钱出于官府,而不是由主人出。虽然该简看不出是否连坐,但主人连赏钱都不出,似乎意味着有不连坐的可能。刘海年先生根据秦简文献进行分析,发现秦代奴婢犯罪时并没有处罚主人,其中对《法律问答》第一四一简的分析与作者有着同样的观点。刘先生还列举了另外两个秦简进行说明。"人奴擅杀子,城旦黥之,畀主。""人臣甲谋遣人妾乙盗主牛,买(卖),把钱偕邦亡,出徼,得,论各可(何)殹(也)?当城旦黥之,各畀主。"刘海年:《秦律刑罚考析》,载中华书局编辑部《云梦秦简研究》,中华书局1981年版,第145页。遗憾的是该简整理小组认为是奴隶犯罪主人连坐,主人犯罪奴隶则不连坐。《睡虎地秦墓竹简》,第98页。

第三章　服制在汉魏限制亲属连坐中的司法功能　99

遗憾的是该简整理小组认为是奴隶犯罪主人连坐,主人犯罪奴隶则不连坐。我们只能说室人是比兄弟关系更远的具有血缘关系的人,不包括奴隶。奴隶因主人而连坐是拟制的尊卑关系,主人不可能因奴隶犯罪而连坐。

虽然出土文献没有见到普通刑事案件夷三族的具体简牍,但是《为吏之道》中记载了秦始皇二十五年十二月初六的一道文书,该文书涉及了宗族昆弟之连坐。[①]从文书之意看,如果要杀掉那些商贾、赘婿及带头不事耕作的人,就要连累到他们的宗族和昆弟。

当然,秦律连坐亲属也不是绝对的,如果亲属告奸,或许被免除连坐。《法律答问》第一七〇简云:"夫有罪,妻先告,不收。"但这种先告而不收,仅限于小罪,一旦达到当迁的罪,先告也无用,妻子照样被连坐。《睡虎地秦墓竹简》记载,"当䙴(迁),其妻先自告,当包"(简六二)。竹简整理小组根据考察认为"包"指罪人流放家属亦应连坐随迁之地。[②]同时,即便犯罪者在行刑前已经去世,亲属连坐之罪仍然要予以执行。《法律答问》记载,"廷行事有罪当䙴(迁),已断已令,未行而死若亡,其所包当诣䙴(迁)所"(简六〇)。廷行事指成例。此简告诉我们,秦法将死亡或逃跑罪犯的家属依据前判决执行而流放不误,这已成惯例。逃亡者的亲属或许勉强可以忍耐而行,对于因死亡而断后的罪人家属而言,除了悲痛欲绝,还要无罪而被流放,严酷之极。这实质是利用亲属间的人伦亲情(或服制关系)而钳制亲属。

在出土文献中还有秦军法所规定的普通亲属连坐,《银雀山汉墓竹简》中出土的《尉缭子》记载了秦始皇运用秦国尉大梁人尉缭的用兵之令:"兵戍边,一岁遂亡,不侯代者,法比亡军。父母妻子,知之,与同罪;弗知道赦之。卒后将吏而至大将所一日,父母妻子尽同罪。卒逃归家一日,父母妻子弗捕执及不言,亦同罪。"[③]戍边之卒即使戍满一年期限,替代者未至而离开,法比亡军罪,在这种情况下回家,父母、妻子若知之,就免不了连坐之罪。戍边晚到大将所报到一天者便以获"后至大将所"罪,父母、妻子则无论知之与否,无一幸免,皆连坐并同罪。若为逃归罪,父母、妻

---

① 原文为:"廿五年闰再十二月丙午朔辛亥,告将军:段(假)门逆旅,赘婿后父,或率民不作,不治室屋,寡人弗欲,且杀之,不忍其宗族昆弟。今遣从军,将军勿恤视。享(烹)牛食士,赐之参饭而勿鼠(予)殽。攻城用其不足,将军以埋豪(壕)。"《睡虎地秦墓竹简》,第175页。

② 参见《睡虎地秦墓竹简》,第108页。

③ (战国)尉缭:《尉缭子》,贵州人民出版社1990年版,第106页。

子不告官或不拘捕，则连坐同罪。法家的连坐不仅严酷，而且已经成为时尚，秦亲属连坐几乎达到了疯狂程度。

## 三 亲属连坐的本质

夏商周时代，"恶恶止其身"原则被强调和遵守，极少使用亲属连坐。充其量是对规模性叛乱的一种警示，更没有将亲属连坐制度化或进行推广应用。然而春秋时期的亲属连坐已经开始被扭曲，诸侯或贵族在内部权力斗争中为了打击和消灭异己，运用灭族连坐进行恐怖屠杀。

客观地讲，秦律将连坐运用到职务连坐方面，较好发挥了连坐的监督功能，它对防止滥用权力起到了很好地防止作用，甚至利用什伍之间相互监督和相互帮助本身也不为大错。尤其是职务连坐在2000多年的中国皇权政治史上得到不断完善和发展，实为官吏问责制度的源泉，这是秦律的创举。但是秦将连坐不加区分地运用到同居亲属方面，就会割裂亲情，破坏"亲亲尊尊"的丧服礼制，造成人心恐怖和社会动乱。亲属连坐制度使法律严而少恩，导致人人自危，更让具有服制亲情的家庭及家族成员人人自危，无法生存，鼓励家庭成员告奸又导致亲属互不信任，严重破坏了亲情关系。

秦亲属连坐具有恐怖性质。这种性质当然是对法家重刑思想的极度发挥所导致。在出土的《银雀山汉墓竹简》中有这样的记载："伍有干犯禁令者，知而弗揭，全伍有诛。什有干犯禁令者，知而弗揭，全什有诛。属有干犯禁令者，知而弗揭，全属有诛。闾有干犯禁令者，知而弗揭，全闾有诛。"[1] 在那个尚力的混战时代，还有哪家闾左不被株连灭族的恐怖所笼罩？至于为何要如此恐怖的株连？商鞅的《商君书》明确回答了这个问题。在《商君书·说民》中，他将天下百姓看作天生有"六淫四恶"的刁民，[2] 在《商君书·画策》中，他更直言不讳，要以杀去杀，以刑去刑，消灭人的六淫四恶。在《商君书·赏刑》中，他甚至主张对于官吏有不遵守法律者，死罪不赦，刑及三族。而对于庶民，就更不客气，施之重刑，"连其罪，则民不敢试"。[3] 按照商鞅的思想，如果不以杀去杀，人性恶得不到改变，就会导致更多的犯罪，最终导致国家大乱。

法家看到了人性私的一面，这也许是对儒家尤其是孟子人性善的一种发展

---

[1] 《尉缭子》，第73页。
[2] 《商君书》，第71页。
[3] 《商君书》，第181页。

和纠偏。孔子认为人性既不是绝对的善，也不是绝对的恶，而是二者兼而有之，所谓"性相近，习相远"。①告子对孔子的思想做出解释，认为这是因为食色导致，这是很正确的。法家最早看到人自私一面时，曾以徙木立信推动改革，蕴含着正面利用人的自利因素，以制度鼓励发挥自我的积极性。可惜急于事功的法家，还没有深入探讨人性自私的生物本能及社会原因，便主观地将这种私利归咎于天生的淫与恶，视天下百姓为天生有"六淫四恶"的刁民，片面扭曲人性。更没有深入研究如何有效发挥人自我本性的积极性，并如何进行有效规制人性的自私，而是以高压的亲属连坐政策遏制和灭绝人的自我本性。

肤浅偏激的思想导致了法家法律政策缺乏敦厚与科学的根基。在周秦之际礼仪得到发展和初步贯彻，丧服礼制成为贯彻"亲亲尊尊"之礼的纲领。法家法令创制于春秋战国改革时期，将西周的"礼刑"割裂，抛弃了"出礼入刑"的根本原则，秉持以刑为本，甚至用刑裹挟礼，肆意刑杀。秦律没有发挥血缘纽带中服制亲情与和谐因素，实现社会稳定和发展，而是依据服制亲情关系，利用亲属知根知底特点，迫使亲人相互监督和相互纠举，配以连坐严刑，企图以此改变人性的私利。

由于法家的"法治"是以酷刑连坐灭人私欲，其追求不是保障民生。恰恰相反，是追求极端的王权主义。所以，战国秦时期的法家"法治"不是古希腊罗马重商主义和人文主义的法治，更不是近代西方启蒙思想家所言的保障生命、自由和财产不可侵犯之法治。古代希腊和罗马的法治是对追求财富者的保护，任何幸运者都能从法律中得到好处，任何不幸者都会从法律中得到教训，②近代法治更是对自由权利的保护。而法家的"法治"则扼杀人性自由和自律，动辄使人成为惊弓之鸟，使人失去自由人格，人也成了不配自律的动物。法家的"法治"既不是以"出礼"为入刑的主要基础，也非以最低的道德为基础，更没有体现较高的人格利益保障等追求，难以称为规范法治。春秋战国法的出现、改法为律都是中国古代法制发展的标志性成果，但是不可否认秦法的根本宗旨是以权谋之术和权威之势来钳制人的思想，消灭人本能的利益追求，实现皇权独断。③认识了这一点，就认识到法家连坐制度的恐怖性质和撕裂亲情的本质，也为认识及区别汉

---

① 《论语注疏》卷17《阳货》，第233页。
② 参见[法]孟德斯鸠《罗马盛衰原因论》，婉玲译，商务出版社2003年版，第17、52页。
③ 有学者认为族刑的精神之源为家族主义，这一点值得商榷，也没有揭示出族刑连坐的本质。参见马作武《族刑的法文化诠释》，《广东社会科学》2009年第5期，贾丽英《秦汉时期族刑论考》，《首都师范大学学报》（社会科学版）2008年第2期。

代连坐制度奠定了基础。

## 第二节 政治株连与经学服制在汉魏司法中的较量

汉初对秦夷三族或九族的限制顺应了历史要求，虽然政治上杂糅儒法阴阳，但是黄老刑名思想似乎更适应当时亟须休养生息的社会需求。只是黄老在政治实践中有着致命缺陷，它缺乏对人性向善的终极关怀和有意识的引导教化，以至于知礼孝亲的社会风气根本无从形成，良好的社会秩序也难以实现。

贾谊对此有着清醒认识。他在《时变》中记载了文帝时期的社会情况，居官敢行奸，致富为贤吏，家处能犯法，为利是才士。故兄劝其弟为之，父劝其子为之，导致风俗邪恶。如此，"胡以孝悌徇为顺？""胡以行义礼节为？"[①]贾谊认为清静无欲的黄老思想反而导致了由秦延续下来的社会奢靡之风得不到遏制，急于功利的冒险思想因为得不到法律遏制而继续蔓延。因此，他明确指出，当时的政治必须"退而更化"，"更化"即为用儒家思想替代黄老及其他杂糅思想。这一主张在武帝时期得以实现。

自汉武帝到三国曹魏时期的 400 年间，由儒家思想趋向经世致用而生出的经学不断传播，"亲亲相隐"的亲情服制观念对"夷三族"等亲属连坐进行了根本否定，充分体现在司法活动和教化过程中。然而皇权政治背景下，维护皇帝专权以及皇亲国戚擅权导致的政治斗争中，随意诛杀亲族，破坏经学亲情服制，限制连坐是在二者的较量中艰难进步，可谓困难重重。

### 一 武帝时政治犯罪的族刑及限制

两汉酷刑连坐确实以武帝时期为甚，尤其对大逆不道之罪进行夷族处罚，比较残忍。史载游侠郭解的崇拜者杀非议郭解的儒生，本为普通的杀人案，御史大夫公孙弘在审理此案时却力排众议，认为"此皋（罪）甚于解知杀之。当大逆无道"，[②]遂族郭解翁伯。此案属夷三族案。对此，太史公认为郭解之徒，虽违背当时律令，但其行为符合道义，且廉洁知退让，有值得称赞的地方。其名不虚立，士亦不虚附。可见太史公对该案族刑郭解的判决持否定态度，甚至为族郭解而叫冤："余悲世俗不察其意，而猥以

---

① （西汉）贾谊：《新书》，上海古籍出版社 1989 年版，第 32 页。
② 《汉书》卷 92《游侠列传·郭解》，第 3704 页。

朱家、郭解等令与暴豪之徒同类而共笑之也。"①此案属于标准的"罢黜百家，独尊儒术"的政治斗争，游侠"不轨正义"，作为儒学代言人公孙弘必罢黜之。此案成为千古笑料，既然儒家经学主张"亲亲相隐"，奈何又随意夷无辜者及其三族？概公孙弘习文法吏事，深受法家影响。难怪武帝认称其"缘饰以儒术"而已。②看来各种思想相互交织，且斗争异常激烈复杂。

即便如此，这种个案并不能否定这一时期儒家经学服制对酷刑连坐限制的努力。下面梳理了武帝时期12个政治犯罪的亲属连坐酷刑案例，对此进行分析，或许更具有全面性。

> 案例一：武安乃麾骑缚夫置传舍，召长史曰："今日召宗室，有诏。"劾灌夫骂坐不敬，系居室。遂按其前事，遣吏分曹逐捕诸灌氏支属，皆得弃市罪。③

此案发生于元光四年（公元前131年），又是一个荒唐离奇的司法案子。灌夫因与丞相武安侯田蚡有矛盾，又恰逢田蚡大婚，宴中田蚡对灌夫不礼，灌夫数落田蚡，于是便给灌夫扣上不敬罪，连带灌氏支族皆被弃尸。案中的"长史"应为丞相府的"长史"，依制，"长史"有对朝廷命官"举不法"之权责，但是当时灌夫并非命官，赋闲在家，可见此案是特权和越权办案。为何能够特权？从史料记载看，此案灭灌夫实际是武帝与窦太后斗争，太后欲剪掉武帝的势力而已，或者说是儒学与黄老的斗争，属黄老打压儒学。案中"遂按其前事"，无非是指灌夫曾得罪过窦太后，也因其游侠性格得罪过宾客。太史公在评价此案时曰认为武安侯以外戚重，"武安负贵而好权，杯酒责望，陷彼两贤"。④

> 案例二：汲侯公上广德，"坐妻大逆，弃市"。⑤

此案详细内容不可考，只知汲侯公上广德于建元二年（公元前139年）继得爵位，元光五年（公元前130年）因妻室大逆罪遭受连坐，被弃市。所以案中的"妻大逆"应是妻子娘家犯大逆之罪。依据丧服礼制，女婿与

---

① 《史记》卷124《游侠列传·郭解》，第3183页。
② 参见《汉书》卷58《公孙弘传》，第2618页。
③ 《史记》卷107《魏其侯传》，第2850页。
④ 《史记》卷107《魏其侯传》，第2856页。
⑤ 《汉书》卷16《高惠高后文功臣表》，第605页。

妻娘家服叙等级被降服，广德遭弃市则可能有两个原因。一是武帝时限制亲属连坐确实尚未严格依照服叙等级区分；二是可能妻家势力较大，承袭侯爵的广德也不免遭受政治打击。① 不过从功臣表的记载看，公上广德的子孙并没有受连坐。元康四年（公元前 62 年），公上不害的玄孙公上常凭借安陵五大夫身份获皇帝诏免全家赋税、徭役。也可推知，这是政治斗争连坐中对具有血缘服叙关系侯王的留情。

> 案例三：元朔二年，主父偃"使人以王与姊奸事动王，王以为终不得脱罪，恐效燕王论死，乃自杀……上闻大怒，以为主父劫其王令自杀……乃遂族主父偃"。②

此案中，齐王因与姊有奸情惊动天子，武帝拜主父偃为齐相前去调查，但主父偃挑动他人公然揭发齐王，导致齐王自杀。武帝认为这是借皇帝之威威胁天子的封国国君，因此让有司调查治其罪。该案中，主父偃被族刑，实际是当时天子与郡国斗争的替罪羊，"齐王自杀无后，国除为郡，入汉"才是武帝的目的。为掩人耳目，维护天子权威，御史大夫公孙弘执意将郡国对天子的怨言发泄到主父偃身上。本案中朝廷之所以没有再追究齐王之罪，主要还是基于丧服礼制的制约。

> 案例四：天子使宗正以符节治王。未至，淮南王安（谋反）自刭杀。王后荼、太子迁诸所与谋反者皆族。③

该案发生在元朔二年（公元前 128 年），天子使宗正带着皇帝符节处理淮南王谋反事。《汉书·百官志》言："宗正，秦官，掌亲属。"分明该案是以家事处置，只不过是皇帝的家事而已。但是该案实际上依然是皇权与封国的政治斗争。作为封臣谋反，当然会受到严惩。

> 案例五：陵在匈奴岁余，上遣因杅将军公孙敖将兵深入匈奴迎陵。敖军无功还，曰："捕得生口，李陵教单于为兵以备汉军，故臣无所

---

① 其曾祖公上不害是高祖刘邦的得力干将，在 143 位汉功臣表中列 123 位。
② 《史记》卷 112《主父偃传》，第 2962 页。
③ 《史记》卷 118《淮南王传》，第 3094 页。

得。"上闻，于是族陵家，母弟妻子皆伏诛。①

此案中将军李陵被诬告所冤，但凡军事投降，秦汉律皆严惩之。

实际上，自文景之世的司法斟酌与实践，到武帝时，"不敬""大逆不道""巫蛊"等危害国家政权、侵犯皇权及皇帝人身安全等政治犯罪逐步被列为法定的连坐族刑。据当朝史学家太史公记载："垂相公孙弘曰：'黯诽谤圣制，当族。'"②这些连坐族刑一方面反映了黄老思想对社会教化的无力，或者黄老导致诸侯坐大，对中央政权构成威胁。前述5个案例正是这些问题的集中反映。另一方面反映了汉代皇权政治私利的本质，依靠秦法连坐族刑来巩固私利的政权。这12个案件中的其他7个皆为武帝时的巫蛊案，夹杂着皇权自私及方术与儒家思想和黄老思想争夺势力的意识形态斗争（见表3-2）。

表3-2

| 案例序号 | 史料内容 | 时间 | 出处 |
| --- | --- | --- | --- |
| 案例六 | 因巫蛊废陈皇后，"女子楚服等坐为皇后巫蛊祠祭祝诅，大逆无道，相连及诛者三百余人"。 | 元光五年 | 《汉书·武帝纪》 |
| 案例七 | 公孙敖坐妻巫蛊，族。 | 天汉三年 | 《汉书·霍去病传》 |
| 案例八 | 赵破奴坐巫蛊，族。 | 武帝后期 | 《汉书·霍去病传》 |
| 案例九 | "江充为奸"，"卫氏悉灭"。 | 征和二年 | 《汉书·外戚传上》 |
| 案例十 | 戾太子举兵，仁部闭城门，令太子得亡，坐纵反者族。 | 征和二年 | 《汉书·田叔传》 |
| 案例十一 | 丞相屈牦坐妻巫蛊要斩。 | 征和三年 | 《汉书·武帝纪》 |
| 案例十二 | 侠士安世遂在狱中上书，告公孙贺之子使人巫祭祠诅上，埋偶人，祝诅有恶言。下有司案验贺，穷治所犯，遂父子死狱中，家族。 | 征和中 | 《汉书·公孙贺传》 |

尽管武帝时仍有上述夷族案，但是受儒家服制关系中亲情和睦思想影响，武帝时期连坐制度一开始就受到限制。与秦法相比，上述12个案例中，除案例五是明显的夷三族，其他案中，并未显示夷三族。案例四中，淮南王安之弟衡山王赐依法将被诛，时有司亦请求逮捕衡山王。但是出于

---

① 《汉书》卷54《李广传》，第2457页。
② 《史记》卷24《乐书》，第1178页。

儒家对服制亲情的仁爱关怀，武帝认为："诸侯各以其国为本，不当坐。与诸侯王列侯议。"①于是，吏二千石以上及比者，宗室近幸臣不在法者，皆免。非吏者，以金二斤八两赎死，以明淮南王之罪。案例九中，卫氏在武帝时已经得到平反，江充及加兵于太子者被诛。案例十中，田仁因平反卫氏案而受到尊重，唐代司马贞称赞田仁曰："刺举有声。"②案例三中，在处理主父偃过程中，武帝本来以儒家思维主张勿诛，只是"饰以儒术"的文法吏公孙弘力主诛偃以谢天下，导致夷偃族。案例五中，李陵在武帝去世时即得到平反。昭帝立，霍光辅政，遣陵故人陇西任立政等三人俱至匈奴招陵，并大言汉已大赦。③

除上述 12 个族刑案例外，还有两个发生在武帝时的大逆不道案，但是没有实行族刑。案一：太初元年（公元前 104 年），邳离侯路博德"坐见知子犯逆不道罪免"。④邳离侯子犯不道罪，依律当夷族，但是作为父亲的邳离侯不但没有被诛杀，还得到赦免。案二：乐通侯栾大，元鼎五年（公元前 112 年），"坐罔上，要斩"。⑤乐通侯栾大是以方术诏所褒侯，比之前述方术诬蛊、诅咒等案，栾大同样将会被施以夷族之刑，然文献记载未连坐其父母、子女及同产。这两个案例反映武帝对于大逆不道之罪开始赦免其夷族连坐之刑罚，足见儒家"亲亲"仁爱思想十分倚重服制亲情关系，在激烈的政治斗争中仍然尽力去维护，防止亲情被撕裂引发政治集团内部矛盾，防止社会矛盾加剧造成社会冲突和动乱。由此，即便是严酷的政治斗争中，服制亲情对亲属连坐之法已由夷三族缩小为诛全家或家庭部分成员，⑥初步显现出遏制政治株连的效果。

## 二 昭宣至曹魏时期的政治连坐及限制

自昭宣之世始，儒学成为孝治政治独尊的思想，在政治生活及司法实践中发挥着越来越重要的作用。自昭宣之世至曹魏三国，虽残酷的夷族连坐案例仍然存在，但主要是对皇权严重侵犯和争夺皇权内战时被运用，其

---

① 《汉书》卷 44《衡山王传》，第 2153 页。
② 《史记》卷 104《田仁传》，司马贞索引述赞，第 2783 页。
③ 《汉书》卷 54《李广传》，第 2458 页。
④ 《汉书》卷 17《景武昭宣元成功臣表》，第 650 页。
⑤ 《汉书》卷 18《外戚恩泽侯表》，第 690 页。
⑥ 酷吏王温舒因奸事被诛，其弟及婚家皆被夷族。光禄勋徐自为对之十分不满，讽刺汉武帝曰："夫古有三族，而王温舒罪至同时而五族乎！"可见，在儒法斗争中，儒家服制之礼对于酷吏也禁止夷族连带。参见《史记》卷 122《酷吏列传·王温舒》，第 3151 页。

他政治性犯罪连坐均受服制关系有效限制，基本上不存在灭族连坐。体现出经学服制在政治斗争中逐步驾驭并有效控制了政治野心肆意的夷族邪恶。

表3-3是从昭宣之世到东汉末年政治性犯罪连坐史料中析出的4条史料。300年中，即使正史记载的政治性连坐案也不止这4例。但是，除了军事性夺权之外，其他政治连坐案多数已不再夷族，而是对同产或三族施以赦免或徒刑。政治斗争案件中夷族情况大为减少，说明儒家服制之礼对夷族连坐已经进行了有效的限制。

表3-3

| 序号 | 数据内容 | 时间 | 犯罪 | 刑罚 | 史料来源 |
| --- | --- | --- | --- | --- | --- |
| 1 | 霍光子禹为右将军……禹谋反，夷宗族。 | 地节四年 | 谋反 | 夷族 | 《汉书·张汤传》 |
| 2 | （显）复教（霍）皇后毒太子。皇后数召太子赐食，保阿辄先尝之，后挟毒不得行。后杀许后事颇泄，显遂与诸壻昆弟谋反，发觉，皆诛灭。 | 地节四年 | 毒太子谋反 | 灭族 | 《汉书·外戚传》 |
| 3 | 大将军梁冀谋为乱……冀与妻皆自杀，卫尉梁淑、河南尹梁溉、屯骑校尉梁让、越骑校尉梁忠、长水校尉梁戟等，及中外宗亲数十人皆伏诛。 | 延熹二年 | 谋为乱 | 宗亲连坐 | 《后汉书·桓帝纪》 |
| 4 | 中常侍曹节矫诏诛太尉陈蕃、大将军窦武……皆夷其族。 | 建宁元年 | 矫诏 | 夷族 | 《后汉书·灵帝纪》 |

史料1中，霍光去世后，宣帝对霍光之子禹明升暗降，限制其兵权，禹由此谋反。霍禹危及皇权，故被夷灭宗族。史料2中，霍光之女霍皇后受教唆，对许皇后所生太子下毒，又谋杀许皇后，霍光妻显及诸壻昆弟谋反，被灭族。毒杀太子及皇后已是大逆不道，又针对皇帝直接谋反，罪当诛灭。史料3涉及外戚斗争，大将军梁冀两妹均为顺帝皇后，《续汉志》载梁冀专政，残害忠良，威权震主。[①] 梁冀谋反是对皇权的直接威胁，故其宗亲十余人被弃市。史料4中，曹节为奸佞之臣，矫诏杀太尉、太傅及大将军，还有其擅迁皇后，已经对皇权构成严重威胁。

昭宣之后，军事叛乱或起兵夺权的案例集中出现在西汉末、东汉初及东汉末3个时间点。兵事常被夷族，这多半属非正常时期非正常的夷族

---

① 参见《后汉书》卷7《孝桓帝纪》，李贤注引《续汉志》，第301页。

处罚，服制之礼被野心家们粉饰门面。西汉末，翟义起兵反对王莽，遭夷灭三族（《汉书·翟方进传》）；王莽灭李守、黄显、诛通门宗（《后汉书·李通传》）；东汉初，光武帝对彭宠的夷宗族是战事当中冲自立为王而叛乱（《后汉书·彭宠传》）；东汉末，桓灵献帝时董卓灭袁魄、袁基之族（《后汉书·桓帝纪》）、灭王允族（《后汉书·王允传》）、灭袁绍叔父隗宗族（《后汉书·袁绍传》）、灭王允族（由董卓部李傕所杀）（《后汉书·献帝纪》）；建安五年曹操灭董卓三族，建安中这位旷世奸雄又嫉贤妒能，先后灭董承、孔融、马腾、伏皇后、垂相司直韦晃等多人之族或三族（《后汉书·献帝纪》）等。这些灭族连坐属于非正常举措，以至于东汉初大将军魄嚣感慨质疑："兵事，凶事也！宗族何辜？"① 对战争及用兵等非正义的灭族战事发出了怒吼，这本身体现了服制之礼对一切夷族连坐的强烈反抗。

当然，整体上看，昭宣之后，随着儒家经学政治地位的不断巩固，还是不断发挥出其仁爱及教化功能。尤其是宣帝地节四年（公元前66年）"亲亲得相首匿"诏颁布实施后，服制之礼对政治连坐灭族现象起到了有效制约。试以案例进行分析。

  案例一：前述霍光之子霍禹谋反案中，霍氏阴谋"太后为博平君置酒，召丞相、平恩侯以下，使范明友、邓广汉承太后制引斩之，因废天子而立禹"。"会事发觉，云、山、明友自杀，显、禹、广汉等捕得。禹要斩，显及诸女昆弟皆弃市。唯独霍后废处昭台宫。与霍氏相连坐诛灭者数千家。"②

如此重大的谋反案，当然要重惩。然而从宣帝对此案的诏书看，这场谋逆废君案还是依律处罚，并未进行肆意扩大化株连。诏书内容为："今大司马博陆侯禹与母宣成侯夫人显及从昆弟子冠阳侯云、乐平侯山诸姊妹壻谋为大逆，谋为大逆，欲诖误百姓。赖宗庙神灵，先发得，咸伏其辜，朕甚悼之。诸为霍氏所诖误，事在丙申前，未发觉在吏者，皆赦除之。"③ 从"八月己酉，皇后霍氏废"④ 这一记载看，一是，出嫁的皇后只是因己过而废，并未杀。其二，考废霍皇后的"己酉"日与史料"在丙申前"中的

---

① 《后汉书》卷13《魄嚣传》，第513页。
② 《汉书》卷68《霍光传》，第2956页。
③ 《汉书》卷68《霍光传》，第2957页。
④ 《汉书》卷8《宣帝纪》，第251页。

"丙申"日，二者相隔二十天，可以推断诏中"丙申"日为案发日。如此便可推断，该诏是讲，案发以前或者谋反之前与霍氏相通的官吏者，不追究责任。依法伏罪者明确了，"博陆侯禹与母宣成侯夫人显及从昆弟子冠阳侯云、乐平侯山诸姊妹壻"何有"与霍氏相连坐诛灭者数千家"之实？况"亲亲得相首匿"诏刚颁布不久，只要皇权未受到动摇，宣帝断然只会向朝野显示宽容，"千家"恐怕只是当时谋反兵变涉及的人数而已。

案例二：汉宣帝五凤三年（公元前55年），司马迁外孙、杨敞次子杨恽被指控妄引亡国之君，以"诽谤当世，无人臣礼"。同时，"为訞恶言，大逆不道，请逮捕治。上不忍加诛，有诏皆免恽、长乐为庶人"。①

杨恽位列"九卿诸吏"，乃"宿卫近臣"，深得宣帝信任，参与国政，却被指控不忠不义。但是，宣帝对于廷尉的判决也认为不妥，若加以诛灭又体现不出皇帝的仁慈和宽厚。服制之礼，强调君臣义和，需要君仁臣忠，故特意下诏免杨恽，对于指控杨恽的长乐也被论为非所宜言罪，宣帝同样指令从轻处罚。

杨恽妖言案还有后续之案。恽被贬为庶人，回乡多年后，素与盖宽饶和韩延寿友善，论及当时尽力之吏具坐事被诛。恰有日食，驺马猥佐成上书告恽骄奢不悔过，言日食乃恽所致。杨恽再次被论大逆无道罪，宣帝亦恶之，于是恽被腰斩。但是，杨恽妻子并没有因其大逆无道被杀或收官为奴，而是徙酒泉郡，离开封地。

案例三：元帝时，淮阳宪王钦舅张博兄弟，"非毁政治，谤讪天子，襃举诸侯，称引周、汤。以谄惑王，所言尤恶，悖逆无道"。②

淮阳王钦的舅父诽谤政治，钦知而不举，且多次给予赏钱。元帝与钦为同父异母兄弟，手足之情令元帝不忍加刑于淮阳王。同时，汉元帝好儒，又宽宏恭俭，"恻焉不忍闻"。于是本着"推原厥本，不祥自博"的实际，特诏"有司勿治王事，遣谏大夫骏申谕朕意"。本案既重注事理，分清错在张博，又因手足之情，不忍处罚。便将博兄弟三人皆弃市，妻子徙边。即便张博兄弟大逆无道并未被杀全家，妻子甚至未因此连坐，只是徙边处罚。

---

① 《汉书》卷66《杨敞传》，第2891、2893页。
② 《汉书》卷80《淮阳宪王钦传》，第3316页。

该案充分体现了元帝时服制亲情在限制政治连坐中的重要性。

> 案例四：绥和中，"时定陵侯淳于长坐大逆诛，长小妻乃始等六人皆以长事未发觉时弃去，或更嫁。及长事发，丞相方进、大司空武议，以为'令，犯法者各以法时律令论之，明有所讫也。长犯大逆时，乃始等见为长妻，已有当坐之罪，与身犯法无异。后乃弃去，于法无以解。请论。'光议以为'大逆无道，父母妻子同产无少长皆弃市，欲惩后犯法者也。夫妇之道，有义则合，无义则离。长未自知当坐大逆之法，而弃去乃始等，或更嫁，义已绝，而欲以为长妻论杀之，名不正，不当坐。'有诏光议是"。①

从本案看，西汉后期大逆无道在律令中的规定为："父母妻子同产无少长皆弃市。"即因父母妻子服叙等级高，大逆无道当连坐。但是，本案淳于长并非知道其行为属于大逆，其小妻乃始等六人或更嫁，义已绝，已不存在丧服之礼。故不当坐。该案与案例七为同一人，但连坐对象不同。为比较母亲的境况，另起一案与案例八放在一起分析。

> 案例五：西汉末，新都侯王莽，以"太后指使尚书劾（董）贤帝病不亲医药，禁止贤不得入出宫殿司马中……其收大司马印绶，罢归第。即日贤与妻皆自杀……父恭、弟宽信与家属徙合浦，母别归故郡巨鹿"。②

哀帝的幸臣董贤被王莽陷害，其罪名不清，但"父子专朝，兄弟并宠"及"帝病不亲医药"表明其性质概十分严重。不过就连坐处罚而言，明显受到服制关系的限制，母亲归故郡，父亲和弟弟只是迁徙岭南合浦。可见，在宫廷政治斗争中，对于违背亲情服制而扩大株连范围都有了忌惮。

> 案例六：建始中，许皇后姊平安刚侯夫人谒为媚道祝诅后宫有身孕的王美人及大将军王凤等，"事发觉，太后大怒，下吏考问，谒等诛死。许后坐废处昭台官，亲属皆归故郡山阳，后弟子平恩侯旦就国"。③

---

① 《汉书》卷81《孔光传》，第3355页。
② 《汉书》卷93《佞幸列传·董贤》，第3739页。
③ 《汉书》卷97《外戚传下》，第3982页。

第三章　服制在汉魏限制亲属连坐中的司法功能　111

此案发生在汉成帝初，案中许皇后姊谒诅咒后宫王美人使不得为帝生子，又诅咒大将军王凤，主犯谒被诛，其妹许皇后被废，其他亲属只是归故郡，并未受到处罚。其弟之子平恩侯当时也没有受连坐，后来也只是就国，不在京都而已。许皇后被废之后，成帝怜许氏，又复立许后为左皇后。再对比武帝时的卫氏案，卫氏被诬巫蛊，悉灭族。而本案，只有犯者谒被诛，其余族人只是归故里，并且皇后随后又被复立。① 两案对比，处罚天壤之别。儒家思想登上政治舞台 60 年后，服制之礼对于亲情被连坐夷族的刑罚进行着持续限制，刑罚已经发生了根本变化。

　　案例七：绥和元年（公元前 8 年），"长具服戏侮长定官，谋立左皇后，皋至大逆，死狱中。妻子当坐者徙合浦，母若归故郡"。②
　　案例八：成帝时，大将军王凤引劾京兆尹王章"知张美人体御至尊，而妄称引羌胡杀子荡肠，非所宜言。"遂下章吏。廷尉致其大逆罪，以为"比上夷狄，欲绝继嗣之端；背畔天子，私为定陶王。"章死狱中，妻子徙合浦。③

案例七中，"长"指淳于长，他谋立皇后，罪至大逆。案例八中，京兆尹王章以羌胡头胎多非纯正血统习惯为由，迫使张美人打胎，导致皇帝绝后，罪至大逆。两例主犯皆死狱中，而妻子均迁徙合浦。其中淳于长母亲若则送归故里，该判决对斩衰等级服制关系中尊者一方明显给予宽大与照顾。至此，服制之礼已经对亲属连坐夷族形成有效遏制，而且对于犯者尊长以礼给予从轻、减轻之处罚，或者免除勿论。

　　案例九：哀帝时，皇后赵飞燕妹赵昭仪与掖庭丞吏合谋，致使"掖庭中御幸生子者辄死，又饮药伤堕者无数"，帝无子嗣。事发，"赵昭仪倾乱圣朝，亲灭继嗣，家属当伏天诛"。然哀帝只是"免新成侯赵钦、钦兄子成阳侯欣，皆为庶人，将家属徙辽西郡"。④
　　案例十：严乡侯信、武平侯璜，建平四年，"坐父大逆。免，元始

---

① 鸿嘉三年，赵飞燕争宠，潜告许皇后、班倢伃挟媚道，祝诅后宫，罝及主上。许皇后坐废。但并没有被诛，也没连坐亲属。参见《汉书》卷 97《外戚传下》，第 3984 页。
② 《汉书》卷 93《幸佞列传·淳于长》，第 3732 页。
③ 《汉书》卷 98《元后传》，第 4023 页。
④ 《汉书》卷 97《外戚传下》，第 3995—3996 页。

元年复封"。①

案例九中，赵昭仪灭皇帝子嗣，依律家属当伏诛，实际上对其宗族只是免为庶人，并徙辽西郡。虽然哀帝未登基时曾仰仗赵皇太后（该案主犯之姊）力荐，而成为太子，但是不能说此案就是徇私之判。因为类似案件还有诸多，诸如哀帝之时，中山孝王太后媛、弟宜乡侯冯参有罪，皆自杀案；贺良反道惑众伏辜案；丞相博有罪自杀案；御史大夫玄减死罪二等案；丞相嘉有罪，下狱死案。这几个案中，没有一个提及夷族。②案例十中，严乡侯信、武平侯璜坐父东平炀王大逆，均未获死罪，只是被免爵，而且此后又复爵。

案例十一：王莽居摄中，（刘）隆父礼与安众侯崇起兵诛莽，事泄，隆以年未七岁，故得免。③

前述历数了王莽对起兵反对者翟义夷三族，对李守、黄显、李通等反对者灭门，但详情未知。本案中，刘隆之父刘礼同样起兵反莽，理当被灭门或夷三族。但是，史书清楚记载了刘隆未满七岁而得免诛甚至免坐的情况。刘隆因后显赫而被记载，其他被灭的家庭是否有未满七岁而被免者？不得而知。单就该案而言，于极其残酷的政治和军事斗争中，见到了儒家仁爱之礼对社会的广泛影响。从亲情礼制方面审视，体恤幼子之情是深入了王莽之心，还是已有相关制度约束？或许兼而有之。

案例十二：建初元年（公元76年），鲍昱上言："但臣前在汝南，典理楚事，系者千余人，恐未能尽当其罪。先帝诏言，大狱一起，冤者过半。又诸徙者骨肉离分，孤魂不祀……宜一切还诸徙家属，蠲除禁锢，兴灭继绝，死生获所。如此，和气可致。"帝纳其言。④

---

① 《汉书》卷15《王子侯表下》，第518页。
② 上述诸案除冯参案提及连坐，其他没有提及连坐，更无夷族之说。《汉书·冯参传》载："帝祖母傅太后用事，追怨参姊中山太后，陷以祝诅大逆之罪，参以同产，当相坐。"宗族徙归故郡。
③ 《后汉书》卷22《刘隆传》，第780页。
④ 《后汉书》卷29《鲍永传》，第1022页。

本案中，因楚王英谋反，连坐禁锢者上千人。这些被连坐的人未必都犯了当坐之罪，多半都是冤枉。从鲍昱上言指出的"徙者骨肉离分，孤魂不祀"看，仍然是以服制亲情的和睦精神来主张"恶恶止其身"，提出"还诸徙家属，蠲除禁锢"。

> 案例十三："永元十四年（公元102年），阴皇后巫蛊事发，（邓）干从兄奉以后舅被诛，干从坐，国除。元兴元年（公元105年），和帝复封干本国，拜侍中。""子（朱）演嗣，永元十四年（公元102年），坐从兄伯为外孙阴皇后巫蛊事，免为庶人。""永初四年（公元110年），邓太后诏赦阴氏诸徙者悉归故郡，还其资财五百余万。"①

阴后巫蛊案涉案皇后外祖母邓朱共挟巫蛊道，案情复杂，涉案人较多。但是，从处理上看，没有夷族连坐，而且邓氏及皇后诸免、徙者稍后均复爵、复职及归故郡，皆为服制亲情之故，也等于为服制亲情而撤销了先前的司法判决。

> 案例十四：建光元年（公元121年），（宫人）"诬告（邓禹孙）悝、京、弘、阊先从尚书邓访取废帝故事，谋立平原王得。帝闻，追怒，令有司奏悝等大逆无道，遂废（弘子）西平侯广德、（悝子）叶侯广宗、（阊子）西华侯忠、（京子）阳安侯珍、（弘子）都乡侯甫德皆为庶人。（邓禹孙）骘以不与谋，但免特进，遣就国"。②

在这一大逆不道案中，邓禹的几个孙子因皇太后指示婢女以故事诬告惨遭横祸。然对悝、京、弘、阊的儿子只是免爵为庶。并且该案中还以是否参案区分了主犯兄弟服制关系，对没有参案的邓骘，不免爵，不连坐，仅是遣就国，而且后又调回中央进行加封。这明显体现了汉安帝时期，在政治犯罪处罚中，已经开始区分服制远近，父子与兄弟服制关系不同，前者亲而后者疏，故而此大逆不道案，作为父子的服制关系者予以连坐免爵，而兄弟服制关系者，因未参与，不予追究。

---

① 参见《后汉书》卷16《邓禹传》，第606页。《后汉书》卷22《朱佑传》，第771页。《后汉书》卷10《和帝阴皇后纪》，第417页。
② 《后汉书》卷16《邓禹传》，第617页。

> 案例十五：建宁三年（公元170年），蔡邕"大不敬，弃市。事奏，中常侍吕强愍邕无罪，请之，帝亦更思其章。有诏减死一等，与家属髡钳徙朔方，不得以赦令除"。①

此案为"大不敬"政治犯罪，主犯没有被诛，而是减死一等。即便家属被连坐髡钳徙朔方，但蔡邕中平六年（公元189年）又被拜为尚书，家属也不再有连坐之罪，而且"不得以赦令除"的敕令也不再生效。

> 案例十六：光和二年（公元179年），酷吏阳球奏"收（王）甫、（段）颎等送洛阳狱……（甫）父子悉死杖下。颎亦自杀……（甫）尽没入财产，妻子皆徙比景"。"其冬，司徒刘郃与球议收案张让、曹节，节等知之，共谮白合等。……遂收球送洛阳狱，诛死，妻子徙边。"②

被称为酷吏的阳球指责王甫父子在朝廷作恶多端，危害朝廷，当属政治性犯罪；球及白合被奸臣曹节所诬之罪实为不义，属于政治性犯罪。这起连环性案件犯者均被处死，但是，其妻子均只是徙边。

上述16个案例是昭宣以来政治性犯罪案，罪名与汉初武帝之时政治性犯罪相同或相近，但是处罚上却明显不同。随着儒学独尊地位的巩固，经过儒家服制经义的教化深入，朝野上下形成共识，均反对夷族连坐处罚。第一，政治性夷族连坐作为制度已经被废除，常态性的只是诛同居一家。第二，尽管是政治性连坐，但是已经不再经常性诛一家，而是给予徙边等徒刑连坐。第三，这一时期政治性犯罪还开始区分服制关系亲疏、服制关系中犯者的尊卑（除王莽、董卓、曹操等奸雄之用兵夷族外）。疏远的服制关系不再被牵连；服制关系中对于尊者及卑者犯罪处罚不同，尊者不是被免于处罚，就是比卑者处罚轻。服制关系不仅限制了夷族连坐，而且已经成为政治性犯罪定罪量刑考虑的原则。

曹魏时期，魏、蜀、吴三国均欲一统天下，较之东汉后期外戚宦官擅权，三国朝政均较清明。没了阉宦之祸，却有战争频仍导致的诸多夷族连坐，诸如曹爽案、王凌案、李丰案、毋丘俭案以及诸葛诞案均提到夷三族。更有于法于情都不能理解的政治连坐之案，如邓艾、钟会之连坐，一刹那间，执行者与被执行者皆遭囚连坐，朝堂不分青红皂白，均只以怀疑而速

---

① 《后汉书》卷60《蔡邕传》，第2002页。
② 《后汉书》卷77《酷吏列传·阳球》，第2500—2501页。

治其罪。军事性连坐惩罚不仅属于政治连坐，而且一般皆由军法严惩。即便如此，整体而言，经学以服制亲情限制亲属连坐的思想和制度仍继续深化，而且出现以服制限制亲属连坐律令化的趋势。试以案例进行分析。

案例一：章武时（公元221—公元223年）蜀将黄权，因"道隔绝，权不得还，故率将所领降于魏。有司执法，白收权妻子。先主曰：'孤负黄权，权不负孤也。'待之如初"。①

案例二：赤乌七年（公元244年），吴国"孙权诏曰：'督将亡叛而杀其妻子，是使妻去夫，子弃父，甚伤义教，自今勿杀也'"。②

这两个案例属于战事中将官逃亡或叛降情况，从案情信息看，两案中的妻子皆要连带。但是，出于友情、亲情服制关系，皆未施以酷刑连坐。

案例三：（魏）初，公孙渊兄晃，为叔父恭任内侍，先渊未反，数陈其变。及渊谋逆，帝不忍市斩，欲就狱杀之。柔上疏曰："《书》称'用罪伐厥死，用德彰厥善'，此王制之明典也。晃及妻子叛逆之类，诚应枭县，勿使遗育。而臣窃闻晃先数自归，陈渊祸萌，虽为凶族，原心可恕……臣以为晃信有言，宜贷其死；苟自无言，便当市斩。今进不赦其命，退不彰其罪，闭着囹圄，使自引分，四方观国，或疑此举也。"帝不听，竟遣使赍金屑饮晃及其妻子，赐以棺、衣，殡敛于宅。③

案例四：（魏）初，太尉杨彪与袁术婚姻，术僭号（谋逆），太祖与彪有隙，因是执彪，将杀焉。融闻之，不及朝服，往见太祖曰："杨公累世清德，四叶重光，周《书》'父子兄弟，罪不相及'，况以袁氏之罪乎？易称'积善余庆'，但欺人耳。"……太祖意解，遂遣出彪。④

案例五：景元三年（公元262年），"瓘遣田续等讨艾，遇于绵竹西，斩之。子忠与艾俱死，余子在洛阳者悉诛，徙艾妻子及孙于西域"。⑤

案例六：景元五年（公元264年），"司马文王表天子下诏曰：'峻等

---

① 《三国志》卷43《蜀书·黄权传》，第1044页。
② 《三国志》卷47《吴书·吴主传》，裴松之注引《江表传》，第1143页。
③ 《三国志》卷24《魏书·高柔传》，第687页。
④ 《三国志》卷12《魏书·崔琰传》，裴松之注引《续汉书》，第372页。
⑤ 《三国志》卷28《魏书·邓艾传》，第781页。

祖父繇，三祖之世，极位台司，佐命立勋，飨食庙庭。父毓，历职内外，干事有绩。昔楚思子文之治，不灭鬭氏之祀。晋录成宣之忠，用存赵氏之后。以会、邕之罪，而绝繇、毓之类，吾有愍然！峻、迅兄弟特原，有官爵者如故。惟毅及邕息伏法。'"①

与两汉多因政治性斗争被定为大逆不道之类罪相比，曹魏时期则多因军事争夺中的倒戈被定为叛逆。这方面不乏被夷族的案件，但是仍然要考虑叛逆或谋逆者具体情况原心定罪，适当作出减轻处罚。案例三是标准的"本其事而原其志"的判决，惜乎最终没有留住性命，但是"赐以棺、衣，殡敛于宅"，表达了曹操对行刑过重的悔意。案例四、五、六均考虑到犯者过去情况和服制亲情，最后或免除处罚，或对原本要诛杀的亲属予以赦免。

## 第三节　服制对汉魏普通犯罪亲属连坐的限制

如果说政治及军事斗争中的亲属连坐处置尚处于孝礼与野蛮酷刑激烈的斗争中，服制在限制这些方面的亲属连坐时也具有不确定性，那么普通刑事案件中的亲属连坐则最能体现服制之礼的限制作用。本部分结合史料中的相关个案和事例，考察服制在两汉及曹魏司法实践中对限制亲属连坐的推动、探索及成为决狱的重要标尺。

### 一　汉初司法中限制亲属连坐标尺的缺失

汉初确立的孝治政治必然要求司法实践执行相关禁止株连亲属的律条及敕令。然而，由于汉初政局错综复杂，治国思想"杂糅"百家，加之秦"以吏为师"思想所打造的"刀笔吏"群体弄法惯势，导致限制亲属连坐司法中缺乏统一的衡量标尺。

汉承秦制背景下，法家"事断于法"的理念必然对汉初司法产生一定影响。就遏制亲属连坐而言，司法中事断于法亦不例外。而汉初"事断于法"的"法"缺乏限制亲属连坐的规定，更未限制亲属连坐的标准。第二章梳理《张家山汉墓竹简》的《二年律令》中涉及亲情服制的49条律条中

---

① 《三国志》卷28《魏书·钟会传》，第793页。

## 第三章 服制在汉魏限制亲属连坐中的司法功能    117

参见（表 2-5、表 2-6），有 15 条属于亲属连坐的规定，这 15 条中多数允许亲属连坐，而且也多属于一般性刑事案件。在第二章所梳理的汉初限制亲属连坐敕令诏书中，又属原则性和政治性法令，且体现出杂糅着黄老、儒家思想及周礼的精神，缺乏司法操作具体标准。这都为汉初限制亲属连坐司法带来很多困难。下面先看汉初一则经典的"事断于法"案例——"犯跸案"。①

在"犯跸案"中，如何处罚从中渭桥下走出的惊舆马者，文帝和廷尉张释之观点同样出入甚大。廷尉依据犯跸之律，处罚金。廷尉回奏时，文帝怒。从廷尉的"使上立诛之则已"口气看，假若汉文帝直接命令诛灭该犯跸者，未尝不可。就犯跸对皇帝人身可能造成的威胁看，其可能构成"大逆""大逆不道""不敬"等族刑重罪。而本案交由廷尉处置，结果发现属于律令"跸先至而犯者罚金四两"的普通案件。② 本案中支撑廷尉张释之未以大逆连坐断狱的司法理念当为法家"事断于法"，即其所言，"法者天子所与天下公共也。今法如此而更重之，是法不信于民也"。③ 再根据《史记·张释之传》记载看，此人深受善黄老者王生影响，故其司法观念杂糅法家任法及黄老刑名之道。

上述案例廷尉事断于法，即便两千多年后的今天也值得肯定，毕竟属剔除了酷刑后的"事断于法"。然汉初以亲情服制限制族刑连坐的司法尚处探索阶段，在法无具体规定情况下，力主宽缓轻刑的汉文帝尚且难以避免主观随意，又如何评价一般刀笔吏？文帝后元年（公元前 163 年）的新垣平谋反案，处置极为特殊。班固认为是"三族废而复行"，特评析曰："夫以孝文之仁，平、勃之知，犹有过刑谬论如此甚也，而况庸材溺于末流者乎？"④ 然班固并未发现文帝一面讲仁爱又仍用族刑的根本原因，他将之归于人的"性相近而习相远"，即归因于犯者自身受外界影响。其实根本原因

---

① 史料记载的案情为：上行出中渭桥，有一人从桥下走出，乘舆马惊。于是使骑捕，属之廷尉。释之治问。曰："县人来，闻跸，匿桥下。久之，以为行已过，即出，见乘舆车骑，即走耳。"廷尉奏当，一人犯跸，当罚金。文帝怒曰："此人亲惊吾马，吾马赖柔和，令他马，固不败伤我乎？而廷尉乃当之罚金！"释之曰："法者天子所与天下公共也。今法如此而更重之，是法不信于民也。且方其时，上使立诛之则已。今既下廷尉，廷尉，天下之平也，一倾而天下用法皆为轻重，民安所措其手足？唯陛下察之。"良久，上曰："廷尉当是也。"《史记》卷 102《张释之传》，第 2755 页。
② 《史记》卷 102《张释之传》，裴骃集解引如淳曰，第 2755 页。
③ 《史记》卷 102《张释之传》，第 2754—2755 页。
④ 《汉书》卷 23《刑法志》，第 1105 页。

不在犯者，亦不在文帝，就当时而言，实在是指导思想混杂，用刑标准不定，导致自天子至地方决狱吏司法难有恒定尺度，故随意性较强。

这一点还可从前述汉魏时期政治族刑连坐中窥见一斑。高祖时有"淮阴侯韩信谋反长安，夷三族"，[①]"梁王彭越谋反，夷三族"。[②] 韩彭遭三族之灭是政治斗争结果，又是秦酷刑连坐法使然。高后八年（公元前180年），在清除诸吕势力时，却未出现对诸吕夷三族的处罚，正史记载是："遂遣人分部悉捕诸吕男女，无少长皆斩之。"[③] 但是同样存在亲属株连。景帝诛晁错而株连父母妻子同产，在此案中，校尉邓公直接对景帝言："以诛错为名，其意非在错也。"帝对曰："公言善，吾亦恨之。"这些案件的处置不乏法家任法酷急惯势之影响，也与汉初政治稳定与否密切相关，同时也受到黄老刑名及儒家慎刑思想影响。这些杂糅思想甚至导致对一些案件的处置相差甚远。诸如文帝对淮南王的悖逆无道仅仅赦迁，而对被控谋反的周勃更是"逮系长安治狱，卒亡事"。当然武帝以降的政治连坐案已逐步展现出经学服制作为处置亲属连坐的主导思想和衡量尺度，同时诸多连坐案件处置较为平稳。

当然，汉初处置亲属连坐虽缺乏具体衡量标准，但受儒释道阴阳杂糅思想影响，也显示出多方结合的一面，初步彰显出处置亲属连坐以儒家经学服制为主导、法家事断于法及黄老刑名思想为辅助的衡量原则。自高后元年除夷三族刑后，除新垣平案外，正史及出土简牍文献中没有出现夷三族连坐记载，而是犯者家庭无少长皆斩之，连坐诛亲范围已将秦时的夷三族或九族缩小到文景之时父母同产甚至更小的家庭成员范围，而且初步得以制度化。诸如景帝三年（公元前154年）晁错被诬为大逆无道，"错当要斩，父母妻子同产无少长皆弃市"。[④] 同年，襄平侯嘉的儿子恢说欲杀父亲嘉，犯不孝、谋反及大逆无道三罪。"论恢说及妻子如法"，而"赦嘉为襄平侯，及妻子当坐者复故爵"。[⑤] 晁错案诛错父母妻子同产，而恢说案则只诛犯者妻子，后案明显受儒家亲情服制思想影响。这两案的诛杀范围明显限于直系血亲的三代内，其处置对后世有很大影响，甚至《唐律》规定也

---

① 《汉书》卷1《高帝纪》，第70页。
② 《汉书》卷1《高帝纪》，第72页。
③ 《史记》卷9《吕太后本纪》，第410页。
④ 《汉书》卷49《晁错传》，第2302页。
⑤ 《汉书》卷5《景帝纪》，第142页。

有该案的影子。①

## 二 普通犯罪中限制亲属连坐的探索

古代社会政治性犯罪经常涉及王权巩固及社稷稳定问题，因而刑罚格外严酷，但是对于普通刑事犯罪，除贼盗及杀人等涉及社会稳定与百姓生产生活安定的犯罪处罚偏重外，其他犯罪刑罚相应较轻。简牍很少见到关于普通刑事犯罪处以重罪处罚的案例，从史料记载看，西汉中期之后，服制之礼对限制普通刑事案件连坐十分有效。

案例一：黄霸劾免案。史料记载，黄霸在"武帝末以待诏入钱赏官，补侍郎谒者，坐同产有罪劾免。后复入谷沈黎郡，补左冯翊二百石卒史"。宣帝时，官至丞相。②

黄霸因同产兄弟有罪而被免侍郎谒者，但并没有被连坐入狱或禁锢。根据前述政治性犯罪刑事连坐或禁锢情况判断，其兄所犯不属于大逆不道等首恶之罪。又黄霸被免侍郎时位卑言轻，没有卷入政治漩涡，故可判断此案标准属于民间普通刑事案件。从案中对黄霸的处罚看，不具有刑事性质，是一种具有行政性处罚的措施。可见，在武帝末年，普通刑事案件中，至少没有见到连坐兄弟，兄弟以下大功、小功、缌麻服制亲等自然也不会被连带。

案例二：贼盗豁免案。建武中，"迁（赵）憙平原太守。时平原多盗贼，憙与诸郡讨捕，斩其渠帅，余党当坐者数千人。憙上言'恶恶止其身，可一切徙京师近郡'。帝从之"。③

该案件属于集团性贼盗案件，可归为刑罚较重的普通犯罪类。赵憙引用《春秋公羊传》"恶恶止其身"的经义判决此案，使得贼盗团体中的从犯免受死刑，只是迁徙京师近郡。而且从"恶恶止其身"的断案依据看，自然不再牵连犯者家属。

---

① 《唐律》第二百四十八条规定的"诸谋反及大逆者，皆斩；父子年十六以上皆绞"，诛亲范围只是在这两个基础上略有调整。
② 《汉书》卷98《循吏列传·黄霸》，第3627页。
③ 《后汉书》卷26《赵憙传》，第914页。

案例三：焚家族冢墓案。邓晨娶光武姊，邓晨随光武起兵反莽，兵退，"新野宰乃污晨宅，焚其冢墓。宗族皆恚怒，曰：'家自富足，何故随妇家人入汤镬中？'"①

本案中，邓晨起兵反王莽。兵败后，新野宰玷污邓晨家宅，焚毁邓晨祖坟。宗族畏惧地方权力，因而怨恨邓晨。一方面，新野宰并没有对邓晨家族实施酷刑连坐；另一方面，邓晨家族的怨恨也表达出民间宗族对服制的重视，极力维护宗族内成员的安全，对企图破坏服制关系的连坐严重不满。

案例四：郡守贪污案。岑晊，东汉末"南阳棘阳人也。父豫，为南郡太守，以贪叨诛死"。因高才，被请为功曹。②

岑晊的父亲犯因贪腐被处死，非政治性案件，属标准的普通刑事案件。尽管东汉末时局混乱，但是在这起普通刑事案件中，并没有对犯者家属实施连坐或禁锢。在对岑晊的介绍中没有任何发现他遭受父亲案件被连坐或禁锢的迹象。

案例五：魏初，"鼓吹宋金等在合肥亡逃。旧法，军征士亡，考竟其妻子。太祖患犹不息，更重其刑。金有母妻及二弟皆给官，主者奏尽杀之。柔启曰："士卒亡军，诚在可疾，然窃闻其中时有悔者。愚谓乃宜贷其妻子，一可使贼中不信，二可使诱其还心。正如前科，固已绝其意望，而猥复重之，柔恐自今在军之士，见一人亡逃，诛将及己，亦且相随而走，不可复得杀也。此重刑非所以止亡，乃所以益走耳。"太祖曰："善。"即止不杀金母、弟，蒙活者甚众。"③

该案例和下一个案例虽为军事征战中发生临阵逃亡事件，但普通战士的这些行为仅仅涉及军事纪律，基本与军事倒戈的政治斗争无关，故作为普通刑事案件考察。由案例五可知，两汉军事征战中士兵逃亡的，有妻子

---

① 《后汉书》卷15《邓晨传》，第583页。
② 《后汉书》卷67《党锢列传·岑晊》，第2212页。
③ 《三国志》卷24《魏书·高柔传》，第684页。

连坐律令,概曹魏多战事,处置比汉代更重。但是,本案中高柔从儒家慎刑理论及服制亲情不可撕裂角度认为,重刑不能制止逃亡,也就是说"以刑去刑"只能让人铤而走险。所以,曹操采纳了高柔意见,没有对鼓吹手宋金实施夷族连坐。

案例六:建安年间,"亡士妻白等,始适夫家数日,未与夫相见,大理奏弃市。毓驳之曰:'夫女子之情,以接见而恩生,成妇而义重。故《诗》云"未见君子,我心伤悲;亦既见止,我心则夷"。又《礼》"未庙见之妇而死,归葬女氏之党,以未成妇也"。今白等生有未见之悲,死有非妇之痛,而吏议欲肆之大辟,则若同牢合卺之后,罪何所加?且《记》曰"附从轻",言附人之罪,以轻者为比也。又《书》云"与其杀不辜,宁失不经",恐过重也。苟以白等皆受礼聘,已入门庭,刑之为可,杀之为重。'太祖曰:'毓执之是也。又引经典有意,使孤叹息。'"①

案例六仍是关于士兵逃亡的案例,发案时间与上案非常接近。处置法律概与上案相同,属于夷族。但是这个逃亡士兵的妻子白等虽受聘礼,到夫家多日,却不曾与丈夫相见,遂以"未庙见之妇而死,归葬女氏之党,以未成妇也"的丧服礼制为由,引经决狱,从轻处置。尽管处于战事之秋,亲情服制仍有效限制重大犯罪的亲属连坐。

关于普通犯罪连坐问题,还有一个问题需要进行探讨,即打击地方豪族的连坐问题。汉代豪族影响着地方政权的稳定,因而酷吏对地方豪族坚决打击。两汉书载酷吏打击地方豪族时,不乏对豪族实行夷族的情况。《汉书·酷吏传》记载,元狩四年,王温舒为河内太守,尽捕郡中豪猾,相连坐者千余家。成帝元延间,尹赏任江夏太守,因杀地方豪族过多而"坐残贼免",即因滥杀人以免官,后南山群盗起,又被起用。临终前告诫其儿子,宁坐残贼免,也不坐软弱不胜任,后者羞辱胜于贪污坐赃。《后汉书·酷吏传》载,董宣迁北海相时,大姓公孙丹造居宅,有卜工以为当有死者,丹乃令其子杀道行人以塞其咎。宣知,即收丹父子并杀之。

酷吏对地方豪族用法残酷,对百姓生活安定和中央政策落实均有益处。酷吏多为朝廷竭诚效力,且居多为廉洁官吏。尽管如此,中央政府对待酷吏

---

① 《三国志》卷22《魏书·卢毓传》,第650页。

的作为并不十分认可。一方面，这些豪族可能涉及到朝廷权贵，对豪族的过分打击势必引起朝廷权贵冤冤相报，紊乱朝纲。另一方面，随着儒家仁爱思想推行，朝廷为免人口舌，不得不牺牲酷吏，捍卫朝廷仁慈形象。因而受服制之礼影响，一些酷吏下场并不好。尹赏坐残贼免说明，朝廷更倾向于在地方实施教化政策，引导民风民俗根本变化；而对豪族实施镇压，甚至连坐酷刑，并非是上策，故作"坐残贼免"之处分对酷吏进行惩戒。这实际是普通刑事案件限制连坐内容的一部分，究其故乃朝廷限制酷吏打击豪绅时施行亲属连坐。

普通刑事案件中亲属连坐案例较少，主要是随着限制亲属连坐敕令及法令的实施，大量的普通刑事案件逐步取消了亲属连坐，也说明当时在限制亲属连坐的探索中首先在普通案件方面取得了稳固的成就。

## 三　对禁锢的限制

东汉时期除了政治斗争外，还出现了"党锢之争"，并由此出现了禁锢连坐。虽然禁锢连坐由党锢执政引起，但是多由普通案件引起，而且不属大逆不道等极刑，故将之放在普通刑事案件连坐部分进行考察，以体现服制对连坐限制的多样性和常态性。

东汉党锢表面上是经学知识分子与阉宦外戚之间的斗争，但是其本质问题是：经学之士垄断知识，加之人才选举路径尚不畅通又缺乏科学化，在小农经济时代难免存在"万般皆下品，唯有读书高"的偏激思想。非经学官宦之家，很难进入权力角色阶层。由阉宦和外戚在与文吏斗争中出现的党锢，某种程度上是对知识垄断阶层的不满，也代表了下层社会渴望多渠道的社会阶层流动要求。当然，经学在司法中的引经决狱也为司法文吏擅断法律提供了机会，致使尊典尊制存在一些漏洞，这就给阉宦外戚们留下了依法炮制、以牙还牙的把柄。其中主要是对文官的子孙或门生出仕的禁锢。前一章已将东汉时期针对禁锢连坐的普遍性诏令进行了梳理，在儒家经学服制亲情思想影响下，这些诏令得以落实。在此，考诸司法案例，进行分析。

案例一：永宁元年（公元120年），清河相叔孙光坐臧抵罪，遂增锢二世，衅及其子。是时居延都尉范邠复犯臧罪，诏下三公、廷尉议。司徒杨震、司空陈褒、廷尉张皓议依光比。（刘）恺独以为《春秋》之义，'善善及子孙，恶恶止其身'，所以进人于善也。《尚书》曰：'上刑挟轻，下刑挟重。'如今使臧吏禁锢子孙，以轻从重，惧及善人，非先王详刑之意也"。有诏:"太尉议是。"①

该案中,孙光坐赃致其子禁锢,此案成为处置居延都尉范邠的成例,司徒、司空、廷尉皆以之为比。但是太尉刘恺据理力争,使得孙光案未能成司法先例,居延都尉范邠复的儿子也未遭禁锢。这种普通坐赃案引起的禁锢,对于家庭亲人是一种人格侮辱和命运定格,也是对国家选拔人才的损伤。汉章帝时,袁安为河南尹,虽然政事严明,但是从不以赃罪禁锢人。他的观点是:"凡学仕者,高则望宰相,下则希牧守,禁锢于圣世,尹所不忍为也。"②

案例二,永建四年(公元129年)正月,诏曰:"……其阎显、江京等知识婚姻禁锢,一原除之。"③

本案中导致党锢的原因,除宗亲牵连外,还包括社会交往、婚姻等关系导致。从上述3个案例可以看出,当时尽管存在禁锢连坐,但是都能从国家政权稳定和服制亲情方面及时发现并纠正错误。

案例三:建宁元年(公元168年)九月,阉官"侯览、曹节、公乘昕、王甫、郑飒等与赵夫人诸女尚书并乱天下",太傅陈蕃与后父大将军窦武同心尽力,共谋阻之,"及事泄,曹节等矫诏诛武等。蕃时年七十余,闻难作,将官属诸生八十余人,并拔刃突入承明门",兵败,"遂执蕃送黄门北寺狱……即日害之。徙其家属于比景,宗族、门生、故吏皆斥免禁锢。"④

案例四:建宁二年(公元168年)十月,"中常侍侯览讽有司奏前司空虞放、太仆杜密、长乐少府李膺、司隶校尉朱寓、颍川太守巴肃、沛相荀翌昱、河内太守魏朗、山阳太守翟超皆为钩党,下狱,死者百余人,妻子徙边,诸附从者锢及五属。制诏州郡大举钩党,于是天下豪桀及儒学行义者,一切结为党人。"⑤

---

① 《后汉书》卷39《刘般传》,第1308—1309页。
② (晋)和凝撰,杨奉琨校:《疑狱集·折狱龟鉴校释》,第408页。
③ 《后汉书》卷6《孝顺帝纪》,第256页。
④ 《后汉书》卷66《陈蕃传》,第2170页。
⑤ 《后汉书》卷8《孝灵帝纪》,第330页。

桓灵之世发生了许多禁锢连坐，导致很多人不愿面对这段历史。这两个案件集中体现了当时党锢之祸的问题。案例三中，除诛太傅陈蕃、大将军窦武、尚书令尹勋、侍中刘瑜、屯骑校尉冯述等妻儿外，"徙武家属日南，迁太后于云台"，徙陈蕃家属于比景，"武府掾桂阳胡腾，少师事武，独殡敛行丧，坐以禁锢"。① 太傅陈蕃家属宗族、门生、故吏皆斥免禁锢。② 案例四发展到所有五服亲等、天下豪杰及儒者都是党锢。太傅陈蕃与大将军窦武乃桓灵之世汉室之擎天柱，无奈灵帝即位，外戚与宦官祸乱朝政，屡次制造灭族、党锢事件，将这些擎天大柱推倒，阉宦外戚的无知无耻行径开创了历史先河。其所至的灾难迫使朝廷中平元年（公元184年）宣布大赦党人，流放者准许返回故里。至此，党锢问题基本得到解决。

但是无论如何，丧服礼制观念的不断深入，司法中这种观念对亲属连坐整体上起到了限制作用，并以服叙等级为标准努力实现"恶恶止其身"的儒家司法理念。

### 四　服叙成为限制亲属连坐的司法标准

汉魏限制夷族连坐及减轻亲属连坐司法过程中，基于以孝治政治兴太平的目标和要求，丧服礼制发挥着重要作用。从前述大量限制亲属连坐案例分析看，在西汉末年到东汉初年服制等级问题实际上已经被明确提出，作为衡量是否连坐的司法裁量要素。尤其是关于妻与夫家服制关系问题在上述案例中已经多次提到，在此不再赘述。东汉晚期至曹魏，丧服礼制在限制亲属连坐的司法实践中出现了本质性的重大突破，那就是，服叙等级成为连坐与否及连坐量刑的司法标准在律令中得以确立。下面可以通过典型案例分析进一步佐证。

　　案例一：建安"二十二年（公元217年），（吉茂）坐其宗人吉本等起事被收。先是科禁内学及兵书，而茂皆有，匿不送官。及其被收，不知当坐本等，顾谓其左右曰：'我坐书也。'会钟相国证茂、本服第已绝，故得不坐"。③

---

①《后汉书·窦武传》，第2244页。
② 参见《后汉书》卷66《陈蕃传》，第2170页。
③《三国志》卷23《魏书·常林传》，裴松之注，第660页。

该案明确指出，吉茂与吉本"服第已绝，故得不坐"。"服第"即丧服服叙，"已绝"并非指没有任何服叙关系，因为宗亲之间至少也有缌麻服。该案是讲，由于服叙等级低不够连坐需要的较为亲近高等的服叙。可见，服叙已成为是否连坐的标准。

案例二：嘉平三年（公元 251 年），令狐愚"为兖州刺史，果与王凌谋废立，家属诛灭。（令狐）邵子华，时为弘农郡丞，以属疏得不坐。"①

案例二中，令狐华因与令狐愚关系疏远，故"属疏得不坐"。"属疏"指亲属关系服制等级低而显得疏远，同样是讲，论服叙等级关系令狐华与令狐愚疏远，不够连坐亲等。

案例三：曹魏正元中（公元 254—256 年），"毌丘俭孙女适刘氏，以孕系廷尉。女母荀，为武卫将军荀颢所表活，既免，辞诣廷尉，乞为官婢以赎女命。曾使主簿程咸为议，议曰："大魏承秦、汉之弊，未及革制。所以追戮已出之女，诚欲殄丑类之族也。若已产育，则成他家之母。于防则不足惩奸乱之源，于情则伤孝子之思，男不御罪于他族，而女独婴戮于二门，非所以哀矜女弱，均法制之大分也。臣以为在室之女，可从父母之刑，既醮之妇，使从夫家之戮。"朝廷从之，乃定律令。②

案例三中第一和第三都属于普通刑事案件，只是涉及官僚贵族才得以记载。三案明确在室之女，可从父母之刑，既然出嫁之妇，"使从夫家之戮"，且从此定为律令。这里不妨将该案与永平十六年（公元 73 年）诏进行对比，③ 东汉永平时期明确提出"女子嫁为人妻，勿与俱"，曹魏终将出嫁女因服制降等而不再受娘家牵连的司法思想定为律令。

总之，通过对秦汉及曹魏亲属连坐的考察，可以看出，秦夷族连坐达到疯狂，而两汉及曹魏虽仍有夷族连坐，都基本限于大逆不道之事及政治

---

① 《三国志》卷 16《魏书·仓慈传》，裴松之注，第 514 页。
② 《三国志》卷 12《魏书·何夔传》，裴松之注引干宝《晋纪》，第 381 页。
③ 即"令郡国中都官死罪系囚减死罪一等，勿笞，诣军营，屯朔方、敦煌；妻子自随，父母同产欲从者，恣听之；女子嫁为人妻，勿与俱。谋反大逆无道不用此书。"

斗争中，尤其是朝政动荡时的政治和军事斗争中，夷族连坐容易发生。至西汉后期，一些大逆不道连坐也不再夷族，基本上限于家庭亲属成员之间，至曹魏律、令、科、诏从制度上消除了夷族制度。同时，在孝治理念及服制亲情、经学慎刑观念的指导下，教化民风成为汉魏的主导任务，故亲属连坐不但逐步排除出嫁女，对于老幼废疾多以宽宥，尤其是连坐案中的父母常常被免除处罚。

# 第四章　服制在汉魏处置亲属相犯中的司法功能

两汉及曹魏时期，在推行孝治和持续性反秦酷刑过程中，服制不仅对政治权威扰乱家庭生活秩序的亲属连坐进行了持续有效限制，而且对亲属之间违礼相犯导致的家庭及家族矛盾纠纷乃至冲突进行了有效规制。服制的这一功能对追求教化，实施孝治，重构礼法秩序起到了和睦亲情的巨大推动作用。因此，丧服礼制处置亲属严重的违礼和相犯成为汉魏"服制制罪"的重要内容之一。本章对汉魏处置亲属相犯的司法活动进行考察。汉魏处置亲属相犯可归纳为三个方面：即处置对尊亲严重违礼相犯的不孝行为；处置亲属之间的人身伤害和财产侵犯的行为；处置服丧违礼行为。

## 第一节　服制在规制不孝中的司法应用

两汉以孝治天下，曹魏承袭未改，故"孝"乃构筑礼法秩序最重要的理念和策略。两汉推行孝治政策，孝观念逐步深入人心，而且成为中国文化的一个核心要素。关于不孝入刑的记载，先秦已经有之。《孝经》云："五刑之属三千，而罪莫大于不孝。"[①] 从"五刑三千"看，这里记述的不孝肯定是三代之事，而非汉代的不孝处罚。但是不孝罪如何界定，不孝究竟包括哪些行为，从出土汉代文献及程树德汉律考中均没找到汉代对不孝罪名之解释，尚需做一扼要考察。

从唐律《名例》篇对不孝罪定义看，不孝乃"告言、诅詈祖父母父母，及父母在不能别籍、异财，若供养有缺；居父母丧，身自嫁娶，若作乐，

---

[①] 《孝经注疏》卷6《五刑章》，第40页。

释服从吉,闻祖父母父母丧,匿不举哀,诈称祖父母父母死"。① 在汉魏时代,尤其是西汉社会,尚无别籍、异财之禁止,而且服丧尚未纳入不孝之列。除此之外,唐律定义的不孝罪内容在汉代均已有之。它们分散于经典、汉人对经典的注疏以及出土两汉简牍文献中。《尔雅·释鸟》记载有两种鸟,其一为佳其,又称鸡鸰,该鸟为一宿之鸟。郑玄笺云:"一宿者,一意于所宿之木。"② 意即谨悫孝顺之鸟。人皆爱之。另一种鸟叫狂,也称茅鸱。鸱者枭也,《说文解字》云:"枭,食母,不孝之鸟,故冬至捕枭磔之。"③ 这种记载说明先秦早期,弑杀尊亲已被人们视为不孝,均捕而杀之。④《春秋左传·闵公二年》载:"违命不孝,弃事不忠。"说明春秋时期对违背父母之命已视为不孝。《尚书正义·康诰》正义亦云:"人予以述成父事为孝,怠忽其业,即'其肯曰,我有后,不弃基',故为大伤父心,即是上不孝也。"⑤《尚书正义·盘庚》也提到"违父祖为不孝"。⑥ 这至少说明违背父母教令在汉代已作为不孝的一类。⑦ 何休认为"不能事母,罪莫大于不孝"。⑧《尚书正义·康诰》正义又曰:"善父母为孝。"⑨ 由此,不事父母当为汉代不孝的又一类别。《春秋左传》的正义曰:"今轻慢其母,自轻其母,即是不孝。"⑩《孟子注疏·告子章句》也认为孝子疏其亲曰不孝。而孝子辄怨其亲,是亦不孝也。⑪ 从出土的西汉简牍看,汉时殴詈谋杀父母、告言父母分别为汉代不孝罪的另两种类型。⑫

根据上述考察,可以将汉代不孝罪归纳为对父母、祖父母等尊亲之殴詈、谋杀、告言、不养、违命等严重不孝行为。对这些不孝行为,《张家山汉墓竹简》中的《奏谳书》就提到了汉初法律之规定,不孝者弃市,教唆

---

① (唐)长孙无忌等:《唐律疏议》,中华书局1983年版,第12页。
② (晋)郭璞注、邢昺疏、李学勤主编:《尔雅注疏》卷10《释鸟》,注引郑笺,北京大学出版社1999年标点本,第305页。
③ 《尔雅注疏》卷10《释鸟》,邢昺疏引《说文》,第312页。
④ 唐律将这种谋杀父母等尊亲的不孝另定名为恶逆。
⑤ 《尚书正义》卷14《康诰》,孔颖达疏,第369页。
⑥ 《尚书正义》卷9《盘庚中》,孔颖达疏,第240页。
⑦ 这些注、疏、正义出自汉代经学家。
⑧ 《春秋公羊传注疏》卷12《僖公二十三年》,何休解诂,第248页。
⑨ 《尚书正义》卷14《康诰》,孔颖达疏引《释亲》,第369页。
⑩ 《春秋左传正义》卷25《成公二年》,孔颖达正义,第698页。
⑪ 参见《孟子注疏》卷12《告子章句下》,赵岐注,第324页。
⑫ 汉简中,殴詈父母、大父母乃至高大父母均为不孝罪。

别人不孝黥为城旦舂。① 看来，汉代对不孝罪处置的基本刑罚是弃市，下面分别考述之。

## 一 对谋杀及殴詈尊亲的司法处置

谋杀及殴詈尊亲是各种不孝行为中最恶劣、最残忍的一种，近于飞禽中枭食母之行为。郑玄对《周礼》"杀其亲者，焚之"之"亲"字解释为："亲，缌服以内也。"贾公彦疏曰："亲，谓五服。""杀同姓尚绝之，况杀缌麻之亲，得不重乎？以此而言，故知亲谓缌已上也。"② 南宋人朱申对杀亲焚之解释为"杀五服之亲者，则焚烧之，不存其形也"。③ 贾、朱二人对杀亲者焚之的解释都没有背离汉人郑玄之解释，由此看来，汉魏杀亲的处罚并非只是像秦代那样，仅仅基于通过以刑去刑的威慑，机械地维护父权尊严，进而维护皇权独断。汉魏主要是通过维护服制亲情和睦而实现温情脉脉的孝治政治。第二章我们已经从出土的张家山汉墓竹简及敦煌悬泉汉简等简牍文献进行了考察，汉代对殴杀、殴詈尊亲规定详细，成为两汉乃至曹魏这方谳狱的基本法律。

第二章中已经对《张家山汉墓竹简·二年律令》和《敦煌悬泉汉简释粹》中所见汉初及西汉末期杀尊亲或殴詈尊亲规定进行了梳理。对于杀尊亲，简牍文献和正史记载基本一致，都处以弃市重刑。但是正史记载涉及到汉代引经决狱问题，强调区分故意和过失，若是过失情况，在文献记载中多免除处罚。④ 原心定罪，对于殴詈尊亲规定多有出入，其中《二年律令》律令对于夫妇殴詈夫之尊亲皆弃市，但是敦煌悬泉汉简所见处罚就非常轻，耐司寇一般为一年或两年劳作刑，⑤ 罚金则说明犯者不予囚禁。胡平生、张德芳在《敦煌悬泉汉简释粹》中认为，《睡虎地秦墓竹简·法律答问》中记载的秦律殴高大父母比大父母，应"黥为城旦舂"。然后他们就认为："汉朝约法省刑，对子孙殴辱父母、大父母、高大父母，法律处置较秦

---

① 参见《张家山汉墓竹简》，第108页。
② 《周礼注疏》卷36《秋官司寇·司圜》，贾公彦疏，第961页。
③ （南宋）朱申：《周礼句解》卷9《掌戮》，文渊阁《四库全书》电子版，上海人民出版社1999年制版。
④ 这里涉及的原心定罪问题，本书将在第五章服制制罪的学理成就部分详细探讨。
⑤ 《汉书·刑法志》载："隶臣妾满二岁，降为司寇。司寇一岁，及作如司寇，皆免为庶人。"注引如淳曰："罪降为司寇，故一岁，正司寇，故二岁也。"《汉》卷23《刑法志》，第1099页。《汉书》卷23《刑法志》，颜师古注引如淳曰，第1100页。

人为轻。"① 这种说法至少有两点没有搞清楚。其一，秦代律令是否存在不孝，规制如何。从《睡虎地秦墓竹简》的《封诊式》中记载的一份告子爰书内容看，② 秦对父母告子女不孝，只要属实便处死罪或严惩子女。遗憾的是，现在并没见到秦律令对不孝的详细规定。秦代律令颇为详备，独不见不孝律令，这或许是不重视亲属和谐关系礼仪的最明显见证。可能是机械抄袭先秦的礼刑规定，凡是不孝皆死刑。第二，汉代不是一开始就对不孝罪处置轻刑。出土的《张家山汉墓竹简·二年律令》显示，汉初详细规定了各种不孝行为，"谋杀尊亲"和"殴詈尊亲"弃市。但是，敦煌悬泉汉简中显示对不孝的规定，时间大约在西汉后期，而且明确是当时的律令，足见是对汉初律令的修订。这应当体现了西汉中后期礼法秩序重构已取得了一定成就，已非是汉初承袭乱秦旧制的风气。

下面通过实证考察来看汉代对殴詈及谋杀尊亲在司法中的服制定罪情况。

（一）王侯谋杀或殴詈尊亲的司法处置

史料记载表明，汉代确实是中华民族大一统而又稳定发展的时代，丧服礼制的推行使得整个社会风气乃至民族文化以良好的势态迅速向前发展。虽然汉代也有诸侯分封，而且诸侯仍实行世袭制，但是比较春秋和两汉史料，很难见到汉代像春秋时期那种弑父夺权屡见不绝的衰败风气。早在楚汉相争时，刘邦历数项羽十大罪状，其中包括项羽"为人臣而杀其主"之罪。③ 依礼，臣为君服斩衰服，君臣具有服制关系，杀君当然属于罪过。两汉王室或诸侯谋杀或殴詈尊亲事件非常罕见，尤其是谋杀，倘若有之，历史必定记载无疑。能见到的王室或诸侯弑尊亲实例仅有 3 例。

案例一：景帝三年（公元前 154 年）冬，"恢说不孝，谋反，欲以杀嘉，大逆无道。其赦嘉为襄平侯，及妻子当坐者复故爵。论恢说及妻子如法"。④

---

① 胡平生、张德芳编撰：《敦煌悬泉汉简释粹》，上海古籍出版社 2001 年版，第 8 页。
② 原文内容为："告子爰书：某里士五（伍）甲告曰：「甲亲子同里士五（伍）丙不孝，谒杀，敢告。」即令令史己往执。令史己爰书：与牢隶臣某执丙，得某室。丞某讯丙，辞曰：「甲亲子，诚不孝甲所，毋（无）它坐罪。」《睡虎地秦墓竹简》，第 156 页。
③ 《汉书》卷 1《高帝纪下》，第 44 页。
④ 《汉书》卷 5《景帝纪》，第 142 页。

第四章　服制在汉魏处置亲属相犯中的司法功能　131

恢说乃襄平侯刘嘉的儿子，因与父有私怨而自己谋反，目的是以此让父亲连坐受死。这种借刀杀父行为在汉代被视为不孝。此外，恢说另有大逆不道之事，如淳认为，"（汉）律，大逆不道，父母妻子同产皆弃市"。① 最后，皇帝赦免了嘉的罪，也没有连坐嘉的妻和其他儿子，只是对恢说的妻子"如法"弃市。景帝时期，儒家思想尚未登上政治舞台，尚不能以此断定此时对恢说的处罚是否属于依据服制关系处罚。为搞清楚这个问题，可以先看汉高祖时一则杀父记载。汉七年，高祖击韩王信，信亡入胡。时冒顿为单于，拥兵三十万，数苦北边，高祖患之，问刘敬。敬曰："冒顿杀父代立，妻群母，以力为威，未可以仁义说也。独可以计久远子孙为臣耳。"② 冒顿拥兵为高祖患，刘敬不以为然，从其杀父娶母行为中，刘敬认为冒顿只是一介庸夫，他缺乏仁义，怎敢保证其子孙不弑杀他呢？于是建议高祖与其和亲，一则满足冒顿贪婪之心，避一时之锋芒；二则利大汉长远以礼抗兵，不战而屈人之兵。以孝治天下的高祖集团，对边境夷族尚且以服制关系之礼来衡量冒顿，并以和亲与未来单于构筑服制关系，确保天下太平。对内自然注重服制礼仪教化。儒家"仁义"思想伴随着孝道已经对汉初政治及社会产生着影响。可见，景帝时期对恢说欲杀父之不孝罪的惩处包含着基于服制人伦之礼的考虑。

由此可见，本案体现出汉初以服制制罪的两个重要信息：其一，汉代孝治使亲情连坐受到限制。第二，恢说谋杀尊亲，本质上属于弑杀斩衰亲，罪不赦。

案例二：武帝元狩五年（公元前118年），梧齐侯阳戎奴，"坐使人杀季父，弃市"。③

本案中，梧齐侯阳戎奴派人杀季父，依律为不孝，弃市。季父者，叔父也，《仪礼·丧服》传疏曰："世父、叔父何以期也？与尊者一体也。"④ 按照服制关系之礼，戎奴与季父具有齐衰亲属服制关系，虽为他杀，然主谋为戎奴，实为戎奴所杀。唐律《盗贼》规定："谋杀期亲尊长、外祖父母、夫、夫之祖父母、父母者，皆斩。"且【疏】曰："若妻妾同谋，亦无

---

① 《汉书》卷5《景帝纪》，颜师古注引如淳曰，第142页。
② 《史记》卷99《刘敬传》，第2719页。
③ 《汉书》卷16《高惠高后文功臣表》，第619页。
④ 《仪礼注疏》卷30《丧服》，第572页。

从首。"① 戎奴谋杀季父当然是首犯。汉时没有唐律如此详细的规范，然对戎奴之处罚绝非机械对照汉初法律就简单从事，可以看到对戎奴的处罚，即便是后人长孙无忌或唐太宗去依唐律考察此案，也没有任何问题。因此本案本质上同样属于弑杀齐衰亲，罪不赦。

  案例三：中平六年（公元189年），"议太后蹙迫永乐太后，至令忧死，逆妇姑之礼，无孝顺之节，迁于永安宫，遂以弑崩"。②

本案事发于东汉末，对灵帝何皇后的论罪为"逆妇姑之礼，无孝顺之节"，无疑属于以服制关系论罪。至于教导灵帝卖官的母亲永乐太后是否是被何进大将军及其姊何皇后所"蹙迫"至死，在此不作考证及讨论。总之，当时的谋杀尊亲之不孝处罚当为死罪是无疑的。

（二）基层社会谋杀或殴詈尊亲的司法处置

汉魏基层社会中，基层官吏谋杀或殴詈尊亲的现象未见史料记载，关于平民谋杀或殴詈尊亲史料也少见。

汉代殴詈谋杀尊亲成例少是否反映两汉殴詈谋杀尊亲现象少？若是，何故？若否，又为何不予记载？

首先，从历史记载判断，两汉殴詈谋杀尊亲现象并不少。《汉书·礼乐志》记载，文帝时，贾谊曾对秦延续下来"废礼义，捐廉耻"之遗风旧俗深感忧虑，此风在汉初更甚，如杀父兄，盗庙器。③ 此为汉初之情况，西汉中期如何？同样存在杀尊亲现象。宣帝元康中，既有匈奴外患又加水旱天灾，丞相魏相感慨风俗尤薄，为了广教化、理四方、宣圣德，魏相上书谏曰：

  案今年计，子弟杀父兄、妻杀夫者，凡二百二十二人，臣愚以为此非小变也。今左右不忧此，乃欲发兵报纤介之忿于远夷，殆孔子所谓"吾恐季孙之忧不在颛臾而在萧墙之内"也。④

这是一个上书皇帝的统计数字，应该不会有假。但到底杀父兄和妻杀

---

① 《唐律疏议》，第327页。
② 《后汉书》卷72《董卓传》，第2324页。
③ 《汉书》卷48《贾谊传》，第2244页。
④ 《汉书》卷74《魏相传》，第3136页。

夫分别多少,既没有数据,也没有事例。该数字出现的年份,正当天灾、边患、郡国守相选不实和民风民俗尚待提升的叠加之时。不过,相信汉魏任何时候,民间杀尊亲的现象都不会绝迹,也不会猖獗。

第二,既然存在杀尊亲现象,为何正史及简牍文献记载几乎空白?考先秦经典,弑父并无忌讳,因此,杀父者汉史亦当记之。但是民间杀尊亲不予记载可能与当时这方面的法律规定相对成熟有关。在恢说欲杀父嘉及戎奴使人杀季父案中,我们已经见到汉初及西汉中期在这方面的司法水平已经接近或达到 700 年后唐律的水平。所以,魏相所担忧的"祸在萧墙之内"就是指需要加强教化,如果不加强教化,社会风俗改变不了,政治统治就会危殆。可见,法律规定的只是一个方面,如果没有稳定的社会秩序和良好的社会风俗,法律就不会得到很好的实施。

汉魏对民间存在的殴詈尊亲现象,更重要的是通过持续不断的服制伦理训导、教化来感动当事人。事实上,训诫及教化属于一种民间法运行行为,常使得民间殴詈父母者改过自新。两汉之交,上党屯留人鲍永,"事后母至孝,妻尝于母前叱狗,而永即去之"。[①] 后母如母,其妻指桑骂槐谩骂丈夫后母,是一种不孝的表现,虽未达到律令惩罚程度,但作为一个孝子不允许妻子这样做,故休妻。这实际上是民间一种严厉的惩罚性教育。另一则谩骂母亲没有受到刑罚处罚的史料是,灵帝时县阳人羊元,元凶恶不孝,经常谩骂母亲。正史记载其"孤犊触乳,骄子骂母"。[②] 后经亭长仇览教化,终成佳士,而且成为民间孝事父母的榜样。

谈及通过训导、教化尊重父母尊亲,汉魏时的"三老"成为配合家庭、家族加强教化的普遍方式,尤其是始自武帝时的"王杖制度"更是如此。王杖是天子授予民间德高望重老人的一种荣誉,持王杖者教化所遇不尊老者,人们对于持有王杖者要尊之如父。出土文献《武威新出土王杖诏令册》第十简记载:"(杖)上有鸠,使百姓望见之,比于节;吏民敢有骂殴詈辱者,逆不道。"[③] "比于节"者"比于法度也"。持王杖者自身是法律保护的尊长对象,该规定使得具有王杖的长者具有了普天之下尊亲的拟制身份。殴詈侮辱持王杖者既是对长者的不孝,之所以言"逆不道"而非"不孝",概王杖是一种普遍性权力象征,违者是对特别法律的藐视。故而在殴詈或侮辱

---

[①] 《后汉书》卷 29《鲍永传》,第 1017 页。
[②] 《后汉书》卷 76《循吏列传·仇览》,李贤注引谢承书,第 2480 页。
[③] 武威县博物馆:《武威新出土王杖诏令册》,载甘肃省文物工作队编《汉简研究文集》,甘肃人民出版社 1984 年版,第 36 页。

受王杖者时,处罚要重于殴自然尊亲。也可以说殴受王杖者之处罚相当于谋杀尊亲之处罚。表4-1是武威出土王杖简牍记载的侵犯持王杖者的案例性资料。

表4-1

| 序号 | 时间 | 简牍内容 | 犯者 | 处罚 | 简牍号 |
|---|---|---|---|---|---|
| 1 | 建始元年九月 | 吏有殴王杖者,罪明白。制曰:㦛何?应论弃市 | 吏 | 弃市 | 简七 简八 |
| 2 | 建始元年九月 | 云阳白水亭长张熬,坐殴抴受王杖主,使治道,男子王汤告之。 | 亭长张熬 | 弃市 | 简八 简九 |
| 3 | 建始元年九月 | 乡吏<br>□□□□<br>下,不敬重父母所致也,郡国易然。<br>制曰:问何乡吏,论弃市,毋须时;广受王杖如故。 | 乡吏 | 弃市 | 简十四(简十五缺佚)简十六 简十九 |
| 4 | 元延三年正月 | 汝南郡男子王安世,坐桀黠、击鸠杖主,折伤其杖。 | 王安世 | 弃市 | 简二十三 |
| 5 | 元延三年正月 | 南郡亭长司马护,坐擅召鸠杖主,击留。 | 亭长司马护 | 弃市 | 简二十三 简二十四 |
| 6 | 元延三年正月 | 长安东乡啬夫田宣,击王杖主,折伤鸠杖主,男子金里告之。 | 乡啬夫田宣 | 弃市 | 简二十四 简二十五 |
| 7 | 元延三年正月 | 陇西男子张汤,坐桀黠、殴击王杖主,折伤其杖。 | 张汤 | 弃市 | 简二十五 |
| 8 | 元延三年正月 | 亭长二人,乡啬二人,白衣民三人,皆坐殴辱王杖功。 | 亭长、乡啬、白衣民 | 弃市 | 简二十六 |

序号1中的简牍是普遍性的规定。一般而言,民殴持王杖者逆不道,弃市,但是官吏殴持王杖者是否严惩,通过该简牍这个具有法律适用性的规定再一次强调"吏民敢有骂殴詈辱者,逆不道"的效力。序号2、3、5、6的简牍皆属于地方官吏殴詈或禁锢受王杖者,属于标准的案例;序号4、7的简牍属于平民殴詈受王杖者,是标准司法案例。序号8的简牍可能是武威地方某年的一个统计数字,涵盖亭长、乡啬和白衣民,均处以弃市处罚,无法外施恩者。

汉魏礼仪教化的常态化辅之以严刑威慑,再加之已有的对殴詈尊亲的法律规定,使得殴詈及谋杀尊亲成为人们生活不可逾越的雷区。史载东汉哀帝时谏官龚胜听说高陵有子杀母者，便急于追究相关责任者。[①]但是，这个禁区又不同于秦法非人性化的禁止，而是符合人性要求，顺应百姓安居生活需求，故而此非酷刑之高压法制。《孝经·圣治章》云："圣人因严以教敬，因亲以教爱。"邢昺疏引《正义》言："人伦正性，必在蒙幼之年；教之则明，不教则昧。"[②]服制人伦教化及尊老教化为汉代家庭和睦及社会和谐发展起到了关键作用。

## 二 对告言尊亲的司法处置

谋杀及殴詈尊亲是违背服制人伦、破坏服制亲情关系的恶逆行为，也是不孝行为，而告言尊亲虽无对父母尊长身体造成伤害，但对子女与尊亲的斩衰或齐衰服制关系同样造成严重破坏。当告言尊亲时，给服制关系造成伤害或服制关系中的相应权利无法行使，义务得不到落实。同时，该服制关系主体所参与的其他服制关系的主体也会对此作出评价，可以说，告言尊亲可能对多个服制关系造成的直接或潜在的破坏或威胁。出于对现实生活秩序稳定和其他需求之故，社会管理者、相关服制关系主体都会参与到规制或谴责破坏服制亲情关系的行动中。这便是告言尊亲何以受到重视之理论原因。

秦虽注重用服制人伦关系加强社会控制，但秦法不惜破坏亲情服叙关系而奖励亲属相告。所以，就亲属相犯而言，由于强调父子必须告奸，当子告父时，子之行为是否为不孝之罪就很难界定，秦法惩治不孝也就有牵强之感。汉代以孝治天下，注重维护父权，故而对子女告尊亲惩处就格外严厉。汉律在对告言父母尊亲立法上与殴詈、谋杀父母处罚相同，都是处弃市死刑。《张家山汉墓竹简》的《二年律令》中记载："子告父母，妇告威公，奴婢告主、主父母妻子，勿听而弃告者市。"[③]

正史中没有关于汉魏民间及普通官吏上告或诬告父母之记载，其他文献及传说亦不曾有之，这很大可能与汉魏注重民间教化有关。汉魏以孝治国，汉初即设"三老"专掌民间教化。自景帝始，地方开始恢复被秦废止的庠序，武帝时，"乃令天下郡国皆立学校官"，[④]"渐民以仁，摩民以谊，

---

① 参见《汉书》卷72《龚胜传》，第3082页。
② 《孝经注疏》卷5《圣治章》，邢昺疏引《正义》，第32页。
③ 《张家山汉墓竹简》，第27页。
④ 《汉书》卷76《循吏列传·文翁》，第3626页。

节民以礼，故其刑罚甚轻而禁不犯者"。① 至平帝时，郡国有学，县、道、邑、侯有校，乡有庠，聚有序。② 庠序亦有经师，服制之经礼及乡俗教化并引导着人们尊老行孝，故而难见子女控告父母的事情。至东汉，连贫家子弟亦争相读礼通经。东汉初，寿张县女子张雨，因父母早丧而不嫁，"留养孤弟二人，教其学问，各得通经"。③ 还有经学家郑玄的"家奴婢皆读书"。④ 在民间社会，告言父母还为人所不齿。如此教化孝亲尊亲民间，告言父母自然很少。

能见到的几例卑幼告父母案件均是王侯家庭，不是与政治利益相关，就可能与复杂家庭背景相关。

  案例一：襄平侯嘉子恢说欲谋反，事发觉，恢说诬告其父嘉知情不举。⑤
  案例二：元朔六年（公元前123年），"衡山王（赐）即上书谢病，上赐不朝。乃使人上书请废太子爽，立孝为太子。爽闻，即使所善白嬴之长安上书，言衡山王与子谋逆，言孝作兵车锻矢，与王御者奸"。⑥
  案例三：胶东侯贾敏，建初元年（公元76年），"坐诬告母杀人，国除"。⑦
  案例四：齐王刘"晃及弟利侯刚与母太姬宗更相诬告。章和元年（公元87年），有司奏请免晃、刚爵为庶人，徙丹阳。帝不忍，下诏曰：'……晃、刚愆乎至行，浊乎大伦，甫刑三千，莫大不孝。朕不忍置之于理，其贬晃爵为芜湖侯，削刚户三千……其遣谒者收晃及太姬玺绶'。⑧

案例一在第三章已经从连坐角度探讨过，此处不再赘述。能够肯定的是，恢说诬告父亲构成不孝犯罪，但处以何种刑罚难以判断，因为恢说自身谋反罪已足以弃市，诬告尊亲罪是否也处以弃市在此难以判别，不过从

---

① 《汉书》卷56《董仲舒传》，第2503页。
② 参见《汉书》卷12《平帝纪》，第355页。
③ 《后汉书》卷82《方术列传上·谢夷吾》，李贤注引谢承书曰，第2713页。
④ （南朝宋）刘义庆撰、徐震堮注：《世说新语校笺》，中华书局1984年版，第105页。
⑤ 《汉书》卷5《景帝纪》，第142页。
⑥ 《汉书》卷44《衡山王赐传》，第2156页。
⑦ 《后汉书》卷17《贾复传》，第667页。
⑧ 《后汉书》卷14《宗室四王三侯列传·齐武王演》，第553—554页。

晋灼及师古之论看，当是不孝也被处以死罪，<sup>①</sup>或许是谋反罪吸收了诬告尊亲不孝罪的刑罚。案例二中，诸侯王太子刘爽仅犯有告父罪，正史记载了对爽的处罚，"爽坐告王父，不孝，弃市"，比较真实地体现了维护宗法服制人伦关系之要求。有读者可能质疑爽告真实，为何不免？正史给出理由是："廷尉治，事验，请逮捕衡山王治。上曰：'勿捕。'"<sup>②</sup>可能基于更深远的政治考量。案例三和案例四是两个诬告母亲的案例，其中，案例三记载简单，处罚只是除其国，详情不可考，不能作过多评述，概因汉代"八议"制度所致。案例四中，晃与刚之母太姬亦诬告子。二兄弟没有被处以极刑，并不是不构成死罪，汉章帝为此下诏书曰："晃、刚愆乎至行，浊乎大伦，甫刑三千，莫大不孝。朕不忍置之于理。"<sup>③</sup>章帝对二兄弟的处罚具有宗亲相隐忍的性质。对其母之诬告子则处以收太姬玺绶，明显同罪异罚，体现了服叙关系中尊卑等级差异。

此外，还有一个欲告其父而未成的事例。成帝时，丞相王商作威作福，性残贼不仁。刚好当时发生了日食，太中大夫张匡上书，愿对近臣讲日食发生的原因。下朝后，左将军丹等问张匡：

> 对曰："窃见丞相商作威作福，从外制中，取必于上，性残贼不仁，遣票轻吏微求人罪，欲以立威，天下患苦之。前频阳耿定上书言商与父傅通，及女弟淫乱，奴杀其私夫，疑商教使。章下有司，商私怨怼。商子俊欲上书告商，俊妻左将军丹女，持其书以示丹，丹恶其父子乖迕，为女求去。<sup>④</sup>

王商之子欲上书告发父亲，遭到岳父的讨厌。大概是将军怕女婿告父不孝给女儿带来杀头之灾，故让女儿与不孝的丈夫王俊离婚。

看来儒家经礼由武帝尊为指导思想，经昭宣时期经学发展推广和经义决狱实践，到元帝和成帝时期，经学思想已经开始融入人们生活之中，服叙关系在这一时期已经明显成为官方论处亲属相犯罪与罚的基本原则。

---

① 晋灼曰："恢说言嘉知反情，而实不知也。"颜师古曰："此解非也。恢说有私怨于其父，而自谋反，欲令其父坐死也。"《汉书》卷5《景帝纪》，颜师古注，第142页。
② 《汉书》卷44《衡山王赐传》，第2156页。
③ 《后汉书》卷14《宗室四王三侯列传·齐武王演》，第553—554页。
④ 《汉书》卷82《王商传》，第3372页。

## 三 对不事尊亲的司法处置

不事父母尊亲属于不孝，但孝亲却包括尊亲、弗辱、能养。所以，不事父母一般包括感情上尊重父母，生活中体贴和伺候父母，物质上赡养父母等方面，违之统称为不孝。从出土文献看，《张家山汉墓竹简》的《二年律令》有不孝的规定。其中的《贼律》第三十五简载："父母告子不孝，皆弃市。"第三十八简载："父母告子不孝，其妻子为收者，皆锢，令毋得以爵偿及赎。"《张家山汉墓竹简》的《奏谳书》第一八九简载："有生父而弗食三日，吏且何以论子？……当弃市。"《奏谳书》第一八二简载："不孝者弃市。"不孝概念广泛，且程度有深浅之别，所以有弃市、禁锢不同规定。但是从《奏谳书》记载看，不养父母三天就要弃市，未免理想化。

汉魏孝治政治通过教化和法律辅助干预措施，不断扭转秦及汉初"薄恩礼，好生分"[①]的社会现象，甚至汉武帝时期，还在下诏，通过免除子或孙的徭役，使其能够"帅妻妾，遂其供养之事"。[②]至曹魏初期，不断号召郡县举孝子、贞妇、顺孙，免其徭役，慰勉善事尊亲。[③]当然不事父母者，汉魏还是多有法律处置的情况，本部分予以考察。

（一）对王侯大夫不事尊亲的司法处置

此处所论王侯大夫不事亲的情况主要针对朝中要员及封国封侯者而言，事父母尊亲主要指善事父母、大父母及后父、后母的情况。两汉王室及诸侯不事父母尊亲常是由于王或诸侯骄奢淫逸所致，因此，该犯罪常伴着其他伦理性犯罪。今考汉魏王室或诸侯大夫不事父母尊亲，有6例记载。

案例一：武帝时，常山"宪王（舜）疾甚，诸幸姬侍病……医进药，太子勃不自尝药，又不宿留侍疾。及王薨，王后、太子乃至……太子代立，又不收恤棁（勃异母弟）。棁怨王后及太子。汉使者视宪王丧，棁自言宪王病时，王后、太子不侍"，加之勃服丧不悲，"有司请诛勃及宪王后修。上曰：'修素无行，使棁陷之罪。勃无良师傅，不忍致诛。'有司请废勿王，徙王勃以家属处房陵，上许之"。[④]

---

① 生分，谓父母在而昆弟不同财产。《汉书》卷28《地理志下》，颜师古注，第1647—1648页。
② 《汉书》卷6《武帝纪》，第156页。
③ 《三国志》卷16《魏书·杜畿传》，第496页。
④ 《汉书》卷53《景十三王传》，第2434—2435页。

本案中，王子刘棁告太子刘勃有诸种劣行，关键在于宪王刘舜有病，太子刘勃不侍疾。其罪本该杀头，武帝不忍，最后废王，迁居房陵。勃作为太子，也就是丧服之礼中的后子，其不侍父疾，服丧轻狂不悲，这是丧服礼制大忌。

案例二：梁平王襄祖母李太后有尊价值千金，"任后绝欲得之。王襄直使人开府取尊赐任后，又王及母陈太后事李太后多不顺。有汉使者来，李太后欲自言，王使谒者中郎胡等遮止，闭门……王与任后以此使人风止李太后。李太后亦已，后病甍。病时，任后未尝请疾；甍，又不侍丧。元朔中……公卿治，奏以为不孝，请诛王及太后。天子曰：'首恶失道，任后也。朕置相吏不逮，无以辅王，故陷不谊，不忍致法。'削梁王五县，夺王太后汤沐成阳邑，枭任后首于市，中郎胡等皆伏诛"。①

这是一个纯粹的不事尊亲案例。梁平王襄、母陈太后及任王后可谓诸侯国至尊者，然三人对待平王襄的亲祖母李太后实在过分，强夺她的传家宝，又禁止她与天子来使接触。李太后病重时不看望、不伺候，更有甚者，李太后死后又不侍丧。就连汉武帝也忍无可忍，直呼"首恶失道"。任后与丈夫梁平王襄的祖母之间存在着齐衰服制关系，对于任后不事祖母又不持丧之事，依《张家山汉墓竹简》中《二年律令》记载的汉律属于弃市。而本案正是枭首于市的处罚。

案例三：御史大夫何武。"后母在郡，遣吏归迎。会成帝崩，吏恐道路有盗贼，后母留止，左右或讥武事亲不笃。哀帝亦欲改易大臣，遂策免武曰：'君举错烦苛，不合众心，孝声不闻，恶名流行，无以率示四方。其上大司空印绶，罢归就国。'"②

本案中，御史大夫何武被免主要原因在于哀帝"欲改易大臣"，但是找不到理由，便以何武"孝声不闻，恶名流行"为由。在此不谈政治权术，单就事亲而言，稍有慢待，就会遭到道德舆论的谴责。该案中的"事亲不笃"只是大臣所讥，并无实据，故昏庸的哀帝借着舆论谴责，做了一次不

---

① 《汉书》卷47《文三王传》，第2214—2215页。
② 《汉书》卷86《何武传》，第3486页。

严谨的司法裁断。

案例四：平帝即位（公元1年），"会（孙）宝遣吏迎母，母道病，留弟家，独遣妻子。司直陈崇以奏宝，事下三公即讯。宝对曰：'年七十悖眊，恩衰共养，营妻子，如章。'宝坐免，终于家。"①

本案中，大司农孙宝就不如上一案例中的何武，何武案只是皇帝独自行政性裁断，而孙宝则由三公审讯。最终因为事母不周（而非不事母），被司法审判后罢官归家。

案例五：朗陵侯子松，"元初四年（公元117年），与母别居。国除"。②

该案案情记载十分简单，只是与母别居，被免侯废国。与母别居当然是不事母亲，属于不孝，故依法惩处比较严重。

案例六：甘露五年（公元260年），高贵乡公在与司马氏武装斗争中遇害，被司马氏比之于"不能事母，故绝之于位也"。"葬以民礼，诚当旧典。"③

该例之所以被列为不孝罪论，主要是为司马氏削弱曹魏政权寻找合情合法的依据。本来高贵乡公之死，大将军司马文王犯有弑逆之罪，但是手握炳权的司马氏以"不能事母"之不孝罪加之于高贵乡公头上，向天下掩盖了事实，用感情和法律欺骗了天下民众。足见当时人们在情感上以及法律习惯中对不孝尊亲当死是十分认可的，这是服制孝道深入民心的重大标志。

（二）对基层社会不事父母的司法处置

基层社会中，基层官吏及平民不事尊亲的历史记载也很少。不过《张家山汉墓竹简》的《奏谳书》提供了一条对不事父母的惩处规定，说明当时民间不供养父母现象的存在，它是我们考证汉魏普通官吏及民间不

---

① 《汉书》卷77《孙宝传》，第3263页。
② 《后汉书》卷18《臧宫传》，第696页。
③ 《三国志》卷4《魏书·高贵乡公》，第145页。

事父母论罪的线索。该简牍的内容为："有生父而弗食三日，吏且何以论子？……当弃市。"有一则与该规定相似的决疑案例，该案例来自今人宁汉林《中国刑法简史》，资料称：武帝时，有兄弟二人按月轮流养其父，其中一方攻击另一方赡养不周而致父体瘦，告到官府。董仲舒认为赡养不周实属不孝，处以弃市。①

《奏谳书》所记载的不供养父母即弃市，确定了汉代对不事父母将入刑的事实，但是从史料记载看，似乎两汉对于不供养父母并非就予以弃市处罚。据《后汉书·循吏列传》注引谢承书言，郴人谢弘等不养父母，许荆迁桂阳太守，使知礼禁。因此，皆还供养者有千有余人也。②另据《后汉书·何敞传》记载，何敞迁汝南太守，分派儒术大吏案行属县，表彰孝悌有义行者。同时，举冤狱，以春秋之义断之，是以郡中无怨声。百姓受恩礼感化，"其出居者，皆归养其父母。"李贤注曰："出居谓与父母别居者。"③出居者归养父母，即原来与父母别居，不善事父母者，开始与父母一起生活，赡养父母。

这两则史料反映的不赡养父母人数并非某一个体，而是涉及到不同地方分散的一些群体。从史料中看，汉代地方官吏并没有依法对此惩处，反而都以调处、教化方式感动了不事父母者，也使得地方风俗向善转变。由此看来，两汉始终把服制经义的教化作为重要任务，针对不事父母及殴詈父母等情节严重、影响恶劣的极少数不孝之子采取弃市极刑是可能的。这样就可以推断《奏谳书》中不事父母的法律实际只是常备性的，而非常用性的。

曹魏时期，谨事尊亲已经成为习俗。吴国陈武有二子，嫡子修，庶子表。"修亡后，表母不肯事修母，表谓其母曰：'兄不幸早亡，表统家事，当奉嫡母。母若能为表屈情，承顺嫡母者，是至愿也；若母不能，直当出别居耳。'表于大义公正如此。由是二母感寤雍穆"。④孝子为孝嫡母，以自己外出威胁亲母。这应为两汉教化事亲养亲的成就。公元262年，"（嵇）康与东平吕昭子巽及巽弟安亲善。会巽淫安妻徐氏，而诬安不孝，囚之。

---

① 参见宁汉林编《中国刑法简史》，中国检察出版社1997年版，第310页。可惜宁先生没有告诉我们该数据到底来自何处。作者至今也没能找到该数据的出处，但其处理情况与张家山汉简是一致的。
② 《后汉书》卷76《循吏列传·许荆》，李贤注引谢承书，第2472页。
③ 《后汉书》卷43《何敞传》，李贤注，第1487页。
④ 《三国志》卷55《吴书·陈武传》，第1289页。

安引康为证，康义不负心，保明其事，安亦至烈，有济世力力。钟会劝大将军因此除之，遂杀安及康"。①该案因兄与弟妻通奸反诬弟不孝，导致弟被杀。尽管其中夹杂着政治斗争因素，但是兄长告弟不孝被杀，至少说明律令对不孝事尊亲处罚的普遍性。

综合汉魏王侯及基层民间不事父母的考证分析发现，不事父母在汉魏是以违背服制人伦而论罪处罚的。但是，事亲之事又不宜动辄以律令惩罚，主要还是要以调处、教化、表彰形成尊亲事亲的良好习惯，以律令惩戒严重不事亲者，作为辅助工具。所以汉魏孝治实践中，多有教化人伦孝道的制度、诏令，更有宣传、表彰事亲孝亲的典范，对不孝亲者，更多是予以教化训诫，等准司法或民间法运行方式。正史记载孝亲事亲的人物佳话甚多，在此不再赘述。

## 四　对子孙违背教令的司法处置

汉魏对不孝惩处中还包括子孙违背教令之行为，标志着随着经学的不断推广，服制经义已经引导着汉魏法律对诸种不孝行为的处理向着人性化方向转变。这种人性化不仅包括注重犯者主观心理动机，进而原心论罪，还包含着注重民间法教化及训诫的问题。

对子女的教化不仅是一个家庭责任，更属社会责任。秦试图将律令作为控制社会的万能法宝，将本该由道德调整的社会关系全部纳入法律调整范围，汉初恢复先秦时代三老制度，设三老，教化事亲之道。武帝之后，儒家经义的推广和深化使冰冷的法律融入了服制人伦的温情，使法律增添了符合人性约定的"自然正义"，也使先前律令包揽伦理道德开始回归，该由家庭、家族及社会通过道德教化方式处理的子孙不孝问题，不再纯粹由法律规制，法律规制的人伦道德问题向着更加合理与精细方向发展完善。孝道所体现的服制人伦之礼本质上属于伦理道德的范畴，只有严重违背礼仪并危及家庭、社会稳定时，方可进行法律干预，这就是儒家主张的贵教化而贱刑罚的道理，也是汉唐之后德主刑辅立法思想的基础。

汉代子孙违背教令是否处罚？正史不见记载，但是《张家山汉墓竹简》中的《奏谳书》有记载："有子不听生父教，谁与不听死父教罪重？穀等曰：不听死父教无罪。"②虽然对不听生父教令没有具体量刑处罚规定，但

---

① 《三国志》卷21《魏书·王粲康传》，注引《魏氏春秋》，第606页。
② 《张家山汉墓竹简》，第108页。

是这一简牍至少明确了汉代不听父教以服制关系进行论罪处罚。这一规定延至唐代《唐律·斗讼》有了"徒二年"①的明确规定。

汉魏正史记载的子孙违背教令成例不多，大概如不事父母尊亲一样，多以教化为主，以刑罚作为辅助手段。《汉书·酷吏列传》记载，尹赏任长安令，修监狱，挖地洞，将地洞名为"虎穴"，然后安排户曹掾史、乡吏、亭长、里正、父老、伍人杂举长安中轻薄少年恶子，予以严惩。师古特别对"恶子"进行解释，"恶子，不承父母教命者"。②汉人应劭在论高武侯傅喜时谈到"放弃教令，毁其族类"。③此处的教令可能主要指国家法令之意，但是也包含着不听父辈教化最终导致族类灭顶之灾的含义。《后汉书·孝明八王列传》之乐成靖王党传记载，乐成王苌"慢易大姬，不震厥教"，愆罪莫大。乐成王苌不听后母教令，最后遭贬爵为临湖侯的处罚。这些诸侯或民间不听父辈教令者最终都得到了相当严厉的司法惩处。

当然，对于民间不听父母教令的轻微情况更多是以教化训诫为主，而非动辄以国家法审判处置。陈留人仇览为亭长，陈元母诣览告子不孝。仇览认为"'当是教化未及至耳。母守寡养孤，苦身投老，奈何肆忿于一朝，欲致子以不义乎？'母闻感悔，涕泣而去。"④览又亲到元家，与其母子共饮，讲述人伦孝行，譬以祸福之言，陈元被感化，并最终成为孝子。《后汉书·列女传》记载，汉中有程文矩者，其妻穆姜有二子，文矩死后，前妻四子对后母穆姜憎毁日积，然穆姜慈爱贤淑；矩前妻长子兴有疾，穆姜恻隐自然，亲调药膳，恩情笃密。兴康复后，便将三个弟弟领到南郑狱，陈母之德，状己之过，乞求就刑，自后训导愈明，并为良士。"状己之过"就包含着曾经违背父母教令之罪过，此后训导愈明，则听从后母之言传身教也。⑤上述两个司法案例的处置，并非对簿公堂，而是交织在教化中，最终违背教令的不孝子都痛改前非。另有汉代的《曹全碑》文记载，全"先意承志，存亡之敬，礼无遗缺"。⑥"先意承志"表达了谨从父母教会的含义。

通过上述 4 个方面考证，可以看出汉魏对于不孝罪惩处制度的发展及趋于完备情况，整体而言处罚严厉。即便是非议孝行也给予严厉处罚，曹

---

① 《唐律疏议》，第438页。
② 《汉书》卷90《酷吏列传·尹赏》，颜师古注，第3674页。
③ 《汉书》卷82《傅喜传》，颜师古注引应劭语，第3382页。
④ 《后汉书》卷76《循吏列传·仇览》，第2480页。
⑤ 参见《后汉书》卷84《列女传·程文矩妻》，第2793页。
⑥ 高文：《汉碑集释》，河南大学出版社1985年版，第488页。

操嫉贤孔融，命祭酒路粹污蔑融曾云："父之于子，当有何亲？论其本意，实为情欲发耳。子之于母，亦复奚为？譬如寄物瓴中，出则离矣。"① 融获大逆不道罪，下狱弃市，妻子被诛。足见非议孝行罪不可赦。

## 第二节　服制在汉魏规制亲属相犯中的司法应用

汉魏时期除了卑幼对尊长不孝导致家庭及家族矛盾外，尊长对卑幼的伤害以及同产、夫妻之间的伤害也是族群冲突和家庭不和乃至分裂的原因，这种类型属于人身相犯。同时，服制还对家庭或家族中亲属之间的财产争夺和财产侵犯引起的纠纷进行司法规制。两汉在重构礼法秩序中，非常注重运用丧服礼制教化避免这些行为在族群中发生，同时也运用立法和司法手段有效规制这些伤害行为。

### 一　对殴杀卑幼同产和夫妻的司法处置

本部分对汉魏尊长殴杀卑亲、同产兄弟之间的殴詈、相杀行为，夫妻之间的暴力冲突等情况进行考察。

（一）尊长殴杀卑幼的司法处置

汉初以孝治天下，注重树立家父的权威，禁止子女晚辈的各种不孝行为。后董仲舒的"三纲五常"又强化了父权在家庭中的至尊地位，加强了父母对子女的教化和训诫权。但是，这并非承认父母对子女晚辈有擅自殴杀权。班固在《白虎通》中谈道："父煞其子死，当诛何？以为天地之性，人为贵，人皆天所生也，父母气而生耳。王者以养长而教之，故父不得专也。"② 任继愈认为具有法典性质的《白虎通》总结并表达了汉代禁止父母擅杀子女的思想，③ 两汉史实也证明了这一点。

《张家山汉墓竹简》的《二年律令·贼律》有"父母殴笞子及奴婢，子及奴婢以殴笞辜死，令赎死"的简文。④ 该简中"殴笞辜死"是指殴笞子女或奴婢至伤残的，官方责令父母或主人在一定期限内养伤，限内死亡的，父母或主人论死罪，但是考虑到亲情服制关系，可以赎死。当然限内伤好

---

① 《后汉书》卷70《孔融传》，第2278页。
② （汉）班固：《白虎通》，第107页。
③ 任继愈主编：《中国哲学发展史》（秦汉卷），人民出版社1985年版，第474、485页。
④ 《张家山汉墓竹简》，第14页。

的，肯定减轻或免除处罚。足见汉初对殴詈笞杀子女持反对态度。两汉对于杀子行为更是多给予惩罚或谴责。

案例一：成帝鸿嘉元年（公元前20年），"千乘令刘庆忌为宗正，六月坐平都公主杀子贬为辽东太守"。①

本案中平都公主杀子，如何处理不见史料记载，但是作为管理皇室的宗正、千乘令却遭到贬迁。千乘令可能对公主杀子负有责任而被贬，朝廷对公主孩子的死甚是痛惜，可见西汉时期，官方对父母杀子是禁止的。

案例二：桓帝时，定陵贾彪，"举孝廉，补新息长。小民困贫，多不养子，彪严为其制，与杀人同罪。城南有盗劫害人者，北有妇人杀子者，彪出案发，而掾吏欲引南。彪怒曰：'贼寇害人，此则常理，母子相残，逆天违道。'遂驱车北行，案验其罪。"②

该案中两次出现新息长贾彪对溺杀或笞杀子禁止的信息。对于地方上因贫穷不养子的现象，彪"严为其制"，明令溺杀子与杀人同罪。接着，城北事发妇人杀子案，彪怒斥此违天道，既如此，该妇女定以杀人罪受到彪之严惩。

案例三：灵帝时，陈留浚仪人王吉为沛相，"专选剽悍吏，击断非法。若有生子不养，即斩其父母，合土棘埋之"。③

该案十分明了，对于地方生子不养的溺杀现象"斩其父母，合土棘埋之"。当然，溺杀亲子除了入罪处罚之外，也有因自身地位特殊而仅遭谴责了事的。

案例四：金日磾长子弄儿，"自殿下与宫人戏，日磾适见之，恶其淫乱，遂杀弄儿。上闻之大怒。上甚哀，为之泣"。④

---

① 《汉书》卷19《百官公卿表下》，第832页。
② 《后汉书》卷67《党锢列传·贾彪》，第2216页。
③ 《后汉书》卷77《酷吏列传·王吉》，第2501页。
④ 《汉书》卷68《金日磾传》，第2960页。

金日磾因为子淫乱遂杀之，此杀子行为遭到汉武帝怒斥。倘若金日磾不是归降于汉的少数民族，可能武帝就把他以杀子罪处死或免归故里。武帝"甚哀之，为之泣"，这是对被杀子的痛惜表现。孟子曰："幼吾幼以及人之幼。"己子尚能杀之，安能不杀他子而幼之乎？

  案例五：时王莽杀其子宇，萌谓友人曰："三纲绝矣！不去，祸将及人。"即解冠挂东都城门，归，将家属浮海，客于辽东。①

王莽杀子，逢萌高呼"三纲绝矣！"如果还不离王莽而去，那就会大祸临头。逢萌精通春秋经学，深知人若违背人伦制，绝对会自取灭亡，人若从之，亦不可避免。此处又见汉人对"三纲"的理解绝不同于今人浮躁之见，"三纲"不仅强调君、父、夫之权利，还强调他们的人伦慈爱品行及相应义务。逢萌对王莽杀子行为的高呼和逃离回答了这一问题。

曹魏时亦见禁止杀子的律令，同时注重教化，劝导民养子。其典型案例有：

  案例六：开封郑浑"复迁下蔡长、邵陵令。天下未定，民皆剽轻，不念产殖；其生子无以相活，率皆不举。浑所在夺其渔猎之具，课使耕桑，又兼开稻田，重去子之法。民初畏罪，后稍丰给，无不举赡；所育男女，多以郑为字"。②

该案提到"去子之法"，说明曹魏承袭两汉殴杀子孙的律令，但是这种律令包含着要求教化引导，而非简单地以刑去刑。本案显示的教化前后结果截然不同，教化前人皆杀子，且相互包庇，体现了战乱时民不聊生的苦难情况，教化后则"无不举赡；所育男女，多以郑为字"。

（二）殴、杀同产的司法处置

《张家山汉墓竹简》的《二年律令·贼律》记载："殴兄、姊……耐为隶臣妾。"③这是汉初对殴兄弟姊妹的法律规定。敦煌悬泉汉简记载，殴同产耐为司寇，④这是西汉晚期对同产相殴的处罚。"耐为隶臣妾"明显重于

---

① 《后汉书》卷83《逸民列传·逢萌》，第2759页。
② 《三国志》卷16《魏书·郑浑传》，第509页。
③ 《张家山汉墓竹简》，第14页。
④ 胡平生、张德芳编撰：《敦煌悬泉汉简释粹》，第8页。

"耐为司寇"刑罚，前者为身份刑，后者为劳役刑，同样反映出西汉社会注重教化，不断减轻普通的亲属相犯处罚。虽然兄弟相杀情况史有记载，但是数据很少。现予以考证。

案例一：太初元年（公元前104年），宜成嗣侯福，坐杀弟弃市。①

案例二：驺丘嗣侯毋害，宣帝本始二年（公元前72年），坐使人杀兄弃市。②

这是汉代史料记载的两例杀兄弟案件，处罚均为弃市。对于杀同产问题，未见到汉律令规定，但是从《周礼》"杀其亲者，焚之"规定看，又汉初《二年律令·贼律》记载"贼杀人、斗而杀人，弃市"，③结合这两个司法案例，可推知，汉代杀同产是弃市等死刑。

对于兄弟同产相殴，《晋书·刑法志》记载曹魏"殴兄姊加至五岁刑，以明教化"。程树德认为魏承汉律而改之，他还据此推测汉必有"殴兄姊"之类的"不弟罪"，只是量刑低于五岁。④《张家山汉墓竹简》的《二年律令·贼律》记载，殴兄、姊"耐为隶臣妾"，第二章考证的敦煌悬泉汉简与长沙尚德街东汉简牍也均有相关记载，证实了程树德曾经的推测。

在第一章的"汉魏丧服礼制推行及教化效果"部分，已就兄弟之间服丧进行了详考。服制经义在汉魏的深入传播使得兄弟之间已经具有严格的服丧秩序，甚至被推崇到与父子、夫妻关系相等的严格程度，使得先秦儒家提倡的兄爱弟悌在两汉社会生活中真正得以实现，大大减少了兄弟之间暴力相殴杀的可能性。虽然依服制关系，兄弟相殴杀依法论罪，但是自上而下人们对此最为忌惮，以至于汉景帝对骄纵而又不用汉法的淮南厉王不忍致法，怕获"兄弟二人不能相容"之恶名。

（三）夫妻相犯的司法处置

汉初《张家山汉墓竹简·二年律令》第三三简记载："妻殴夫，耐为隶臣妾。"而第三二简则曰："妻悍而夫殴笞之，非以兵刃也，虽伤之，毋罪。"两简内容似乎天壤之别，但仔细考察，二者内容相错并不大，两简均强调夫

---

① 《汉书》卷15《王子侯表上》，第462页。
② 《汉书》卷15《王子侯表上》，第442页。
③ 《张家山汉墓竹简》，第11页。
④ 参见程树德《九朝律考》，第111页。

妻不能相杀、相殴。第三二简有三个限制条件，一是悍妇，二是非以兵刃，三是伤之，满足这三个条件的夫殴妻才"毋罪"。换句话，妻若不是悍妻，夫殴妻，若伤之，则要承担法律责任，故被法律禁止。推之，在任何条件下夫不能以兵刃殴妻；在任何条件下，夫杀妻都受法律禁止。

表 4-2 是梳理的六条汉魏时期正史记载的夫妻相杀史料。

表4-2

| 序号 | 时间 | 犯者 | 犯事 | 处罚 | 史料 | 史料出处 |
| --- | --- | --- | --- | --- | --- | --- |
| 1 | 本始四年 | 广川嗣王去 | 烹姬 | 废 | 坐烹姬不道，废徙上庸，予邑百户。 | 《汉书·诸侯王表》 |
| 2 | 元康年间 | 不详 | 妻杀夫者（多） | 不详 | 案今年计，子弟杀父兄、妻杀夫者，凡二百二十二人。 | 《汉书·魏相传》 |
| 3 | 元帝时 | 河间嗣王元 | 殴笞妻 | 髡 | 元坐与妻若共乘朱轮车，怒若，又笞击，令自髡。 | 《汉书·景十三王传》 |
| 4 | 建始间 | 东平王宇 | 绞杀姬胸膺 | 削县 | 宇觉知，绞杀胸膺。有司奏请逮捕，有诏削樊、亢父二县。 | 《汉书·宣元六王传》 |
| 5 | 永平二年 | 宣恩嗣侯就子阴丰 | 杀妻 | 自杀 | 丰尚郦邑公主。公主娇妒，丰亦猥急。遂杀主，被诛，父母当坐，皆自杀，国除。 | 《后汉书·阴识传》 |
| 6 | 永建六年 | 定远侯班始 | 杀妻 | 腰斩 | 定远侯班始坐杀其妻阴城公主，腰斩。 | 《后汉书·顺帝纪》 |

这 6 个史料中，除了史料 2 是一个概括的数字统计之外，其他均是司法实例。这些案件均发生在王侯之家，而且多为夫殴杀妻妾。史料 2 反映的是在西汉中期的灾荒之年，民间风俗退化，出现了一些妻杀夫现象。民间妻杀夫恐为奸杀者居多，这一点在下述曹魏时期的案例中也得到体现。

史料 5 和史料 6 分别是东汉早期和中期的司法案例，对于杀妻是处死刑的。史料 1 和史料 4 属于杀姬案，犯者只是废或削地处罚。虽然杀公主与杀姬处罚不同是因为姬之身份地位远低于公主身份地位，但是不能以此类推妻为平民杀之就不论罪。一个贵为王侯者杀一个平民身份的姬尚且被免爵削地，对于爵位低的丈夫或平民杀妻妾肯定不会被法律免除处罚。史料 3 是一个很有代表性的案例，河间嗣王元殴笞妻，受到了羞辱刑的髡刑处罚。正史没有记载其妻的身份，至少其妻不是公主，如此，在比较平等身份的王侯夫妻之间，夫殴妻是受到法律处罚的。看来，汉代法律是禁止随意殴妻的。

《折狱龟鉴》记载了东汉初的一起杀夫案。

> 东汉明帝时，庄遵任扬州刺史，"尝有陵阳女子与人杀其夫，叔觉，来赴贼，女子乃以血涂叔，因大呼曰：'奈何欲私我而杀其兄！'便即告官。官司考掠其叔太过，因而自诬其罪。遵察之，乃谓吏曰：'叔为大逆，速置于法。可放嫂归。'密令人夜中于嫂壁下听。其夜，奸者果来，问曰：'刺史明察，见叔宁疑之耶？'嫂曰：'不疑。'因相与大喜。吏即擒之送狱，叔遂获免。"[1]

虽然是一起通奸引起的杀夫案，但是其中涉及3个问题。第一，刺史杨尊认为，弟杀兄为大逆。唐律对"大逆"定义为"谋毁宗庙山陵宫阙"，汉虽有大逆无道之词，但汉律只有不道，并无大逆专条。简牍文献也不见记载，概《历代刑法考·汉律摭遗》认为汉代大逆以诽谤法比附论之。[2]第二，杀夫与杀兄同为杀亲，依照服制论罪均不是贼杀，而以大逆论。此处的大逆概为"逆节绝理"之意，这里的"理"明显为人伦服制之礼。本案虽没有明确介绍淫妇的处罚罪名，但无论是杀夫还是诬小叔子，淫妇之罪当比大逆重。第三，此案收入《折狱龟鉴》本为介绍庄遵明察证据。关于注重证据又本服制制罪的问题，本书将在第五章的服制制罪司法成就部分中专题详论。

曹魏时短，少见王侯及民间杀妻记载，《折狱龟鉴》记载了两例淫妇杀夫案例，均被告破，两案中杀人者均被正法，这种处罚反映出重事实又重礼教特点，我们将在第五章讨论汉魏服制制罪的司法模式时详细考察。

## 二 对亲属争夺财产的司法处置

古往今来，家庭或家族因财产而形成的纠纷皆有，而且它是影响家庭及家族和睦的一个重要原因。从学理和本质上讲，财产是亲属间形成服制关系的重要媒介，对家庭财产的争夺是亲属相犯罪的一个基本类型。亲属

---

[1] （晋）和凝撰、杨奉琨校：《疑狱集·折狱龟鉴校释》，第49页。
[2] 参见（清）沈家本《历代刑法考》，第1421页。

争夺财产的对象主要是田产及家庭生活财富，争夺者以同产相争为主，当然也涉及其他具有服制关系的亲属争夺财产。战国秦"分户令"强制施行，因而有"民有二男以上不分异者，倍其赋"①的条文，兄弟壮则另立门户，析家分财，加之人性有追逐利益的特点，秦代兄弟之间及子与父母之间已经有"薄恩礼，好生分"社会现象。除了不事父母现象时有发生之外，兄弟、亲戚争夺财产的情况也不乏其例。

汉初，承袭秦制，移风易俗也非一时之事。《淮南子·泰族》记载了当时社会"分别争财，亲戚兄弟构怨，骨肉相贼"的社会现象。虽然汉初律令也引导人们同居、同财，如出土文献《张家山汉墓竹简》的《二年律令·户律》第三四三及三四四简分别记载："今毋它子，欲令归户入养，许之。""子谒归户，许之。"但是这只是从孝道和养老角度考虑。对于兄弟之间，法律上还承认兄弟析家分财的合法性，如《二年律令·户律》第三三七及三四〇简规定："民大父母、父母、子、孙、同产、同产子，欲相分予奴婢、马、牛、羊、它财物者，皆许之，辄为定籍。""诸（？）欲分父母、子、同产、主母、叚（假）母，及主母、叚（假）母欲分孽子、叚（假）子田以为户者，皆许之。"故而，两汉甚至曹魏尚无形成唐代父母在"不能别籍异财"以及"昆弟之义无分"的理想社会现状，亲属之间争夺财产在所难免。今考论如下。

> 案例一：堂邑安侯陈须，"元鼎元年（公元前116年），坐母公主卒未除服奸，兄弟争财，当死，自杀"。②

此案属于王侯兄弟争财的典型案例，非常有代表性。该案反映了富豪贵族对服制亲争财的观念，也反映出当时司法对家庭争财的处置情况。案中，堂邑安侯陈须的当死之罪应当不是兄弟争财，但其母亲是公主，其母卒作为儿子的陈须仍于丧中奸乃王室不容之事，对这种服丧违礼犯罪的处罚应当比较重，而兄弟争财可能只是加重处罚的一个因素。但是无论如何，该因素直接涉及兄弟服制关系，反映出西汉中前期已经注意到对兄弟争财纠纷及矛盾的重视。

> 案例二：前汉时，沛郡有富家翁，赀二十余万，有男才三岁，失

---

① 《史记》卷68《商君列传》，第2230页。
② 《汉书》卷16《高惠高后文功臣表》，第537页。

其母，又无亲属，有一女不贤。翁病，因恐争其财，儿必不全，因唤族人为遗书，令悉以财属女，但遗一剑，云："儿年十五以此付之。"其后又不肯与儿，儿乃诣郡自言其剑。时太守司空何武，得其辞，因录女及婿。省其手书，顾谓掾吏曰"女性强梁，婿复贪鄙。畏贼害其儿，又计小儿正得此财不能全，故且俾与女，内实寄之耳。夫剑者，亦所以决断，限年十五者，智力足以自居，度此女婿必不复还其剑，当明州县，或能明证，得以伸理。此凡庸何能用虑宏远如是哉！"悉夺取财物以与儿，曰："敝女恶婿，温饱十岁，亦已幸矣。"于是论者乃服。①

该案发生在昭帝之时，涉及姐弟继承权问题。因为姐弟具有亲情服制关系，故其父才将财富寄于女儿之处。司空何武"录女及婿"，查知案中"女性强梁，婿复贪鄙"，思度富翁送剑目的，一是防止财富被外人夺取，即"畏贼害其儿"；二是防止姐姐因财害死弟弟，即"度此女婿必不复还其剑"。基于父女服制关系及姐弟服制关系，姐弟为同父，均享有对父亲遗产继承权。在断案后说出"敝女恶婿温饱十年亦已幸矣"，恰恰体现了"敝女恶婿"对已经耗费掉财富不再赔偿的合理性。

  案例三：陈留富翁年九十无子，取田家女子为妇，一交接而死，后生男。其女诬其淫佚有儿，争财产数年不能决。丞相邴吉闻老公子不耐寒，日中无影。试之如此，大小叹息，因与其财。②

此案发生在西汉宣帝时，是一则姐弟争财案，但是案件难易度远超案例二。"诬其淫佚"是本案的焦点，即案中男儿与陈留富翁是否有血缘服制亲情，是断案的关键。邴吉断案看似荒唐，但是就断案而言，利用该手段获得包括富翁女在内"大小叹息"的认可证据。同时，邴吉判决后只是"因与其财"，姐姐占有的田产及耗掉的财富不见提到，原因同上案，即姐弟同出父母，均有继承财产权。

  案例四：韩延寿为左冯翊时，"行县至高陵，民有昆弟相与讼田自言，延寿大伤之，曰：'幸得备位，为郡表率，不能宣明教化，至令民

---

① （晋）和凝撰、杨奉琨校：《疑狱集·折狱龟鉴校释》，第23页。
② （晋）和凝撰、杨奉琨校：《疑狱集·折狱龟鉴校释》，第15页。

有骨肉争讼,既伤风化,重使贤长吏、啬夫、三老、孝弟受其耻,咎在冯翊,当先退。'是日,移病不听事,因入卧传舍,闭阁思过。一县莫知所为,令丞、啬夫、三老亦皆自系待罪。于是讼者宗族传相责让,此两昆弟深自悔,皆自髡肉袒谢,愿以田相移,终死不敢复争。延寿大喜,开阁延见,内酒肉与相对饮食,厉勉以意告乡部,有以表劝悔过从善之民。延寿乃起听事,劳谢令丞以下,引见尉荐。郡中歙然,莫不传相敕厉,不敢犯。延寿恩信周徧二十四县,莫复以辞讼自言者。推其至诚,吏民不忍欺绐"。①

中国古代的诉讼智慧异于西方诉讼理念。中国古代司法讲证据,但是追求的是两造"和合"。因而,一些案件虽官吏也介入,但并非要经过面红耳赤地对簿公堂,该案即是典型。此案发生在昭帝时,韩延寿为左冯翊,行县检查至高陵而遇此案。在处理二兄弟争田相讼案时,并没有像处置一般人之间的田产纠纷,要严格厘清是非,然后依律断之。该案基于兄弟服制亲情,将重点放在感化教育上,尽量避免亲情撕裂。其处理方式不仅感动讼者宗族,昆弟俩深刻忏悔,"终死不敢复争"。而且周边二十四县皆受感化。

  案例五,颍川有姒娣俩,长妇胎伤匿之,弟妇生男,夺为己子,论争三年不决。郡守黄霸使人报儿于庭中,乃令娣姒竞取之,既而长妇持之甚猛,弟妇恐有所伤,情极凄怆。霸乃叱长妇曰:"汝贪家财,固欲得儿,宁虑或有伤乎?此事审矣,即还弟妇儿!"长妇乃服罪。②

此案发生在宣帝时,颍川富室娣姒争儿的背后蕴含着长妇争财。在没有任何证据情况下,郡守黄霸利用"虎毒不伤其子"的亲情心理去验证何者为亲,以获取证据。该案从外表看只是一种获取证据的司法智慧,但实际上是利用了服叙亲情这一纽带来获取证据。案中,霸叱长妇"汝贪家财,固欲得儿"之语仍然是基于兄弟服制亲情争财这一基础,道出长妇争子本质在于争家财。争家产闹至此而获罪,而不是单单争儿的证据定罪。此案中,服制亲情既是获证的依据,也是定罪的依据,极具儒家智慧。

另据正史记载,宣帝时,韩延寿和黄霸相继在颍川为官,对于此地好

---

① 《汉书》卷76《韩延寿传》,第3212页。
② (晋)和凝撰,杨奉琨校:《疑狱集·折狱龟鉴校释》,第312页。

争讼及析产分家的习惯，二人坚持教化，终见成效。史载："颍川好争讼分异，黄、韩化以笃厚。"①

案例六：西汉末，樊重"外孙何氏兄弟争财，重耻之，以田二顷解其忿讼。县中称美，推为三老"。②

这是西汉末发生在南阳唐河民间的一个典型案例。樊重是光武帝的外公，史载他还是个孝子。此案中的何氏兄弟乃光武帝姨家表兄弟，樊重对外孙何氏兄弟争财感到耻辱，以己之田消解兄弟的忿讼，县中称美，何氏兄弟肯定被教化醒悟。此案并没有单纯依据律令查清事实，而是以田相赠外孙，希望争财兄弟无因财产纠纷撕裂亲情，其结果不仅使争财兄不再"忿讼"，还感化了县中父老，被传为美名，为家家户户效仿。

案例七：钟离意为会稽北部督邮。有乌程男子孙常，与弟并分居，各得田十顷。并死，岁饥，常稍稍以米粟给并妻子，辄追计直作券，没取其田。并儿长大讼常。掾史议，皆曰："孙并儿遭饿，赖常升合以长成人，而更争讼，非顺逊也。"意独曰："常身为父遗，当抚孤弱，是人道正义；而稍以升合，券取其田，怀挟奸诡，贪利忘义。并妻子虽以田与常，困迫之至，非私家也。"请夺常田，畀并妻子。众议为允。③

此案具体时间不详，大约在光武帝后期。钟离意以服制关系断案，作为伯父的孙常，有义务扶助弟媳及侄子。然从史料"以米粟给并妻子，辄追计直作券"看，也只是高利贷借给弟媳米粟而已。其以扶助为名，夺取亲弟留下的田产为实际目的。实为违背服制人伦，不合人道。此案虽未见到制罪，但古代民事与刑事案件多有不分，案中钟离意断案，除了查清事实，更重要的还是以亲情服制谴责孙常，贪利而忘亲情道义，并夺其霸占弟弟的田地给予弟媳和侄子。

案例八：和帝时，许荆迁桂阳太守。"郡滨南州，风俗脆薄，不

---

① 《汉书》卷28《地理志》，第1654页。
② 《后汉书》卷32《樊宏传》，第1119页。
③ （唐）杜佑撰：《通典》卷168《刑法·决断》，第4347页。

识学义。荆为设丧纪婚姻制度，使知礼禁。尝行春到耒阳县，人有蒋均者，兄弟争财，互相言讼。荆对之叹曰："'吾荷国重任，而教化不行，咎在太守。'乃顾使吏上书陈状，乞诣廷尉。均兄弟感悔，各求受罪"。①

此案发生在东汉和帝时，太守许荆出巡耒阳县，遇蒋均兄弟争财诉讼。许荆并没有展开孰是孰非的证据调查，只是目睹兄弟阋墙，深感痛惜。分析斟酌之后，太守许荆感到不能用冰冷的律令撕裂亲情服制关系，要通过教化的方式，使蒋家兄弟悔过自新，重新和好。于是上书自责，终使蒋家兄弟悔悟，并各自自愿接受责罚。

案例九：汝南缪肜，"少孤，兄弟四人，皆同财业。及各娶妻，诸妇遂求分异，又数有斗争之言。肜深怀愤叹，乃掩户自挝曰：'缪肜，汝修身谨行，学圣人之法，将以齐整风俗，奈何不能正其家乎！'弟及诸妇闻之，悉叩头谢罪，遂更为敦睦之行"。②

本案是缪肜为官前的家事，事发在东汉和帝时。案件虽未经官吏司法裁判或训诫教化，但妯娌们求分家产，又"数有斗争之言"，足见家庭纠纷确实不小。作为"学圣人之法"的缪肜惭愧不能正其家，乃闭门思过，修书自责。最终感悟诸弟及妯娌们，皆叩头谢罪。他秉持了儒家孝道，坚守了修身、齐家、治国的训诫。③

案例十：光和六年（公元 183 年），九月己酉朔，监临湘李永、例督盗贼殷何叩头死罪敢言之。中部督邮掾治所檄曰：民大男李建自言大男精张、精昔等。母姃有田十三石，前置三岁，田税禾当为百二下石。持丧葬皇宗事以，张、昔今强夺取田八石；比晓，张、昔不还田。

---

① 《后汉书》卷76《循吏列传·许荆》，第2472页。
② 《后汉书》卷81《独行列传·缪肜》，第2685—2686页。
③ 缪肜一生以儒家经义独行，不结权贵，虽官爵不高，然孝贤能集一身。为县主簿时，县令遭罪，县吏皆畏惧自诬，而肜独据证其事，掠考苦毒，至乃体生虫蛆，官司换五狱，历经四年，县令最终得清白。为陇西决曹史时，太守卒官，肜送丧还陇西。还没安葬，就遇到西羌反叛，太守妻子悉避乱它郡，肜潜穿井旁以为窟室，昼则隐窜，夜则负土，为太守起坟冢，及贼平到坟已立。肜其妻子以为他已死，还见大惊。

## 第四章 服制在汉魏处置亲属相犯中的司法功能 155

民自言,辞如牒。张、昔何缘强夺建田?檄到,监部吏役摄张、昔,实核田所,畀付弹处罪法。明附证验正处言。何叩头死罪死罪。奉按檄辄径到仇重亭部,考问张、昔,讯建父升,辞皆曰:升罗,张、昔县民。前不处年中,升娉[娉]取张同产兄宗女妣为妻,产女替,替弟建,建弟颜,颜女弟条。昔则张弟男。宗病物故,丧尸在堂。后妣复物故。宗无男,有余财,田八石种。替、建皆尚幼小。张、升、昔供丧葬宗讫,升还罗,张、昔自垦食宗田。首核张为宗弟,建为妣敌男,张、建自俱为口分田。以上广二石种与张,下六石悉畀还建。张、昔今年所畀建田六石,当分税张、建、昔等。自相和从,无复证调,尽力实核。辞有后情,续解复言。何诚惶诚恐,叩头死罪死罪敢言之。监临湘李永、例督盗贼殷何言实核大男李建与精张净田自相和从书。诣在所九月其廿六日若①

该案例的简牍大意是:湘县人精宗,只有一女名妣,精宗的生养死葬有女婿罗县人李升、精宗的二弟精张、精宗三弟的儿子精昔负责。精宗死后,有八石田产被其二弟精张和三弟的儿子精昔占有耕种,三年后李升家连续催要,二人不还土地,于是李升儿子李建代表李家提起诉讼。诉讼结果是达成和解,精张分得精宗遗产土地二石,其余六石遗产土地由原告方追回继承。前几年精张、精昔耕种精宗土地不再给李建一方退粮,当年的耕种收获有精张、精昔、李建三方均分。

该案如果单从事实和法律断案,精宗的八石遗产土地当由其女儿精妣继承,而案中精妣在父精宗死后也"物故",即病故。那么,这笔土地遗产当由原告方精妣的儿女继承(李建作为嫡长子代表精妣儿女起诉)。但是诉讼结果是在官方主持下达成和解,即简牍所言,"大男李建与精张净田自相和从"。简牍中的判调结果"广二石种与张,下六石悉畀还建",这里精张与李建所得土地,应该是指被告方和原告方而言,绝对不是指两个人而言。事实清楚,为何又做出如此判调?这当然与亲情服制有关。这里以土地遗产主人翁精宗为"本人",将案中人物关系梳理如图 4-1。

---

① 王素:《长沙东牌楼东汉简牍选释》,《文物》2005 年第 12 期。

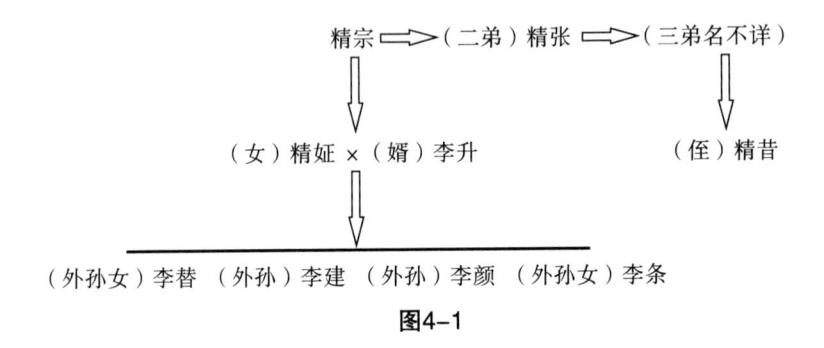

```
精宗 ⟹ （二弟）精张 ⟹ （三弟名不详）
  ⇓                           ⇓
（女）精娅 × （婿）李升        （侄）精昔
          ⇓
（外孙女）李替  （外孙）李建  （外孙）李颜  （外孙女）李条
```

图4-1

依出土简牍文献记载，精张、精昔作为精宗的宗亲，又尽了协助李升生养死葬精宗的义务，耕种几年精宗土地，不再追退收获，这是理之所在，最终分有精宗遗产土地二石，按照服叙关系中蕴含的权利义务内容，也是理之所允。如此，虽为一场旷日持久的财产争夺纠纷，但最终案结人和，服制亲情没有被撕裂。

## 第三节 服制在规制亲属严重违礼中的司法应用

亲属之间的严重违礼可能导致家庭或家族矛盾冲突，甚至基层社会生活失序，因此，亲情之间尊卑有序是自上古时期华夏民族就强调的，西周制礼取得了阶段性成就，并以血缘之礼推及社会和国家，形成了礼治政治。汉魏推行孝治，更加注重服制之礼对维护亲属之间有序的功能，在亲属相奸和服丧违礼这两个方面尤为重视，并以刑制严格规制。

### 一 对亲属奸的司法处置

亲属相奸属于对家庭、家族以及其他近亲女性性侵犯的一种行为。这种行为不仅侵害了具有服叙关系的女性，同时也侵害了其他近亲属，破坏了亲情关系，甚至导致矛盾冲突。自人类进入文明时代后，这种行为就成为大忌，犯此大忌者称为淫乱。因此，先王制礼乐以正人伦，《礼记·乐记》云："礼者，所以缀淫也。是故先王有大事，必有礼以哀之。有大福，必有礼以乐之。""故先王节其礼乐以防淫乱也。"[1] 同宗及亲属之间的淫乱属于亲属相犯之乱。

---

[1] 《礼记正义》卷39《乐记》，孔颖达疏引正义曰，第1103页。

## 第四章 服制在汉魏处置亲属相犯中的司法功能

汉魏对亲属间违背男女人伦的淫乱行为称之为禽兽行，也根据相淫乱者辈分相同或不同，将这种亲属间的淫乱行为称之为"同产奸""复""报""通"等。[①] 汉魏对这种淫乱行为有明确的立法进行规制。《汉书·刑法志》称汉代"伤人与盗，吏受赇枉法，男女淫乱，皆复古刑，为三千章"。三千不一定是实际数字，或许表示很多之意，但是从中可知关于男女淫乱之法是其中的主要内容，此当无疑。只是今考该方面律条不多。就亲属相奸的立法而言，汉初倒是十分明确，《二年律令》第一九一简和第一九五简的规定包括三点。第一，关于同产相奸之规定。"同产相与奸，若取（娶）以为妻，及所取（娶）皆弃市。"这不仅是对同产淫乱的禁忌，更是对人类曾经经历过的同辈相婚"血婚制"的禁忌。[②] 第二，关于奸同族期亲之妻妾规定。"复兄弟、孝（季）父柏（伯）父之妻、御婢，皆黥为城旦舂。"第三，关于奸同族"大功"亲妻妾之规定。"复男弟兄子、孝（季）父柏（伯）父子之妻、御婢，皆完为城旦舂。"[③]

考诸史料，汉魏在司法实践中确实记载了许多严厉惩治违背人伦的亲属奸行为。在此将之分为王室或诸侯亲属奸和普通官吏及民间亲属奸两类。

（一）对王侯亲属奸的司法处置

汉魏正史对于王室或诸侯违背人伦与亲属淫乱的记载颇为详尽，不乏此方面的案例史料。因为案例或事例较多，不宜一一详细列出并分析，在此以清单方式展现，进行归纳分析（见表4-3）。

---

① 汉代奸长辈称之为复或报，《张家山汉墓竹简》的《二年律令·杂律》以及《春秋左传·宣公三年》均有记载。

② 摩尔根认为人类最早的婚姻形态为"血婚制"，是由嫡亲的和旁系的兄弟姊妹集体相互婚配而建立的家族婚姻形态。第二个婚姻形态为"伙婚制"，是由若干嫡亲的和旁亲的姊妹集体地同彼此的丈夫婚配而建立的家族婚姻形态。"伙婚制"中仍然具有兄妹相婚的现象。只是到了第三个婚姻形态——"偶婚制"时期，才禁止了兄妹婚姻现象。参见［美］刘易斯·亨利·摩尔根《古代社会》，杨东莼等译，商务印书馆1997年版，第382—384页。

③ 《张家山汉墓竹简》，第34页。依《仪礼·丧服》，"男弟兄子"即"侄子"当为"期亲"，然立法将之与"大功"亲的情形并列，而且处罚相同，似乎是将之以大功亲对待。秦焚书坑儒使得民间经书罕见，又经阿房宫之火，秦宫廷所存经书可能成为灰烬。所以，汉初虽然注重孝道和服丧之制，但是确实没有正式丧服典章。而且，在民间，人们还生活在战国至秦的生活习惯中，兄弟尚且另立门户，侄子就显得更为疏远了。可能基于此，人们实质上将侄子以"大功"亲看待。从龚瑞《五服图解》的"鸡笼图"和马王堆汉墓出土的"丧服图"看，官方确实将侄子列为期亲，不过，侄孙就是"小功"亲。而且从后来见到的经书解释看，将侄子列入期亲只是属于旁亲的报服而已。由这三方面不难看出汉初立法者很可能是将侄子列为"大功"亲而对待。

表4-3

| 序号 | 时间 | 犯者 | 犯事 | 处理 | 史料来源 |
|---|---|---|---|---|---|
| 1 | 元朔前后 | 燕王定国 | 奸父康王姬，生子一人。夺弟妻为姬。与子女三人奸。 | 当诛。自杀。 | 《史记·荆燕世家》 |
| 2 | 武帝时 | 齐厉王 | 与其姊翁主奸。 | 事浸淫不得闻于天子。 | 《史记·齐悼惠王世家》 |
| 3 | 元狩元年 | 衡山王子孝 | 坐与父王御婢奸。 | 弃市。 | 《史记·淮南衡山列传》 |
| 4 | 元狩三年 | 东平侯庆 | 与姊奸。 | 下狱瘐死。 | 《汉书·王子侯表》 |
| 5 | 元鼎元年 | 隆虑侯蟜 | 未除服，奸，禽兽行。 | 当死，自杀，国除。 | 《史记·惠景间侯者表》 |
| 6 | 元鼎二年 | 汝阴侯颇 | 与父御婢奸。 | 自杀，国除。 | 《史记·樊郦滕灌列传》 |
| 7 | 元鼎二年 | 平阳侯宗 | 与中人奸。 | 入财赎完为城旦。 | 《汉书·高惠高后文功臣表》 |
| 8 | 武帝时 | 广川惠王齐 | 与同产奸。（另有诬罔罪） | 未发，病薨。除国。 | 《汉书·景十三王传》 |
| 9 | 武帝时 | 赵敬肃王太子丹 | 与其女弟及同产姊奸。 | 治罪至死。后赦，废太子。 | 《汉书·景十三王传》 |
| 10 | 武帝时 | 江都易王子建 | 父未葬，奸父美人淖姬。尽与其姊弟奸。 | 自杀。国除。 | 《史记·五宗世家》 |
| 11 | 武帝时 | 济北王宽 | 与父式王后光、姬孝儿奸。 | 自到死。国除。 | 《汉书·齐北王传》 |
| 12 | 五凤二年 | 安城侯寿光 | 与姊乱。 | 下狱瘐死。 | 《汉书·建元以来王子侯者年表》 |
| 13 | 宣帝初 | 南利侯宝 | 与父胥姬左修奸。 | 系狱，弃市。 | 《汉书·武五子传》 |
| 14 | 昭帝崩 | 昌邑王贺 | 与孝昭皇帝宫人蒙淫乱 | 废太子。 | 《汉书·霍光传》 |
| 15 | 地节四年 | 清河王年 | 与同产妹奸。 | 坐废为庶人，迁房陵。 | 《汉书·文三王传》 |
| 16 | 元康四年 | 乘丘侯外人 | 为子时与后母乱。 | 免。 | 《汉书·王子侯表》 |

第四章 服制在汉魏处置亲属相犯中的司法功能　159

续表

| 序号 | 时间 | 犯者 | 犯事 | 处理 | 史料来源 |
|---|---|---|---|---|---|
| 17 | 五凤中 | 菑川思王终古 | 禽兽行 | 有诏削四县。 | 《汉书·高五王传》 |
| 18 | 昭帝时 | 桑乐侯上官安 | 与后母及父诸良人、侍御皆乱。 | 灭族。 | 《汉书外戚传》 |
| 19 | 甘露四年 | 广川王海阳 | 禽兽行 | 废迁房陵。 | 《资治通鉴·汉纪》 |
| 20 | 宣帝时 | 梁王立 | 与姑园子奸。 | 年少，相隐寝而不治。 | 《汉书·文三王传》 |
| 21 | 成帝时 | 乐昌侯王商 | 与父傅通，及女弟淫乱。 | 成帝赦商罪。 | 《汉书·王商传》 |
| 22 | 成帝时 | 河间嗣王元 | 取故广陵厉王、厉王太子及中山怀王故姬廉等为姬。 | 有诏削二县，万一千户。 | 《汉书·景十三王传》 |
| 23 | 建始四年 | 博成侯张章子建 | 坐尚阳邑公主与婢奸主旁。 | 免。 | 《汉书·景武昭宣元成功臣表》 |
| 24 | 鸿嘉三年 | 成陵侯德 | 坐弟与后母乱，知不举。 | 下狱瘐死。 | 《汉书·王子侯表》 |
| 25 | 成帝时 | 薛况 | 与后母敬武长公主私乱。 | 枭首于市。 | 《汉书·薛宣传》 |
| 26 | 新莽时 | 莽子临 | 莽幸妻旁侍者原碧，莽子临亦通焉。 | 废太子 | 《汉书·王莽传》 |
| 27 | 明帝时 | 东海恭王子政 | 私取简王姬徐妃，又盗迎掖庭出女。 | 有诏削薛县。 | 《后汉书·光武十王列传·东海恭王彊》 |
| 28 | 永元七年 | 乐成靖王党 | 取故中山简王傅婢李羽生为小妻① | 和帝诏削东光、鄡二县。 | 《后汉书·孝明八王列传·乐成靖王党》 |

表中 28 则司法史料并非详尽汉魏宫廷王侯亲属相奸情况，但是足以说明汉魏上层社会亲属相奸的情况，以及统治者对待亲属相奸的惩治情况。从表中可以看出，28 个案例中，后汉只占 2 个，曹魏上层没有。由此基本反映出，经过武帝之后近一个半世纪的引导、教化以及惩治，服制经义逐

---

① 中山简王为乐成靖王党父孝明王之昆弟。

步深入到人们生活之中，社会风俗有了很大改变，社会也更加文明进步了。

上述案例中发生亲属淫乱的情况主要有两类：一类是与父或长辈的御婢、侍御、姬、傅婢相奸，甚或与后母相奸，此类型共有15例，占所列实例的53.6%；另一类是与女弟或同产相奸。此类案件共涉及7列，占所列实例的25%。涉及奸子女的1例，奸弟妻1例，奸姑1例，另有1例奸后宫中人。

上述亲属相奸案中，为何奸父之御婢、姬，或奸后母之案比例最高呢？首先，从这些实例发生的家庭背景看，都来自于王侯权贵家庭，这些家庭奢靡甚至腐烂的生活为滋生淫乱提供了温床。王侯们自己贪婪成性，缺乏服制人伦观念，要么自己带头淫乱，成为子女们淫乱的效仿对象；要么，姬妾成群，家庭矛盾错综复杂，为其子淫乱提供了先决条件。其次，这些御婢、姬或后母们可能与诸侯王的子女们年龄接近，本是同龄之人，奈何又成了自己同龄人的长辈？《礼记·祭义》曰："有虞氏贵德而尚齿，夏后氏贵爵而尚齿，殷人贵富而尚齿，周人贵亲而尚齿。"《礼记·文王世子》又曰："古者谓年龄，齿亦龄也。"人以年齿相次列。有德、有爵、富禄及亲者尚且以年龄排次，而那些御婢、侍御、姬、傅婢们只是依附于王侯们的玩物，又如此年轻，在王侯的子女们看来他们本不属尊齿之辈，视他们为玩物也就有了多种理由，因此，在汉初丧服典章不备的社会背景下，即便西汉中期以后开始自上而下地推行服制，这些御婢、姬们还很难在观念上被真正认可为尊长。

王侯之家纨绔子弟与异母姊妹乃至同产姊妹相奸情况相对较少，而且背景复杂，不能一概而论。史料4、史料8和史料12记载比较简单，无法展开具体分析。史料2中，齐厉王与其姊翁主奸，完全是其母纪太后恐外戚干政故意安排所致。① 史料9、史料10、史料15、史料21中，奸者皆奸女亲属甚众，禽兽不如，应当是奢靡生活环境熏染所致。

对于这些案例的司法惩处是一个探索重点。这28个史料性案例的处罚中，不同程度夹杂有政治因素，或者出于政治上忍隐而宽大处理，或出于政治上的需要而严厉处罚。但是我们将努力寻觅汉魏对违背服制关系的亲属相奸处罚情况。

首先是史料5中提到隆虑侯蟜"坐母长公主薨未除服，奸，禽兽行，

---

① 太后欲其家重宠，令其长女纪翁主入王宫，正其后宫，毋令得近王，欲令爱纪氏女。王因与其姊翁主奸。《史记》卷52《齐悼惠王世家》，第2007页。

第四章　服制在汉魏处置亲属相犯中的司法功能　161

当死，自杀，国除"。① "禽兽行"是处理本案的关键点之一。司马光曰："汉法，内乱者为禽兽行。"② 由此可知蟜之禽兽行是对具有服制亲情者强奸或和奸，这显然违背了服制之礼。③

不过前述《二年律令》第一九一简和第一九五简规定得很明确，与同产奸，弃市，奸叔父伯父之妻、御婢黥为城旦舂。既然奸叔伯父御婢与奸叔伯之妻同样处理，看来奸父之御婢、姬，及奸后母就类似奸母，处罚可能就更重。史料1中，诏下公卿，皆议曰："定国禽兽行，乱人伦，逆天，当诛。"④ 史料3中，"坐与王御婢奸，弃市"；⑤ 史料20中，"因发淫乱事，奏立禽兽行，请诛"。⑥ 这些奸父之御婢，奸姑，奸亲生女都明确了当诛之罪。史料4中，"坐与姊奸，下狱瘐死"；⑦ 史料6中，"坐与父御婢奸罪，自杀"；⑧ 史料10中，"王服所犯，遂自杀"；⑨ 史料11中"王以刃自刭死"。⑩ 这些奸姊或奸父之御婢的淫乱行为，只是由于儒家将污秽淫乱称为"帷薄不修"，由此导致犯者自杀。⑪ 虽然史料没有说明"当诛"，但是从自杀或瘐死情况看，其行为"当诛"。

当然就上述亲属相奸的处理结果看，同样是奸姊、奸父之御婢、奸后母，也有没有处以死刑的情况。史料9中，由于王太子丹父彭祖上书冤讼丹，且愿从国中勇敢击匈奴，赎丹罪，上虽不许，但本为"治罪至死""久之，竟赦出"。⑫ 史料14中，昌邑王有着特殊的背景，只是废了太子，若处死刑，就当时情况看，可能无法向天下人交代。史料15中，《汉书·诸侯王表》曰："清河王年坐与同产妹奸。"然《汉书·文三王传》又云："相

---

① 《史记》卷19《惠景闲侯者年表》，第1022页。
② （北宋）司马光著，（元）胡三省注译：《资治通鉴》卷32《汉纪二十四》，胡三省注，中华书局1956年版，第748页。
③ 本案于武帝元鼎元年（公元前116年）做出处理，对蟜处罚的结论中还有"未除服"这个关键词，蟜不仅有禽兽行，其母亲期不有奸的行为。见表4-4的分析。
④ 《史记》卷51《荆燕世家》，第1997页。
⑤ 《史记》卷118《衡山王传》，第3097页。
⑥ 《汉书》卷47《文三王传》，第2216页。
⑦ 《汉书》卷15《王子侯表上》，第461页。
⑧ 《史记》卷95《夏侯胜传》，第2667页。
⑨ 《史记》卷59《五宗世家》，第2096页。
⑩ 《汉书》卷44《齐北王传》，第2157页。
⑪ 汉初贾谊在上疏中劝文帝养臣下有节，上纳其言。是后大臣有罪皆自杀，不受刑。
⑫ 《汉书》卷53《景十三王传》，第2421页。

闻知，禁止则，令不得入宫。年使从季父往来送迎则。"看来，年与同产妹的淫乱并未告白于天下，故而最终处罚为坐废为庶人，徙房陵，而非死刑。史料16只是追究乘丘侯外人为子时的淫乱行为，处死刑当然不合适。史料17只是青州刺史所奏，菑川思王终古之淫乱行为并未得到确认，宣帝出于忍隐，以削四县处罚进行诫勉。同样，史料21中，也是下官所告，证据确凿，但成帝诏书中还是仍提及其"女弟内行不修"。[1] 史料27中，东海恭王疆之子政"私取简王姬徐妃"，即私娶其叔父中山简王焉的姬徐妃。同时还淫乱后宫女。所以，"豫州刺史、鲁相奏请诛政"。[2] 最后明帝而下诏削县惩戒。根据第二章表2-6所考《张家山汉墓竹简》的《二年律令·杂律》和一九五简内容看：刘政私奸其叔刘疆的徐妃属于律条"复季文御婢"，当"完为城旦舂"。此处王室以削县代惩，大概是"为亲者讳。"史料28中，国相所奏亦为查证，和帝同样以削地惩戒。史料20中，立的禽兽行当诛，但是，太中大夫谷永上疏："《春秋》为亲者讳。"当为"宗室刷污乱之耻，甚得治亲之谊"。[3] 宣帝由是忍隐不治。

虽然这些案件的处理各有特殊情况，但是减轻处罚的主要理由还是基于"为亲者讳"。不过从史料所载案件的处理看，无论基于何种理由，这种奸淫亲属的行为，哪怕只是有人奏告，朝廷也是不会置之不理。

（二）对基层社会亲属奸的司法处置

汉魏一般官吏及平民亲属奸情况史载很少，考诸史料及出土文献，汉魏时期只有两例亲属奸事例。

> 案例一：西汉元帝初元中，美阳女子告假子，曰："儿常以我为妻，妒笞我。"尊闻之，遣吏收捕验问，辞服。尊曰："律无妻母之法，圣人所不忍书，此经所谓造狱者也。"尊于是出坐廷上，取不孝子县磔着树，使骑吏五人张弓射杀之，吏民惊骇。[4]

> 案例二：曹魏初，"县民郭政通于从妹，杀其夫程他，郡吏冯谅系狱为证。政与妹皆耐掠隐抵，谅不胜痛，自诬，当反其罪。（胡）质至官，察其情色，更详其事，检验具服"。[5]

---

[1]《汉书》卷82《王商传》，第3374页。
[2]《后汉书》卷42《光武十王列传·东海恭王疆》，第1425页。
[3]《汉书》卷47《文三王传》，第2216—2217页。
[4]《汉书》卷76《王尊传》，第3227页。
[5]《三国志》卷27《魏书·胡质传》，第741页。

案例一是一则民间不孝子欲奸母案。从该案王尊所言"律无妻母之法"看，经过武帝及昭宣二帝，儒家的服制之礼已经深入到民间，民间确实很难见到妻后母或尊长之妻的情况。前述《张家山汉墓竹简》的《二年律令》中所规定的奸叔伯母之规定很可能在民间已经成为一纸多余的法律，甚至地方官吏对此也陌生，不然作为美阳县令何以说出"律无妻母之法"？另一方面，民间也无滋生对尊长女性禽兽行的温床。故而妻母之事两汉普通官吏及民间罕见。

案例二发生在曹魏初期，依照曹魏承袭汉代的法律，郭政应当弃市。然而由于通奸者连手抵赖，导致郡吏冯谅被屈打成招，承认自己是诬告郭政，后胡质到任，才"检验具服"。至于如何处置郭政，史料没有明确告诉，但是既然通奸者认罪，想必依律惩处。

作为平辈之亲属违背服制关系，发生不正当性关系的情况在民间可能存在，只是史料没有记载，但是这并不能否定对亲属奸的论罪问题。汉宣帝时，黄霸为丞相，燕代之间有民间三男共娶一女，且生二子。后三男欲分居而争子，发生了诉讼。黄霸曰："非同人类，当以禽兽行处之，遂戮其三男，二子还女。"① 虽不知三男是否为昆弟，但能在一起生活当似兄弟，兄弟共娶一女，至少为儒家人伦之不齿。此外，即使在汉初，陈平尚因居家时盗其嫂，才事魏不容，亡归楚。文帝时，南阳直不疑被诬"状貌甚美，然特毋奈其善盗嫂何也"，不疑闻，辩曰："我乃无兄。"② 却终不能解释清楚。这些事例都说明无论在上层社会还是民间社会，对那些有风闻盗嫂者，即使未有明证，也不齿其人格。相反，对那些事嫂如母者，则倍加旌表。东平人郑均多次被举，却称病不仕，然劝兄为官廉洁，失兄后又养寡嫂孤儿，被史家赞为"恩礼敦至"。③ 京兆长陵第五访，少虽孤贫却"常佣耕以养兄嫂"。④ 访为张掖太守，岁余，官民并丰，界无奸盗。他们都是普通官吏和民间的楷模。

## 二 对服丧违礼的司法处置

服丧违礼多指为尊亲服丧期间违背丧礼的行为，包括不按礼制服丧、服丧期间作乐、淫逸等行为。如果说限制亲属连坐、利用亲情服叙关系规制不孝及亲属相害，仅是将服制之礼运用到汉魏的司法实践中，或是帮助

---

① （晋）和凝撰、杨奉琨校：《疑狱集·折狱龟鉴校释》，第 15 页。
② 《史记》卷 103《万石传》，第 2771 页。
③ 《后汉书》卷 27《郑钧传》，第 946 页。
④ 《后汉书》卷 76《循吏列传·第五访》，第 2475 页。

提供查清事实的线索，或是引导亲情之间自愿默认事实，进而影响案件定罪量刑或和解；那么，服丧违礼则完全是基于丧服礼制来明辨案件事实，并以服叙等级进行定罪量刑，属于纯粹的服制制罪。唐律有7条纯粹的服丧律令，主要涉及"匿父母与夫等丧""冒哀求仕""居父母丧生子""居父母丧嫁娶""居父母丧主婚""夫丧强嫁""诈言余丧不解官"。这些规定多是根据先秦丧礼发展而来，一些内容在汉魏司法中存在并逐步完善。丁凌华指出："守丧制度作为强制性规范始于汉武帝，但整个两汉时期的禁约对象限制在王室诸侯范围内。"[①] 他还列举了处罚的具体行为，包括守丧期内奸淫、婚娶、饮酒食肉、歌舞作乐等。

先秦服制已经规定了为父母服丧期间居住、饮食及哭泣之礼，故名为《礼记·间传》。《间传》载："斩衰三日不食，齐衰二日不食。""父母之丧，既殡食粥，朝一溢米，莫一溢米；齐衰之丧，疏食水饮，不食菜果。""父母之丧，居倚庐，寝苫枕块，不说绖带。齐衰之丧，居垩室，芐翦不纳。""父母之丧，既虞、卒哭，柱楣翦屏，芐翦不纳。期而小祥，居垩室，寝有席。又期而大祥，居复寝。"[②] 期间，服丧者更是貌"若苴"或"若枲"，甚至整个服丧期间都不能谈及音乐。此外杂记诸侯及士之丧事的《礼记·杂记》又曰："父有服，宫中子不与于乐。母有服，声闻焉，不举乐。"[③] 到了战国时代，服丧之礼更加严谨，比如，食粥已从春秋的既殡之前扩展到整个三年丧期。"三年之丧，斋疏之服，飦粥之食，自天子达于庶人，三代共之。"[④] 春秋至战国时期的服丧礼制已经为汉代服丧违礼治罪奠定了礼制基础。

其实，从汉魏史料记载看，汉景帝初已经开始对服丧违礼进行处罚。景帝二年，楚元王戊"为薄太后服私奸，削东海、薛郡"。[⑤] 不过，汉武帝时期居丧违礼处罚的史料记载确实很集中，说明这一时期将居丧违礼作为犯罪处罚已经确定化。本部分进行详细考察。

（一）对王侯服丧违礼的司法处置

考察王室或诸侯服丧违礼首先要弄清他们服丧的期限问题。在第一章中已经考察了春秋时期"三年丧制"实际已经得到普遍推行，但是，景帝

---

① 丁凌华：《五服制度与传统法律文化》，第241页。
② 《礼记正义》卷37《间传》，第1549页。
③ 《礼记正义》卷43《杂记下》，第1215页。
④ 《孟子注疏》卷5《滕文公章句上》，第130页。
⑤ 《汉书》卷36《楚元王传》，第1924页。

丧制改革推行短丧，使得短丧首先在王室及诸侯上层实施。以至于沈文悼先生进行专门考证后认为，西汉"皇帝、诸侯王、列侯、公卿是不实行三年之丧"，而"公卿以下的中下级官吏以至民间是实行三年之丧"。[①] 不过，东汉时期三年服丧也逐步在上层社会推广开来，前考元初三年安帝还下诏"大臣得行三年丧"。服丧违礼，尤其禁止在为尊亲服丧的斩衰期或齐衰期违背丧礼的行为。丁凌华先生的汉代对居丧违礼禁约对象限制在王室诸侯范围观点，可能是从正史记载王室诸侯违背丧礼处罚情况得出的结论。从能够搜集到的数据看，汉魏王室诸侯违背丧礼占整个服丧违礼情况的比重很大。现将考证情况进行汇总如表4-4。

表4-4

| 序号 | 时间 | 犯者 | 犯事 | 处理 | 史料出处 |
|---|---|---|---|---|---|
| 1 | 景帝二年 | 楚元王刘戊 | 为薄太后服私奸。 | 削东海、薛郡 | 《汉书·楚元王传》 |
| 2 | 孝景后二年 | 武原侯卫不害 | 坐葬过律。 | 免 | 《汉书·高惠高后文功臣表》 |
| 3 | 元光年间 | 隆虑侯融 | 坐母丧未除服奸。 | 自杀 | 《汉书·高惠高后文功臣表》 |
| 4 | 建元五年 | 北平侯预 | 坐临诸侯丧后，不敬。 | 国除 | 《史记·高祖功臣侯者年表》 |
| 5 | 建元六年 | 武强侯严青翟 | 坐窦太后丧不办。 | 免 | 《汉书·百官公卿表》 |
| 6 | 元朔中 | 任王后 | 李太后薨，任王后不持丧。 | 枭首于市 | 《史记·梁孝王世家》 |
| 7 | 元朔中 | 江都易[②]王子建 | 易王非死而未葬，建有所说易王宠美人淖姬，夜使人迎与奸服舍中。 | 自杀 | 《史记·五宗世家》 |

---

① 沈文悼：《汉简〈服传〉考（上）》，《文史》第24辑，第88—89页。沈文悼还以薛宣兄弟服丧不同及河间惠王之服丧为例进行说明，他指出："薛宣之弟薛修是临菑令，是'去官持服'的。河间惠王良是从上郡库令被选来继立为诸侯王，脱离民间不久，他坚持三年丧是有历史原因的。"

② 表4-3与该表均出现江都易王子建事，前表旨在说明其"与其姊弟奸"，此表说明其服丧奸。尽管其自杀，但处理结果为"国除"。史书并未对两种行为处理结果分开论述，故两事均列表。

续表

| 序号 | 时间 | 犯者 | 犯事 | 处理 | 史料出处 |
|---|---|---|---|---|---|
| 8 | 元朔中 | 常山宪王舜太子勃 | 宪王舜薨，六日出舍，太子勃私奸，饮酒，博戏，击筑，与女子载驰。 | 徙王勃以家属处房陵 | 《史记·五宗世家》 |
| 9 | 元鼎元年 | 隆虑侯[①]蟜 | 未除服，奸，禽兽行。 | 当死，自杀，国除。 | 《史记·惠景闲侯者年表》 |
| 10 | 元鼎元年 | 堂邑侯须 | 侯须坐母长公主卒，未除服奸。 | 当死，自杀，国除。 | 《史记·高祖功臣侯者年表》 |
| 11 | 元鼎三年 | 常山王勃 | 坐（父）宪王丧服奸。 | 废。 | 《汉书·百诸侯王表二》 |
| 12 | 元平元年 | 昌邑王刘贺 | 为昭帝服斩縗，亡悲哀之心，废礼谊，居道上不素食使，从官略女子载衣车，内所居传舍。 | 废天子，诏归贺昌邑。 | 《汉书·霍光传》 |
| 13 | 绥和二年 | 曲阳侯王根 | 成帝崩，山陵未成，聘取故掖庭女乐五官殷严、王飞君等。 | 遣就国。 | 《汉书·元后传》 |
| 14 | 绥和二年 | 成都侯王况 | 成帝崩，聘取故掖庭贵人以为妻。 | 免为庶人归故郡 | 《汉书·元后传》 |
| 15 | 哀帝初 | 高阳侯薛宣 | 不供养行丧服，薄于骨肉。 | 不宜复列封侯在朝 | 《汉书·薛宣传》 |
| 16 | 明帝时 | 揪阳侯 | 坐冢过制。 | 髡削 | 《潜夫论》 |
| 17 | 明帝时 | 中山简王子政 | 政诣中山会葬，私取简王姬徐妃，又盗迎掖庭出女。 | 削薛县 | 《后汉书·光武十王列传·中山简王焉》 |
| 18 | 元初五年 | 赵惠王干 | 居父丧私娉小妻，又白衣出司马门。 | 削中丘县 | 《后汉书·宗室四王三侯·赵孝王良传》 |
| 19 | 建武中元二年 | 山阳王荆 | 武崩，山阳王荆哭不哀，作飞书与东海王，劝使作乱。 | 隐、后徙广陵 | 《后汉书·五行志一》 |

① 表4-3中隆虑侯蟜行为重在"禽兽行"即亲属奸；本表重在"未除服、奸"，即服丧违记。

第四章　服制在汉魏处置亲属相犯中的司法功能　167

续表

| 序号 | 时间 | 犯者 | 犯事 | 处理 | 史料出处 |
| --- | --- | --- | --- | --- | --- |
| 20 | 顺帝时 | 忠侯梁商子冀 | 梁商薨，子梁冀行服，于城西私与美人友通期居。其妻寿……欲上书告其事。 | 大恐，顿首请于寿母，不得已而止。 | 《后汉书·梁冀传》 |
| 21 | 黄武二年 | 石城侯韩综 | 以综有忧，使守武昌，而综淫乱不轨。 | 内惧、叛降被诛 | 《三国志·吴书·韩当传》 |

　　上述史料所载的服丧违礼包括：服丧奸、服丧私娉小妻、服丧不哀、丧不办、丧不敬、丧不素食、不持丧、居丧饮酒、居丧作乐、葬过律等行为。将这些服丧违礼的行为归入亲属相犯范畴，主要基于违背丧礼严重违背了丧服制度，破坏了服叙关系的媒介。当服叙关系主体一方死亡时，生者的事生赡养或扶助义务已终止，但是葬死的义务开始启动。丧葬之礼中隐含着主体需求的媒介，违背丧礼就破坏了主体需求的媒介，比如"不办丧""不持丧"就是最明显的表现。这不仅危害着生者与死者固有的服制关系，而且也潜在危害着生者与其他生者之间存在的服制关系。就整个社会而言，社会管理者（统治者）如果放任服制关系网络的各个局部点遭到破坏，社会就会出现混乱。因此，高层管理者就通过法律规定，将违背丧礼纳入刑事法律惩治范围，预防和禁止服制关系一方因服丧违礼给另一方乃至整个社会造成损害，促使服制关系中生者一方尽其服丧义务，从感情上报答对死者、尤其是亡故尊亲的养育等恩情。

　　史料2和史料16中，武原靖侯卫不害及揪阳侯坐冢过制是否属于服丧违礼呢？这要从两个方面进行分析。冢过制主要是违背法律规定，在丧葬活动中违背礼制、僭越法律规定的厚葬行为。就单独的服制关系而言，僭越法律或葬礼的厚葬行为并不存在对死者造成任何损害，似乎不能将之列入服丧违礼行为。但是，就整个服制关系网络而言，违背法律的厚葬行为会导致过分突出葬死的物质需求，即因埋葬死者过分耗费物资和钱财，从而导致生者物质生活水平大大降低，影响服制关系中事生的物质需求。尤其是厚葬行为导致大量财富被挥霍，无形之中破坏了服制关系中事生需求的本来水平，甚至导致在世的老人因生活水平低下而导致疾病，又因贫穷致使疾病得不到治疗而亡故。宋人王楙在谈及汉代厚葬时感叹道："生不能至爱，敬死以奢侈相高，虽无哀戚之心，而厚葬重币者，则称以为孝，显名立于世，光荣著于俗。"① 由此看来，丧葬过礼确实属于对服制亲情的破坏。1964 年在北京石景山发掘的"东汉幽州书佐秦君墓表"中也证实，当时"迫于制度"而不能厚葬，"盖欲章（彰）明孔子葬母四尺之裔（懿）行上德"。② 看来，冢过制还是儒家服制经义的要求。

第一章中已探讨过先秦服制的功能。先秦时期，违背服制之礼，按照"出礼入刑"的原则，会遭到刑事处罚。然而违背葬礼的情况在当时仅遭到君子的讥讽，尚未遭到严厉刑罚。《左传》昭公九年载，晋大夫荀盈未葬，而平公及太师、近臣饮酒赏乐遭宰夫责怪。此事被记载，或基于晋平公违礼后能知错即改，并且自罚，以昭示后人。至于在丧期内弑君之类虽属违背丧礼范畴，但对此类事情的处罚则主要是基于其他弑君等严重违礼而处罚。到汉代，这种违背丧礼行为自身已经被明确纳入法律或司法实践进行处罚。

从上述史料记载看，西汉对于服丧违礼的处罚明显重于东汉和曹魏。对于斩衰和齐衰服丧中，同样是在父母卒而未葬或服丧期内与异性相奸行为，在西汉可能多处以死刑。史料 6 中，梁平王襄之母李太后薨，任王后不持丧，被处以枭首之刑。③ 史料 3 中，隆虑侯融坐母丧未除服奸，自杀。史料 7 中，江都王建坐父易王非丧未葬奸，自杀。史料 9 中，隆虑侯蟜坐未除服奸，自杀。史料 10 中，堂邑侯须坐母丧未除服奸，自杀。这些史实中，有处以弃市死刑的，也有自杀的。而东汉时期父母丧而子女违背丧礼的行为处罚明显轻于西汉。史料 17 中，中山靖王政父简王卒，政私娶简王姬徐妃，被汉明帝诏令削县。史料 18 中，汉安帝时的赵惠王干居父丧，私娉小妻，被削县处罚。史料 21 中，孙权则"以父故不问"，④ 这些削地处罚相比于西汉时期的弃市死刑明显轻缓。当然，西汉的服丧违礼不是全部处以死刑，从史料 1、2、4、5、8、11、12、13、14 记载看，这些服丧违礼者多被废、免、迁。但是即便是被废王或诸侯，被免侯爵，被迁徙，这些处罚还是要重于东汉时期的服丧违礼处罚。

东汉和曹魏时期服丧违礼处罚轻于西汉，很可能是服制制罪的司法实践趋于成熟，已经有了较为固定的处罚标准。而且，关于服丧违礼的律、令、诏书不断增加，使得相关处罚不仅有了法律依据，而且，先前的成例

---

① （南宋）王楙：《野客丛书》卷 25《汉嫁娶丧葬过制》，上海古籍出版社 1991 年版，第 369 页。
② 陈直：《关于汉幽州书佐秦君石柱题字的补充意见》，《文物》1965 年第 4 期。
③ 参见《史记》卷 58《梁孝王世家》，第 2088 页。
④ 《三国志》卷 55《吴书·韩当传》，第 1286 页。

可以作为故事或比,使得处罚宽缓稳定。

(二)对基层社会服丧违礼的规制

随着儒家经学的不断推广,服制之礼也得到全面推广,对基层普通官吏和民众产生了重大影响。应劭曰:"汉律以不为亲行三年服不得选举。"① 虽然正史记载安帝元初之后才在朝臣中强制推行三年之丧,但是,西汉时期民间举孝廉,很可能就如应劭所讲,对于服丧者而言,不行三年丧,不可能为孝子。《汉书·游侠传》记载,原涉父死,"让还南阳赙送,行丧冢庐三年,繇是显名京师"。② 哀帝建平元年,诏"博士弟子父母死,予宁三年"。③ 陈戍国也认为,虽然西汉丧葬礼仪并非都是定制,但是"大都有制度可言"。④ 既然具有制度依据,这种制度势必随着服制经义逐步融化到人们生活当中。这就是说,从西汉中后期到东汉末年,服丧违礼之处罚必将从"王室诸侯范围内"推及到普通官吏阶层及民间社会。

汉魏服丧已经制度化,尤其是中下级官吏告假服丧以为定制。出土的简牍文献中,反映西汉元帝和成帝时期因服丧而获得"宁"假的简文多次出现。西汉的杨雄当时就认为"孝莫大于宁亲"。对此,师古解释曰:"宁,安也。言大孝之在于尊严祖考,安其神灵。所以得然者,以得四方之外骊心。"⑤《尹湾汉墓简牍·元延二年日记》简册中,十二月十五日记记载:"壬寅宿临沂传舍丧告。"⑥《居延汉简》记载:

永光二年三月壬戌朔己卯甲渠士吏强疆以私印
行候事敢言之候长郑赦父望之不幸死癸已
予赦宁敢言之                                57.1A
令史充(允)⑦                                57.1B
第卅六队长成父不幸死当以月廿二日葬诣官取急四月
乙卯蚤食入⑧                                52.57

---

① 《汉书》卷87《扬雄传下》,颜师古注引应劭曰,第3569页。
② 《汉书》卷92《游侠传·原涉》,第3714页。
③ 《汉书》卷11《哀帝纪》,第336页。
④ 陈戍国:《秦汉礼制研究》,湖南教育出版社1993年版,第154页。
⑤ 《汉书》卷87《扬雄传下》,颜师古注,第3583页。
⑥ 中国文物研究所等编:《尹湾汉墓简牍》,中华书局1997年版,第141页。
⑦ 谢桂华等:《居延汉简释文合校》,第100页。
⑧ 谢桂华等:《居延汉简释文合校》,第92页。

1993年，出土于连云港市尹湾村的西汉晚期墓葬木牍《东海郡下辖长吏不在署、未到官者名籍》中，记载了六名官吏因"宁"不在署名籍一栏情况[①]。

```
郯令华乔十月廿一日母死宁              97—16
襄贲左尉陈褒十一月廿日兄死宁          97—17
□□丞□□□□月廿八日伯兄（？）死宁    98—1
利成丞儿勋八月十九日父死宁            98—2
厚丘左尉陈逢十月十四日子男死宁        98—3
曲阳尉夏筐十月廿五日伯父死宁          98—4
●右六人宁                            98—5
```

针对官吏服丧告假情况不断习惯化和制度化，对于中下级官吏有丧不服情况就会被列入品德不良的行列，甚至加以行政或刑事处罚，这种违背丧礼不服丧而导致的行政或刑事司法处置的情况在西汉晚期已经有正史加以记载，至于接受批评或讽刺，可能就更早。表4-5两个案例均是地方官吏因丧尊亲求官不葬而受到惩罚。

表4-5

| 序号 | 时间 | 犯者 | 犯因 | 处罚 | 资料出处 |
|---|---|---|---|---|---|
| 案例一 | 初元二年（前47年） | 陈汤 | 元帝诏列侯举茂材，（张）勃举汤。汤待迁，父死不奔丧。 | 汤下狱论 | 《汉书·陈汤传》 |
| | | 张勃 | 司隶奏汤无循行，勃选举故不以实，坐削户二百，会薨，因赐谥曰缪侯。 | 坐削户二百，会薨，因赐谥曰缪侯。 | |
| 案例二 | 灵帝时 | 甄邵 | 甄邵谄附梁冀，为邺令。有同岁生得罪于冀，亡奔邵，邵伪纳而阴以告冀，冀即捕杀之。邵当迁为郡守，会母亡，邵且埋尸于马屋，先受封，然后发丧。邵还至洛阳，缳行涂遇之，使卒投车于沟中，笞捶乱下，大署帛于其背曰"谄贵卖友，贪官埋母"。乃具表其状。 | 邵遂废锢终身 | 《后汉书·李固传》 |

---

[①] 转引自廖伯源《简牍与制度——尹湾汉墓简牍官文书考证》，广西师范大学出版社2006年版，第207—208页。

尽管两案时间相隔两百余年，但对于为升迁而不葬父母的事情，两汉均以违背五服丧礼予以处罚。不仅如此，案例一中，举荐陈汤的富平侯张勃也由此遭到处罚，被刑事处罚，被削二百户，恰遇张勃死，又从人格上以赐谥"缪侯"而处罚。由是观之，唐代"冒哀求仕"的律令规定其实在西汉已经以诏令的法律形式而存在，并且在司法实践中被认真执行。单从这一点而言，汉魏服制制罪的成制已经部分在西汉末期确定。

东汉时期，普通官吏服丧违礼记载不见历史记载，不能由此推论没有服丧违礼事情发生。可以肯定的是服丧违礼得到严格处治，具有一定的威慑力，故而违者会更加少。正史记载了东汉末年民间发生的一则服丧违礼遭受处罚的案例。其内容是桓帝时乐安郡有名为赵宣的百姓：

> 葬亲而不闭埏隧，因居其中，行服二十余年，乡邑称孝，州郡数礼请之。郡内以荐蕃，蕃与相见，问及妻子，而宣五子皆服中所生。蕃大怒曰："圣人制礼，贤者俯就，不肖企及。且祭不欲数，以其易黩故也。况乃寝宿冢藏，而孕育其中，诳时惑众，诬污鬼神乎？"遂致其罪。①

从此案发生的时间看与上表案例二的时间相距不远。值得注意的是，该案的处理者与案例一、案例二的犯者同发起于基层，然陈蕃不仅素有大志，而且孝行闻名。蕃初仕郡，举孝廉，除郎中。后遭母忧，便弃官行丧。而案例一中的陈汤则为不失做官机会父卒不奔丧，案例二中的甄邵则索性将母尸埋于马棚，匿死。以孝闻名于州县的陈蕃当然希望结交行孝20余年、孝声闻名于乡邑、州县的赵宣。但是，当查出赵宣服丧违礼、盗名欺世之后，自然是以礼依法治其罪。

如果服丧期间生子就遭到处罚，那么民间服丧期间的和奸当然要遭到处罚。但是汉初情况就未必，当时儒家思想尚未得到广泛传播，虽然服制之礼已经得到人们尊重，服制经义却遭到法家机械法条的挑战，关于服丧违礼是否有罪，即便是官方也莫衷一是，多有争议。《张家山汉墓竹简·奏

---

① 《后汉书》卷66《陈蕃传》，第2159—2160页。

谳书》记载了"杜泸女子丧中奸案"① 即如此。

案例的大致情况是，杜泸女子甲夫丁死，丧棺堂上，未葬，与丁母素夜丧，却与男子和奸于棺后房间。最初廷尉等人比照次于不孝的黥城旦舂罪处罚。但是廷史申繇回来后认为处置不妥，经过律法推理辩论，最后认为黥为城旦舂之判罚过重。从案件推论看，最终杜泸女子甲被免除处罚。

汉魏对于服丧违礼的处罚很可能分类处罚。对于服丧奸的情况处罚要重，而对于在职不服丧的情况，基层官员很可能要受到处罚，而上层官员只是受到批评或遭人讥讽而已。从这一点看，汉代涉及违背丧服之礼的法律确实还在形成之中，没有达到《唐律》的成熟、完备阶段。永平初，新野功曹邓衍貌美，帝赐衣。南阳太守虞延则认为此人虽有美容而无实行，也未尝有礼。后邓衍在职不服父丧，明帝闻之，叹曰："'知人则哲，惟帝难之。'信哉斯言！"衍惭而退，由是以延为明。② 此外，东汉朱穆在《与刘伯宗绝交书》中，对于昔日母丧仍向己求官的刘伯宗进行讽刺："昔我为丰令，足下不遭母忧乎？亲解缞绖，来入丰寺……咄！刘伯宗于仁义道何其薄哉！"③ 这种讥讽早在西汉时期已经存在。灌夫有服，过丞相府。丞相从容曰："吾欲与仲孺过魏其侯，会仲孺有服。"灌夫曰："将军乃肯幸临

---

① 案情为：杜泸女子甲夫公士丁疾死，丧棺在堂上，未葬，与丁母素夜丧，环棺而哭。甲与男子丙偕之棺后内中和奸。明旦，素告甲吏，吏捕得甲，疑甲罪。廷尉穀、正始、监弘、廷史武等卅人议当之，皆曰：律，死置后之次；妻次父母；妻死归宁，与父母同法。以律置后之次人事计之，夫异尊于妻，妻事夫，及服其丧，资当次父母如律。妻之为后次夫父母，夫父母死，未葬，奸丧旁者，当不孝，不孝弃市；不孝之次，当黥为城旦舂；（敖）悍，完之。当之，妻尊夫，当次父母，而甲夫死，不悲哀，与男子和奸丧旁，至次不孝、（敖）悍之律二章。捕者虽弗案校上，甲当完为舂，告杜论甲。今廷史申（繇）使而后来，罚非廷尉当。议曰：当非是。律曰：不孝弃市。有生父而弗食三日，吏且何以论子？廷尉穀等曰：当弃市。有（又）曰：有死父，不祠其家三日，子当何论？廷尉穀等曰：不当论。有（又）曰：有子不听生父教，谁与不听死父教罪重？穀等曰：不听死父教毋罪。有（又）曰：夫生而自嫁，罪谁与夫死而自嫁罪重？廷尉穀等曰：夫生而自嫁，及取（娶）者，皆黥为城旦舂。夫死而妻自嫁，取（娶）者毋罪。有（又）曰：欺生夫，谁与欺死夫罪重？穀等曰：欺死夫毋论。有（又）曰：夫为吏居官，妻居家，日与它男子奸，吏捕之弗得，□之，何论？穀等曰：不当论。曰：廷尉、史议皆以欺死父罪轻于侵欺生父，侵生夫罪重于侵欺死夫，□□□□□□与男子奸于棺丧旁，捕者弗案校上，独完为舂，不亦重（乎）？穀等曰：诚失之。参见《张家山汉墓竹简》，第108页。

② 《后汉书》卷33《虞延传》，第1153页。
③ 《后汉书》卷43《朱晖传》，李贤注引《穆集载论》，第1468页。

况魏其侯，夫安敢以服为解！"① 服丧期间还要拜会丞相，丞相田蚡多为戏言，或讥讽之言，② 灌夫竟为了讨好丞相及魏其侯，而不屑服丧。

综合史料分析，汉魏对待服丧违礼主要集中在"服丧奸""不持丧""葬过律"等问题，对待服丧会客之事可能不会进行追究或论罪。因为汉魏为了边疆军事或朝中大事，对将军或朝廷要员确实有夺情之事，而且东汉初还存在"公卿、二千石、刺史不得行三年丧"的诏令，③ 曹魏时吴国直接提出尽忠不能为孝。这无疑为高级官吏轻微违背丧制找到了开脱之机会。但是中下级官吏及民间就会在宗法、习惯、利益、道德等因素监督中严守丧礼，以至于灵帝时蔡邕在《七事表左》中提到：

> 今虚伪小人，本非骨肉，既无幸私之恩，又无禄仕之实，恻隐思慕，情何缘生？而群聚山陵，假名称孝，行不隐心，义无所依，至有奸轨之人，通容其中。桓（通"恒"）思皇后祖载之时，④ 东郡有盗人妻者亡在孝中，本县追捕，乃伏其辜。⑤

丧礼被用作追逐功名利禄，不仅体现了实用的功利思想，也反映了汉魏时期丧礼在民间得到广泛推广。违背丧礼者定然要受到刑事处罚。《长沙五一广场东汉简牍》记载了东汉中期一个家庭内部财产处置的例子。简牍原文为："央夫田不得卖为亭。曰嫂勿治丧。"⑥ 大概是央不为丈夫治丧，小叔子以嫂嫂央违礼向官方提出，其不得把哥哥的田产卖给亭。

汉魏服丧违礼论罪的实践及其逐步的制度化，使得服制关系在社会生活中的地位和作用日益重要，围绕服制关系进行立法的活动逐步深化和完备。这是儒家礼制思想能够成为汉代政治统治指导思想，并且成为政治统治工具的重要立足点，为服制之礼在魏晋乃至《唐律》全面法制化奠定了坚实的实践和理论基础。

---

① 《史记》卷107《武安侯传》，第2848页。
② 灌夫具语魏其侯如所谓武安侯。魏其与其夫人益市牛酒，夜洒埽，早帐具至旦。平明，令门下候伺。至日中，丞相不来。魏其谓灌夫曰："丞相岂忘之哉？"灌夫不怿，曰："夫以服请，宜往。"乃驾，自往迎丞相。丞相特前戏许灌夫，殊无意往。
③ 《后汉书》卷39《刘般传》，第1307页。
④ 郑玄云："祖谓将葬祖祭于庭，载谓升柩于车也。"《后汉书》卷60《蔡邕传》，李贤注引郑玄《周礼》注，第1998页。
⑤ 《后汉书》卷60《蔡邕传》，第1997—1998页。
⑥ 长沙市文物考古研究所等：《长沙五一广场东汉简牍选释》，中西书局2015年版，第199页。

# 第五章　汉魏"服制制罪"在社会治理方面的成就

从正史、出土文献、碑刻及其他历史文献中梳理出的两汉及曹魏大量律令、敕诏、案例及历史事件已证明，"服制制罪"现象在两汉立法和司法实践中已经普遍存在和广泛应用，并且在曹魏时期得到进一步丰富和发展。本章将"服制制罪"放在社会治理大背景下，深入考察丧服礼制对汉代礼法秩序重构的贡献，挖掘对汉魏司法模式和人才培养的影响。

## 第一节　"服制制罪"对礼法秩序重构的贡献

第一章已经探讨过，丧服礼制实际是适应汉代孝治政治需求得以推广和应用。那么，丧服礼制的应用，尤其是在司法审判及基层司法调解中所发挥的社会治理成就，理应成为关注的焦点。否则只就丧服礼制谈"服制制罪"，其功能和价值就难以厘清，也不会得以彰显。就汉魏"服制制罪"的社会治理作用而言，最重要的莫过为重构被秦破坏的礼法秩序作出的贡献。

### 一　先秦的礼法秩序

"礼法秩序"概念已被学界通用，但是并无明确一致的学术释义，这主要是法学界对"礼法"概念认识模糊所致，因而需要加以界定。一般认为"礼法"是由战国荀子提出的，因而当时不存在礼法秩序。龙大轩教授指出，中国古代法的"演变脉络可概括为礼刑、法律、礼法、法治四个时代"，[1] 这一路径划分比较详细，但易使人误认为只有汉魏至清末为"礼法"

---

[1] 龙大轩、梁健：《礼刑时代：中国法律传统肇始之基》，《华东政法学报》2016年第5期。

时代。梁治平教授认为，中国历史上的"礼"与"法"经历了由混一而分化，再由对立而融合的曲折过程。汉代儒法合流，"德主刑辅""明德慎刑"的原则开始重新主导中国的法制。19 世纪末，西洋文明挟威力而来，革新政教的变法使得"礼法一体"的秩序格局被撼动。[①] 梁教授的观点实际上将先秦尤其是西周的礼视为"混一"的礼法，由此推理，礼治时代应属于礼法秩序。在此依据经典及正史，结合出土文献，将先秦礼法秩序逐步形成略作梳理。

（一）"礼法"溯源

"礼法"是近年法律史学界围绕中国传统法文化特点的再认识而提出的概念。张伟仁先生将中国古代的"礼制"与"律令制度"分别称之为"上位法"和"下位法"，[②] 由此消解了中国古代法"律令制度说"与"礼制说"的对立。他的观点和学界将礼制视为规范的意见一致，看到礼在古代"分争辨讼""班朝治军"中的作用，提出礼就是"高阶规范"，是"上位法"。吾师俞荣根先生强调古代的礼与法不能割裂。他认为古代的律、令、科、比、格、式、例都是法，都唯"礼法"是从。在他看来，"礼法"是"秉承天道人情的根本大法，统率各种国家法律、地方法规和家族规范，也是具体法、有效法、实施中的法"，[③] 俞师甚至明确指出，中国古代的法即礼法，礼法即法。

我国学者在研究"礼法"时多从荀子"礼法观"着手。实际上，西周礼治已经包含着"礼法"观念。《周礼·春官宗伯·小史》载："大祭祀，读礼法，史以书叙昭穆之俎簋。""大丧、大宾客、大会同、大军旅，佐大史。凡国事之用礼法者，掌其小事。""读礼法"就是读定法。[④] 这里的"礼法"原指丧葬和祭祀的成制之礼，既是礼仪，也是制度规范。可见，礼法与"服制制罪"关系密切。

汉唐经学大师在注疏《十三经》时多次使用"礼法"，涉及92 篇，先

---

① 此文是梁先生探索"礼法"概念的文章，就中国古代法制而言，虽然强调礼法的统一性，但仍然有礼法割裂的痕迹。参见梁治平《"礼法"探原》，《清华法学》2015 年第 1 期。

② 本人 2010 年在阅读张先生未发表的讲稿时，注意到张先生明确这种称呼。发表时他将"上位法""下位法"换作"高阶规范""低阶规范"，但整体意思并未变化。他说："儒家很清楚这一点，但是他们认为法（即律令等制度）是一种低阶规范，应该在不得已时才用，在之前应该要先施行高阶规范——道德和礼。"张伟仁：《中国法文化的起源、发展和特点》，《中外法学》2010 年第 6 期。

③ 俞荣根：《礼法传统与中华法系》，中国民主法制出版社 2016 年版，第 5 页。

④ 《周礼注疏》卷 26《春官宗伯·小史》，注引阮校，第 699 页。

后出现170次。又《史记》《汉书》《后汉书》《三国志》中也有29篇原文或注释涉及"礼法"一词。看来礼法在汉魏已常用。剔除《十三经》注疏中重复使用及整篇性论述，整理出42条对经文解释的"礼法"。现梳理如表5-1。

表5-1

| 序号 | 经典原文 | 资料出处 | 注或疏 | 礼法所指 |
|---|---|---|---|---|
| 1 | 克明俊德，以亲九族。九族既睦，平章百姓。 | 《尚书·尧典》 | 孔颖达疏："九族与百官皆须导之以德义，平理之使之协和，教之以礼法，章显之使之明著。" | 教化之礼及各种法度 |
| 2 | 天秩有礼，自我五礼有庸哉！ | 《尚书·皋陶谟》 | 孔颖达疏："天又次叙爵命，使有礼法。" | 等差有序之礼 |
| 3 | 乃有不吉不迪，颠越不恭。 | 《尚书·盘庚中》 | 孔颖达疏："若有不善不道，陨坠礼法，不恭上命。" | 国家法度 |
| 4 | 又六年，王乃时巡，考制度于四岳。 | 《尚书·周官》 | 孔安国传："考正制度礼法于四岳之下，如虞帝巡守然。" | 政治制度 |
| 5 | 四方迪乱，未定于宗礼，亦未克敉公功。 | 《尚书·洛诰》 | 孔颖达疏："公当待其礼法明，公功顺乃可去耳。" | 教化及效果 |
| 6 | 士制百姓于刑之中，以教祗德。 | 《尚书·吕刑》 | 孔颖达疏："以礼法化民，民既富而后教之，非苟欲刑杀也。" | 教化之礼 |
| 7 | 赤刀、大训、弘璧、琬琰，在西序。 | 《尚书·顾命》 | 郑玄云："大训谓礼法，先王德教，皆是以意言耳。" | 教化之礼 |
| 8 | 以法掌祭祀、朝觐、会同、宾客之戒具，军旅、田役、丧荒。 | 《周礼·小宰》 | 郑玄注："法，谓其礼法也。"释曰："言礼法，谓七者皆有旧法依行。" | 礼仪制度和田令军令 |
| 9 | 掌建邦之教法……征役之施舍，与其祭祀、饮食、丧纪之禁令。 | 《周礼·小司徒》 | 贾公彦疏："禁令者，祭祀已下皆有禁令，不使失礼法。" | 礼仪及征役制度 |
| 10 | 以射法治射仪。 | 《周礼·射人》 | 贾公彦疏："治其大礼，皆是习礼法。" | 射礼 |
| 11 | 若有大丧，则相诸侯之礼。 | 《周礼·大行人》 | 贾公彦疏："见有非常之祸，诸侯谓天子斩，其有哭位、周旋、擗踊、进退，皆有礼法。" | 丧服礼制 |

第五章 汉魏"服制制罪"在社会治理方面的成就　177

续表

| 序号 | 经典原文 | 资料出处 | 注或疏 | 礼法所指 |
|---|---|---|---|---|
| 12 | 载驰载驱，周爰咨诹。 | 《诗经·小雅·皇皇者华》 | 孔颖达疏："既有难易，当访礼法所宜，故次咨度。" | 经验智慧 |
| 13 | 不愆不忘，率由旧章。 | 《诗经·大雅·假乐》 | 郑玄笺："循用旧典之文章，谓周公之礼法。" | 各种礼制和刑制 |
| 14 | 高山仰止，景行行止。 | 《诗经·小雅·车舝》 | 孔颖达疏："喻王法仰高大，善御羣臣，使有礼法。" | 各种礼制 |
| 15 | 嗟我兄弟，邦人诸友，莫肯念乱，谁无父母！ | 《诗经·小雅·沔水》 | "我同姓异姓之诸侯，女自恣不朝，无肯念此于礼法为乱者。" | 宗法礼制 |
| 16 | 敦商之旅，克咸厥功。 | 《诗经·鲁颂·閟宫》 | 孔颖达疏："武王于是伐而克之，乃以礼法治商之众民。" | 各种礼制和刑罚 |
| 17 | 卫文公能以道化其民，淫奔之耻，国人不齿也。 | 《诗经·鄘风·蝃蝀》 | 孔颖达疏："卫文公以道化其民，使皆知礼法，以淫奔者为耻。" | 教化礼仪和制度 |
| 18 | 秩秩大猷，圣人莫之。 | 《诗经·小雅·巧言》 | 郑玄笺："猷，道也。大道，治国之礼法。" | 各种礼制、惩奸法规。 |
| 19 | 维天之命，于穆不已。 | 《诗经·周颂·维天之命》 | 孔颖达疏："周之礼法效天为之。" | 各种礼制、刑罚。 |
| 20 | 我孔熯矣，式礼莫愆。 | 《诗经·小雅·楚茨》 | 郑玄笺云："孝孙甚敬矣，于礼法无过者。" | 教化之礼 |
| 21 | 刑于寡妻，至于兄弟，以御于家邦。 | 《诗经·大雅·思齐》 | 郑玄笺："御，治也。文王以礼法接待其妻，至于宗族。" | 宗法之礼 |
| 22 | 彼都人士，充耳琇实。 | 《诗经·小雅·都人士》 | 孔颖达疏："彼都人有君子之德，其家之女谓之正直而嘉善矣……家风不替，是有礼法矣。" | 道德礼仪 |
| 23 | 泛泛杨舟，绋纚维之。 | 《诗经·小雅·采菽》 | 毛亨传："犹诸侯之治民，御之以礼法。" | 各种礼制和刑罚 |
| 24 | 吾学周礼，今用之，吾从周。 | 《礼记·中庸》 | 郑玄注曰："今用之者，鲁与诸侯皆用周之礼法，非专自施己。" | 礼仪制度 |
| 25 | 有虞氏祭首，夏后氏祭心，殷祭肝，周祭肺。 | 《礼记·明堂位》 | 孔颖达疏："是周之礼法祭肺。" | 丧礼规定 |

续表

| 序号 | 经典原文 | 资料出处 | 注或疏 | 礼法所指 |
| --- | --- | --- | --- | --- |
| 26 | 考文章，改正朔……此其所得与民变革者也。 | 《礼记·大传》 | 孔颖达疏："文章，国之礼法也。'礼法'谓夏、殷、周损益之礼是也。" | 教化礼仪 |
| 27 | 不学杂服，不能安礼。 | 《礼记·学记》 | 孔颖达疏："'不学杂服，不能安礼'者，此教礼法也。" | 尊卑有序之礼 |
| 28 | 春作夏长，仁也。秋敛冬藏，义也。仁近于乐，义近于礼。 | 《礼记·乐记》 | 郑玄注："言乐法阳而生，礼法阴而成。" | 约束之礼，含刑杀措施。 |
| 29 | 君子行礼，不求变俗。 | 《礼记·曲礼》 | 孔颖达疏："俗者，本国礼法所行也。" | 礼制、风俗。 |
| 30 | 夫名以制义，义以出礼，礼以体政，政以正民。 | 《左传·桓公二年》 | 孔颖达疏："杖义而行，所以生出礼法，复礼而行，所以体成政教，以礼为政，以正下民。" | 教化之礼 |
| 31 | 使训卒乘，亲以听命。 | 《左传·成公十八年》 | 孔颖达疏："故训群驺使知礼，令教马进退，使合礼法也。" | 礼仪 |
| 32 | 见舞《象箾》《南钥》者，曰："美哉！犹有憾。" | 《左传·襄公十八年》 | 孔颖达疏："《南钥》既是文舞，则《象箾》当是武舞也……礼法，歌在堂，而舞在庭。" | 礼仪规定 |
| 33 | 古之治民者，劝赏而畏刑。 | 《左传·襄公二十六年》 | 孔颖达疏："'司寇行戮，君为之不举。'是礼法将刑，为之不举也。" | 各种规定 |
| 34 | 叔仲子欲构二家，谓平子曰："三命踰父兄，非礼也。" | 《左传·召公十二年》 | 孔颖达疏："昭子无兄，叔仲子引礼法，连言之耳。" | 宗法礼制 |
| 35 | 夏，季桓子如晋，献郑俘也。阳虎强使孟懿子往报夫人之币。 | 《左传·定公六年》 | 孔颖达疏："礼法，夫人不别遣使，则晋之夫人聘者，亦为晋君来聘也。" | 王室外交规定 |
| 36 | 命藏象魏，曰："旧章不可亡也。" | 《左传·哀公三年》 | 孔颖达疏："《春官》不县者，以礼法一颁，百事皆足。" | 礼仪及其他规定 |
| 37 | 颜渊问为邦 | 《论语·卫灵公》 | 邢昺疏："问治国之礼法于孔子也。" | 治国之办法 |
| 38 | 君子之道……其使民也义。 | 《论语·公冶长》 | 邢昺疏："义，宜也。言役使下民，皆于礼法得宜，不妨农也。" | 礼制、民情、规律。 |

续表

| 序号 | 经典原文 | 资料出处 | 注或疏 | 礼法所指 |
|---|---|---|---|---|
| 39 | 君子行法以俟命而已矣。 | 《孟子·尽心章句》 | 孙奭疏："君子者，顺性蹈德，行其礼法，修身以俟命而已。" | 天性、礼仪、法度。 |
| 40 | 典，经也。威，则也。 | 《尔雅·释言》 | 郑注云："典，常也，经也，法也。王谓之礼经，常所秉以治天下也。邦国官府谓之礼法，常所以守为法式也。" | 礼仪及各种制度。 |
| 41 | 典、彝、法、则、刑、范、矩、庸、恒、律、戛、职、秩，常也。 | 《尔雅·释诂》 | 释曰："皆谓常礼法也。"邢昺疏引郑注云："邦国官府谓之礼法，常所守以为法式也。" | 各种规则制度 |
| 42 | 非先王之法言不敢道，非先王之德行不敢行。 | 《孝经·卿大夫章》 | 李隆基注："法言，谓礼法之言。德行，谓道德之行。" | 各种成制、规则。 |

表中注疏"礼法"所指代经典原文中的法、禁令、大猷、天之命、刑、象魏、典、法言、彝、则、范、矩、庸、恒、律、戛、职、秩等，不仅指礼仪、礼制、道德、民风和民俗，还包含着明确军令、田役、法度、惩处措施、刑罚、规律等意。可见在西周及其稍晚开始形成的经典文献已经蕴含着"礼法"观念，"礼法"是一个代表着古代法的整体概念，而非今人仅仅依据战国荀子"礼法观"创造发明。

（二）周秦"礼法秩序"的雏形及瓦解

近代以来，中外学者对"秩序"一词多有探索，多是从经济、政治和文化观念等方面探索实现社会稳定有序的理念和措施。其实汉代经学家在注疏经典时，不仅运用"礼法"概念，也运用了"秩序"概念。经学家将"秩"释为"常"，① 将"序"释为"第次其先后大小"。② 据此，这里可以将"礼法秩序"进行界定，它是中国古代以仪礼为精神的道德人伦规范、律令规范、规章制度和家法族规实施后，达到的一种稳定有序社会的生活状态或者文化认同心理观念。从历史上看，古今秩序观念都反映了一种有规则的次序、一种稳定的社会生活状态。

1. 西周礼法秩序的萌芽

谈西周礼法秩序萌芽，必须要弄清夏商是否为礼法时代。虽然夏商有

---

① 《毛诗正义》卷14《国风·宾之初筵》，第890页。
② 《周礼注疏》卷19《春官宗伯·肆师》，第500页。

礼，不过还称不上什么礼法观念或礼刑时代。

首先，夏商没有普遍惩罚意义的"刑"。殷商甲骨文有"礼"字，并有许多以礼祭祀的卜辞；先秦经典也多述夏商之礼，诸如孔子言，"殷因于夏礼，所损益，可知也。周因于殷礼，所损益，可知也"。① 但殷商甲骨文并未见到"刑"的记载，② "刑"字始见于金文中，写作"🝈"，指用刀砍杀披枷戴锁的罪人。尽管殷商甲骨文有后世称之为刑罚的"劓""刖"，但是卜辞中"刖"未见"刖足之义"，卜辞中"劓"字为割掉牲畜或人的鼻子以祭祀的"用牲法"。"劓"和"刖"与甲骨文中战俘的"伐"和"俘"有关。"俘"形为"🝈""🝈""🝈"，表示"单手或双手抓人"，有"割耳朵"和"追赶"等意，战俘在当时还用作人祭。"伐"在卜辞中有"伐召方""伐旅妇"③ "伐十羌"，④ 还将所"伐十羌"杀以祭祀的记载。从将战事征"伐"来的"俘"割耳或杀死以祭祀看，"劓"与"刖"在殷商多为对战俘的一种待遇，断足使之失去战斗能力而不能造反，或割鼻以祭祀。

其次，夏商时代实行"天命天罚"，殷商统治者管理人如管理牲畜一样，属"神牧"时代。甲骨卜辞有殷人"在易牧获羌""其北牧擒""牧册"等记载，⑤ 他们管理人就是"牧"人。自视为天神下凡的统治者视被治者为异类，就谈不上罪与罚。统治者在牧人过程中积累的是屠戮"牧羊"手段，而且靠占卜作为其合法依据。比如甲骨文有"……鹰，湄日亡灾（🝈）"的记载，⑥ 讲神鹰之卜显示无灾，就不需要杀人。杀人是通过向天神占卜，而不是依据"礼"，也根本不是以"违礼"为基础。当时祭礼和其他礼在不断丰富，不具备礼刑对应关系，更谈不上因"出礼"才"入刑"。这大概也是甲骨文尚未创制后世极为重视的"罪""刑""罚"等字之缘故。

---

① 《论语注疏》卷2《为政》，第23页。
② 尽管有学者认为"刑"甲骨文中写作"井"，但至今并没有充分证据证明甲骨文的"井"有"刑罚"的含义。李力教授曾经对学界将《殷契佚存》中"井"解释"刑"的释文做出纠正。李力：《寻找商代法律的遗迹：从传世文献到殷墟甲骨文》，《兰州大学学报》（社会科学版）2010年第4期。王沛也指出甲骨文中的"井"没有"刑罚"之意。王沛：《"刑"字古义辨正》，《上海师范大学学报》（哲学社会科学版）2013年第4期。
③ 参见刘兴隆《新编甲骨文字典》，国际文化出版公司出版1993年版，第258、259、291、492页。
④ 合集20505。
⑤ 合集758、28351、7343。
⑥ 合集28419。

## 第五章 汉魏"服制制罪"在社会治理方面的成就　181

还有《尚书·舜典》所言"舜修五礼""伯夷降典"之说，可能是原始礼仪概括总结的节点，原始礼仪只是天叙之典，被后世认为是"典礼德刑皆从天出"，① 既缺乏有效规制，也为夏商"天命天罚"找到借口。此外，《尚书》对尧舜禹时代刑罚的追述，恐为西周制礼寻求"效法先王"的权威，也是行使刑杀"遵循先例"的借口。

西周有鉴夏商灭亡的历史教训，认为"天命靡常"。周初统治者提出："皇天无亲，惟德是辅。民心无常，惟惠之怀。"② 虽然认为得天下乃天命，但是同样认识到，天下乃民心向背而得，见到了民的力量。民乃"小民""小人"，社会需要安定，必须予民土地，予民恩惠。在此情况下，需要君子怀德教民，需要君子以刑制民。③ 君子怀德教民就需要礼制，君子怀刑制民就需要制刑，这才是西周所谓的"出礼入刑"，以此理解，唯西周礼治可成为"礼刑"之治。

西周"礼治"不仅为"礼刑"之治，实际属于"礼法"之治。西周统治者看到人的力量的同时却没否定天，而是巧妙将天和人结合在一起，形成了"天视自我民视，天听自我民听"④ 的"天人合一"之道。天神从民众的言行和衣食住行即可评价统治者统治好坏，其评价标准是"德"。周公制礼便是将民众认可的"德"体系化并逐步完备，正式确立了以礼教化的治理理念。周人坚信"礼之教化也微，其止邪也于未形，使人日徙善远罪而不自知也，是以先王隆之也"。⑤ 礼不仅用于教化，周礼的制度化还成为各种交往和国家治理的圭臬。

在礼治背景下，西周刑罚是对礼严重违背的补救措施，礼的教化原则始终贯穿于刑罚之中。《尚书》多篇记述礼是刑的基础，用刑要爱民、慎罚。其中，《泰誓》篇强调百姓有过，是统治者教化不好的结果。⑥《洪范》篇指出人们行为"不协于极，不罹于咎，皇则受之"，即哪怕违背君王准则，只要没严重违礼而陷于罪恶，就要宽容原谅。《康诰》及《吕刑》篇均明确了刑罚的目的在于治病救人、协助教化，明确"若有疾，惟民其毕弃咎……非

---

① 《尚书正义》卷4《皋陶谟》，孔颖达疏，第107页。
② 《尚书正义》卷17《蔡仲之命》，第451页。
③ 此即孔子在《论语·里仁》所言的"君子怀德，小人怀土，君子怀刑，小人怀惠"。
④ 《尚书正义》卷11《泰誓》，第277页。
⑤ 《礼记正义》卷50《经解》，第1373页。
⑥ 参见《尚书正义》卷11《泰誓》，孔安国传，第277页。

汝封刑人杀人,无或刑人杀人。非汝封又曰劓刵人,无或劓刵人",①"士制百姓于刑之中,以教祇德"。②即教人向善知礼,该杀的人不一定要杀,该断足割耳的人也不一定要处以肉刑,教化才是唯一目的。《召诰》篇直接警告那些封建亲戚们,治民唯以"果敢绝刑戮之道",③才能成就功业。同样,《尚书》有多篇记述依礼慎刑并注重证据。《康诰》篇中,哪怕一般的囚禁人,也要"服念五六日,至于旬时,丕蔽要囚"。《君陈》篇中,封建邦国"无依势作威,无倚法以削",要"宽而有制,从容以和"。《吕刑》篇中"五刑不简,正于五罚。五罚不服,正于五过",甚至对于没有证据的案件要"无简不听"。其他如《无逸》《立政》《康王之诰》等篇均有慎刑慎罚之述。

概言之,周礼成为社会基本规范,刑备而不发,是保障礼实施的最后手段。这种隆礼与慎刑观念相辅相成的法制模式,正是中国古代"礼法秩序"的追求。

2. 礼法观念的发展及礼法秩序的瓦解

如果说"礼刑"观念及制度是实现西周"以藩屏周"礼法秩序的重要工具,那么战国秦时代法的产生与发展,实际上丰富了"礼法"观念,为后世礼法秩序的重构奠定了重要基础。

春秋以降,周王室衰微,除大宗法制度层层盘剥导致的宗族离心原因外,也反映出西周礼法自身的缺陷,可谓"周人承之以文。文之敝,小人以僿"。④周礼以说教为主,未能针对人性私利问题做出理论和制度响应。当然,这种欠缺主要是经济与社会发展条件所限制。西周经济发展仍处于很落后的时代,当时虽有青铜农具出现,但成本很高,官田都由下层民众无偿耕作,贵族并无积极改善生产工具愿望。考古显示,当时"翻土工具主要有石粕、骨铲、角撅等","收割工具,常见的有石刀、陶刀、石镰、蚌刀、蚌镰和骨镰",⑤农业还处于石器时代开始向金属工具过渡的时代。同时,殷商时代形成的宗族集体耕作生产组织方式也没发生变化,尽管宗族内部就宗族管理和农业生产可以较为平等地自治协商,但是小宗及依附于大宗的"野人"居于城郭之外,以贡纳、服役的形式受城郭内大宗的剥

---

① 《尚书正义》卷14《康诰》,第364页。
② 《尚书正义》卷19《吕刑》,第540页。
③ 《尚书正义》卷15《召诰》,孔安国传,第400页。
④ 《史记》卷8《高祖本纪》,第393页。
⑤ 罗西章:《从周原考古论西周农业》,《农业考古》1995年第3期。

削。① 这些都大大制约了西周物质财富的发展，整个社会似乎只是一种宗法人伦关系。

春秋晚期，青铜工具的推广和铁制农具的出现，为当时大宗法社会向士农一体化小宗法社会过渡起到了决定性作用。粮农问题成为诸侯比拼实力、兼并扩张的关键因素，奖励农耕和奖励军功的一系列改革措施在许多诸侯国相继展开。② 这些变法同时也调动了人们生产积极性，人性私利一面也在官爵与财产竞争中暴露无遗。而法家恰恰看到了人的"贪鄙"一面，于是强调以"法"定纷止争，并以"罚"来改造人的"贪鄙"。这些定纷止争规则简洁明了，具有很强的指导性和适用性，被称之为"律"。

传统认为，商鞅"改法为律"强调了"律"的均布和普遍适用性，可能问题没有那么简单。甲骨文中已见"律"字，写为"𢻳"。"彳"者"行"也，表示通往四方之路，又《甲骨文字典》解释"聿"为"象以手执笔之形"。③ "聿"无论意指执笔书写，还是意指执棒敲打乐器，与"彳"结合的"律"字具有传向四方的"规则"或"音乐"之意。④ 音乐传于四方，为人们欣赏，规则性纪律通行四方，达致社会的和谐，⑤ 这应是"律"的创字本意。无论商鞅当时如何考虑，今天看来，"改法为律"应当有多种含义：一是增加了法的教化功能。"律"更能把多属于司法审判的"法"⑥ 扩展到社会生活各个方面。"法"的公平性不一定仅是通过司法审判才得以伸张，只要它通过教化能得到很好实施，就能实现律原属于所具有的四方和谐功能。二是一定程度上调整了"礼"的等差观念。"律"在功能上不仅与西周的"礼法"有异曲同工之妙，还吸收了法家"不别亲疏、事断于法"的主张，至少在观念上适应社会发展对周礼的等差观念予以微调。三是与法相比，律更具规律性。法家强调凡治天下必因人情，人情有好恶，故赏罚可用。赏罚并用就符合人性规律，并具有礼法并用特色。

---

① 参见杨英杰、毛玉春《宗族奴隶制是发达的奴隶制吗》，《辽宁师范大学学报》（社科版）1987 年第 2 期。
② 先有齐国管仲富国强兵改革，接下来有魏国李悝变法富强改革，楚国吴起辅佐悼王强国强军改革，韩国申不害以"术"强国改革，还有影响最大的秦国商鞅两次变法图强改革。
③ 刘兴隆：《新编甲骨文字典》，第 168 页。
④ 古代汉语中律具有法律条文和约束之意，也有以律管调试乐器之意。
⑤ 甲骨卜辞"师惟律用"被解释为"纪律"之意。参见刘兴隆《新编甲骨文字典》，第 100 页。
⑥ 因为"灋"字被解释为触不直而达到公平，因此，"法"似乎就是特指审判性的司法活动。

战国秦物质财富得到发展，物不具有血缘关系，源于等差有序的礼不太适用对物定纷止争，加之人性私利一面对物存在过度追求，因此，规制物的定纷止争规范得到诞生并迅速发展，而且也触动了人际关系的等差有序之礼。在落后的农业条件下，周代等差有序的礼规则较为发达，战国秦时代定纷止争的物规则强势发展。只是秦时代界定人的规则和界定物的规则尚无得到合理分工，二者出现了冲突。这也是战国荀子早看到的事情，故而呼吁"隆礼重法"。

再从出土秦简看，秦"律"未排斥"礼"，还是将"礼"一定程度融进了秦律令之中。秦律对不孝、殴杀亲属、相奸、通奸等严重违礼情况有所规定，虽不如汉魏周详，但毕竟体现了秦律令的"礼法"合适性。出土的《睡虎地秦墓竹简》中《秦律十八种·田律》规定："春二月，毋敢伐材木山林……唯不幸死而伐绾（棺）享（椁）者，是不用时。"[①] 正是对自然保护同时，考虑到了丧葬习俗礼仪。

然而，法家主张以酷刑改造人性的理论违背了礼法亲亲和睦的宗旨，加之秦法事无巨细地过分干预人们的生活，甚者以亲情连坐钳制人们，导致人心恐慌，秦酷刑重法激化了社会矛盾，二世而亡。这一点在第三章已经进行过分析。秦亡最大的问题并不在于强调"事断于法"，其中一个重要的问题在于用株连酷刑绑架亲情，加剧了礼法发展中教化与刑杀的不适，造成礼法割裂，导致秦社会风气败坏，礼法秩序瓦解。

## 二 "服制制罪"对汉魏社会秩序重构的作用

在当代法治社会中，可以说法治就是理想的社会秩序。但若问起亲情之间的丧服礼制与社会秩序有多大关系，很多人会觉得没有什么关系。然而在中国古代社会，尤其是汉魏孝治政治背景下，丧服礼制不仅与社会秩序有着密切的关系，而且还是两汉孝治政治重构礼法社会的重要纽带。

"古礼最重丧礼"并非指古代社会对丧事隆重对待，或者指厚葬之礼。其本质是讲，事生葬死之礼，关乎每一个家庭和家族的敦睦相处，养老孝亲代代相传；关乎家庭尊卑有序，杜绝一切非礼行为；关乎着晚辈修身齐家的价值观认同。在秦酷刑重法瓦解这些礼法秩序后，汉初推行孝道旨在缓和社会矛盾，重构礼法秩序。武帝时儒家思想登上政治舞台，推动了礼法内部的调适。尤其是以"服制制罪"领衔的限制亲属连坐、调整亲属违

---

[①] 《睡虎地秦墓竹简》，第20页。

礼相犯等司法实践，有效地制约了家庭家族亲情撕裂。伴随着服制亲情与孝道教化的推行，社会民风民俗好转，家庭、家族及乡里实现了和睦和谐的有序发展，同时将儒家"仁""义""礼""智""信"等主张逐步培育为古代社会的核心价值观。"服制制罪"的实践还在司法及立法方面推动着礼法内部的调适，为《唐律》的"一准乎礼"及"用刑持平"奠定了坚实基础。可以说，汉魏"服制制罪"在礼法秩序重构中起到了重要的推动作用。

（一）促进了基层社会秩序的稳定与巩固

家庭是社会的细胞，家乐则亲和，亲和则民安，民安而国泰。先秦时期，《周易》"家人卦"（☲）的象辞[①]就讲道："正家而天下定。"根据孔颖达的疏义，"正家"就是管理好家庭，突出的就是家庭成员不失人伦及服叙之礼，达致尊卑有序状态。[②]汉初承袭秦制，但是面对秦酷刑连坐，尤其是告奸、株连九族等酷刑导致的亲情撕裂、民风败坏局面，既然短期内无法通过立法改变，则在司法中运用儒家经义、慎刑思想及相关敕诏，限制亲属连坐，惩处不孝等亲属违礼相犯情况，以防止亲情撕裂，缓和家族及社会矛盾，并且取得了突出成效。武帝之后，儒家登堂入室，儒家经学在限制亲属连坐、规制亲属相犯方面发挥着越来越重要的作用。

在前几章中，无论是考察汉魏丧服礼制的推广，还是"服制制罪"法令化和司法化，都以大量事实论证了亲情之礼和"服制制罪"对汉魏家庭及社会和睦和谐做出了重要贡献。尤其是以"服制制罪"为后盾的经学服制之礼在教化民心、淳化风俗方面取得了突出成效。尽管正史记载，昭宣之世还有子弟杀父兄、妻杀夫的现象，[③]但是这只说明当时风俗尤薄，丧服礼制及教化问题尚需进一步加强，而且也只集中出现在水旱不时的灾荒年间。为比较说明汉魏"服制制罪"对基层社会秩序的稳定及巩固作用，下面简要考察秦代基层及家庭秩序。

详细描述秦代社会秩序的资料很少，只能根据《史记》《汉书》及出土秦简等文献记载进行综合分析。商君改革时，代表传统贵族的赵良劝其以礼"显岩穴之士，养老存孤，敬父兄，序有功，尊有德"，[④]而商君断然拒绝。商君改革后，秦国国力强大，但是民风却令人担忧。汉初贾谊指出：

---

① 孔颖达注《周易》指出《象》乃孔子晚年演易而作。根据 2013 年以来公布的清华简研究与帛书《二三子问》综合比较，这个传说没有大的问题。
② 参见《周易正义》卷 4《家人》，第 158 页。
③ 参见《汉书》卷 74《魏相传》，第 3136 页。
④ 《史记》卷 68《商君列传》，第 2235 页。

"商君遗礼义，弃仁恩，并心于进取，行之二岁，秦俗日败。"那么，贾谊所讲的"秦俗日败"程度如何呢？贾谊又云："借父耰鉏，虑有德色；母取箕箒，立而谇语。抱哺其子，与公并倨；妇姑不相说，则反唇而相稽。其慈子耆利，不同禽兽者亡几耳。"①可见当时不尊父母已司空见惯，漫骂父母也十分常见。这里虽然没有记载秦民间杀亲情况，但是缺恩寡德的父子关系和婆媳关系，难保没有家庭亲属相殴杀，出土秦简证实了这种推测。从《睡虎地秦墓竹简》的《法律答问》所记载的法律事务看，当时的确出现有杀亲情况，更令人担忧的不是有杀亲现象，而是秦对杀亲缺乏完备的法律规制，导致处置混乱。比如"杀伤父臣妾、畜产及盗之，父已死，或告，勿听"，②这是杀尊长法律不予规制的记载。秦简还记载，主擅杀、刑、髡其子、臣妾等情况被认为是"非公室告"，同样勿听，如果执意要告，则治告者罪，这是杀、刑、髡卑幼法律不予理睬的情况；不过，当时司法中又有擅杀子黥为城旦舂的情况。③这种矛盾的司法处置至少说明，当时法家思想缺乏对民风民俗的教化，由此导致的社会基层秩序只是高压政策下的表面稳定，实际上则是家庭不和、兄弟阋墙，官方高压酷刑与人性私利交互扩张造成人人自危。

　　汉魏运用礼法治理，有效地实现了基层社会的安宁有序。在司法层面，"服制制罪"的司法活动使得限制亲属连坐和规制亲属相犯的法律趋于完善。自地节四年（公元前66年）"亲亲得相首匿"诏颁布实施后，服制之礼不仅对普通刑事连坐起到了有效制约，致使民间基层社会不再为此感到惊恐，甚至对政治连坐也进行了有效制约，从而灭族现象也得到有效制约。即便是王莽篡权打击异己、迫害忠良，也受到服制之礼的制约。大司马董忠因反对王莽而自杀，王莽虽然收忠族，却未敢对之夷族。居摄元年（公元8年）四月，安众侯刘崇与相张绍密谋反抗莽专制朝政，后又进攻宛城不得入而败。张绍之从兄张竦与崇族父刘嘉闻此事，向王莽诣阙自归，王莽依然赦之无罪。④与安众侯一起起兵造反的还有刘氏王族刘礼，据《后汉书·刘隆传》记载："父礼与安众侯崇起兵诛莽，事泄，隆以年未七岁，故得免。"⑤刘隆年少免诛，说明西汉晚期丧服礼制已经成为社会公认的一

---

① 《汉书》卷48《贾谊传》，第2244页。
② 《睡虎地秦墓竹简》，第119页。
③ 另外，从汉简及正史也可以看到秦有"杀父母，弃市"的法律规定。
④ 参见《汉书》卷99上《王莽传》，第4082页。
⑤ 《后汉书》卷22《刘隆传》，第780页。

种天道，就连王莽也不敢违之。曹魏时期，尽管战事频仍，但是对于叛降将士家庭亲属多有礼待，不至于夷族屠杀，这种情况在魏、蜀、吴三国均为常见之事。尤其是《三国志·吴主传》记载的赤乌七年（公元244年）孙权诏书"督将亡叛而杀其妻子，是使妻去夫，子弃父，甚伤义教，自今勿杀也"。① 诏书中的"甚伤义教"明确显示出当时丧服礼制被社会普遍接纳，所形成的人情风俗连统治者也不能违背。不仅如此，曹魏政权还对普通刑事案件定律令，凡"在室之女，可从父母之刑，既醮之妇，使从夫家之戮"。② 为了确保汉初以来逐步形成的礼教社会秩序，魏、蜀、吴三国无论军事叛乱还是一般刑事案件，基本上实现了从制度上消除夷族连坐，为基层民众安定生产生活创造良好条件。

至于规制亲属违礼相犯方面，汉魏"服制制罪"实现了淳化民风民俗的目的。对各种不孝、亲属相犯、亲属争财及服丧违礼的规制使得丧服礼制成为处置亲属纠纷的重要原则，甚至使得服叙成为此类案件决狱的司法依据。更为重要的是，郡县官吏在审理案件时，更倾向于引导教化，使民风民俗不断淳厚。第四章已经展示了大量案例，这里仅举几个对民间风气和社会秩序有重大影响的事例略作说明。《后汉书·循吏列传》记载，许荆迁桂阳太守，郴地有谢弘等不养父母者，许荆本应查明个案，以服制治其罪，但是他并未这样做，而是通过教化引导，使有上千人返回家乡供养父母。又《后汉书·何敞传》记载，何敞迁汝南太守，分派儒术大吏到属县督查，表彰那些孝悌有义行者。同时，举冤狱，以春秋之义断之，这种以礼法断案和教化相结合的措施使得郡中再无冤案和抱怨之声。东汉灵帝初，有赵咨者，其家曾经半夜遭贼劫，咨恐贼惊扰母亲，便先至门外迎盗，为盗贼做饭备食，同时对盗贼叮咛，家中有八十老母，"疾病须养，居贫，朝夕无储，乞少置衣粮"。③ 结果劫贼皆惭愧，跪辞离去。曹魏兴平中，有一个叫鲍出的人，因母亲为山贼所掠，出奋力追赶贼盗，贼盗却很纳闷，问出曰："卿欲何得？"出责数贼，指其母以示之，贼惭愧地解还出母。出又指求哀妪："此我嫂也。""贼复解还之"。④ 亲情之礼通过汉魏近五百年的滋润，就连劫贼也以此为圭臬，足见丧服礼制对社会风俗及社会秩序的深刻影响。

---

① 《三国志》卷47《吴书·吴主传》，注引江表传，第1146页。
② 《三国志》卷12《魏书·何夔传》，第381页。
③ 《后汉书》卷39《赵咨传》，第1313页。
④ 《三国志》卷18《魏书·阎温传》，第553页。

不仅郡县官吏注重教化，当时郡县在乡里还设有三老及王杖制度，加强以丧服礼制为核心的民间礼法教育和民间亲属纠纷调处，正史及出土文献均有记载。从出土的简牍文献看，当时基层通过"三老"和王杖制度进行教化，同时表彰各种"孝悌力田"，保障社会稳定。尹湾六号汉墓出土木牍记载了西汉东海郡对三老的设置："县三老卅八人乡三老百七十人孝弟力田各百廿人凡五百六十八人。"该墓出土简牍还清楚规定了东海郡当时授予王杖的人数，"年七十以上受杖二千八百廿三人"。①一个郡有近三千持王杖老人协助乡里教化和纠纷处理，可以想象民间知礼守法的民风。甘肃武威出土的简牍显示了西汉后期到东汉前中期百年间，在武威地区王杖教化和处置基层纠纷中的具体案例。②还有前述河南唐河人、光武帝外公樊重，其外孙"何氏兄弟争财，重耻之，以田二顷解其忿讼。县中称美，推为三老"。此前的分析已经指出，何氏兄弟争财案并没有依据律令查清事实，而是靠尊长教化，防止了兄弟因财产纠纷撕裂亲情，结果不仅使争财兄弟不再"忿讼"，还感化了县中父老，被传为美名，为家家户户效仿。上述几例可谓汉代东西南北四方"三老""王杖"教化留诸后世的确凿的代表性资料，他们所起的作用无须后人赘述，汉初就已经将其要达到的稳定社会秩序目标予以明确肯定，即"强毋攘弱，众毋暴寡，老者以寿终，幼孤得遂长"。③

以孝亲之礼为核心的礼法传播与教化，不仅使得汉魏民风淳化，社会稳定，还经民间内化后产生了旨在教化子女的家训。家训虽然在先秦已经出现，但是该词最早出于东汉蔡邕之语，他在向何进推荐边让时赞其"天授逸才，聪明贤智。髫龀凤孤，不尽家训。及就学庐，便受大典，初涉诸经，见本知义……非礼不动，非法不言"。④说边让天资非凡，虽自小失去父母，未有家教启蒙，但读书后见经知义，并且以礼行事，非礼不动，非法不说。家训是指家族或家庭向后代传播立身治家、为人处世、齐家教子的家书、家规。现据研究可知，流诸后世的西汉家训作者大约有 16 人，家训文献 23 篇；东汉时期，家训作者大约 42 人，家训文献 48 篇；虽然曹魏时短，但是仍有家训作者大约 30 人，家训约 46 篇。⑤这些家训有出自帝

---

① 中国文物研究所等编：《尹湾汉墓简牍》，第 77—78 页。
② 该王杖制度包含着丰富的内容，涉及服制制罪内容可参见第四章的"基层社会谋杀或殴詈尊亲"部分内容。参见武威县博物馆《武威新出土王杖诏令册》，第 35—61 页。
③ 《汉书》卷 5《文帝纪》，第 151 页。
④ 《后汉书》卷 80 下《文苑传下·边让》，第 2646 页。
⑤ 参见朱明勋《中国家训史论稿》，巴蜀书社 2008 年版。

王之家的,有出自朝臣官宦之家的,有出自经学文人之家的。也有个别出自地方富有家庭的。经过汉代经学的传播,儒家思想通过家训的熏染及教化,已成为影响家庭、家族乃至关乎基层社会教化和个人立身的重要措施,从而成为家族和基层社会和睦和谐的重要因素。

(二)培育了古代礼法社会的核心价值观

核心价值观(Core values)是近代西方企业创业文化的一个概念,指某一群体判断具体事务所依据的是非标准及遵循的行为准则。后该概念被借用到政治治理方面,我国学者认为核心价值观"是一个人、一个集团、一个民族长期秉承的一整套根本原则"。[1] 在中国古代,人们把个人修身、齐家、治国、平天下的根本原则称之为天道、人道,这种天道或人道其实就是今天所言的一个民族或国家的核心价值观。中国古代的核心价值观是以人伦之礼为核心的礼法价值观,经历了奠基、发展和定型3个阶段。周秦时期是我国礼法核心价值观的奠基期,尤其是西周制礼作乐,通过几百年的推行教化,等差有序的人伦之礼及丧礼制度开始深入到人们内心。至春秋,孔子对周礼进行了高度总结,指出:"一日克己复礼,天下归仁焉。"[2] 礼已经成为个人成人和天下归一的价值标准,这其中,君臣父子人伦之礼则是所有礼的核心。汉魏时期是中国古代核心价值观发展和形成期,孝治政治将君臣父子之礼和其他礼制进行了统摄,尤其是儒家思想登上政治舞台后,董仲舒以阴阳五行将等差有序之礼进行了纲领性和哲学性的概括抽象,形成了以"三纲""五常"为核心的古代核心价值观。这些价值观基本为唐宋我国古代核心价值观的定型构筑了核心要素和基本内容,也奠定了初步的天人合一的哲理化基础。

"五常"中的"仁""义""礼""智""信"备受当代学者重视。学界在探讨我国当代社会主义核心价值观时,充分肯定了古代"仁""义""礼""智""信"等价值观对当代和谐、文明、平等、公正、爱国、敬业、诚信、友善等核心价值观内容的传承作用。但是,关于"三纲"对我国当代核心价值观的作用、甚至对当代文化传承认识很不够,许多学者对"三纲"持一味批评态度,认为其与当代民主社会的平等相背离。其实,这恰恰是国人尤其是学界对中国古代哲学认识不到位的缘故。《说文解字》将"纲"解释为"维纮绳",[3] 在古代文言文中,"纲"又可引申为"表率""代表""统领"等含义。

---

[1] 公方彬:《构建中华民族的核心价值观》,《文汇报》2006年12月4日第7版。
[2] 《论语注疏》卷12《颜渊》,第157页。
[3] (汉)许慎:《说文解字》,第767页。

可见"夫为妻纲""父为子纲""君为臣纲"讲的是：夫妻一家，丈夫为家之代表；父子相处，子承父业，父要做表率、尽职责；君臣共治天下，君要起到表率和集中代表的作用。不考察古代"三纲五常"的历史久远性及合理性，将之肆意说成丈夫统摄并压制妻子，子女是父亲的财产，臣下是君主的附属物及奴才，这实际上是把被皇权政治扭曲的君臣关系[①]附会成了家庭夫妻和父子关系。

就"三纲"的阴阳五行哲学基础而言，强调夫与妻、父与子、君与臣均要刚柔相济，纯阳纯刚与纯阴纯柔皆不能相序。《仪礼·丧服》云："父子一体也，夫妻一体也，昆弟一体也。故父子，首足也；夫妻，胖合也；昆弟，四体也。"[②]又《礼记·郊特牲》载："男子亲迎，男先于女，刚柔之义也。天先乎地，君先乎臣，其义一也。"郑玄注曰："先谓倡道也。"[③]也就是说阳刚在先，并且承担着倡道和表率的责任，家庭中丈夫要引导家庭，父亲要引导儿子，国家的君主要引导臣民行仁义，共同努力治理好家庭及国家，根本没有体现出阳刚的独尊、甚至扼杀阴柔之意。

"三纲"以"夫为妻纲"始，因为，"夫妇正则父子亲，父子亲则君臣和，君臣和则天下治，故夫妇者，人道之始，王教之端"。[④]把"夫为妻纲"作为三纲之始，也体现了服制人伦之礼的重要性。不仅如此，"五常"同样是由"夫为妻纲"而生，因为"人禀五常以生，感阴阳以灵"。[⑤]正夫妇就能使夫妻阴阳和合，其子女自然感阴阳而具有"仁""义""礼""智""信"等天赋，彰显亲情服制之礼对古代核心价值观确立的基础地位。可能有读者追问，既然人天生五常，何以要教化？这在汉代就得到了解答，"夫人之性皆有五常，及其少长，耳目牵于耆欲，故五常销而邪心作，情乱其性，利胜其义"。[⑥]外在环境、人的天性及人对物质必然需求都可能导致情乱五常、利胜五常，因而需要礼法进行教化和规制。

纵观前四章关于"服制制罪"的考察，尤其是第一章所论"汉魏丧服

---

① 查昌国以期实资料考察认为，战国以前君臣关系实际是一种朋友关系。参见查昌国《友与两周君臣关系的演变》，《历史研究》1998年第5期。苏亦工教授认为，君臣关系主奴化实际上只是中国边疆政权入主后的变异。参见苏亦工《"八议"源流与腹边文化互动》，《法学研究》2019年第1期。
② 《仪礼注疏》卷30《丧服》，第572页。
③ 《礼记正义》卷26《郊特牲》，郑玄注，第817页。
④ 《春秋公羊传注疏》卷2《隐公二年》，公羊寿传，第32页。
⑤ 《春秋左传正义》卷44《昭公七年》，孔颖达正义，第1248页。
⑥ 《汉书》卷80《东平王传》，第3323页。

## 第五章　汉魏"服制制罪"在社会治理方面的成就

礼制的教化功能"部分和第四章"对亲属违礼相犯的司法处置",无不是在防止每个人在成长过程中"情乱其性"和"利胜其义"。对服丧违礼规制,对亲属乱伦的防范和处置,都是防止情乱其性;对不孝和兄弟争财的规制均是为配合教化,防止物欲胜过道义,导致亲情撕裂。在汉魏"服制制罪"司法及教化调处的有效配合下,先秦时期的礼仪规范在汉魏时期得以深入人心,这种蕴含于天赋并通过后天教化得以秉持的"五常"之道由此成为每个人判断事务的价值观。这种观念不仅适用于自己的亲属,还通过"推恩"的方式惠及他人,正所谓"推恩足以保四海,不推恩无以保妻子",[①]这是对孔子"己所不欲,勿施于人"哲学思想在齐家治国及生活层面的价值解释,也是对孟子"老吾老以及人之老、幼吾幼以及人之幼"基本生活原则重要性的强调。

总之,"三纲""五常"所蕴含的思想内容在先秦周礼中已经有了萌芽,后经孔孟阐发,明确概括了"五常"的内容。董仲舒又运用阴阳五行学说明确了"三纲",并且将"五常"设定为人之天赋以及王者必备的天道,所谓"仁谊礼知信五常之道,王者所当修饬也;五者修饬,故受天之佑,而享鬼神之灵,德施于方外,延及群生也"。[②]董仲舒的思想经过汉代孝治政治实践,在西汉中后期至东汉中期已经明确成为维护社会秩序、规范人际关系的价值观念。孔安国在为《尚书》作传时甚至认为"五常"在西周已经被认为是安民和平天下的价值追求,[③]其实这反映了当时将"五常"作为西汉价值观的一种常态性理念。西汉经学家刘向在汉成帝时明确向皇帝指出:"教化,所恃以为治也,刑法所以助治也。今废所恃而独立其所助,非所以致太平也。自京师有悖逆不顺之子孙,至于陷大辟受刑戮者不绝,由不习五常之道也。"[④]刘向在孔安国基础上进一步指出,"五常"不习,易导致子孙悖逆陷于大辟刑戮之罪,可见"五常"已经成为人人必须遵行的价值观念。

东汉时期,纲常伦理不仅成为核心价值观,而且已经融化到人们的灵魂之中,确立了人们明理、孝亲、尊长爱幼、守法、爱家的一种归属感。家是人们心中最神圣的殿堂,家庭中兄弟姒娌不和是读书人乃至家族的惭愧,如

---

① 《孟子注疏》卷1下《梁惠王上》,孙奭疏,第26页。
② 《汉书》卷56《董仲舒传》,第2505页。
③ 孔安国在为解释周官"司徒掌邦教,敷五典,扰兆民"时指出:《地官》卿,司徒主国教化,布五常之教,以安和天下众民,使小大皆协睦。"《尚书正义》卷18《周官》,孔安国传,第483页。
④ 《汉书》卷22《礼乐志》,第1034页。

前文引述《后汉书·独行列传·缪肜》事例，缪肜弟媳争财，肜深感惭愧，责怪自己理家无方，"弟及诸妇闻之，悉叩头谢罪"。家中老人需要孝养，汉魏时代弃官孝亲者比比皆是，真正将"其为人也孝弟，而好犯上者，鲜矣"①的春秋儒家理想付诸现实。

（三）推动着法制的礼法调适

战国秦礼法的发展导致礼法内部需要进行调适，法家专传刑罚，颇有抛弃礼教的趋势，族刑连坐更是导致礼法内部混乱。汉魏"服制制罪"推动了礼法内部的调适，促进了汉代法制的礼法化。

汉初何以如此着急命萧何攈摭秦法作《九章律》？仔细读史会发现，项羽立沛公为汉王时，汉王怒欲拒绝，萧何劝刘邦："臣愿大王王汉中，养其民以致贤人，收用巴蜀，还定三秦，天下可图也。"此后刘邦在外与项羽决战，萧何留守关中，"即不及奏，辄以便宜施行"。②在汉王击败项羽的前五年中，萧何居关中，向关外作战的刘邦不断"转漕给军"及"兴关中卒，辄补缺"。③萧何在旧秦巴蜀之地依旧按秦之律令而治理，其征兵征粮，并未引起秦民造反，很值得考察和思考。

从《史记·萧相国世家》中我们可以看到，萧何"初入关中，得百姓心，十余年矣"。④何以得百姓心？太史公曰："何守关中……法令约束，立宗庙社稷宫室县邑。"而且"辄奏上，许可，许以从事；即不及奏上，辄以便宜施行"。⑤萧何在运用秦法令的同时，又将西周以来周礼以宗庙团结宗亲的传统进行发扬。同时，还将儒家重名分的思想通过"辄奏上"一以贯之，使得这些礼法共治实践获得了正统性与合法性。《汉书·高帝纪》又言："蜀、汉民给军事劳苦，复勿租税二岁。关中卒从军者，复家一岁。举民年五十以上，有修行，能帅众为善，置以为三老，乡一人。择乡三老一人为县老，与县令、丞、尉以事相教，复勿徭戍。"⑥虽用秦法，但是顺民心、知民苦、重民生、强教化的政策，已经不同于秦酷法之治。蜀汉"根据地"已经初步摸索出一套礼法治理经验。

汉初基于在巴蜀"根据地"法制实施的经验，承袭旧制却又限制用

---

① 《论语注疏》卷3《学而》，第3页。
② 《汉书》卷39《萧何传》，第2006—2007页。
③ 《汉书》卷39《萧何传》，第2007页。
④ 《史记》卷53《萧相国世家》，第2018页。
⑤ 《史记》卷53《萧相国世家》，第2014—2015页。
⑥ 《史记》卷1上《高帝纪》，第33—34页。

法酷急。因此，以孝治理念为指导，一方面，通过敕令督查，持续限制司法中的族刑连坐，另一方面，以经义为蓝本，在司法中对秦律令中的概念进行儒家化解释，使得司法趋于宽缓和慎刑。这些做法大大调和了秦旧制中礼法不适的情况。单就引经决狱而言，董仲舒一人的"明经术之意，及上疏条教，凡百二十三篇。而说春秋事得失……复数十篇，十余万言"。①一百二十三篇，就是三百二十个案件，这些案件可能涉及的汉律令也在上百条之上。"说《春秋》得失"同样是在解释汉律令，想必十万言中，概有万言对律令解释已足。又《刑法志》记载的武帝朝"死罪决事比万三千四百七十二事……议者咸冤伤之"，②虽然议者都认为有冤，但是至少是儒家在通过引经决狱对秦酷法残余进行着不懈的抵制和消解。这些都使得汉代礼法内容趋于调适，至于汉魏"服制制罪"所规制的亲属违礼相犯，就更说明了礼法调适的效果。

## 第二节 "服制制罪"的司法成就

汉魏"服制制罪"在协助礼法秩序重构过程中，其司法活动不仅起到公正断案的作用，还发挥着司法人才培养的重要作用。在司法实践中形成的"服制与事实并重"司法审判模式，培养了一代代精通律令和经学的"双通"司法人才。这是汉魏"服制制罪"实现社会治理功能的两个重要方面。

### 一 "服制与事实并重"的司法审判模式

审判模式一般指司法审判中形成的某种相对固定而又成熟的方法、方案、路径，从不同的角度界定就会有不同的模式。不同的民族或国家的审判模式均受其历史文化影响，有不同特点。尽管我国当代司法审判模式乃近代法制转型中移植域外法而形成，但是也深受我国传统司法断案模式影响。在我国古代情理法一体化的法文化中，亲情服制对司法影响至深，尤其是汉魏在"服制制罪"基础上形成的"服制与事实并重"司法模式存续近2000年，至今影响着我国的司法审判。

汉魏时代"服制制罪"十分注重亲情服叙等级关系，这些关系不仅需

---

① 《汉书》卷56《董仲舒传》，第2525—2526页。
② 《汉书》卷23《刑法志》，第1101页。

要查清事实,以律令为裁判依据,更需要礼仪教化维护亲情关系,甚至直接依据亲情服叙等级作为定罪量刑标准,同样的事实可能因为服叙等级和尊卑有别导致定罪量刑有别。因此,在限制亲属连坐和处置亲属违礼相犯的司法过程中一方面要考虑案件的事实,另一方面还要考虑亲情服叙关系。此外,在案件审理中,亲情关系复杂,可能为查清事实带来困难,但是也存在为查清事实提供方便的路径线索,甚至利用教化使亲情双方主动承认或默认事实,进而使案件达成和解。这样的司法审判实际就形成了"服制与事实并重"的司法审判模式。在这种审判模式中,既要考虑案件涉及的人员,尤其是相犯双方的亲情关系,还要考虑案件性质和事实,尽力将二者协调考虑后进行处置。然而这种协调并非是没有尺度的法官随意裁量,而是以达到亲情和睦又化解纠纷为最终目的,在具体处置上,裁判者可以根据案情和亲情不同,适度做出取舍。根据汉魏时代"服制制罪"具体审理情况,我们将这种"服制与事实并重"的司法模式分作两种类型,即"事实清而据服制"与"据服制而求事实"。

(一)事实清而据服制

所谓"事实清而据服制"是指,在涉及亲情案件的审判中,事实清楚,但司法判决要考虑甚至依据服叙关系的亲疏等级。这种审判模式多出现在亲属连坐案及亲属相犯案件中。汉魏"服制制罪"的立法及司法实践始终依据服制关系限制亲属连坐,将秦的夷九族、三族不断限制缩小。至西汉末东汉初,"大逆不道"等罪基本限制在同父母的三代且本家之内。从前文大量事实及案例看,许多"谋反""谋大逆""不道"等殊死之罪连坐中,即便本家三代之内连坐,年八十以上、七岁或十岁以下妇女非身犯法"皆不得系"。这是元始四年(公元 4 年)平帝"无系老弱诏"[1]和建武三年(公元 27 年)"无系老弱诏"[2]所明确的。至于普通犯罪,已不存在连坐。

在亲属相犯的案件中,如果事实清楚,主要依据服叙关系,考量尊犯卑或卑犯尊。同样的伤害,以卑犯尊处罚重于以尊犯卑;同样的服丧违礼,服叙关系近则处罚重,否则则轻。

先看张家山汉简《奏谳书》中一个"错告不孝案"。其内容为:"汉中守谳:公大夫昌笞奴相如,相如辜限内死。昌自告,如本故民,当免作少府,然与之约,弗免。汉中守谳,昌不当为奴,错告不孝,疑罪。廷尉批

---

[1] 参见《汉书》卷 12《平帝纪》,第 356 页。
[2] 参见《后汉书》卷 1《光武帝纪》,第 35 页。

复：错告，当治。"①高恒先生在分析该案时强调两点：一是秦汉以来奴隶主已经不得擅杀奴隶，并引用《史记·田儋列传》集解服虔之语"古杀奴婢皆当告官"印证；二是认为《奏谳书》收入此案主要是为了提示治狱者注意事物的复杂性。②但是《二年律令》有明确规定："父母殴笞子及奴婢，子及奴婢以殴笞辜死，令赎死。"看来在汉初，至少擅杀和殴笞家奴是两码事。该案审理中，案件事实清楚，而且昌自告相如乃为自己所笞。问题关键却在于相如与昌到底是什么关系，果如是昌言的主奴关系，则至少可依据二年律令赎死，但若为平民（少府），则昌就可能依据二年律令"斗伤人，而以伤辜二旬中死，为杀人"，③遭到弃市的治罪。可见，此案定罪与量刑既要考虑到案件的事实，还要依据加害方和受害方是否为主奴或亲情服叙关系，有服叙关系则不为杀人，无服叙关系则为杀人。而当时律令规定是：杀人者死，主殴奴伤辜限内死则赎罪。可以说这是"事实清据礼教""服制制罪"的早期雏形。

还有，第四章提到堂邑安侯陈须自杀案，事出元鼎元年（公元前116年），堂邑安侯陈须因其母公主卒未除服奸及兄弟争财而犯事，史料记载是"当死，自杀"；④又景帝二年（公元前155年）楚元王刘戊为薄太后服私奸被后削东海、薛郡之案。两案对比，邑安侯陈须因母公主卒未除服奸得死罪，显然案件类似，但处置结果大不一样。问题的关键在于案件事实虽类同，但亲情服叙有别，最后导致案件判决相去甚远。相比之下，楚元王刘戊与薄太后的服叙虽是王室宗亲，但主要强调的是政治意义的丧服关系，就宗室关系而言，薄太后只是楚元王刘戊的伯祖母，准确地说只是嫔妃中的伯祖母级别，见图5-1。而堂邑安侯陈须则因母亲丧未除服奸，而且母亲又贵为公主。所以在案件事实确定情况下，这里的服叙等级决定了最后的定罪量刑，属于"事实清而据服制"的类别。

楚元王刘戊——（父）夷王刘郢——（祖父）楚王刘交（刘邦弟）
　　　　　　　　　　　　　　　　　　　　　｜
　　　　　　　　　　　　　　　　　薄太后乃刘廛嫔妃、刘恒生母

图5-1

---

① 《张家山汉墓竹简》，第95页。
② 参见高恒《秦汉简牍中的法律文书辑考》，社会科学文献出版社2008年，第358页。
③ 《张家山汉墓竹简》，第11页。
④ 《汉书》卷16《高惠高后文功臣表》，第537页。

再如东汉时的"何侍搏姑案件",因丈夫许远揣岳父,作为妻子的何侍便搏姑耳再三。鲍昱决事曰:"夫妻,所以养姑者也。今婿自辱其父,非姑所使。君子之于凡庸,不迁怒,况所尊重乎,当减死论。"①儿媳与公婆的服制关系受"隆"的原则影响属于齐衰服制关系,而女婿与岳父的服制关系受"杀"的原则影响只是缌麻三个月的服叙之礼,若以此为比,断决此案,就会理解儿媳何侍殴姑获重判之原因。

曹魏时期,广陵人陈矫为魏郡西部都尉,当时耕牛很少,法律规定杀耕牛者甚至死罪。曲周有百姓父亲生病,杀牛祈祷,县令结案判处死刑弃市。陈矫接到上报后认为:"此孝子也。"②并上表请求赦之。此案并非亲属相犯案件,似乎不涉亲情服制,但是由死罪到表请赦免这种巨大的反差,恰恰是由于"孝子"这一重大服制原因。

汉魏时期的几个不同案件演绎了"事实清而据服制"司法审判模式不断发展、固定及成熟,并且被后世中国古代社会历朝沿袭。

(二)据服制而求事实

所谓"据服制而求事实"是指,在涉及亲情案件审判中,事实难以界定,需要依据服制亲情提供线索,查清事实,或者通过教化使案件双方自动交代事实、默认事实而达成谅解和解。

第四章讨论兄弟争财司法案例时,涉及西汉中期"黄霸察姒"一案,黄霸任郡守时接手此案,命妯娌两竞夺孩子,嫂嫂毫无忌讳地猛夺,而"弟妇恐有所伤而情甚凄怆"。霸乃叱长姒:"汝贪家财,欲得儿,宁虑顿有所伤乎?此事审矣。"③嫂嫂乃长叹伏罪。案件证据不足拖延三年未定,根源在于亲情纠纷,有时更难找到证据,此外前判官可能考虑到无论谁养孩子,都是一家人。但是黄霸最终得以找到证据并对长嫂治罪,其基本依据仍然是案件的事实证据。案中证据的获得,又恰恰运用了亲情服叙关系这个线索,因孩子的亲生母亲"恐有所伤而情甚凄怆",不敢争夺孩子,导致案件水落石出。也就是说案件事实真相的查出合理利用了亲情关系,这也是礼教与事实相结合审案定案的典型案例,而且此案明显属于据礼教而求事实的情况。

---

① 南郡臧女子何侍为许远妻,侍父何阳素酗酒,从远假求,不悉如意,阳数骂詈。远谓侍:"汝翁复骂者,吾必挝之。"侍曰:"共作夫妻,奈何相辱?揣我翁者搏若母矣。"其后阳复骂,远遂揣之。侍因上堂搏姑耳再三。下司徒鲍宣。转引自程树德《九朝律考》,第33页。
② 《三国志》卷22《蜀书·陈矫传》,第643页。
③ (晋)和凝撰,杨奉琨校:《疑狱集·折狱龟鉴校释》,第9页。

汉魏"服制制罪"中,还有一些案件,断案者甚至根本不用调查案件事实,而是完全依据服制亲情教化处理案件。最为典型的是第四章中列举的汉宣帝时韩延寿在高陵处置的"昆弟相与讼田案"。既然昆弟因争田产诉至官府,官府就应该调查事实,但韩延寿却"移病不听事,因入卧传舍,闭阁思过",最终使得"两昆弟深自悔,皆自髡(髠)肉袒谢,愿以田相移,终死不敢复争"。不仅如此,郡中百姓都以此相互勉励教化,"莫不传相敕厉,不敢犯",其结果还使得周边二十四县的兄弟以诚相待、邻里相安,长期无民事辞讼。

总之,汉魏时期,以"服制制罪"为主导的司法实践开创了服制与事实并重的司法模式,这种司法注重是非曲直,又与当事人之间的服叙等级相结合,或以服叙为线索查清事实,或以服叙作为定罪量刑标准。虽然案件情况不同,礼教与事实在定罪量刑中的作用略有不同,甚至有时有较大差别,但是一种基于以服制教化为宗旨的儒家司法理念贯穿于这种司法活动始终,对汉魏法制礼法化和礼法秩序的重构起着重大的推动作用。

## 二 培养了一代代"经律双通"的司法人才

汉魏"服制制罪"不仅在司法中形成了服制礼教与事实并重的司法模式,而且还培养了一代代通晓儒家经义又通晓律令的"双通"司法人才。司法人才是古今治理和发展的关键,春秋时孔子就提出:"文武之政,布在方策。其人存,则其政举;其人亡,则其政息……故为政在人。"[①]孟子进一步强调"徒善不足以为政,徒法不能以自行。"[②]荀子甚至认为:"有良法而乱者,有之矣;有君子而乱者,自古及今,未尝闻矣。"[③]儒家先哲均把法律人才问题提到为政的首要位置。汉魏在推行孝治过程中,"服制制罪"司法实践是通晓儒家经义又通晓律令的法律人才努力的结果,反过来,"服制制罪"的司法实践又培养了一代代这样的人才。

仅汉魏正史就记载了诸多通晓律令又研习经义的司法人才。两汉有影响的律学大家不仅代代世家相传,而且授徒众多,影响甚广。先看被称为汉代"律三家"的情况。根据俞荣根及龙大轩二位老师的考证,《后汉书》及《晋书》所言的"律有三家"可以明确为"郭躬、陈宠、杜林及其各自

---

① 《礼记注疏》卷51《坊记》,第1440页。
② 《孟子注疏》卷7上《娄离章句》,第185页。
③ (清)王先谦:《荀子集解》卷5《王制》,中华书局1988年版,第151页。

所代表的律章句学派",① 先看律三家的"双通"人才。

郭家自郭躬父亲郭弘就习律令,"郭氏自弘后,数世皆传法律,子孙至公者一人,廷尉七人,侯者三人,刺史、二千石、侍中、中郎将者二十余人,侍御史、正、监、平者甚众"。此外,郭家代代讲律授徒,学徒"常数百人"。郭家不仅讲律令,还传习经义,以至于郭家虽世掌法令,但用法"务在宽平,及典理官,决狱断刑,多依矜恕",②而"多依矜恕"并非法家特色,此乃儒家经义要旨,足见郭家律令学融会了律令与经义的社会效果。

陈家则起于陈宠曾祖父陈咸,史载陈咸在西汉成帝和哀帝时以精律令而迁尚书,咸性仁恕,常戒子孙曰:"为人议法,当依于轻,虽有百金之利,慎无与人重比。"到陈宠时,宠"数议疑狱,常亲自为奏,每附经典,务从宽恕,帝辄从之,济活者甚众"。正史还记载:"宠虽传法律,而兼通经书,奏议温粹,号为任职相。"至陈宠子忠,更是依经解律,强调宽缓轻刑,忠曾"奏上二十三条,为决事比,以省请谳之敝。又上除蚕室刑;解臧吏三世禁锢;狂易杀人,得减重论"。③陈家的律解在律三家中最能"应经合义",影响甚广。

至于杜家,一般认为以杜林为代表。杜林少好学,"博洽多闻,时称通儒",建武十四年(公元38年),众臣上言,主张严法重刑以治乱世,只有杜林以孔子之训辩驳,并指出大汉初兴,蠲除了强秦苛政,重新确立疏宽的法网,实现了海内欢欣,人怀宽德。然到后来,法令逐渐滋章,凡事"吹毛索疵,诋欺无限"。甚至连一些偷水果蔬菜之事也法令密集,其结果是"小事无妨于义,以为大戮,故国无廉士,家无完行。至于法不能禁,令不能止,上下相遁,为敝弥深"。④杜林以为宜如旧制,不合翻移。帝从之。这足以展现出杜家重经义的一面。

杜林被学界认为是对杜延年"小杜律"的承袭。杜延年父亲杜周治律酷暴,被称为"大杜律",但至延年,明法律,又为人安和。班固在评价杜周时曾云,周起文墨小吏,列于酷吏,然"有良子,德器自过"。延年子缓及钦皆治律令、好经书,及缓子业更重孝道,钦子及昆弟支属至二千石者且十人。⑤

---

① 俞荣根、龙大轩:《东汉"律三家"考析》,《法学研究》2007年第2期。
② 参见《后汉书》卷46《郭躬传》,第1543—1546页。
③ 《后汉书》卷46《陈宠传》,第1547—1559页。
④ 《后汉书》卷27《杜林传》,第935—938页。
⑤ 参见《汉书》卷60《杜周传》,第2665—2683页。

除"律三家"外，汉魏时期仅史载的经律双通官吏还有很多。西汉景帝时的文翁，"少好学，通春秋"，任蜀郡太守时，见蜀地辟陋有蛮夷之风，文翁便循循善诱化之，先是选郡县小吏中聪明有才者张叔等十余人亲自教化，后又将其优秀者遣送到京师，"受业博士，或学律令"。[①] 武帝时的于定国，少学法于父，后又"迎师学春秋，身执经，北面备弟子礼"，"其决疑平法，务在哀鳏寡，罪疑从轻，加审慎之心"。[②] 昭帝时的路温舒，曾为求得狱小吏而学律令，后又"受《春秋》，通大义"，[③] 治理地方有奇迹。宣帝时的黄霸，"少学律令，喜为吏"，然温良有让，"为丞，处议当于法，合人心"，居刺史及太守，"力行教化而后诛罚"，吏民百姓甚爱敬之。史家评曰："自汉兴，言治民吏，以霸为首。"[④] 至东汉，由于经学兴盛，兼习经学与律令者日益增加。仅《晋书·刑法志》载，东汉的叔孙宣、郭令卿、马融、郑玄等儒章句十有余家，"凡断罪所当由用者，合二万六千二百七十二条，七百七十三万二千二百余言，言数益繁，览者益难"，[⑤] 而且仅马融一人，当时就"教养诸生，常有千数"，影响甚广。至曹魏，朝廷"但用郑氏章句"，私家注律虽然受到限制，但由于秦之律令经过代代经律皆通的司法官吏和经学大师不断实践和修订，已经向着处处蕴含经义的律学转化。因此，这一阶段的司法官吏自接受律令起，自身就是经律皆通者。

或有人问，汉魏这些有名的还有诸多无名的经律皆通官吏为何都与"服制制罪"相关？我们说汉魏"服制制罪"是当时礼法秩序重构的重要司法手段，而汉魏礼法内部的调适也非仅仅是丧服礼制一个方面，但是"服制制罪"关涉天下每一个家庭的和睦，这种事前教化、事后又防止亲情撕裂的教化与审判理念，对实现民风淳化起到了至关重要作用。而且，那些经律双通的司法官吏和律章句学大师们也确确实实在"服制制罪"方面做出了留诸于世的功绩。"律三家"之陈忠在元初三年（公元116年）上言："人从军屯及给事县官者，大父母死未满三月，皆勿徭，令得葬送。请依此制。"太后从之。陈忠建光中又上疏："上自天子，下至庶人，尊卑贵贱，其义一也。夫父母于子，同气异息，一体而分，三年乃免于怀抱。先圣缘

---

① 《汉书》卷89《循吏传·文翁》，第3625页。
② 《汉书》卷71《于定国传》，第3042—3043页。
③ 《汉书》卷51《路温舒传》，第2368页。
④ 《汉书》卷89《循吏传·黄霸》，第3627—3634页。
⑤ 《晋书》卷30《刑法志》，第923页。

人情而著其节，制服二十五月。"① 遂著于令。而且陈忠上奏的"解臧吏三世禁锢"均为"服制制罪"问题。这不仅对丧服礼制入律做出了重大贡献，而且在"服制制罪"司法实践中极具指导意义。前述于定国为廷尉时处置的"东海孝妇被诬案"、黄霸为颍川太守时的"富室娣姒案"都属于经典的"服制制罪"案件。

---

① 《后汉书》卷46《陈宠传》，第1560—1561页。

# 第六章 "服制制罪"的必然性及成制推理

孝道乃中国传统文化的根基,丧服礼制又是成就和维护这种文化的基本保障。服制在汉魏入律并法制化,通过教化、训诫及惩罚方式协同发挥其礼法秩序重构的社会治理功能,取得了诸多成就。然而,汉魏服制的兴盛和社会治理功能的发挥到底是一种历史必然性还是偶然性?还不能单凭前述实证考察及阐释得出结论,从范式研究方法看,尚需进行一种逻辑推理来印证。本章旨在通过综合逻辑推演,再次印证汉魏"服制制罪"及其社会治理成效的历史必然性,同时通过汉魏"服制制罪"的"三转"发展推论其成制较为具体的时间。

## 第一节 基于唯物史观范式研究的"服制制罪"逻辑推演

范式研究是一种蕴含着理念、原则、制度、运行方法及措施、效果等要素的综合印证研究方法。这种研究方法并非单一的实证考据,或依据一定资料的单纯阐释,而是融合了考据研究、阐释研究,还需要再以综合逻辑推演的方法进行论证,以求接近或真实反映历史现实或客观真理。唯物史观范式研究方法是一种科学的综合逻辑推演方法。虽然它属于唯物辩证法范畴,但是作为一种学术方法,在此还是将它与宏观的唯物辩证法进行区别。[1] 以这种方法来比较和推演汉魏"服制制罪"及其社会治理成效,更具有说服力。

---

[1] 唯物辩证法是科学的哲学思维,但是由于各种复杂原因,在生活及工作中容易沦为简单的"一分为二"思维,甚至极端化为阶级斗争冲突式的思维。唯物史观范式研究方法则是基于客观历史及现实条件下,对研究对象系统性和多方位考察,并以逻辑推演方式验证其科学性的一种综合研究方法。

## 一 唯物史观范式研究方法

唯物史观研究方法是本书基于元范式研究方法而提出的符合马克思主义哲学要求的科学研究方法，本书在框架结构及逻辑推理方面力图运用该方法尝试探索汉魏"服制制罪"及其社会治理成效之必然性。

### （一）唯物史观范式研究方法概述

自20世纪60年代美国库恩在《科学革命的结构》提出"范式"研究方法以来，[①] 范式研究方法成为一种科学研究的新的方法，而且从自然科学迅速扩展到人文社会科学，为人文社会科学研究打开了一扇新窗户或新视角。

由于范式研究是由西方传入，人们需要一个接触和认知过程。在此过程中，范式方法免不了被曲解。目前在我国就出现了至少两种不同的变异种类。第一种是将范式研究方法盲目抬高，而且以西方哲学进行论证，颇有一种云雾缭绕之感。其结果是，连这些人也不知何为范式研究，范式研究的科学性到底在哪里。尤其是在人文社会科学领域，根本谈不上什么方法创新应用的导向性。第二种是将之简单归为一种方法、方式、模式，去掉了其丰富的哲学内涵和内容实质，将之简单泛化。这从当下诸多研究论文的题目和内容比较即可看出。题目是"某某范式研究"，看其内容，无非是运用传统的实证、阐释方法，将某个问题的现象归纳为一种方法或一种模式，或者单凭实证数据得出一个方式结论，或者单凭资料去阐释一种可能。这两种方法虽然现象不同，本质确是一致的，都将范式方法简单化或异化，没有厘清范式研究基本内涵和要求。其结果是在科学研究和人文研究领域均无突破性尝试。

尽管当代西方学者及中国学者将库恩的范式方法用哲学概念或理念解释得晦涩难懂，[②] 但是从范式方法创立路径看，"范式"指运用不同观念、原则和操作程序对现实"难题"或"困惑"研究后有新发现的研究方法。比如库恩对亚里士多德、伽利略关于下落物体速度快慢的比较论述即是如此。他指出，当条件和原则改变后，伽利略就得出了两个不同物体下落速度全新的发现，纠正了亚里士多德影响1000多年的错误结论。这就启发库

---

[①] ［美］T.S.库恩：《科学革命的结构》，李宝恒、纪树立译，上海科学技术出版社1980年版。

[②] 参见夏基松、沈斐风《历史主义科学哲学》，高等教育出版社1995年版，第171—174页。

恩，人们在研究中，有些一成不变的观点或观念未必是科学和正确的。一旦改变了观念、原则或者验证规则，可能会得出完全不同的结果。这种研究方法不仅对库恩是一个震撼，对所有科学研究也是一种憧憬，毕竟社会的进步需要解决许多难以克服的难题。固化的思维观念或原则可能会阻遏人们的知识探索，如果改变原来的观念、原则、方法，或许会有许多意想不到的发现。

当然，范式研究方法不是人为随意的创新，而是基于困扰科学或社会难题而创新的科学方法。基于此，诺斯维尔认为将库恩的范式应用到人文社会科学研究领域，提出了"元范式"概念。元范式强调，通过本体论、认识论和方法论在人类生活中应用后，实现人自身和其他人意识及行为方式的认同。这种范式方法又分为客观主义元范式和阐释学的元范式。前者强调，通过理论发现、实证考察和逻辑推演，去发现一种真正的应然性的历史和现实；后者强调，基于一定的价值观念，通过历史考察，解释分析人类共同体中，个人意识和行为与其他人意识和行为的相互联系，以及这种意识的语言表达和理解的背景。[①]也就是说，阐释学元范式既强调对某种历史现象进行必然性考察分析，又强调其对人们意识及行为相互影响的分析。

我国学者孙绵涛在诺斯韦尔元范式基础上，又考察了库恩、库伯及陈伯璋对元范式的范式图解。[②]发现3位学者在研究人文科学范式时都十分强调本体论、认识论和价值论。本体论决定着认识论，本体论和认识论又决定着价值论。结合上述几位元范式研究者的探索，我们发现在任何一个社会中，尽管人们具有不同的价值观，但在个体及群体互动中对于事物本质、个体认知仍可交流，甚至通过互动可以达成某种理念或行动的相互认可。因而，人文社会科学研究不仅要考察当时的各种现象及其动态结果，还要从逻辑上对某种本体论、认识论和价值论的互动进行认知或逻辑推演。

可以发现，元范式研究中，其所强调的本体论是最为主要的。本体论的哲学观念决定着认识论和价值观，进而决定着整个范式的研究客观性及其结果的真实性。正是基于此，本书认为，以唯物论为本体论基础的范式可能是最为科学和最为可靠的范式，或者说以唯物史观为哲学基础的范式研究方

---

[①] See Rothwell, R. *Philosophical paradigm and Qualitative Research.* J. Higgs. Writing Qualitative Research. Sydney: Hampden Press, 1998.

[②] 参见孙绵涛《西方范式方法论的反思与重构》，《华中师范大学学报》（人文社会科学版）2003年第11期。

法，才能在认识论和价值观中做出较为准确的逻辑推断。这一点，孙锦涛教授也有所发现，他说："从根本上来说，不是范式决定哲学基础和研究方法，而是哲学观决定范式和研究方法。"① 马克思主义唯物论辩证法及其唯物史观，必定会为这种范式研究方法增添更加科学的力量和理念。正是基于此，当代法学研究，尤其是法律史研究需要转变研究方法，解决礼法合治传统的创造性转化问题，以满足现代法治的需求。② 张文显教授也主张，我国法学界要以共同理论背景、共同理论框架、共同理论兴趣和共同理论风格的法学家们为基础，将传统阶级斗争的法学范式研究转向权利法学的范式研究。③

（二）本研究体现的唯物史观范式研究方法

唯物史观元范式研究具有客观元范式和阐释学元范式研究特点，其本质不仅符合唯物史观本体论、认识论及其价值论的科学性，更强调在此基础客观考证与逻辑阐释的一致性，并且这种一致性不能背离社会历史上主体人在意识与行为方面主流的认知情况。基于此，下面来考察唯物史观范式研究在汉魏"服制制罪"研究中的应用。

首先是汉魏"服制制罪"研究中采用的范式研究方法。为进一步明确对该方法的运用，在此还是以亚里士多德与伽利略的研究进行阐述。亚里士多德和伽利略的相同实验基础之所以结果不同，在于前者的客观条件或基础是非真空的，被外在空气严重干扰。亚里士多德在没有思考这些条件、因素时得出了主观认知的错误判断，故而导致一个千余年的错误观点。而伽利略在正确排除外在干扰后，实现了本体论的真实客观，即真正的"真空"条件。其得出的认知结论因而在地球场域下是正确的，故而后世牛顿对此进行了数学逻辑验证，得出了 $H=gt^2/2$ 公式。公式中不再有速度的含项，g 是在地球场域的真空条件下，说明任何物体降落时间只与高度有关，而与时间无关。亚里士多德和伽利略实现的真正难题在"地球场域"。这个场域受到了空气的阻力，只有发现这个问题，认识到这个场域不是一般的场域，而是"真空"的场域，才能得出科学的实验结论。这就启发研究人员，在社会科学研究中，所涉及的研究对象实际上会受到诸多因素的干扰。之所以很多历

---

① 孙锦涛：《西方范式方法论的反思与重构》，《华中师范大学学报》（人文社会科学版）2003 年第 11 期。
② 参见程关松《礼法合治传统的两种法学范式——以管商为例证的现代解释》，《法律科学》2017 年第 5 期。
③ 参见张文显、于宁《当代中国法哲学研究范式的转换——从阶级斗争范式到权利本位范式》，《中国法学》2001 年第 1 期。

史问题的研究没有进展或得出令人质疑的结论,是没有发现研究对象的阻遏因素。因而,同样地,对制度及制度运行考察,需要排除错误本体论、认识论和价值观的影响。只有保持本体论正确,才能确保认识论和价值观的可靠性,由此得出的社会理念和制度的实施结果才是可靠的。而在这种可靠性的观念和制度下,关于人们的互动及观念行为认可的研究才是可以信赖的。这就是本研究采用唯物史观元范式研究的目的所在。

"服制制罪"是中国古代与血缘纽带密切相关的制度,近代以来有不少学者基于如下两点将该制度予以基本否定,一是将该制度局限于近代刑事司法范畴,认为该制度存在同罪不同罚现象;二是深受梅因"所有社会进步的运动……是一个从身份到契约的运动"观点的影响,[①]认为该制度必然落后于西方法律制度。第一种观点显然是以近现代西方标准简单衡量古代中国社会制度,第二种观点也只看到西方社会契约平等的一面,借此否定"服制制罪"中具有权利义务关系的法权事实。就哲学本体论的客观存在而言,中西方都无法回避人类社会血缘亲情的客观事实。古希腊和古罗马的法制无不具有浓厚的宗族血缘特点,只是希腊城邦和罗马军事扩张导致公民参与城邦事务的法律得到较早成长;基督教原罪说将政府视为"用暴力来惩治和抑制人们罪错和邪恶"手段,[②]近代西方为防止政府暴力邪恶的扩张,用虚拟社会契约论来调处这两种恶。这就涉及对人和政府本性认知及价值判断的问题。中国古代社会没有城邦制,对人性和政府的认知及社会价值判断显然也不同于西方。这就决定研究汉魏"服制制罪"必须以唯物史观范式进行研究,这是贯穿本研究始终的思维方法。

其次是"服制制罪"社会治理范式问题。范式研究强调以科学的理念、制度、制度操作或运行来考察研究对象。研究汉魏"服制制罪"必须将其放在社会治理的大背景下,而研究"服制制罪"的社会治理问题,必须考察其观念、法制化、教化及司法实践、运行结果。这是本研究内容框架设计遵循的一个基本原则。唯其如此,才能透过"服制制罪"历史局限性,正视其在社会治理中实现家族和睦相处、有效规制社会秩序和谐等历史必然性和合理性,才能挖掘其礼法秩序重构与维持的作用,探索其对古代社会中华民族凝聚力与认同感的重要性。这一研究思路符合唯物史观元范式的基本要求,更有利于避免关于"服制制罪"的各种片面论断。

---

① [英]梅因:《古代法》,沈景一译,商务印书馆1996年版,第97页。
② [美]列奥·施特劳斯、约瑟夫·克罗波西:《政治哲学史》(上),李天然等译,河北人民出版社1998年版,第196页。

## 二 "服制制罪"的逻辑推演

接下来我们用唯物史观范式来对汉魏"服制制罪"及其社会治理功能效果做一逻辑推理。只有这样，才可验证它是否是一种偶然性，是否是对儒学的悖离，也才能在当代创新转化中看到它的价值，纠正服制亲情与当代社会秩序无涉的错误观念。

（一）宗法服制合理性的客观历史逻辑推理

按照历史唯物主义观点，人类早期都经历了原始时代，后来私有制的出现，人类进入了剥削时代。[①]但是由于世界各民族生活的地域、气候条件不同，决定了早期人类生活习惯和观念有很大的不同。所以，尽管同处剥削时代，并非所有民族的生活方式都相同，人们的价值观念也必然不同。以古希腊和罗马为代表的早期西方社会，由于在地中海式气候和狭小的半岛环境下生活，决定了农业无法养活更多的人口，于是便向海外经商贸易，同时，开辟了以"子邦与母邦"关系模式的殖民地城邦。这也决定了古希腊和罗马无法形成更大的部落联盟、甚至大一统的集权国家，而是在狭小城邦基础上，开启了城邦式的民主生活方式。可以说任何不理解古希腊城邦的人都无法真正明白其民主的内容。

尽管雅典和罗马都是地中海沿岸城邦，但是由于二者航海条件和发展时期不一样，其城邦民主方发展也不一样。希腊是"原子式"的城邦民主改革，[②]而罗马则是在对外扩张过程中，平民百人团与贵族百人团不断斗争，又通过不断改革形成了军团式的共和民主。这种军团式民主改革经历了内部的罢战妥协，经历了与意大利联盟者的斗争与妥协，最后虽然没有出现殖民城邦，却形成了各个联盟者地方或城市自治——一种超越城邦的自治联合体。当然，超越城邦又基于二者哲学理念的不同。希腊始终被局限于狭隘城邦民主之中，尤其是城邦公民特殊身份的固化导致了亚里士多德将奴隶视作天然财产。在他看来，奴隶天生没有公民权利，也就不可能具有自由权利。[③]这样的理念导致其著名的法治论实际是局限于少数城邦

---

[①] 第一个剥削的时代属于奴隶制社会，但并非每一个民族都经历了该时代。

[②] 希腊语中，城邦为πολις，即城堡，它是几个部落或村落构筑城堡保卫公民安全而组成的松散联盟。每一个公民都参与城城安全保卫，因而自然参与城邦管理，城邦就像自由原子聚集在一起，因而其民主被称为"原子式"民主。

[③] 参见［美］乔治·霍兰·萨拜因《政治学说史》，邓正来译，上海人民出版社2008年版，第182页。

公民之间。而且在平等与自由这对价值观念中,亚里士多德也错误地认为平等价值位阶高于自由的价值位阶。反观罗马,由于其世界观冲破了狭隘城邦主义,以世界主义的自然法观念取代了城邦观念。所以,自西塞罗时期起,"法律是事物自然表述"的价值观就在罗马深深扎根。按照这一观念,人们生来都享有自然的自由权利,尽管现实城邦社会中人的平等权利不一样,但却是可以追求的。也就是说,西塞罗改变了亚里士多德关于平等与自由的价值位阶,将自由提升到第一位,平等则为第二位,①这种观点一直影响至今。这种关于人的本体论哲学观及认识论的不同,导致了价值观念的不同,进而推动着罗马走向了古典时期商品经济的鼎盛和商品经济法律的辉煌。

如果只以古希腊古罗马价值用来衡量世界上其他任何民族国家古代社会的得失,那必然认为中国古代的丧服礼制是落后的,甚至"服制制罪"是荒唐的。

但是,从客观范式论而言,东方的印度和中国没有地中海商业的天然条件,缺乏契约式的平等观念,早期缺乏推动契约平等观念快速发展的天然条件。无论印度的种姓制宗教或是原始佛教都强调"业力"的修行,这种宗教观念不仅将人定格在天然不平等框架内,还要求人们通过内在修行,增加善业,改善今生或来世。而古代中国大面积的内陆农业生产在遭受自然灾害时,只能依靠自我救济和邻区帮助。如此,大公无私的道德品格就成为这种生死攸关时期生存生活最宝贵的经验和财富。如此,以德礼为基础的价值观念就成为人们生活十分重要的部分。如何将这种德礼贯彻始终,成为人们互动的价值认同和行为认可,也就成为当时社会治理需要考虑的一个重要问题。

在中国古代,解决这一问题,必须依靠当时的生产生活组织——宗法家族。这样,大公无私、天下为公的德礼就必须融入血缘为纽带的亲情之中,进而就形成了生命通过血缘纽带延续传承的宗亲观念,②因此就设计出一整套宗法伦理维护以传嫡为核心的人伦秩序。丧服礼制最能体现宗法人伦关系,也与事生葬死的物质财富和生活活动密切挂钩。同时又将宗法之礼扩大为国家制度,以维系整个社会秩序。因此,丧服礼制就成为宗法社会生产、生活乃至自救等一切活动最为重要的礼,遵守这种礼就能彰显出

---

① 参见[美]乔治·霍兰·萨拜因《政治学说史》,第182页。
② 这明显不同于古代西方生命只有一次的强烈自我现实观念,也不同于古代印度通过修行期待生命轮回的宗教观念。

德行。这就是早期禅让制、天下为公观念形成的缘由，也难怪孔子将之概括为"格物、致知、修身、齐家、平天下"。

看来生存客观条件的不同决定了生存理念和原则的不同，又决定了不同民族生活方式和价值观念的不同。通过这种逻辑推理，我们不仅不能用古希腊罗马的价值观念贸然评价中国古代的生活与文化，更没有理由用近现代西方的生存条件、生活理念及价值去武断推理和评价古代中国，去否定我国丧服礼制的历史合理性。

（二）"服制制罪"历史必然性的逻辑推理

丧服礼制既然是中国古代宗法社会生产、生活最为重要的礼，社会治理就离不开它。汉代提出的以孝治天下，包含着用生养死葬的孝亲服制之礼进行教化和惩戒，不然难以维护家庭、宗族及社会有序。[①]

于是一个逻辑问题应然而出，即丧服礼制是我国古代合乎历史的现象，其入刑"制罪"也合乎历史么？在第五章"探索周秦礼法秩序雏形"时已初步涉及定分止争的法。在此，需要对西周规范性的"礼"与春秋规范性的"法"的变迁加以比较，才可能回答这个问题。

西周礼制虽可称为"礼法"，但其突出的是"礼"与"刑"的关系。由于周礼多重外在形式，所谓"文而不诚"，且礼因阶层而异，很难在不同阶层主体的活动中相互贯通，故有"礼不下庶人"之说。此时的"刑"也因用刑是否分开而存在很大差异，故有"刑不上大夫"之论。等差而又形式化的礼难以深入人心，更难以在贵族与庶人之间达成统一的观念认可。这不仅是周礼难以长期有效实施的原因，也是西周礼治失败的重要原因。在春秋"礼衰乐败"情况下，孔子以"仁"克己复礼，旨在为周礼寻找统一的内在价值，以便实施中在各阶层形成较为一致的观念认同。

儒家创始人在改造礼的同时，基于生产力的发展，社会关系及生产关

---

① 导论中已经指出，"服制制罪"本身并不是一种单纯的刑事司法活动，它包括官方教育教化、宗法家族教化调解、基层乡里的管理与调解，当然也包括官方的民事审判和刑事审判等多项内容。这些内容的目标是一致的，即预防、规制、制止、裁判各种违礼、违法、甚至入刑的行为。即便是古代民刑不分的一些司法裁判，并非都是单一的惩罚处置，多以教化、训诫、警示为目的，实际是为实现人们孝老爱亲、和睦和谐为目的。入刑的惩罚只是实现这种目的的最后保障。基于此，就可以说中国古代德刑的"刑"是为了实现刑措，而非以惩罚为目的。当然，由于丧服礼制涵盖的生活包括多个方面，在皇权政治加强对社会控制过程中，激烈的政治及军事斗争导致利用亲属关系进行连坐惩罚的现象，甚至一度泛滥，这也是难以避免的。但是同时要认识到，这并非丧服礼制自身的过错，而是法家政治哲学导向的错误。

系都在发生着重大变革，适应于调整新的经济关系的"法"应然而生。基本情况是，宗法背景下的小宗及没落贵族后代——士人，联合乡野鄙人，运用青铜生产工具广开阡陌，通过财富增长及财富独立，反抗并摆脱大宗及贵族的压迫。摆脱大宗法斗争中涌现出的大量财富当然难以用旧的宗法制度规制，具有定分止争功能的法顺应时代潮流，成为规制这些财富的主要规则体系。法在规制财物与人的关系时完全可以不讲等差，劳者多得。进而，在一个生产力发展了的社会，法被广泛应用于处理人与人的关系中，彰显出事断于法，刑无等级的特征，也显示出比礼更具操作性的方便。

在礼遭遇僭越的春秋战国时代，社会需要另一种规则和价值观念来弥补这一失缺。于是，利用"法"进行富国强兵的改革顺应了这一需求。然而，法背后的价值观念是什么，它能否真正成为人们互动所认可的价值，就需要具体分析。[①] 就中国古代而言，法需要以礼的价值为灵魂。礼缘人情，礼依人性，强调宗法家族和睦，而秦却利用亲情服制关系实施株连"三族""九族"，企图改变人性。这种偏激的适用法律显然违背了定分止争的法的秩序精神，更违背礼的和合精神，这是秦速亡的重要原因之一。

基于战国秦礼法的失调，西汉社会重视孝礼，旨在缓和社会矛盾，恢复亲情关系，这是民心所向。无论黄老思想还是儒家思想都需要孝礼政治，由此，从范式研究的历史逻辑推论看，汉魏注重丧服礼制，实施服制教化、服制入律论罪，旨在调适礼法功能，是当时社会的最佳选择和必然选择。服制教化及入律论罪符合民心民意，不是有些研究者断章取义或用西学近世自由主义观念评价的那样："服制制罪"是对儒家思想的悖离。

（三）"服制制罪"的"元范式"逻辑推理

本章"唯物史观范式研究方法"部分的元范式方法强调，通过本体论、认识论和方法论在人类生活中应用后，实现人自身和其他人意识及行为方式的认同。而丧服礼制及其以礼法形式参与汉魏社会治理，这一成功治理范式的本体论在司马迁论礼中实际已经讲清楚了。"礼，上事天，下事地，

---

[①] 古希腊城邦民主实践取得了巨大成就，然而三十年的伯罗奔尼撒战争却使整个希腊毁灭。修昔底德在《伯罗奔尼撒战争史》中强调，整个希腊人的品性都堕落了。参见［古希腊］修昔底德《伯罗奔尼撒战争史》，谢德风译，商务印书馆1985年版，第18页。后世由此称之为"修昔底德陷阱"。修昔底德陷阱的根本问题在于法律缺乏正义基础，这种法律被后期智者乱用，导致了区域霸权主义。这也是柏拉图和亚里士多德后来强调道德正义的关键所在。由此看来，法本身需要正义的灵魂。

尊先祖而隆君师"。① 又礼法作为人道经纬万端、作为规矩无所不贯。这与古代"天人合一"哲学理论一脉相通。基于这种本体论哲学，经过先秦两汉思想的持续发展，将天道自然规律与人伦精神融为一体，提出了"三纲""五常"的认识论及价值观，作为治国理政的理论及原则。上一章所论的"三纲""五常"，其认识论及价值观的成功之处在于，宗法人伦之礼被人们逐步接受，并且通过教化达成"修身""齐家"乃至"治国""平天下"的理想共识，而且由孝老、爱亲扩展出的诚信、仁爱、知礼、守法、爱国等核心价值观念也沉淀为民族性格和特征，成为古代小农经济和皇权政治背景下中华民族能够实现超稳定社会结构的共同认同观念。就元范式推论看，丧服礼制参与社会治理的范式所取得的成就也是中华民族的历史必然。

当然，不可回避的是，受皇权政治和小农经济2000多年的裹挟，礼法治理范式不可避免地存在诸多问题，诸如宗族内宗法运行中的不平等、亲属相犯司法处置中的同罪异罚、社会普遍存在的"愚忠愚孝"等。但是这并非中国元哲学及其价值观、方法论的错误。

剔除小农经济和皇权私家政治的裹挟，中国古代孝治政治中的礼法治理范式依然是有效的。比如"三纲"中的"君为臣纲"，其精神要求君臣共议，保留有上古原始民主精神。先秦儒家的"暴君逐放论"就是这种精神的十足体现，董仲舒天人感应学说对君权的限制就是对君权制约的理论设计，唐代"民水君舟"思想也是对君权制约的生动比喻，这种精神在今天也不过时。即便为人诟病的"八议"制度，学者们也发现，其本质是防止君权独大，实现君臣共议国事。现代社会，领导要对所在单位或行政地域负创新发展的责任，但是这种发展规划需要讲科学的民主决策，而非一意孤行的独断。"夫为妻纲"中固然阐明妻子为阴，丈夫为阳，但是同时强调阴阳不可失调。丈夫要承担家庭责任，丈夫要忠于妻子，否则就阴阳失调。"父为子纲"中强调儿子要孝顺父亲，但是儒家文化也反对愚孝。父子关系中，父亲首先要承担养育教化子女的责任，要为子女做榜样。就中国文化、印度文化和基督教文化三者比较而言，唯有中国文化是世俗文化，子女实际是父母生命及精神的延续。总之，以亲情为核心纽带形成的纲常伦理，在今天形式发生了变化，但其精神仍然存在。就像剔除空气阻遏条件下的大球与小球下落，速度一致是必然的，以丧服礼制为核心的礼法治理范式，其客观运行的哲学基础、条件、理念、制度依然具有科学性。

---

① 《史记》卷23《礼书》，第1176页。

## 第二节 汉魏"服制制罪"的"三转"推理及逻辑结论

"服制制罪"的合理性及必然性不仅需要历史逻辑及元范式的推理,还需要针对"服制制罪"在汉魏的发展阶段及突出成就进行推理,并由此得出汉魏"服制制罪"创制的结论。"服制制罪"在推动汉魏礼法秩序建构的过程中,自身也经历了3个重大转变:第一次转变是限制亲属连坐中,相对于秦首匿之法而设立的亲亲相隐制度,它蕴含着私权适度对抗公权侵害的理念;第二次转变是为限制亲属连坐及规制亲属之间的违礼相犯,以经学之义进行决疑断案,促使包括服制经义在内的儒学经义开始成为律令灵魂,不仅促进了汉魏法制的礼法化发展,还开启了儒学以"礼法合治"社会的新篇章;第三个转变是汉魏礼法在调适过程中,汉代律章句学的发展,律章句学促成了服制经义在多方面与律令规范的融合,最终实现了礼法的真正统一。"三转"推理就其本质而言,仍然属于唯物论范式研究范畴,只不过限于"服制制罪"自身发展过程中的重要环节比较而已。

### 一 亲亲相隐:开启礼法反抗公权侵害的历史

汉代的"亲亲相隐"本是指导司法实践对秦代亲属连坐的限制和反动,但是在司法活动中,儒家孝道和以血缘宗法为核心的"三纲五常"逐步深入人心,成为汉魏社会的核心价值观。儒家仁礼除了强调尊卑之外,更强调互尊互爱,否则难以达成和睦和谐局面。尤其是"君为臣纲",并非是臣要对君无条件地服从,它强调君使臣以礼,臣下有权利或者义务纳谏,甚至可以逐放暴君。就"亲亲得相首匿"在禁止公权肆意株连犯者族亲而言,它无疑成了私权对抗公权侵害的一个原则。

(一)"亲亲得相首匿"原则的确立及实践

"亲亲得相首匿"即亲亲相为隐,它是依据春秋早期对尊者过错予以讳隐的观念发展而来。西周至春秋,对于亲者或尊者不能言明之事常常以讳相隐,如庄公三十二年(公元前662年),庆父弑君,季子便缓纵之,使其未获罪名。何休曰:"庆父季友亲则亲矣,得相首匿,是以舍之。"[1]作为执法官的季子与庆父为兄弟,为之匿罪,被认为合乎情理。又公元前623年,温地会盟,元咺与卫侯发生争讼。晋人便执卫侯归之于京师,请求周天子

---

[1]《春秋公羊传注疏》卷9《闵公元年》,何休解诂,第190页。

杀之。周襄王曰："君臣皆狱，父子将狱，是无上下也。"① 何休认为，元咺为臣，本当为其诸侯卫侯讳隐，却毫无顾忌，与之争讼，故元咺当狱。② 卫侯之罪在于杀其弟叔武也。之所以不书叔武，是为贤者隐讳。故周襄王断决元咺与卫侯都有罪。儒家创始人孔子在与叶公讨论了"其父攘羊"事件后，依据讳隐思想提出了"父为子隐、子为父隐，直在其中"③ 的司法原则。这里的"直在其中"是指符合服制关系的天理人情，符合了这种天理人情就是直，就是正义。孟子继承孔子关于父子相隐的思想，假设帝舜窃负戴罪之父而逃，视弃天下如弃敝蹝，以此思想处理国法与服制亲情的两难关系。既做到了奉法承天，政不可枉，又维护了父子亲情。故让帝舜亡天下而隐其父。④ 由此看来，最初"亲亲相隐"思想主要是父子相隐、君臣相隐、兄弟相隐，相隐内容既包括亲属相犯，也包括非亲属相犯问题。

因为讳隐早期只是一种观念，因而在秦律令兴起过程中，尤其在亲属连坐立法和司法中被"事断于法"所遮蔽，故而秦首匿之法得以猖獗。汉承秦制，仍多有首匿之法，然"亲亲相讳隐"的观念也开始被运用到立法和司法中。汉初孝治开始限制亲属连坐，先秦讳隐观念和儒家"父子相隐"思想不再被禁止，局部的立法和司法实践开始允许"亲亲相隐"，以有效限制亲属告奸的秦遗风旧俗。⑤ 于是有论者便据此认为，"亲亲得相首匿"制度成制于汉初高后时期。这种观点颇为片面，⑥ 本著在这里以注释方式引用了汉初3个强调亲属告奸的简牍，均禁止"亲亲相隐"，否则将被连坐，根本谈不上亲亲相隐原则在汉初确立。至于《二年律令》第一三三简规定的情况在出土的秦简和《封诊式》中亦有体现，还有《睡虎地秦简》第一〇四简有"子告父母，臣妾告主，非公室告，勿听"的记载，但是断然不会认为"亲亲相隐"在秦朝已制度化了，这些只能说明当时在家事方面倾向于捍卫家长权威而已。所以，认为"亲亲相隐"制度化于汉初高后时期《二年律令》的说法，不仅难以自圆其说，也不符合观念逐步转变和成

---

① 《国语·周语》，上海古籍出版社1978年版，第54页。何休认为元咺诉君，悖君臣之义。
② 参见《春秋公羊传注疏》卷11《僖公二十八年》，何休解诂，第262页。
③ 《论语注疏》卷13《子路》，第177页。
④ 参见《孟子注疏·尽心章句上》，孙奭疏，第371页。
⑤ 如《张家山汉墓竹简·二年律令》第一三三简就规定："子告父母，妇告威公，奴婢告主、主父母妻子，勿听而弃告者市。"
⑥ 因为《张家山汉墓竹简·二年律令》的《盗律》《收律》《钱律》分别规定："诸予劫人者钱财，及为人劫者，同居智（知）弗告吏，皆与劫人者同罪。""夫有罪，妻告知，除于收及论；妻有罪，夫告知，亦除其夫罪。""盗铸钱及佐者，弃市。同居不告，赎耐。"

熟的规律。

"亲亲相隐"的理念确实在汉初司法中不断得以实践运用，尤其是儒家思想登上政治舞台后，司法中就直接提出了为亲属之罪隐匿的问题。《汉书·淮南王传》记载，元狩元年（公元前122年），在处理衡山王太子爽告父一案时，明确指出："爽坐告王父不孝，皆弃市。"① 尽管这个案子中其他问题很复杂，但是在处置时，明确提出太子爽因告父被弃市，十分明显，这是运用子为父隐思想之结果。还有《通典》记载了一个董仲舒所决的"亲亲相隐"案例。

时有疑狱曰："甲无子，拾道旁弃儿乙养之，以为子。及乙长，有罪杀人，以状语甲，甲藏匿乙。甲当何论？"仲舒断曰："甲无子，振活养乙，虽非亲生，谁与易之。《诗》云，螟蛉有子，蜾蠃负之。《春秋》之义，父为子隐。甲宜匿乙而不当坐。"②

此案的具体时间不可考证，但是应当在太初元年（公元前104年）之前。③ 审案时，董仲舒以《春秋》的"父为子隐"之义，论甲隐匿养子无罪。结合武帝朝酷吏多有枉法臆断和酷刑连坐不断等实际情况，因而可以推测，"父子相隐"在武帝时期经历了曲折的过程。最初大概家罪中子不告父的讳隐思想和规定尚能得以实施，但是暴躁的武帝在其执政中期又复重首匿之法，元朔五年（公元前124年），"侯（灌）贤……坐子伤人首匿，免"，④ 即便普通刑事案件，此时也不允许"父为子隐"。武帝执政后期又认识到存在的问题，开始注重用儒家思想纠正酷刑带来的家庭和社会问题，再次重视董仲舒提出的"刑罚轻而禁不犯，教化行而习俗美"主张。⑤

此后，随着儒家思想不断在政治、经济和文化各领域的深入，"亲亲相隐"理念和司法实践不断深入人心。昭帝元始六年（公元前81年）的盐铁会议中，贤良文学直指首匿相坐之法的祸害，要求实施"亲亲相隐"的法律制度。在贤良文学看来，以子诛父，以弟诛兄，亲戚相坐，犹若引根

---

① 《汉书》卷44《衡山王赐传》，第2156页。
② （唐）杜佑撰：《通典》卷69《嘉礼·异姓为后议》，第1914页。
③ 因为这一年是董仲舒去世时间，既然认为该案是董仲舒的《春秋》决狱，就可推知其时间发生在此之前。
④ 《汉书》卷16《高惠高后文功臣表》，第548页。
⑤ 《汉书》卷56《董仲舒传》，第2503页。

本之及华叶,伤小指而累四体。其结果必然是,以有罪诛及无罪,无罪者寡矣。他们按照《春秋》之义,重申子为父隐,父为子隐,明确要求"恶恶止其人,疾始而诛首恶"。① 这些主张提出后,在司法实践中开始展开激烈讨论和运用。元凤(公元前80—公元前75年)间,桑弘羊子迁因父案逃亡,"过父故吏侯史吴。后迁捕得,伏法。会赦,侯史吴自出系狱,廷尉王平与少府徐仁杂治反事,皆以为桑迁坐父谋反而侯史吴臧之,非匿反者,乃匿为随者也。即以赦令除吴罪。"② 尽管此后侍御史重审此案,以桑迁通经术,知父谋反而不谏争,与反者无异,导致侯史吴匿迁而不得赦,但是,这场争论实际是为"亲亲相隐"界定了隐罪范围。即谋反等政治性重罪不能相匿,扭转了先秦弑君仍然可以相讳隐的原始相隐观念,同时,也使服制亲情相为隐制度逐渐成熟。

至宣帝时,"亲亲相隐"观念历经嬗变并最终定型为影响后世2000多年的法律制度。地节元年(公元前69年),宣帝感慨尧亲九族而实现平章百姓、协和万邦。次年宣帝亲政,大赦天下,举亲民之贤良方正。地接四年(公元前66年)二月,先下"父母丧者勿繇事诏",五月,又下"亲亲得相首匿诏",使得该原则第一次明确为法律制度。该诏强调:"子首匿父母、妻匿夫、孙匿大父母,皆勿坐。其父母匿子、夫匿妻、大父母匿孙,罪殊死,皆上请廷尉以闻。"将父子相隐观念扩大适用于祖孙三代,并且使之制度化。诏令显示,卑幼隐匿父母和祖父母以及妻隐匿丈夫,并未受罪行性质和可能量刑的限制;而尊长隐匿卑幼,非殊死之罪没有限制,殊死之罪则必须上请。之所以这样规定,大概与当时孝治政治有关,尊亲对卑幼负有教化责任,故卑幼犯罪尊亲需要担当一些责任,尤其是事关社稷政权稳定的罪,卑幼犯罪,定是尊亲教养不力或失缺,故需上请。从丧服礼制角度看,尊亲对卑幼的服制要轻于卑幼对尊亲的服制,所以,隐匿服制轻者自然受到限制。此原则和制度的确立,是西汉100多年限制亲属连坐观念的重大理论和制度突破,对汉魏"服制制罪"确立了基本的制度依据。

"亲亲得相首匿"原则确立后,通过教化和司法实践在民间广泛传播,它与儒家教化思想融为一体,成为家庭、家族亲情和睦的主要纽带。如果出现亲属相互揭发犯罪,可能遭到斥责或惩罚。宣帝时,阳城侯刘德子刘向坐铸伪黄金,当伏法,刘德上书讼子之罪。德薨,大鸿胪奏其讼子有罪,

---

① (西汉)桓宽撰、王利器校注:《盐铁论校注》,中华书局1992年版,第585页。
② 《汉书》卷60《杜延年传》,第2662页。

认为其失大臣体，"不宜赐谥置嗣"。① 因此，皇帝特赐刘德恶侯之名——缪侯。而对于隐匿亲属犯罪的情况，在宣帝之后的两汉与曹魏时期，基本上都能按照亲亲得相首匿的原则和制度进行处理，而且逐步以丧服服叙对该原则的司法使用加以明晰。

据史料记载，宣帝时，陆元侯延寿于五凤三年（公元前55年），"坐知女妹夫亡命笞二百，首匿罪，免"。② 此案非常典型，隐含着依服叙等级确定首匿是否有罪。乍看该案，似乎有悖于宣帝"亲亲得相首匿"诏。其实不然，汉代出嫁女与其父母和同胞兄弟的服叙等级分别被降杀为"齐衰"和"大功"，而服叙亲等降杀后，夫与其妻之父母只有"缌麻"亲等，与其妻兄弟可能就不具有服制亲等了。《仪礼·丧礼》未将妻之兄弟纳入夫之服制圈，历代丧服图中，夫与妻之兄弟也被明确为无服制。如此，侯延寿隐匿妹夫这个与自己没有服制亲等的人，自然是不被允许的，其结果是被免职。又据西晋常璩记载，西汉哀平之时，成都民间先贤李弘子李贽被辱而杀人，太守以"贤者子必不杀人"为由，将李贽释放。李弘得知实情，遣子逃亡，太守因之怒斥李弘。李弘则以《春秋》所载"石蜡杀子"讥太守，③ 况且太守之举违背"君子不诱而诛"之理，认为自己的行为符合孔子父子相隐之道，太守遂无以回答。按照宣帝"亲亲得相首匿"诏，李贽被辱杀人乃非殊死罪，其父弘可隐，但是需上请。而太守"执而放之"表明无证据或不受理，就无须上请，故太守理屈。杨雄称李弘言行皆正，并尊其为先师。④ 可见，当时"亲亲得相首匿"原则在民间已经广泛推行。

"亲亲得相首匿"原则和制度在实行中，还被运用到由师徒和隶属等关系产生的服制亲情中。灵帝时，曹节矫诏诛陈蕃等，"蕃友人陈留朱震……匿其子逸于甘陵界中。事觉系狱，合门桎梏。震受考掠，誓死不言，故逸得免。后黄巾贼起，大赦党人，乃追还逸，官至鲁相。"⑤ 此案中，陈蕃故友、下属朱震宁肯自己遭罪，也要隐匿被株连有罪的故友上司子女，已经超越了宣帝得相首匿诏的亲属范围，明显拓展了服制的使用范围。

---

① 参见《汉书》卷36《楚元王传》，第1928页。
② 《汉书》卷15《王子侯表》，第474页。
③ 《左传》载："石碏使其宰獳羊肩莅杀石厚于陈。"《春秋左传正义》卷3《隐公四年》，第88页。石蜡的儿子助纣为虐，帮助州吁杀了卫国君，石蜡不忍亲手杀子，于是借助他人在别国把自己儿子灭掉。
④ （晋）常璩、刘琳注：《华阳国志》卷10《蜀郡士女》，巴蜀书社1984年版，第703页。
⑤ 《后汉书》卷66《陈蕃传》，第2171页。

## 216　汉魏"服制制罪"及其社会治理范式研究

当然,"亲亲得相首匿"在实施过程中也遭遇到宫廷政治斗争甚至战争屠杀的挑战,不过由于该原则符合儒家宽缓慎刑理念,深得民众欢迎。再者,无论政治斗争还是武力夺权,得民心者方可得天下,因此,该原则还是基本能够一以贯之地被遵守和使用。西汉末年新莽政权时期,为政治斗争需要,又开亲属告奸之禁,但是东汉初期迅即予以矫正。① 此后,东汉党锢也对"亲亲相隐"造成破坏,但是毕竟范围只是限于党争案件,普通刑事案件未见有鼓励亲属告奸之记载。曹魏时,虽战事频仍,"亲亲得相首匿"并未被废止。寿春侯曹彪曾因兖州刺史令狐愚与太尉王凌谋迎废立,曹彪自杀,然其妃及诸子只是免为庶人。正元元年(公元254年)特诏:"故楚王(曹)彪,背国附奸,身死嗣替,虽自取之,犹哀矜焉。夫含垢藏疾,亲亲之道也,其封彪世子嘉为常山真定王。"② 无须曹彪的妃子和诸子再去揭发和批判其罪行,并且王室特隐其罪,直言"含垢藏疾,亲亲之道",故封其世子曹嘉为常山真定王。

(二)汉魏"亲亲得相首匿"的突出成就

根据上述探讨,在此可以对"亲亲得相首匿"进行扼要归纳。该原则是反对秦夷族连坐过程中依据西周讳隐思想及其春秋"父子相隐"思想在司法实践中的概括,自宣帝时制度化后,在汉魏实施过程中内容不断丰富,取得了重大学理成就。

首先,对法家的夷族连坐观念进行了彻底否定。法家依据人性恶理论,将民视为天生有"六淫""四恶"的刁民。法家轻视礼仪教化和家庭道德习惯的熏染作用,创制并推广夷族连坐刑罚,同时,立法鼓励并强制亲属告奸。这方面的案例和律令在第二章已经进行了比较详细的梳理,不再赘述。而周礼和儒家思想则重视教化,对于人之过失和错误寄希望教育后,改过自新,不必动辄示之于公众,或以罪举之。这实际是遵循"圣人之训,动有隐讳"。③ 早在先秦,基于个体的父子相隐,已经被认为是亲亲之道,在国家层面,国君及王室要"含垢隐忍",也被称为"天道"。④ 汉代孝治政治基于隐忍之道,在法律层面以"亲亲得相首匿"对抗战国秦以来盛行的

---

① 王莽政权以刺举为明,徵讦为直、法峻罔密,甚至重开吏告其将、奴婢告其主之禁。陈元认为这种局面导致子告父兄,朝野上下无所措。光武帝听从了陈元的建议,并责令有司进行督察。参见《后汉书》卷36《陈元传》,李贤注,第1233页。
② 《三国志》卷20《魏书·武文世王公传》,第587页。
③ 《论语注疏》卷13《子路》,邢昺疏引江熙注,第178页。
④ 参见《春秋左传正义》卷24《宣公十五年》,第667页。

夷族连坐和亲属告奸观念。

　　夷族告奸与"亲亲相隐"观念在多方面都是对立的。二者的伦理基础更是对立的，法家是淫恶刁民观的"性恶论"，儒家是人道的"性向善论"。它们被用于政治的出发点和落脚点是截然不同的，前者是通过以刑去刑达到君王南面独裁，后者则是通过家族和睦达到社会有序，实现圣王之治。二者在法律层面有重大不同，前者割裂礼法，过分强调法律的万能作用，君上官吏都"不可须臾忘于法"。后者对礼法的教化和惩罚作用并重，对于人之小过，情理与国法皆隐忍，以促进教化自新，对于一般违法或犯罪，无须追究知情隐匿的亲属，唯有动摇国基的殊死罪，禁止隐匿。由此看来，"亲亲得相首匿"至少在观念上彻底否定了夷族连坐及告奸观念，为汉代儒家法律向文明宽缓发展提供了法哲学基础。

　　第二，为"恶恶止其身"开辟了一条切实可行的司法依据和路径。正史记载，汉魏常以"恶恶止其身"来反对"一人有罪戮及妻子"。因此，"恶恶止其身"与"父子兄弟，罪不相及"皆成反对连坐的学理观念，这两个提法均出自昭公二十年（公元前522年）。"父子兄弟，罪不相及"是齐大夫苑何忌借《康诰》文意而提出的。① 背景是，齐景公赐诸大夫酒，夸奖公孙青出使卫国知礼，但苑何忌推辞而不敢饮酒，怕分享别人的赏赐会导致日后领受其责罚。既然西周就主张父子兄弟罪不相及，苑何忌自然不愿因公孙青而受罚，故不敢贪受君王这种赏赐，以干犯先王。"恶恶止其身"是汉公羊寿对昭公二十年"曹公孙会自鄸出奔宋"的考释。在春秋三传中，出奔不言"自"某地出奔，公羊寿认为："此其言自何？畔也。畔则曷为不言其畔？为公子喜时之后讳也……君子之善善也长，恶恶也短；恶恶止其身。"② 其大意为，公孙会是贤者公子喜时的后人，故为贤者讳，使"恶恶止其身"。

　　"恶恶止其身"比"父子兄弟罪不相及"限制连坐的范围更广泛，但是同时比其更迂阔，在限制亲属连坐方面都不具有可操作性。"亲亲得相

---

① 《春秋左传正义》卷49《昭公二十年》，第1397页。《康诰》云："子弗祇服厥父事，大伤厥考心。于父不能字厥子，乃疾厥子。于弟弗念天显，乃弗克恭厥兄；兄亦不念鞠子哀，大不友于弟。惟吊兹，不于我政人得罪。天惟与我民彝大泯乱。曰，乃其速由文王作罚，刑兹无赦。"意指刑不孝、不慈、弗友、不恭这四种罪无赦。但齐大夫苑何忌据其义认为，刑不慈者，不可刑其父又刑其子；刑不孝者，不可刑其子又刑其父。是为父子兄弟，罪不相及。

② 《春秋公羊传注疏》卷24《昭公二十年》，第510页。

首匿"原则及制度的确立使得这两个观念具有了可操作的司法路径。按照"得相首匿诏"的具体内容，非殊死之罪既然在三代之内均可相隐，当然就实现了"恶恶止其身"与"罪不相及"的理念。至于殊死之罪既然卑幼可匿尊亲，尊亲在上请之后有隐匿卑幼可能，就意味着也有不被连坐的可能。从第三章汉魏亲属连坐的司法实践考察看，殊死之罪连坐确实在向着恶恶止其身与罪不相及方向发展。

第三，丰富了先秦以来科学取证的内涵。证据是复原案件实情原貌的手段，因此，证据被称为谳狱定罪的无冕之王，没有确凿证据，就不能认定有罪。但是很多情况下，现场、物证、人证失缺，加之古代科学不发达，给取证带来更大困难，很容易导致刑讯逼供，导致错案冤狱。尽管如此，中国古代颇为重视公正取证，上古时期，就有"与其杀不辜，宁失不经"[1]的原则和制度。没有扎实且公认的证据，宁肯不按常典办事，也不能杀错无罪的人。西周时期又有"双方具备，师听五辞"[2]等众多科学取证措施，而非刑讯逼供。汉代"亲亲得相首匿"制度的确立，也强调了靠严格证据办案，不能依据犯者及家属口供定罪，丰富了先秦以来证据科学公正的内涵。

亲属之间既然可以隐匿犯罪，就没有被强迫作证的责任，在这种情况下，如果单靠刑讯逼供，证据肯定要受到质疑。第四章所举东汉明帝时扬州刺史庄遵查奸杀案中，"官司考掠其（淫妇）叔太过，因而自诬其罪"，显然属刑讯逼供。案报刺史庄遵，遵一不刑讯逼供，二没让自诬者亲属来作证，而是另辟蹊径，采用欲擒故纵手法，放归淫妇，然后密令人夜中到嫂（淫妇）壁下偷听。其夜，奸者果然赶来，问淫妇曰："刺史明察，见叔宁疑之耶？"嫂曰："不疑。"两人大喜之时，吏立即入室擒之。还有，曹魏时句章县令张举审奸杀案中，淫妇杀夫后放火烧舍，称火烧夫死。县令张举用火烧死活猪与死猪的方法进行鉴别，活猪腔内有烟熏，而死猪没有，于是对照此前尸体检验，淫妇服罪。[3]此案没用亲属作证，更没刑讯逼供。可见"亲亲相隐"排除亲属作证责任后，使得谳狱者运用智慧，采用科学或符合逻辑推理方法获得真实证据，不仅双方及众人皆服，还留下诸多取证科学、谳狱公正的历史佳案。

第四，一定程度上遏制了公权对私权的侵犯。以上3点学理成就是对"亲亲相隐"在汉魏时期发挥作用作出的概括，若用当代权利本位的法学理

---

[1] 《尚书正义》卷4《大禹谟》，第91页。

[2] 《尚书正义》卷19《吕刑》，第545页。

[3] 参见（晋）和凝撰、杨奉琨校《疑狱集·折狱龟鉴校释》，第322页。

论概括,上述3点本质均在于阻止公权对私权的肆意践踏。毋庸置疑,中国古代至少在学理上没有公权与私权的概念界定,但是不能就此认为就没有私权观念。"亲亲得相首匿"原则和制度的普及推行,很明显是国家公权对私权利益的让渡,至少从以下3个方面能够体现私权抵御着公权的侵害。

(1)限制公权对家庭无辜的屠杀连坐。限制亲属连坐是"亲亲相隐"最直接的目的,第二章已经谈到的元寿三年(公元3年)平帝"无系老弱诏"和建武三年(公元27年)"无系老弱诏",两诏均明确年八十以上、七岁或十岁以下妇女非身犯法"皆不得系"。"不得系"就是不能抓捕,当然也不能连坐他们。即便是大逆不道之罪需要连坐,"亲亲相隐"也基本上使连坐范围由战国、秦的"夷三族"或"九族"缩小到汉魏时期的一家,并且大大减轻了连坐处罚。曹魏正元中(公元254—公元256年),主簿程咸议出嫁女不随娘家之戮,随着为律令。减少了无辜受害者。

(2)限制亲属告奸及强迫作证对私权的侵害。汉魏"亲亲相隐"免除了亲属告奸义务和为亲属有罪作证义务。《晋书》在谈到汉代"风移俗易,几于刑厝"所作出的努力时,批评了东晋初"考子正父死刑,或鞭父母问子所在",[①]即批评当时依据亲属口供定罪的现象。这足以反映出汉魏"亲亲相隐"在不为亲属作有罪证据方面所取得的成效,至西晋反不如汉魏。

(3)限制国家权力对家庭权利的侵害。家庭权是二战以后才被人们关注和讨论的一项宪法权利,1948年生效的《世界人权宣言》较早提出了家庭权,"成年男女不受种族、国籍、宗教的任何限制,有权婚嫁和成立家庭……家庭是天然和基本的社会单元,应受社会和国家保护"。[②]相对于国家公权,家庭权是一种私权,国家对家庭负有保护义务。这种保护体现在两个方面,一是国家公权要为家庭权的实现提供各种保障措施,二是国家公权与家庭私权保持适度的平衡,既不能过度侵犯或干涉家庭事务,又要使行使公权的司法机构(法院),"在必要时剔除'公权止步家务事'的传统伦理观念,适度介入家庭以定纷止争,从而促进家庭的和谐稳定"。[③]汉魏"亲亲相隐制度"在当时正是很好发挥了这两种潜在功能,准许相隐正是发挥了国家公权支持、辅助家庭和基层进行礼法教化的功能,防止国家公权破坏家庭亲情和睦融洽。

但是,改革开放以来,学界在研究"亲亲得相首匿"问题时,也提出

---

① 《晋书》卷30《刑法志》,第939页。
② 《世界人权宣言》第16条。
③ 张燕玲:《家庭权的私法保障》,《法学论坛》2012年第9期。

了一些否定观点，比如"亲亲相隐"有违大义灭亲，还有相隐容易引起腐败问题等等。这些现象在中国古代确实存在，但是若认定它们一定是"亲亲相隐"或甚是儒家伦理所导致，恐怕有点武断。春秋时期，哀公问政，孔子回答"为政在人"。战国荀子又指出："有乱君，无乱国；有治人，无治法。"① 就连明末清初的黄宗羲也认为："敲剥天下之骨髓，离散天下之子女……为天下之大害者，君而已矣。"② 这说明再好的礼制和律令，如果没有天下为公的明君和良吏，是不能实现其良法价值，甚至会适得其反。所以，"亲亲相隐"的负面影响实为皇权政治长期裹挟所致。再说，人类确实还未找到为各民族所通用的最好制度，自古以来的各种法律制度和文化都有其所长，也都有其所短。

总之，汉初孝治要求限制亲属连坐，但客观上又承秦旧制，只好以诏令和经义解释秦冰冷的律令，将亲属关系纳入司法领域予以保护。这种限制亲属连坐的理念和司法实践在宣帝时取得了突破性发展，以"亲亲得相首匿"诏的形式彻底否定了秦连坐理念以及武帝时又抬头的重首匿之科理念，开启了以礼法适度对抗公权侵害私权的历史。可以说，这是"服制制罪"在汉魏发展的一个重大学理标志。该诏自身属于立法形式，此后以服制限制亲属连坐的众多案例又形成了汉代的法律形式——比，它们对后续审判该类案件有着直接比拟的应用价值。前述永平十六年（公元73年）明帝诏令中的"女子嫁为人妻，勿与俱"及光和二年（公元179年）灵帝诏中的"诸党人禁锢小功以下皆除之"，区分亲属远近，明确服叙亲等，足见以服制定罪在限制亲属连坐方面已经制度化。曹魏正元中（公元254—256年）毌丘俭孙女适刘氏一案引起朝堂之议，在室之女，可从父母之刑，出嫁之妇，使从夫家之戮。将永平十六年的诏令完善并定为律令。至此，限制亲属连坐的原则、制度及学理都以完善和丰富，礼法内部得到了一定程度的协调和调适，推动着汉魏礼法制度的发展和完善，也推动着汉魏礼法秩序的构筑。

## 二 服制决狱：儒学经义开始成为律令的灵魂

汉代在限制亲属连坐过程中，司法实践开启了运用经义解释冰冷的律令。同时，针对亲属之间的相犯，还运用服制经义考察犯者的主客观动机，作为处置案件的主要考量因素。实现了"服制制罪"的第二次转折。

---

① （清）王先谦：《荀子集解》卷8《君道》，第230页。
② （清）黄宗羲：《明夷待访录·原君》，中华书局2011年版，第2页。

## （一）服制决狱的兴起与发展

服制决狱乃引经决狱的重要内容，是指司法断案时引用经典中有关亲情服制经义解释和理解律令概念，进而进行司法裁判的行为，因为汉代引经决狱最初多引春秋时的经文经义解决司法疑难问题，故俗称"春秋决狱"或"春秋决疑"。春秋决狱又称"春秋折狱""春秋断狱""引经决议"。"春秋决狱"之语最早见于《后汉书》，司隶校尉应奉之子应劭删定律令为汉仪，建议献帝为惟新社稷而省览，奏中将所删汉仪与西汉董仲舒春秋决狱比较时提到："胶东相董仲舒老病致仕，朝廷每有政议，数遣廷尉张汤亲至陋巷，问其得失。于是作春秋决狱二百三十二事，动以经对，言之详矣。"① 沈家本考春秋决狱，设"春秋断狱"章，台湾学者称之为"春秋折狱"，这都是对"引经决狱"司法活动之称谓。实质而言，春秋决狱所引春秋时经文或要义只是对疑狱案件所提供的一种法律解释，断狱、决狱之依据仍为法律或经过经义解释后的法律，并非经文本身。《汉书·倪宽传》云："汤由是乡学，以宽为奏谳掾，以古法义决疑狱。"② 所以，吕志兴教授在10多年前就提倡使用"引经决疑""春秋决疑"的称谓。③ 本研究所考察的引经决议多指以服制经义决狱或决疑，故可称"服制决狱"。

服制决狱是随着春秋决狱之兴起而兴起，但是春秋决狱却肇始于服制决狱。④ 就"许止尽药"之事而言，尽管春秋三传有不同意见，都认为原心以定罪，许止无故意，当赦。⑤ 此事发生在公元前523年，比鲁定公九年

---

① 《后汉书》卷48《应奉传》，第1613页。
② 《汉书》卷58《倪宽传》，第2629页。
③ 吕志兴：《"春秋决狱"新探》，《西南师范大学学报》（人文社会科学版）2000年第5期。
④ 通常认为春秋决狱始于董仲舒引经决狱，然根据春秋经义所发挥的作用，学者们纷纷撰文认为引经决狱在汉初甚至更早的时代已经拉开了序幕，并且认为是孔子为鲁司寇时赦不孝子及杀少正卯为开端。其实春秋决狱始于服制决狱，而且其肇始要比孔子任鲁司寇的服制决狱更早。
⑤ 《左传》认为止尽心力以事君，舍药物可也，其意在为太子惋惜。药物属于医生职责，舍药物则"于己不知，于礼可也"。《穀梁传》则认为止不弑，买正卒。《公羊传》认为止"进药而药杀"。《左传》没有否定止弑君之罪名，但感到止或弑君罪确实冤枉，之所以书弑君之罪，是讥讽止未尝药。《穀梁传》否定止有罪，是买有疟当卒。《公羊传》认为止有错，但无罪。既然止已尽心尽力，就被后世认为获罪冤枉或认为根本无罪，这就是董仲舒讲究的本直者其论轻。参见《春秋左传正义》卷48《昭公十九年》之"孔颖达正义"，第1381页。（晋）范宁集解、（唐）杨士勋疏、李学勤主编：《春秋穀梁传注疏》卷18《昭公十九年》，范宁集解，北京大学出版社1999年版，第299页。《春秋公羊传注疏》卷23《昭公十九年》，第509页。

（公元前501年）孔子任鲁司寇赦不孝子及杀少正卯早。还有更早的是，襄公三十年（公元前543年），蔡世子子般弑父，榖梁传集解曰："蔡侯般，弑父之贼，此人伦之所不容，王诛之所必加。"① 子般于昭公十一年被楚灵王诱至南阳以"贪而无信"罪被诛杀。② 子般被诛符合"君亲无将，将而必诛"，该观点认为，待父母尊亲，哪怕是其起了弑杀之心也是要被诛杀，体现了原心定罪之理念。若就原心定罪而言，《春秋左传》闵公元年便有"心苟无暇"的谚语记载，也就是说在公元前662年时，已经有了以经论罪的原则，并且至少在子般弑父中得到运用。

原心定罪有正用与反用。《春秋左传》记载了不少春秋时期杀亲被处罚的事例。③ 但是也曾被秦个别博士所用为无道的秦统治者化解危难。陈胜吴广起义，秦二世召诸博士儒生商讨对策，有博士就以"君臣无将"的经学大义为比附，认为陈胜等干犯君臣服制关系之礼，罪死无赦，并支持秦二世急发兵击之。④

汉初提出以孝治理天下，孝本身是家庭中晚辈对尊长的感情尊重、关爱与物质方面的供养保障，涉及家庭人伦服制关系，政治层面对孝道的重视就为服制经义发挥其社会功能提供了基本条件。不孝是对尊长的内心不敬，因而治罪实际考虑到了心直与否。景帝时，窦太后意欲立梁王为太子。景帝咨询大臣，袁盎等以春秋左传讥讽宋宣公立弟不立子为比，向太后讲述了弟争王位的不良后果。宣公立弟后，弟之子争位，认为理当代父，导致刺杀兄子，由是国乱而祸不绝。袁盎等以春秋"君子大居正"作为处理梁王与侄争王位矛盾法律解释，或曰以此作为决疑原则，最后化解了这一争端。此后，梁王刺杀袁盎，景帝对此案十分头痛，若诛梁王，则为兄不仁，对太后也不孝；若放纵梁王，则与法相悖。最后派懂经术的田叔、吕季治此案，田、吕二人焚烧梁王杀人口供，称梁王不知此事并以经术"五刑之疑有赦"的大义，替梁王开罪，化解了景帝可能有杀弟及不孝之名。⑤ 梁王风波虽没有直接涉及兄弟身体相犯事实，但是梁王争王位陷景帝于不

---

① 《春秋榖梁传注疏》卷17《昭公十一年》，范宁集解，第288页。
② 《春秋左传正义》卷45《昭公十一年》，第1284页。
③ 诸如隐公四年州吁杀同父异母兄卫桓公，同年九月，卫国右宰丑莅在濮地杀死州吁。桓公五年陈陀杀侄子太子免而篡位次年，蔡国将陀赶下君位，并杀之。庄公八年无知弑从昆弟齐襄公次年，被废杀。文公七年御弑杀侄子太子并篡位，国人将御除之。昭公二年公孙黑与从昆弟公孙楚争妻，政子产杀之。
④ 《史记》卷99《叔孙通传》，第2720页。
⑤ 参见《汉书》卷66《叔孙通传》，第2091、2092页。

义、不孝境地，二者已经属于亲属相犯，经学之士以春秋大义化解了与律令的冲突。但第二次运用经学大义实质上是出于法外开恩，属于对春秋大义的错误应用，为后世司法中以春秋经义干乱法纪、看人设教开了不好之端，难怪后世学者对春秋决狱有批评的一面。

武帝时，服制决狱伴随着春秋决狱兴盛亦进入到一个兴盛时期。这个兴盛期的到来，归功于董仲舒把儒家思想落实到现实政治治理的司法操作层面。董仲舒在《春秋繁露》第一卷就提出："春秋之法：以人随君，以君随天。"① 根据这一核心，董仲舒以现实儒学为政治服务，结合阴阳学说，构思了"三纲"理论以屈民而伸君，构思了"天人感应""异灾谴告"理论来屈君而伸天。将儒学爱民、养民思想作为为政的标准，达不到爱民、养民标准则致天降异灾予以警示或惩罚。这样，为儒学理论全方位融入政治法律实践提供了可行性措施，为两汉春秋决狱的兴盛奠定了思想和学理基础。武帝一朝，董仲舒个人就有以春秋决事比232事的历史记载，可见武帝之时，以春秋微言大义决疑、决狱十分兴盛，甚至当时不懂经学的文掾法吏断狱聘请经学博士参考成为时尚。以至于当时"奏谳疑事，必先为上分别其原，上所是，受而著谳法廷尉絜令，扬主之明"。② 朝廷及地方的官吏皆以能够引经义决疑狱为荣，甚至期望以此作为升迁指望。

此风延至东汉，甚至曹魏时期仍然兴盛。东汉中期的永元年间，尚书何敞被迁为汝南太守，常分遣儒术大吏案行属县，显孝悌有义行者。及举冤狱，常以春秋义断之。郡中因此无怨声，百姓化其恩礼，皆归养其父母，追行丧服。地方置立礼官，不任文吏。③ 曹魏时期，魏讽造反，刘廙的弟弟刘伟为魏讽所引荐，当相坐诛。太祖令曰："叔向不坐弟虎，古之制也。"④ 于是刘伟只是被徙署丞相仓曹属。汉魏时期以春秋经礼或微言大义所决疑难案中，有关于以服制人伦之礼决疑亲属相犯的案件很多。在此对服制决疑具体可考的案件进行考证，见表6—1。

---

① （西汉）董仲舒撰、（清）清凌曙注：《春秋繁露》，中华书局1975年版，第28页。
② 史载酷吏张汤决大狱，欲傅古义，乃请博士弟子治尚书、春秋，补廷尉史，亭疑法。参见《史记》卷122《酷吏列传·张汤》，第3139页。
③ 参见《后汉书》卷43《何敞传》，第1487页。
④ 《三国志》卷21《魏书·刘廙传》，第616页。

表6-1

| 序号 | 史料内容 | 律令规定 | 决疑原则 | 结果 | 文献出处 |
| --- | --- | --- | --- | --- | --- |
| 1 | 甲父乙与丙争言相斗，丙以配刀刺乙，甲即以杖击丙，误伤乙。 | 殴父，枭首。 | 《春秋》之义，君子原心，赦而不诛。 | 无罪 | 《太平御览》 |
| 2 | 甲有子乙以乞丙，乙后长大，而丙所成育。甲因酒色谓乙曰：汝是吾子，乙怒杖甲二十。甲以乙本是其子，不胜其忿，自告县官。 | 殴父，枭首。 | 甲生乙，不能长育，以乞丙，于义已绝矣。 | 不应坐 | 《通典》 |
| 3 | 妻甲夫乙殴母，甲见乙殴母，而杀乙。 | 妻殴夫，耐为隶妾 | 武王为天诛纣 | 无罪 | 《玉函山房辑佚书》 |
| 4 | 汉景帝时，廷尉上因防年继母陈论杀防年父，防年因杀陈 | 杀母以大逆论。 | 继母无状，手杀其父，下手之日，母恩绝矣。 | 非大逆 | 《通典》 |
| 5 | 梁人取后妻，后妻杀夫，其子又杀之。 | 杀母以大逆论。 | 《春秋》传曰：不称姜氏，绝不为亲。下手之时，母名绝矣。 | 无罪 | 《孔丛子》 |
| 6 | 甲夫乙将船，会海风盛，船没溺流死亡，不得葬。四月，甲母丙即嫁甲。 | 夫死未葬，法无许嫁，以私为人妻，当弃市。 | 《春秋》之义，言夫人归于齐，言夫死无男，有更嫁之道也。 | 无罪 | 《太平御览》 |
| 7 | 永始中，相禹奏立禽兽行（与姑奸），请诛。 | 无规定 | 春秋为亲者讳。诗云：戚戚兄弟，莫远具尔。 | 不治 | 《汉书·文三王传》 |
| 8 | 定国与父康王姬奸，生子男一人。夺弟妻为姬。与子女三人奸。 | 奸淫长辈之妻黥城旦舂，昆弟之妻完城旦舂。 | 定国禽兽行，乱人伦，逆天道，当诛。 | 自杀国除 | 《汉书·燕王传》 |
| 9 | 会所养兄子毅及峻汕等下狱，当伏诛。 | 当伏诛 | 楚思子文之治，不灭斗氏之祀；晋录成宣之忠，用存赵氏之后。 | 峻汕兄弟官爵如故 | 《三国·魏志·钟会传》 |
| 10 | 昭烈皇后宜与大行皇帝合葬，臣请太尉告宗庙，布露天下，具礼仪别奏。 | 不宜 | 《诗》曰："穀则异室，死则同穴。" | 制曰可 | 《三国·蜀志·先主甘后》 |

续表

| 序号 | 史料内容 | 律令规定 | 决疑原则 | 结果 | 文献出处 |
|---|---|---|---|---|---|
| 11 | 魏讽反,廙弟伟为讽所引,当相坐诛。 | 当相坐诛 | 叔向不坐弟虎,古之制也。 | 特原不问 | 《三国·魏志·刘廙传》 |
| 12 | 当陈爽与晏等阴谋反逆,并先习兵,须三月中欲发,于是收晏等下狱。 | 夷三族 | 君亲无将,将而必诛。 | 夷三族 | 《三国·魏志·曹真传》 |

就可考证的案件而言,不止表中所列12个案例,但是这12个案例明确了以服制经义决疑的原则,具有代表性。当然,史料10不是一个案件,而是一个先皇后合葬的涉及服制亲情决疑问题。其他可考证但没有直接说明决疑原则的案例还有很多,并且于法有据,与经合义。随着汉初服制经义对孝亲和睦的注重,汉魏服制经义与家庭亲属服制关系相关法律规定逐步兼容,只是在断案时不偏废服制人伦关系因素即可。

(二)引经决狱的学理成就

如果说"亲亲得相首匿"是汉魏"服制制罪"第一次司法和学理性的转变,那么,在限制亲属连坐的同时,司法中以服制亲情解释所承袭的相关秦律,对于亲属之间的违礼相犯实现了合情、合礼、合乎律令的协调处置,促进了汉魏法制向着以礼义为精神的方向发展,使得汉魏法制礼法化趋向成熟,因此"春秋决狱"或"服制决狱"实现了"服制制罪"演变的第二次理念转变,可以说,由此真正开启了"礼法合治"社会的社会治理历史。

学界在研究汉代引经决狱过程中曾一面倒地批判其负面影响,这一点不仅不符合当时"引经决狱"彰显司法公正的需求,更不符合"引经决狱"实践发展中形成的学理及司法价值。吕志兴教授对此做出了比较公允的评价,认为汉代春秋决狱不仅受到律、令、制、诏以及科、比、格、式等成制与先例的严格规制,还对制定法有补阙纠偏功能,是对当时法律缺陷的修补机制,对中国古代法制的完备化起着重要的推动作用。[①] 根据汉魏"服制制罪"研究的考察重点,借鉴现有研究春秋决狱的一些成果,本研究将服制决疑的学理成就进行如下归纳分析。

第一,服制决疑中所依据原则的学理化。前面我们已经讨论了"春

---

[①] 参见吕志兴《〈春秋〉决狱与中国古代法制的真实关系》,《政法论坛》2016年第3期。

秋决狱"最是早依据亲情服制关系得以发展,在亲属违礼相犯时,不仅要考虑相犯的事实,更重要的是要考虑相犯的动机。一般而言,亲情之间出现违礼或相犯,若为过失,则立当以维系亲情为宗旨,故要减轻或免除处罚;若为故意,伤亲之心必不可饶恕,人们会觉得这种人牲畜不如,人既不如牲畜,是为祸害,当速除之,故处罚很重。这应该是《春秋左传》所言"心苟无瑕"的追求目标。但是,司法断案一般要依据比较稳定的礼制、律令,因此服制决狱又绝不是随意的或概括性的依据"心苟无瑕",它必须依据亲情关系远近,结合案件事实及危害情况,有较为具体的学理性依据。在春秋至汉魏的司法实践中,逐步形成了以"原心定罪"为基础的许多较为成熟而又稳定的准据原则。除了较早确定又广泛使用的"原心定罪"原则外,还包括如下具体的"准据原则"。

（1）亲情义绝原则。

"亲情义绝"即亲情之间没有恩情、没有名分、恩断义绝。比如上表史料 2 中"于义已绝",董仲舒以此"义绝"断甲"不应坐"。[1] 史料 4 中虽防年杀母大逆,但继母先杀防年之父,导致"母恩绝",太子以"恩绝"论防年"不宜与大逆论"。[2] 史料 5 与史料 2 属同类案件,其论"母名绝矣",也就是以没有名分而恩断义绝为理由。从前表的史料还可以发现,"亲情义绝"在生活中还表现为"禽兽行,逆天道""为天诛纣"。还有史料 7 中的"为亲者讳"而不治罪也属此类问题。至于史料 11 中的"叔向不坐弟虎"严格讲不属于单独的原则,它是亲情之义在连坐问题上的引经决狱问题。要强调的是,"亲情义绝原则"还有"权"与"变"的问题,即灵活运用。比如史料 6 表象属于违背"亲情义绝原则",然夫死无男就是对"亲情义绝"的权变,从而不存在再嫁为违背"亲情义绝"。该原则是一种总纲,把握了总纲,运用则灵活多变。

（2）尊君、尊亲原则。

该原则倡导的依然是孝治政治中的亲亲、尊尊。"尊君"方面有"君亲无将,将而必诛"和"君臣"原则,强调做臣子的不可对君王不敬,一旦逆君便将遭到严厉惩罚。正始十年（公元 249 年）,司马懿政变,曹爽、何晏等顾命大臣坚决抵制,遭司马氏清洗时,借口便是"君亲无将,将而必诛"。[3] 再如"王者无外"原则,强调在危及社稷安全时,皇亲贵族都是不

---

[1] （唐）杜佑撰:《通典》卷 69《嘉礼·养兄弟子为后后自生子议》,第 1911 页。
[2] （唐）杜佑撰:《通典》卷 166《刑法·杂议》,第 4288 页。
[3] 《三国志》卷 9《魏书·曹真传》,第 288 页。

可免责的。魏帝曹髦被司马昭集团刺杀后，司马昭又假惺惺上言要求对曹髦"加恩以王礼葬之"。"尊亲"方面有"罚不加尊"原则，强调对尊者、长者给予一定的特权。当年曹操行军，马入民田，依军令当死罪，然主薄引"春秋之义，罚不加于尊"为决事依据，曹操因此挥剑割发以自罚。① 还有"母以子贵"原则，强调对尊贵者的母亲礼遇有加。如前表史料 10 中，诸葛孔明认为刘禅当了皇帝当效法刘邦当年以"母以子贵"的先例，追封刘禅母亲甘夫人为昭烈皇后并合葬。② 尊亲还涉及对长者以礼行丧的"礼丧"原则，还有"以小事大"等原则。这些原则在两汉时期已经作为决狱的基本原则使用，魏晋时期更为普遍。

（3）"大义灭亲"及其他拓展性原则。

大义灭亲强调的是在忠与孝发生冲突时，要超越亲情服制，从社稷大局稳定的方面"引经决狱"。因春秋有此先例，故尽管汉代孝治政治对基层官员强调去官归宁或孝养尊亲，但是朝廷层面重要官员还是强调忠高于孝。到曹魏时期，三国鼎立，人才缺乏，更加强调了社稷大局，因而该原则经常得以运用，两汉的归宁制度不断被突破或废止。在刑事司法中也常以忠孝问题倡导大义灭亲，如曹魏时魏国毋丘俭、文钦上表奏请罢免司马师，以春秋事例做比，"大义灭亲，故周公诛弟，石碏戮子，季友鸩兄"，③ 今司马昭有罪，当上为国计，而下全宗族，罢免司马师。此外，司法中还依据春秋"善善及子孙"的经义，提出"善及子孙"的准据原则。比如前表史料 9 就是对善及子孙原则的运用，因为钟会兄钟毓"历职内外，干事有绩"，因而以"楚思子文之治，不灭鬪氏之祀。晋录成宣之忠，用存赵氏之后"④ 为经义和原则，对会兄之子破例宽宥，使得钟毓后代有官爵者如故。

除此之外，因为曹魏时期"引经决狱"盛风不减，加之"服制制罪"走向成熟化，还从亲情服制中拓展出许多与服制亲情无涉的原则，同时"引经决狱"自身也不限于服制决狱，其依据礼的范围在西汉后期就远远超出了亲情服制之礼。这些原则有"贬恶嘉善""宽宥""春秋责帅""以功补过"等等。比如曹魏时期，毛玠以古代王叔、陈生到宣子处评理，最终是非曲直得以彰显，借此为自己所谓的"讥谤之言"辩解，并得以免罪，⑤ 这

---

① 《三国志》卷 1《魏书·武帝纪》，注引曹瞒传，第 55 页。
② 参见《三国志》卷 34《蜀书·先主甘皇后传》，第 905—906 页。
③ 《三国志》卷 28《魏书·毋丘俭传》，注引俭、钦等表，第 763—765 页。
④ 《三国志》卷 28《魏书·钟会传》，第 793 页。
⑤ 《三国志》卷 12《魏书·毛玠传》，第 376—377 页。

是对"贬恶嘉善"的运用。东吴陆抗上疏要求赦放薛莹,指出:"周礼有赦贤之辟,春秋有宥善之义,书曰:'与其杀不辜,宁失不经。'"这是对"宽宥"原则的运用。还有蜀国马谡"违亮节度",导致失败,诸葛亮戮马谡以谢众:"《春秋》责帅,臣职是当。请自贬三等,以督厥咎。"① 这是对"春秋责帅"原则的运用。

第二,服制决疑的决事比成为中国古代法新的法律形式,弥补了法律的缺陷。当代法理学中的法律渊源主要是指法律的表现形式,而古代的法律表现形式也是古代法重要的学理问题。汉魏时期的法律表现形式在秦代律、令、制、诏、法律答问、廷行事、课、程、式基础上增加汉仪、比、故事、法律章句等形式,其中汉比和律章句最为突出。律章句问题将在下一个小节专题讨论,而汉"比"就是"决事比",是"引经决狱"大量案例的汇集。前述西汉武帝一朝死罪决事比就有万三千四百七十二事,此外正史记载的东汉陈忠一人上奏二十三条为决事比,② 建安元年应劭整理春秋断狱等二百五十篇,③ 这些司法案例成为此后审理案件的重要参考依据。我国古代不是判例法,但是通过"引经决狱"开创的汉"比"制度对汉代司法影响深远,而且对此后宋明清时代注重判例的编敕编例及律例合编开创先河。判例在古代法制不完善的情况下,不仅创新了法律表现形式,而且弥补了立法上的缺陷。

第三,使得汉魏法制向着经学为精神主导的方向发展。引经决狱解决的核心问题就是消除所承秦制及冰冷律令在司法中的严苛,通过以经解律或以经释律,使司法裁决中律令的使用不再严苛。这些"决事比"的大量汇集对使用原有律令而言,已经注入了经学精神,整体而言,使法制向着经学仁爱宽缓方向发展。从出土文献看,西汉中后期的法制改革已经受到引经决狱的影响,立法整体上宽缓明晰。

出土的西汉中晚期敦煌悬泉简牍中的亲属相犯处置就明显宽缓,彰显了儒家服制经学思想。敦煌悬泉汉简有文:"殴亲父母及同产,耐为司寇,作如司寇。其诟詈之,罚金一斤。"④ 这与汉初"殴……父母……皆弃市"⑤

---

① 《三国志》卷35《蜀书·诸葛亮传》,第923页。
② 参见《后汉书》卷46《陈宠传》,第1556页。
③ 参见《后汉书》卷48《应劭传》,第1613页。
④ 胡平生、张德芳编撰:《敦煌悬泉汉简释粹》,上海古籍出版社2001年版,第8页。另根据《敦煌悬泉汉简释粹》前言第二页中的陈述,"第三层为西汉晚期的堆积,厚约0.2—0.5米,出土简牍有永光、建昭、河平、阳朔、鸿嘉、永始、建平、居摄等纪年"。所以,该简的内容应为西汉晚期的法律。
⑤ 《张家山汉墓竹简》,第13页。

的规定相比已经大大减轻。再如悬泉汉简对于强奸罪的规定就比汉初减轻，"强与人奸者及诸有告劫言辞讼治者，与奸皆髡以为城旦"，① 而出土文献《二年律令》第一三九简反映的汉初强奸处罚是"强与人奸，府（腐）为宫隶臣"，说明强奸罪已从汉初的宫刑降为二年劳役刑。

## 三　服制律章句：实现了礼与法的学理统一

汉魏法制在向着以经学为内在精神的方向发展时，自身就在实现着礼与法的调适和统一。这方面最突出的成就是汉魏律章句学发展，律章句是将儒家经学精神与律令融合而形成的可供司法决狱参考适用的分章摘句。它包括将法律强制处罚内容注入经学典故或历史事件的章句，也包括将儒家经学精神注入到律令概念、规范及原则当中的章句。汉魏律章句学并非单纯的断章摘句，而是以经解律或以律释经为主要目的。如果说引经决狱的成就是以经学解释法律疑难问题，从而形成了诸多可以为以后借鉴的成例，那么律章句学则是在此基础上将儒家的经义及原则注入律令之中，形成具有儒家经学精神及内涵的法律条文、原则或概念。这种律章句近似唐代一准乎礼的律条，同时兼具礼仪和律令性质。律章句学实现了"服制制罪"的第三次转折，也是汉魏"服制制罪"非常突出的学理成就。

西汉独家撰写章句记载不甚多，《汉书》提到杨雄为章句之徒，也有张禹著论语章句并呈交皇帝记载。② 东汉是章句学鼎盛时期，仅正史记载就有 21 人著章句，而且不乏习律令者。具体有樊英著周易章句；③ 王逸著楚辞章句行于世；④ 卢植"作尚书章句、三礼解诂"；⑤ 张奂将四十五万余言的牟氏章句浮辞删减为"为九万言……乃上书桓帝，奏其章句，诏下东观"；⑥ 牟长"着尚书章句，皆本之欧阳氏"；⑦ 伏恭"改定章句，作解说九篇"；⑧ 景鸾"及作月令章句。凡所著述五十余万言"；⑨ 杜抚"受业于薛汉，定《韩

---

① 胡平生、张德芳编撰：《敦煌悬泉汉简释粹》，第 8 页。
② 《汉书》卷 81《张禹传》，第 3351 页。
③ 《后汉书》卷 82 上《方术列传·樊英》，第 2727 页。
④ 《后汉书》卷 80 上《文苑列传·王逸》，第 2618 页。
⑤ 《后汉书》卷 64《卢植传》，第 2116 页。
⑥ 《后汉书》卷 65《张奂传》，第 2138 页。
⑦ 《后汉书》卷 79 上《儒林列传·牟长》，第 2557 页。
⑧ 《后汉书》卷 79 下《儒林列传·伏恭》，第 2571 页。
⑨ 《后汉书》卷 79 下《儒林列传·景鸾》，第 2572 页。

诗章句》";①《后汉书·儒林列传》"山阳张匡，字文通。亦习《韩诗》，作章句";②钟兴"帝善之，拜郎中，稍迁左中郎将。诏令定《春秋章句》，去其复重，以授皇太子";③程曾"著书百余篇，皆五经通难，又作《孟子章句》";④樊宏之子樊儵"删定《公羊严氏春秋章句》";⑤郑兴"撰条例、章句、传诂，及校三统历";⑥杨厚之子杨统"作《家法章句》及内谶二卷解说";⑦曹褒"作《章句辩难》，于是遂有庆氏学";⑧杨终兄长杨风"著《春秋外传》十二篇，改定章句十五万言";⑨桥玄"着礼记章句四十九篇";⑩还有"叔孙宣、郭令卿、马融、郑玄诸儒章句十有余家，家数十万言"，⑪并且居多可以直接断狱使用。

曹魏时期仍有不少撰律章句者。卢毓父亲卢植"作《尚书章句》《礼记解诂》。稍迁侍中、尚书";⑫刘表与"宋忠等撰《五经章句》，谓之后定";⑬杜琼"著《韩诗章句》十余万言"。⑭

至魏晋，天子下诏，只用郑氏之章句，不得杂用余家。可见律章句研究成效显著，其实用性及重要性受到决狱者及帝王高度重视。遗憾的是，现存的汉魏律章句内容不多，依据律章句大家们对经史之注，今释钩沉出11条依照服制定罪的律章句并略作分析。可分如下四类。

第一类为亲属连坐律章句，共有二条。一应劭注"赦吴楚七国帑输在官者"为："吴楚七国反时，其首事者妻子没入为官奴婢，武帝哀焉，皆赦遣之也。"⑮此乃赦谋反连坐之律章句，是将儒家亲情服制关系融入律令的律章句。二应劭又注文帝诏"尽除收帑相坐律令"曰："帑，子也。秦法一

---

① 《后汉书》卷79下《儒林列传·杜抚》，第2573页。
② 《后汉书》卷79下《儒林列传·赵晔》，第2575页。
③ 《后汉书》卷79下《儒林列传·钟兴》，第2579页。
④ 《后汉书》卷79下《儒林列传·程曾》，第2581页。
⑤ 《后汉书》卷32《樊宏传》，第1125页。
⑥ 《后汉书》卷36《郑兴传》，第1217页。
⑦ 《后汉书》卷30上《杨厚传》，第1047页。
⑧ 《后汉书》卷35《曹褒传》，第1201页。
⑨ 《后汉书》卷48《杨终传》，第1601页。
⑩ 《后汉书》卷51《桥玄传》，第1695页。
⑪ 《晋书》卷30《刑法志》，第923页。
⑫ 《三国志》卷22《魏书·卢毓传》，注引《续汉书》，第650页。
⑬ 《三国志》卷6《魏书·刘表传》，注引《英雄记》，第212页。
⑭ 《三国志》卷42《蜀书·杜琼传》，第1022页。
⑮ 《汉书》卷6《武帝纪》，第157页。

人有罪，并坐其家室。今除此律。"①该律章句使文帝诏形成的章句融进了亲情服制精神。

第二类为不孝律章句，共二条。一何休注"内讳奔，谓之孙"曰："不能事母，罪莫大于不孝，故绝之言出。"②该律章句使得经学章句融进了法律惩处内容，即尊亲纵然有错亦应讳之，否则为不孝。二何休又对"宋人弑其君处曰"注曰："无尊上，非圣人，不孝者，斩首枭之。"③该律章句将律令惩处融入历史事件形成的章句中，即对像这样对尊亲不恭、不事的行为，均认定为不孝，且严厉处置。

第三类为杀亲之律章句，共两条。一郑玄注《周礼》"凡杀其亲者，焚之"曰："亲，缌服以内也。"④该律章句具体界定了经学服叙亲等，或者说将经学服制融进了法律概念，即凡杀有服叙关系者，皆为杀亲。二郑玄又注《礼记》"子弑父，凡在宫者，杀无赦"曰："妻则得杀其弑父之夫。""殴母，妻不得杀之，若其杀母，妻得杀之。"⑤该律章句界定了特殊杀亲的合法性，即杀父、杀母者，妻可杀之；然殴母，妻尚不可杀。

第四类为服丧违礼的律章句，共五条。即一郑玄注"妇当丧而出，则除之"曰："当丧，当舅姑之丧也。出，除丧，绝族也。"⑥该律章句是以服叙关系保护被出之妇女不受惩罚。二郑玄注"假于鬼神、时日、卜筮以疑众，杀"曰："今时持丧葬、筑盖、嫁取、卜数文书，使民倍礼违制。"⑦该律章句以经学精神注入律令性的章句。三还有何休解经"大归曰来归"为曰："废其尊卑之伦次，故不可娶。"⑧该律章句将律令惩处融入经学典故中。姜氏归齐曰大归，原因为凶杀夫。该律章句意为因有严重过错被废或被休的妇女当受惩罚。四服虔对"楚王戊往年为薄太后服，私奸服舍"事注曰："服在丧次，而私奸宫中也。"⑨明确了服丧期间禁止一切房闱之事。五服虔又曰："私奸中人。盖以罪重，故至削郡也。"⑩这两个律章句均将律

---

① 《史记》卷10《文帝纪》，注引集解，第419页。
② 《春秋公羊传注疏》卷6《庄公元年》，第111页。
③ 《春秋公羊传注疏》卷14《文公十六年》，第315页。
④ 《周礼注疏》卷36《秋官司寇·司圜》，第961页。
⑤ 《礼记正义》卷10《檀弓下》，第318页。
⑥ 《礼记正义》卷32《丧服小记》，第969页。
⑦ 《礼记正义》卷13《王制》，第413页。
⑧ 《春秋公羊传注疏》卷8《庄公二十七年》，第176页。
⑨ 《汉书》卷34《吴王传》，注引服虔集解，第1906页。
⑩ 《史记》卷50《楚元王世家》，注引司马贞索引，第1988页。

令惩处融进历史事件形成的章句中。

就数量而言，汉魏"服制制罪"的律章句也绝非这11条，但是这些律章句基本涵盖了"服制制罪"的全部内容，尤其是郑玄所注"倍礼违制"的律章句，强调持丧、嫁娶等背理违制行为均要处以刑罚，此乃对两汉以礼法治亲观念及制度的高度概括，囊括了"准五服以制罪"的全部内涵。律章句虽非律文，然通过解释章句，使其自身具有法律性质，且受断狱者和官方喜爱，对司法和立法定产生了重大影响。可以说，从秦代律令到唐代"一准乎礼"的律典过渡，汉代的律章句发展起到了关键的作用。许多律章句完全具有律令性质，而且具有很强的操作性。一定程度而言，汉代法制发展就是礼法化的律章句发展的历史。

## 四 汉魏"服制制罪"的成制推论

"服制制罪"到底成制于两汉还是成制于曹魏或西晋，表面看没有多大区别，尤其是其成制于东汉晚期还是曹魏时期，推断的时间仅仅相差20多年，但是其学术价值却有较大区别。成制于汉代是两汉孝治政治的成就，更代表了两汉礼法内部调适的结果。然而成制于曹魏和晋初却很难体现这种价值，也难以证成"服制制罪"在两汉治国安邦的功能和法文化价值。

汉魏孝治政治在持续否定亲属连坐、规制亲属违礼相犯、防止亲情撕裂等理念推动下，经过司法实践和立法改革，到东汉中后期，与"服制制罪"相关的律令、制、诏、汉比、律章句均明确了以服叙亲等定罪量刑。与其相匹配的"经律双通"司法人才辈出，"服制与事实并重"的司法模式也成熟并常态化运行。"服制制罪"的学理成就和司法成就从学理、制度等多个方面构筑了比较完整的"准五服以制罪"链条，服制论罪已制度化和常态化。至于"服制制罪"成制的明确时间点，虽然尚无明确记载，但是从晋《泰始律》对汉制及《魏科》的承袭记载中，从东汉法制改革相关重大节点方面，都可做出较为客观的推论。

首先，晋《泰始律》中的丧礼和律令规定均承袭汉制。正史记载，晋代朝廷丧制"遵汉魏之典"，旨在振兴汉魏教化的盛风，[①] 诸侯公卿朝士丧

---

① 当时诸大臣上奏有言："大晋绍承汉魏，有革有因，期于足以兴化而已，故未得皆返太素，同规上古也。陛下既以俯遵汉魏降丧之典，以济时务，而躬蹈大孝，情过乎哀，素冠深衣，降席撤膳，虽武丁行之于殷世，曾闵履之于布衣，未足以踰。"《晋书》卷20《礼志》，第613—614页。

礼同样"采（魏科）以着令，宜定新礼皆如旧"。①从这些记载看，晋初丧礼基本沿袭汉魏旧制。在律令法制方面，晋代律典、令制均取于汉魏律、令、律章句、科、比、制等内容，只是"蠲其苛秽，存其清约，事从中典，归于益时"；那些未被变革的汉魏令制，诸如军事、田农、酤酒等规定，则暂时设定为法，纳入令制，以此推行教化，违令有罪则入律。同时，等待天下太平后还要对此再做修改。汉魏那些处理日常工作的"品式章程，各还其府，为故事"。②在刑罚方面，"减枭斩族诛从坐之条，除谋反适养母出女嫁皆不复还坐父母弃市，省禁固相告之条……重奸伯叔母之令"。③这些记载明确告诉人们，晋律刑罚多为对汉魏刑罚规定的删减，只是对其刑罚量刑幅度进行轻重调适而已。

其次，从东汉后期至曹魏时法制改革情况看，有3个时间点或事件非常值得重视。

第一是郑玄公元171年至公元184年遭禁锢入仕事件。这14年中，郑玄潜心注疏经学典籍，所注律章句"括囊大典，网罗众家，删裁繁诬"，其内容"义据通深"，④被称为点明了古代经学的深邃要义。以至于曹魏及晋初对"诸儒章句，但取郑氏"。⑤

第二是建安元年（公元196年）的应劭修律。此次修律是永元六年（公元104年）以来最全面的一次，不仅删定律令为汉仪，还对诸种法律形式删繁就简，比如对"律本章句、尚书旧事、廷尉板令、决事比例、司徒都目、五曹诏书及春秋折狱，凡二百五十篇，蠲去复重，为之节文"。⑥可见新的法律形式均被概括，即使"以古为制"的汉代礼制也被应劭修改，旧的律令也被新的汉仪扬弃。建安二年迁许都后的法制改革，包括朝廷的制度和百官典式，均是对应劭修律的采撷汇编，即正史所言的"多劭所立"。⑦稍后，魏武帝因"难以藩国改汉朝之制"，于是吸收汉法草创《甲子科》，⑧其内容承袭汉制，只是对汉律量刑减半而已。

第三是应劭与郑玄的关系问题。从正史记载看，应劭与郑玄关系甚密，

---

① 《晋书》卷20《礼志》，第626页。
② 《晋书》卷30《礼志》，第927页。
③ 《晋书》卷30《礼志》，第927页。
④ 《后汉书》卷35《郑玄传》，第1213、1208页。
⑤ 《晋书》卷30《刑法志》，第927页。
⑥ 《后汉书》卷48《应劭传》，第1613页。又见《晋书》卷30《刑法志》，第921页。
⑦ 《后汉书》卷48《应劭传》，第1614页。
⑧ 《晋书》卷30《刑法志》，第922页。

应劭曾经推举郑玄为茂才，足见对郑玄的器重。而郑玄的律章句在当时被称为郑氏家法学，师从学习者上千人，无论在当时和后世影响都很大。如此看来，器重郑玄才华、人品的应劭，在修律中必然将郑玄那受到社会重视的律章句加以吸收。

　　至此，大量的服制论罪事实和相关的修律历史事件形成了严密的逻辑链条。可以确认东汉光和七年（公元184年）郑玄被解除禁锢后，随着朝廷屡屡诏辟，其律章句被广泛应用，以至于到曹魏，天子下诏，"但用郑氏章句，不得杂用余家"。前考郑玄所注"今时持丧葬、筑盖、嫁取、卜数文书，使民倍礼违制"的律章句，强调持丧、嫁娶等背礼违制行为均要处以刑罚，此乃对两汉丧礼入律的高度概括，囊括了"准五服以制罪"的全部内涵。所考郑玄所注的律章句更是具有法条性质，不仅概括抽象而且适用中操作性很强。这些兼具经义内容同时又有律条惩罚内容、形式和功能的重要律章句在建安元年（公元196年）的应劭修律中当然会得到体现，并为次年迁都定制及稍后草创的魏《甲子科》所吸收。至此，二千九百二十六条、又包含着"峻礼教之防，准五服以制罪"内容的《泰始律》，既然为删减汉魏旧制所成，"准五服制制罪"内容就合乎逻辑地来源于公元184年到公元196年的郑玄律章句传播和应劭修律所创。"服制制罪"的这个创制时间比学界认定公元267年颁布创制于《泰始律》的时间点至少提前了71年以上，也比丁凌华先生推论的公元213年[①]至少早17年。

---

　　① 参见丁凌华《五服制度与传统法律文化》，第200页。

# 第七章 "服制制罪"的礼法价值及其当代传承

范式研究旨在通过调整研究理念、改变研究条件或方法，对疑难或困惑问题进行理念、制度、运行等方面的再考察，尽可能有新的发现和认知。同时，矫正过去错误的结论或不当认知，进而解决研究对象的理论问题或现实应用问题。本书将"服制制罪"放在汉魏礼法秩序重构大背景下，通过前几章考察丧服礼制的法制化、司法运行，发现"服制制罪"对当时礼法秩序重构的贡献，也纠正了过去对丧服礼制及其"制罪"的片面甚至错误认知。"服制制罪"对汉魏以降历代立法和司法影响很大，也是确保历代礼法秩序的重要举措。针对导论部分的两个"二律背反"本章需要在探索"服制制罪"礼法价值基础上，进行回应解决，以便对汉魏"服制制罪"及其社会治理功能进行创造性转化和应用。

## 第一节 "服制制罪"的礼法价值

汉魏孝治政治注重丧服礼制，同时"服制制罪"内容也不断丰富和完善，取得的成效十分显著。在此概括其历史影响，挖掘其历史价值。

### 一 汉魏"服制制罪"的历史影响

两汉孝治政治推动着礼法内部不断调适，也推动着司法和立法中服制经义成为限制亲属连坐、规制亲属违礼相犯的重要标尺。至东汉晚期，在郑玄注疏律章句和应劭修律定制的推动下，"服制制罪"在东汉光和晚期到建安初得以成制。此后《魏科》及晋《泰始律》相续承袭，成为中国古代法制史上一个极为重要的法制原则和司法制度。该原则和制度对后世律典、司法、乃至民间兴起的家法族规等习惯法产生了重大影响。

第一，成为后世历代律典立法的重点。"服制制罪"原则创制后，被晋《泰始律》明确作为一个司法原则，现存《泰始律》内容中多处呈现出依服叙等级或亲情关系定罪量刑的规定，至唐代，该原则已经规范性地体现在唐律名例律和其他篇目之中。后世《宋刑统》《大明律例》《大清律例》基本承袭唐律这方面内容，甚至继续完善和发展。从代表中华法系的律典——《唐律》中所蕴含的服制制罪内容及精神看，整个《唐律疏议》仅有502条内容，但是逐条细考发现，竟有182条律文或律疏涉及服制亲情（见表7-1）。基于篇幅所限本书仅将各条条码标出，不再详列各条的具体内容，作者将在后续相关研究中对这些蕴含"服制制罪"内容的条款进行具体探讨。

表7-1

| 篇名 | 总条目 | 含服制条目数 | 含服制的注疏条目数 | 合计 | 占该篇目比例 |
| --- | --- | --- | --- | --- | --- |
| 名例 | 57[①] | 17 | 16 | 33 | 57.9% |
| 违禁 | 33[②] | 0 | 2 | 2 | 6% |
| 职制 | 59[③] | 4 | 5 | 9 | 15.2% |
| 户婚 | 46[④] | 30 | 1 | 31 | 67.4% |
| 厩库 | 28[⑤] | 1 | 1 | 2 | 7.1% |
| 擅兴 | 24[⑥] | 2 | 0 | 2 | 8.3% |
| 贼盗 | 54[⑦] | 19 | 8 | 27 | 50% |

---

① 含亲情服制条款有：第6、7、9、10、11、12、18、20、24、26、27、30、31、42、46、52、57条。疏含亲情服制而涉及的条款有：第8、13、14、15、16、21、28、32、36、37、38、40、41、43、47、50条。

② 疏含亲情服制而涉及的条款有：第83、88条。

③ 含亲情服制条款有：第101、120、121、148条。疏含亲情服制而涉及的条款有：第98、122、124、135、148条。

④ 含亲情服制条款有：第150、155、156、157、158、159、161、162、168、175、176、177、178、179、180、181、182、183、184、185、186、187、188、189、190、191、192、193、194、195条。疏含亲情服制而涉及的条款有：第160条。

⑤ 含亲情服制条款为第205条。疏含亲情服制而涉及的条款为第207条。

⑥ 含亲情服制条款有：第228、232条。

⑦ 含亲情服制条款有：第248、249、253、254、255、256、259、260、264、266、267、277、278、287、288、292、294、295、300条。疏含亲情服制而涉及的条款有：第251、258、262、265、268、269、285、299条。

第七章 "服制制罪"的礼法价值及其当代传承　237

续表

| 篇名 | 总条目 | 含服制条目数 | 含服制的注疏条目数 | 合计 | 占该篇目比例 |
|---|---|---|---|---|---|
| 斗讼 | 60① | 23 | 17 | 40 | 66.7% |
| 诈伪 | 27② | 4 | 2 | 6 | 22.2% |
| 杂律 | 62③ | 6 | 6 | 12 | 19.4% |
| 捕亡 | 18④ | 0 | 4 | 4 | 22.2% |
| 断狱 | 34⑤ | 7 | 7 | 14 | 41.2% |
| 总计 | 502 | 113 | 69 | 182 | 36.3% |

就整个法典看，有约三分之一的条款在使用中涉及"服制制罪"。具有总则性质的名例律篇有57.9%的条款在实践中适用"服制制罪"，户婚、贼盗、斗讼三篇由于事关家庭及民间生活，适用"服制制罪"的条款分别占到67.4%、50%、66.7%，此外仅就断狱而言，也有高达41.2%的条款涉及"服制制罪"。足见服制之礼已经成为《唐律》立法的重要内容。这些内容一方面是对汉魏"服制制罪"律令、决事比、律章句的继承和抽象化，比如《名例律》第二十六条"诸犯死罪非十恶，而祖父母、父母老疾应侍，家无期亲成丁者，上请"，⑥ 这是汉魏"服制制罪"不曾有的内容，体现了服制亲情恤刑观在唐代的发展。但另一方面也存在对"服制制罪"内容的过度发展。比如《户婚律》第一百五十六条中的"别籍异财"就属于过度发展，汉代无此方面要求，随着经济发展，宋明以后，该条款又明显不适宜社会发展，实际生活中已不再做强制要求。这恰恰体现了汉代"服制制罪"的适度。这些内容基本上被后世各朝律典完全承袭，成为后世立法的

---

① 含亲情服制条款有：第314、315、321、324、325、326、327、328、329、330、331、332、333、334、335、344、345、346、347、348、349、357、360条。疏含亲情服制而涉及的条款有：第304、306、310、311、320、322、323、336、337、338、342、350、351、352、354、358、361条。
② 含亲情服制条款有：第371、372、375、383条。疏含亲情服制而涉及的条款有：第376、381条。
③ 含亲情服制条款有：第411、412、413、414、415、416条。疏含亲情服制而涉及的条款有：第392、393、395、401、407、443条。
④ 疏含亲情服制而涉及的条款有：第453、455、463、468条。
⑤ 含亲情服制条款有：第470、471、474、478、489、490、493条。疏含亲情服制而涉及的条款有：第473、488、491、492、494、495、496条。
⑥ 《唐律疏议》，第69页。

重要思想和内容。可见,"服制制罪"乃唐以降历代法典的重点内容。

第二,对后世司法制度的影响。这里所讲"服制制罪"对司法制度的影响,不仅指"服制制罪"对国家层面司法制度的影响,也包括国家对民间司法指导和规制的情况。汉魏"服制制罪"形成的服制与事实并重司法模式为后世历代司法秉承,成为中国古代司法一个鲜明的特征。最典型的莫过于魏晋形成的"存留养亲","诸犯死罪,若祖父母、父母年七十以上,无成人子孙,旁无期亲者,具状上请。流者鞭笞,留养其亲,终则从流"。① 到清代,这一留养制度发展为留养与承嗣并重的司法制度,即"留养承嗣",不仅彰显出儒家慎刑的司法精神,而且秉持着传宗接代及家庭祥和的宗旨。汉魏以降,律令制度在亲情礼制的滋润下,在亲情领域始终未再出现秦大规模的酷刑连坐,由此铸就了古代超稳定的社会秩序。

除了司法中注重亲情和睦之外,最初作为甄别"服制决疑"案件志善与志恶的原则——"志善而违于法者免,志恶而合于法者诛"——也被重视,而且还被广泛应用于非亲情关系的司法断案中,成为整个中国古代司法的又一重要原则。

同时,汉魏"服制制罪"也促进了向民间自治在司法方面的发展。古代社会中,皇权不下州县,基层处于较为宽松的自治状态。但是皇权不下州县绝非中央不愿或不能控制地方,恰恰相反,朝廷官吏督促地方教化时,已经利用亲情服制将中央意识形态和政策策略落实到民间,加强皇权政治对百姓的控制。一方面,通过包括"服制制罪"在内的司法活动,处置地方严重刑事案件和亲情严重违礼相犯的行为,另一方面,又通过一种关联性的准司法活动,将国家司法与家法族规以及乡里自治活动联系起来。主要是官方授予地方一种近似司法的权利,但是又不全然等同于纯粹的家族处置。如明代设立"申明亭",由乡里推举公正廉直的老人担任,调解民间乡里一切纠纷。"申明亭"近似于汉魏的"三老""王杖"制度,虽具有教化功能,但已经是通过半官方的司法性调解进行教化。明太祖还设制《教民榜》,内容涉及乡里理讼范围、程序、刑罚及对违背榜文行为的惩处等。凡民间户婚、田土、斗殴相争等事,不许动辄告官,必须经由本地里甲或老人参与理断。如果不经地方调解处置而直接上告,"不问虚实,先将告人杖断六十,仍发回里甲、老人理断"。这样,大量民间普通民事案件和轻微刑事案件都必须经过乡里调解的前置程序,只有少数奸盗、诈伪、人命等

---

① (北齐)魏收:《魏书》卷 111《刑罚志》,中华书局 1974 年点校本,第 2885 页。

第七章 "服制制罪"的礼法价值及其当代传承　239

重大案件,才允许赴官陈告。对此,杨一帆教授认为,《教民榜》"堪称是中国历史上一部极有特色的民事管理和民事诉讼法规"。①这种过渡性的司法实际是公权力的一种让渡,使得民间大量民事和轻微刑事案件以乡里处置方式化解矛盾。它是由官方明确规定,不同于家族法规的完全自治,但其基础又整体上依据家庭及宗族的血缘纽带,其处置完全遵守着"服制制罪"的司法模式,并且处置结果也多以教化、训诫、财产补偿或理赔等方式为主。

第三,对宋明以后家族法及民间习惯法的影响。"服制制罪"目的不在于通过"制罪"彰显公权力对家庭私权的干涉,它恰恰是对私权的有效保护。一方面,通过遏制亲属连坐保障私权自治,另一方面,又通过公权干预亲属严重相犯,保障亲情关系的融洽。正是"服制制罪"这种规制亲情违礼相犯的功能,催生并推动着家法族规及民间习惯法的发展,进而有效促进和保障着民间家庭与家族的和睦融洽。

两汉及曹魏时期,随着孝礼教化深入以及"服制制罪"的发展成熟,研习经学的世家及望族已经有了自己的家训和家规。这些家训主要用于教诲家庭或家族的子孙们如何立身处世,对于儒家孝礼的传播、个体修身成人的指导以及家庭家族的和睦起到了重要作用。如果说汉魏时代家训家规还限于少数家庭和家族,而且其作用基本限于说教和感化,那么到了唐宋以后,尤其是经过唐代持续风化教育,宋、明、清三代,家法族规开始形成并进入到鼎盛时期,几乎遍及乡里普通家族。

家法族规是由民间家族依据礼俗制定,对家族成员进行自治管理的行为准则。我国古代家族法规形成于两宋,成熟于明清,与丧服礼制在民间深入影响密切相关。两汉及曹魏家训基本上限于经学之家或书香贵族,概孝礼尚处于深入人心的过程中,而唐代家训及家法上承汉魏下启宋明。唐代家训家法除了存在于儒学之家、名门贵族之外,一些普通仕宦之家也有了家法家训,但其内容基本上仍以教子修身立志为主。但是宋代的家训家法已经称得上"家法族规",它是"与国法大体接轨的准法律"。②宋明以降,家法族规逐步遍及于普通家庭和家族,这正是孝礼文化长期侵润的结果。宋明以降的家族法规主要内容除了规定家族成员的权利义务外,还主要规定了家族道德伦理教化的内容,以及家族婚姻、继承、其他民事纠纷处置的内容。由于以"家"为核心的血缘亲情是家法族规治理规则形成的

---

① 杨一凡:《明代榜例考》,《上海师范大学学报》(哲学社会科学版)2008年第5期,第43页。
② 费成康:《中国的家法族规》,上海社会科学院出版社1998年版,第174页。

基础。① 因此,它不仅与传统宗法伦理的礼法具有相同的本质特征,其实质也是"服制制罪"所推动的法制礼法化在宋明以降的新成果。

## 二 "服制制罪"的礼法价值

从探索汉魏"服制制罪"成就和历史影响的过程中已经明确显示,汉魏"服制制罪"对当时及后世的立法、司法、教化及社会治理都产生了重大影响。概而言之,丧服礼制及由此展开"服制制罪"是贯穿中国古代2000多年礼法秩序形成发展的一条主线,中国古代礼法中的美德教化功能发挥,基本上是通过丧服礼制及"服制制罪"活动,以服制网络中实现德礼教化与律令规制有机结合的方式,共同发挥治国安邦的作用。也充分印证了清末经学家皮锡瑞的经典概括,即华夏古礼丧礼最为重要。我们从"服制制罪"所发挥的历史作用方面思考,将其礼法价值概括为以下四点。

(一)调适礼法的方法论价值

第五章论及战国秦时期,礼法在发展中出现了第一次内部的不适,并由此导致了秦朝速亡。秦朝法律苛急严酷自然是统治者急功近利之手段,但是客观上,也在于统治者未能认识到当时礼法发展的内在特点。一方面秉持韩非"法,事最适"②的思想,坚持事断于法;而另一方面又忽视礼法中礼的价值统摄功能及其必不可少的社会功能,将韩非"凡治天下,必因人性"主张颠倒为"以刑去刑"改造人性的恐怖政策。秦统治者在将礼法割裂运用的同时,又用律令绑架礼制中的亲情,在亲情中实施奖励告奸、亲属连坐,禁止亲属相为隐。礼法被割裂,司法中的亲情撕裂,社会处于极度恐怖的混乱状态。

秦亡汉兴,虽然陆贾、贾谊等思想家对秦进行了深刻反思,但这些反思偏重于经验主义,缺乏追问终极原因的思辨理性,因而缺乏对秦代制度的深刻思考和总结。最典型例子是,汉初将秦亡归结于秦法和秦之郡县制,对秦法虽有承袭,也不过是实际生活的急用。这种观念和实践的背离,恰恰说明缺乏对秦法的深刻认识。汉初又误将秦末"豪杰并起"认为是郡县制导致,因而要以刘氏诸侯制度进行防范,③又杂糅黄老思想作为治国理念。

---

① 李鼎楚:《中国传统"家法族规"的特征及现代法治意义》,《湘潭大学学报》(哲学社会科学版)2016年第5期,第149页。
② (清)王先慎集解:《韩非子集解》,中华书局1998年版,第106页。
③ 刘邦认为郡县制中的长官相当于异姓诸侯王,他们根本靠不住,会时刻威胁着刘姓江山,甚至宣称"非刘氏而王者,天下共击之"。《汉书》卷40《王陵传》,第2047页。

实际上，战国秦以来，随着经济与社会发展，礼法内部催生出不同于礼制规范的律令规范。律令规范最初主要是对"物"进行"定纷止争"，法最初则重在对排他性权益的彰显，也具有一视同仁、各得其所的平等观念。这一方面是对周礼"等差"秩序中世袭大宗贵族依靠身份盘剥小宗的反叛；另一方面并未否定礼制本身，韩非的"隆礼重法"，先强调的是隆礼，可见礼制是重法的基础，即便用刑，教化也是刑杀的前提。秦朝法家最大的过失在于没有找到调适礼法内部礼制与法令的具体措施。

此问题汉初学者及统治者虽均未发现，但孝治政治本身却蕴含治亲安邦理念。汉魏时期持续限制亲属连坐、规制亲属违礼相犯等司法活动，已经用服制亲情作为调适礼法内部冲突的方法。因此，汉魏"服制制罪"实际开启了汉代礼法内部调适的新方法、新路径。以经解律和以经释律的决狱活动开创了新的法律形式——"决事比"，而这种法律形式又推动着引经入律法制礼法化发展，最后通过律章句学发展，成功将涉及亲情的礼制、礼仪教化与规范性强制性的法令有机融合在一起，并延伸到其他礼制和律令的调适与融合，最后实现了律令的经学化。这一成就被唐律的"一准乎礼"定格为中华法系代表。

"服制制罪"作为一种方法，通过限制违礼相犯，保护亲情关系融洽和睦，将秦朝礼制和律令冲突的关系加以理顺，使得礼法内部的礼成为统摄律令的思想与价值，在此基础上，突出了礼的事前教化功能，也突出了法的事后规制作用。同时，"服制制罪"也使战国时代韩非隆礼重法的礼法观念在汉代形成了一元化的礼法理论。两汉以降，尽管法制内容丰富，表现形式多样，但是均以儒学仁义之道为统领，以人性的"三品"设计作为开展教化、实施法令的着力点，以实现家庭和睦和社会和谐为治理目标。这样，礼法内部多种实体规范相互交叉，其功能和作用相互补充，使得礼法须臾不可分离。基于此，礼法理论并非礼与法的理论，而是一元的价值规则——礼法——的理论。

丧服礼制已经作古，但古代社会治理中"服制制罪"这种礼法内部调适的方法，至今仍有其消解法治内部冲突的价值功能。尤其在社会转型期，我国一方面在推进依法治国，建设高度法治化的新型文明国家，另一方，却又无视道德伦理与法律规范冲突的问题。这样的事件和案件在当今社会已是司空见惯、俯首可拾。诸如"马彩云被杀事件"及"于欢故意伤害案"，都引起震撼或公众热议。"马彩云被杀案"中，人们震撼的焦点是法官职业的危险性，但是很少有人从这起事件引起的原因深度思考。该事件是嫌疑人不满离婚判决而对法官的宣泄报复。试问每一个办过离婚案件的法官,在办理离婚案件之前是否就离婚后夫妻财产分割、子女抚养和成长问题做出了慎重考虑,并责成当事人做出了周密安排?法官仅仅依据夫妻存在矛盾和达到法定分居时间就认定"感情破裂",然后依据所谓的法定程序做出准予离婚判决。这似乎符合西方法官被动审案的理论,但是却置我国传统礼法割裂而不顾,必定会撕裂家庭亲情。如果法官能够深入乡村或社区细致调查,对当事人耐心细致地协调教育,离婚就不那么草率,就能防止很多家庭离婚导致的悲剧,当然也就会避免出现对离婚判决不服而残忍报复法官的现象。

"于欢故意伤害案"热议焦点在于欢是否"正当防卫",[①]尽管一审法官不顾于欢因母亲受辱而义愤还击,做出割裂礼法的判决,但舆论还是呼吁"司法要给人伦留空间"。[②]如果认可儿子保护母亲的天职,注重礼与法的连接,依照正当防卫处置就会彰显传统的礼法精神。庆幸的是,二审已经改判。毕竟,我国的正当防卫就入室抢劫、盗窃及侵犯妇女人身权利都有特殊的规定,这种特殊规定本身就是基于家庭私权保障的考虑。[③]

总之,法律的价值不仅在于能够符合客观规律,还要符合人类人伦道德的诉求。但如何将具有国家强制力的法令规范与人伦礼制规范有效融合,"服制制罪"在中国古代通过长期社会实践开辟了融合、调适二者关系的方法论道路。尤其清末以来,在中国法制近代化所导致的礼法内部再次不协调、甚至撕裂的情况下,亲情之礼和人伦道德仍然是协调亲情与法制的重要方法论,值得继续探索和运用。

(二)孕育着亲情和睦的天理人道价值

"天理""人道"为中华法文化中极为常用的词语,其内涵十分丰富,但是皆融于人伦道德的礼制当中,尤其是将"天理""人道"称作一种人伦有序的记载颇为常见。

"天理"有时又称"天道",《礼记》中有"天理"的论述,言人天性不见物则无欲,若受外物诱惑,则因"物之感人无穷,而人之好恶无节",便易"灭天理而穷人欲"。[④]此处"天理"实际指人不贪婪的本质天性。因人

---

[①] 参见《最高人民检察院派员调查于欢故意伤害案》,发布时间:2017年3月26日。http://www.spp.gov.cn/xwfbh/wsfbh/201703/t20170326_186363.shtml。
[②] 新京报社论:《"刀刺辱母者案":司法要给人伦留空间》,《新京报》2017年3月26日A02版。
[③] 当然,还要考虑到伤害持续性问题,不过这是刑法学理论研究的范畴。
[④] 《礼记正义》卷37《乐记》,第1083—1084页。

的过度欲望导致天性泯灭，亦即灭天理，于是便有"悖逆诈伪之心"，并有"淫泆作乱之事"及"老幼孤独不得其所"之事的发生。《汉书》明确将"乱人伦，暴长虐老"[①]等违背美好人性的恶逆之事称之为逆天理，还强调"天道在于崇德博施"。《后汉书》又言"子母之性，天道至亲"。[②]唐人孔颖达疏左氏春秋言："天道以卑承尊，人道以小事大。"[③]唐人杨士勋疏穀梁春秋亦言："天道先尊而后亲。"[④]可见，就人性而言，"天理""天道"就是"尊尊"的礼，就是孝道。宋代程朱理学及王阳明的心学均认为天理即是明德、明理（礼），因为天理既在宇宙，同时天理也在人心。

对于"人道"的阐释，我国古代经典及正史记载则更为丰富，而且比较明晰地显示出，人道就是人伦之道。《礼记》将"亲亲、尊尊、长长、男女之有别"视为"人道之大者"，[⑤]同时认为，只要讲仁、明义、知礼、有智，人道就具备了。[⑥]在所有的人道之中，正夫妇之婚姻乃人道之开端，故何休强调："夫妇者，人道之始。"[⑦]孔颖达认为："婚姻人道之始，安可以无礼义乎？"[⑧]此中不仅强调了夫妇之礼，更为重要的恐为强调夫妇教育孩子的重要性。故而，人道中最为重要的就是亲情孝道。汉初高皇帝就认为，人之至亲，莫亲于父子，"故父有天下传归于子，子有天下尊归于父，此人道之极也"。[⑨]尊父孝父之孝道被列为人道中极为重要的内容，并由此推及尊祖敬宗，所以有"人道亲亲故尊祖，尊祖故敬宗"，[⑩]这样就扩大了孝的人道内容。《晋书》记载"人道之始莫先于孝悌，初命讲孝经于崇正殿"，[⑪]"人道所重，莫过君亲，君亲所系，忠孝而已"，[⑫]且后世皆以此为准。

至于天理与人道的关系，恰如西方的自然法与实在法关系一样，西方人要在实在法之上寻求一个最高的评价标准——自然法。在古希腊索福克勒斯《安

---

① 《汉书》卷55《卫青传》，第2473页。
② 《后汉书》卷29《申屠刚传》，第1012页。
③ 《春秋左传正义》卷19《文公十五年》，孔颖达疏，第562页。
④ 《春秋谷梁注疏》卷10《文公二年》，杨士勋疏，第161页。
⑤ 《礼记正义》卷33《丧服小记》，第966页。
⑥ 参见《礼记正义》卷63《丧服四制》，第1673页。
⑦ 《春秋公羊传注疏》卷2《隐公二年》，何休解诂，第32页。
⑧ 《毛诗正义》卷2《国风·邶风·匏有苦叶》，孔颖达疏，第140页。
⑨ 《汉书》卷1上《高帝纪》，第62页。
⑩ 《汉书》卷8《宣帝纪》，第238页。
⑪ 《晋书》卷55《潘尼传》，第1510页。
⑫ 《晋书》卷91《儒林列传·范弘之》，第2365页。

提戈涅》悲剧中,当国王克瑞翁下令阻拦安提戈涅为兄尸葬时,安提戈涅直接指出这种命令违背了神的自然法。①看来,中国古代的宗法人伦礼制与古希腊的自然法有相似之处。同样认为人道法天道,不仅指出了人道的来源基础,而且将天道作为评价人道的最高标准。比如董仲舒的"天人感应"学说即是如此。但是,如何认识天道问题,中国古人却不像西方,依据自然法而制定人定法,而是讲"人道正则天道定"。②这一点,恰恰为发挥人道的主观能动性提供了条件。

我国古代的"服制制罪"司法制度和司法活动恰恰在督促和监督天理人道的教化方面发挥了重要作用。"服制制罪"强调亲情之间要遵守礼制,以礼相待。同时,对待亲情之间严重违礼相犯者视相犯内容和动机给予不同程度的处罚,其最终目的是维持家庭和家族亲情之间的和睦相处。"服制制罪"是对孝治政治教化的强制力保障,汉魏以降,历代王朝强调以孝治国,均以治亲的人道为基础,相续实施报功、举贤、使能、存爱等人道。③"服制制罪"的治亲安邦实践不仅将孔子"人道政为大"的思想付诸实施,而且将其中"百姓之德"④的人道内涵充分体现出来。

当然人道"有大人之事,也有小人之事"。⑤"大人之事"是人君对天下实施教化,这一点恰恰是国家确立"服制制罪"司法原则的目的。推行礼制、德教化民是目的,"服制制罪"则是有选择地在亲情之间严防违礼相害,属于监督和防范性质。"小人之事"则是农工商事,这是对整个天下人而言,大概不仅指赵岐注的农工商,还应包括士人及百工。士农工商者同样要修身齐家,皆要有礼,同时还要教化其子女,以期成人或荣光耀祖。无论是国家的礼制还是后来发展的家训、家法、族规,皆是以"三纲""五常"等人伦之礼为基础。正是基于此,就可以说"服制制罪"孕育着亲情和睦的天理人道。

(三)蕴含着社会认同感的观念价值

社会认同是基于习惯或价值观念的一致性,对族群、其他群体乃至整个社会的一种心理认可。个体在与不同人交往时,会扮演不同的角色,如

---

① [古希腊]索福克勒斯:《安提戈涅》,载《罗念生全集》(第二卷),上海人民出版社2004年版,第307—308页。
② 《春秋公羊传注疏》卷3《隐公六年》,何休解诂,第54页。
③ 参见《礼记正义》卷34《大传》,孔颖达疏,第1001页。
④ 《礼记正义》卷50《哀公问》,第1375页。
⑤ 《孟子注疏》卷5下《滕文公章句》,第145页。

父亲、朋友或同事，因而任何个体的任何认同都与他人的"逆认同"密切相关，①这种相互的心理认可会随着时间的推移，使得个体心理获得越来越积极的安全感和幸福感，最后形成类似邻居、同学、同事的友好感情，②更多地接受他们的言行，甚至包容他们的缺陷，不与其发生强烈对抗。从这些浅显易懂的认同理论中，可以发现，人的认同感最初来源于血缘关系。不过，在现代民主社会，这种基于血缘的认同似乎与民主国家的政治认同具有一定的张力，哈贝马斯在他的《论包容他者》一书中指出，现代民主政治是由公民依据契约理论而建立的政治共同体，人们对这种政治共同体具有认同感。但是那些天生同宗同源的人们，由于共同语言和历史而铸成的共同体及其认同感似乎与之具有一些紧张，即"平等主义的法律共同体与历史命运共同体之间的紧张"，这就是他所讲的"民族具有的两副面孔"。③这一紧张问题在我国当代同样十分严重，而在我国古代却不然。

孔子曾指出，为人孝悌者，很少会好犯上；而对于那些不好犯上者，就根本没听说过他们会作乱。也许这是儒家创始人的一种理想。但是汉魏之后，随着儒家孝治政治的逐步成熟，这一理想基本上得到实现。汉初大兴礼义，以德化民，文帝时，曾经出现每年断狱只有几百起，几乎导致刑罚被放置不用。④到了唐代以德教民的礼法之治更是取得了前所未有的效果，贞观四年，全国被断死罪者只有二十九人。贞观六年，皇帝又亲录囚徒，"闵死罪者三百九十人，纵之还家，期以明年秋即刑；及期，囚皆诣朝堂，无后者，太宗嘉其诚信，悉原之"。⑤同为唐代的开元二十五年，"天下死罪惟有五十八人"。⑥虽无法要求古代具有一家之私的皇权政治代代清明，但是推行礼制教化出现的"文景之治""昭宣中兴""光武中兴""贞观之治""开元盛世"，已经足以说明礼制教化对社会治理的莫大功能。

一代盛世的开启固然有多种因素，然以尊亲及家庭敦睦为核心的德礼

---

① Burke, P.J., The self: Measurement implications from asymbolicinter-actionist perspective. *Social Psychology Quarterly*, Vol.43,1980, pp18-29.
② Thoits, P.A., Personal agency in the accumulation of role-identities, Paper presented at The Future of Identity Theory and Research: A Guide for a New Century conference, Bloomington, 2001.
③ [德]哈贝马斯：《论包容他者》，曹卫东译，上海人民出版社2002年版，第135页。
④ 参见《汉书》卷4《文帝纪》，第135页。
⑤ （北宋）欧阳修、宋祁撰：《新唐书》卷56《刑法志》，中华书局1975年点校本，第1412页。
⑥ （后晋）刘昫等撰：《旧唐书》卷50《刑法志》，中华书局1975年点校本，第2150页。

教化却是诸种重要因素中不可缺少因素。春秋时期，管仲曾强调"仓廪实而知礼节，衣食足而知荣辱"。然而，反观近代以来的中西方社会，实则未必。近代以来，科学技术的发展导致上百年中所创造的财富比此前人类创造的所有财富都多。但是社会秩序则未必有根本好转。西方社会的现代病包括人与人之间漠不关心、道德滑坡以及社会良知的丧失；东方社会在现代化追赶的路上，同样存在这些问题。许多国家内部矛盾重重，社会秩序多半靠高压的法令维持，或者对外侵略以转移国内民众视线，昔日夜不闭户的美好时代成为人类的历史和传说。民众缺乏社会认同的价值观念，这是导致社会犯罪高发，矛盾冲突的重要原因之一。

中国古代的孝礼文化正是利用血缘关系，将家庭、家族乃至整个国家都紧密联系在一起。从西周的封建亲戚以番屏周到春秋《诗经》的"恺悌君子，民之父母""岂弟君子，民之攸归"，[①] 已经将德和能作为人们尊敬的楷模。秦汉之后的国君及各级官吏皆称"民之父母"，这是王道政治中爱民、为民楷模的标志。这些均体现了"家国一体化"的亲情纽带作用。汉魏形成并为后世承袭的"服制制罪"正是用丧服礼制将人们纳入一个个相互交织的等差有序服制圈中。每一个服制圈都将孝悌作为修身齐家的基本要求，自天子至庶人，人们都遵循着一种价值观念，即"身体发肤，受之父母，不敢毁伤，孝之始也"。[②] 由此推及一种包含着权利义务的观念，即《晋书》所言的"其理既均，其情亦等，生则养，死则哀"。[③] 正是这种孝亲事亲价值观念，汉魏乃至后世许多人为了孝养尊亲放弃为官，甚至为了父母兄弟，不惜舍弃自己的身家财产和性命。从第三章和第四章大量的案例和事例可知，汉魏时期，通过教化传播，这种"齐家"的价值认同感连盗贼奸佞都认可。

此外，孝不仅是对尊亲的尊敬和侍奉，侍君、立身扬名都属于孝的范畴。[④] 孝道在爱亲基础上，由己推人，形成了"老吾老以及人之老，幼吾幼以及人之幼"的普遍爱人价值观，并由此铸造了"仁""义""礼""智""信"等古代核心价值观念。古代礼制以忠信仁义为本，无论亲情交往还是陌生人交往，无信不能立身，治理国家则要取信于民，无信不可立国。信由亲

---

① 《毛诗注疏》卷17《大雅·文王之计·泂酌》，第1124、1125页。
② 《孝经注疏》卷1《开宗明义章》，第3页。
③ 《晋书》卷20《礼志》，第613页。
④ 孝始于事亲，中于事君，终于立身。所谓"终于立身"，即立身行道，扬名于后世，以显父母，孝之终也。《孝经注疏》卷1《开宗明义章》，第4页。

情出之，最终达成了一条安身立命和治国安邦的普世价值。就仁义而言，人们甚至舍生取义。但是儒家的重义并非是排斥利，而是言利取之有道，先义后利，当利和义发生冲突时，以义统利，舍利求义，"有仁义而已矣"。即重在讲究人际关系包容和谐，通过信义达成价值观念认同。由此可见，延续2000多年的中国古代儒家皇权政治，形成了以家庭、家族为主导的民族文化与政治文化相互融合的价值观念，将"中国古代政治认同和文化认同紧密地结合在一起"。[①]这也符合范式研究中"元范式"的重点强调。

（四）私权适度对抗公权的法哲学价值

中国古代虽然缺乏西方近代意义上的权利观念，但是天下为公的传统文化中反抗特权的意识十分强烈，这实际是一种限制公权、保护私权观念。在汉魏以降的"服制制罪"司法活动中，限制亲属连坐突出表现出对公权力侵犯私权的限制。如果说，官方律令敕诏限制亲属连坐属于公权自身的一种自觉性限制，那么，它实际上给私权适度对抗公权侵犯提供了合法依据。拙文《"服制制罪"创制探原》曾经指出，汉宣帝的"亲亲得相首匿"诏彻底否定了秦及武帝时又抬头的重首匿之科理念，开启了私权以礼法合法性地适度对抗公权的历史。[②]俞荣根先生也认为，"亲亲相隐"就其性质而言，体现了人性人伦的私权保护，其最大的法律价值就在于依据亲属相为隐的法律规定，家庭成员可以拒绝公权侦查和拘捕，可以抗拒公权的司法刑讯，可以拒绝因亲属犯罪而牵连入狱。[③]

如果说亲属相为隐只是私权对抗公权的一个方面，因其以个案、个体的方式体现，似乎这种对抗与限制又只是公权的仁爱让渡。那么，在规制亲属违礼相犯方面所开来的私权对抗公权就更具普遍性。由于家法族规的成长，古代乡村社会走向了具有儒家特色的自治道路。家族法规承担着家族成员的教育教化功能，还承担着调处家族甚至乡里宗族矛盾纠纷的功能，只要不侵犯皇权、危及社会秩序，许多民事纠纷、家族亲属之间的违礼相犯纠纷、甚至包括一些轻微刑事案件，都不必通过官方辞讼处置，家族乡里会依据家法族规做出符合公道的裁决。这样，一方面维护了基层社会秩序，降低了公权力运行的成本，也是古代皇权政治喜闻乐道的。故而，古

---

① 任勇：《从嵌入到断裂：中国社会认同的轨迹变迁》，《内蒙古社会科学》（汉文版）2009年第4期。
② 陈鹏飞：《"服制制罪"创制探原》，《现代法学》2015年第3期。
③ 俞荣根：《私权抗御公权——"亲亲相隐"新论》，《孔子研究》2015年第1期，第96—99页。

代皇权止于州县。另一方面，基层社会自治权扩大，有效减少了公权力对民生的滋扰。

这种私权自治方式甚至扩大到公权司法领域，最为典型的是中国古代保辜制度。在完全由公权进行司法处置的刑事案件中，对于一些普通伤害案件甚至严重伤害案件，自汉代起均允许加害方戴罪为受害方疗伤。辜限内受害方伤势恢复，一般不再对加害方进行处罚，或减轻处罚；造成残疾者一般减刑处罚，只有辜限内死者才严格依律处置。保辜制度的设置主要目的是，在官方、两造家庭及其宗族参与下达成和解，缓和双方矛盾，防止宗族报复。当然，对确保基层社会有秩序的稳定起到了良好作用。[①] 所以，保辜制度实际为民间族内或乡里不同族群之间的和谐和睦而设置。在族内或不同族群之间发生斗伤案件后，虽然官方参与案件的全程处置，但实际是由族内长者依据家法族规加强教化，督促双方和解，或者由族群之间的长者共同参与，调和双方关系，督促双方和解。唐律《斗讼》将其扩展到"故斗、谋杀、强盗"范围，甚至同谋共殴人成伤者，不论"元谋"或"为从"皆适用保辜制度，[②] 此后明清律典皆如是规定。如此，家族私权或民间私权完全参与了本由公权处置的刑事司法案件，其结果消解了公权对个体的过渡干涉及不当处罚。

## 第二节　亲情服制在当代立法中的传承

"服制制罪"已经作古，但是维护亲情和睦仍是今天道德和法律强调的重要问题，尤其是预防亲属之间严重违礼相犯，防止司法过程中撕裂亲情，均是当今法律强调的重点。梳理我国《宪法》《民法典》《刑法》《治安管理处罚法》《刑事诉讼法》《民事诉讼法》《行政诉讼法》《老年人权益保障法》等主要法律发现，现实法律对亲情和睦的维护，防止亲情被撕裂的法律条文有 200 多条，而且均是至关重要的规定。此外，还有一些相关法律解释也涉及维护亲情服制和睦问题。

### 一　防止公权对家庭成员的侵害

从我国法律规定看，公民除了行使自己权利外，还有权保障亲属不受

---

① 参见薛梅卿《新编中国法制史教程》，中国政法大学出版社 1995 年版，第 184 页。
② 《唐律疏议》，第 389、390 页。

伤害。尤其是那些来自公权的侵害，可能会连带侵害受害人亲属的权利，必须予以防范。来自公权力的侵害主要包括3种类型：一是公权力直接可能的侵害；二是公权力不作为可能导致亲属权利得不到保障；三是公权未能主动遏制其他主体对亲属权利的侵害，进而导致私权继续遭受不法侵害的状态。仅《刑事诉讼法》《民事诉讼法》《行政诉讼法》《治安管理处罚法》几部重要的法律就有50多条相关方面的规定，至少有41条典型的法律规定值得我们分类探讨。

保障亲属权利不受侵害可以通过保障具体程序的合法化而保护，也可以直接依照实体法或程序法规定，防范公权力可能的越位，以保障实体权利。

在程序制度方面，公民通过参与到司法程序之中，保障亲属权利不受公权力侵犯或防止连带性侵犯。公民可以参与到程序中，成为亲属的代理人或辩护人，或者为亲属委托辩护人，以保障作为当事人的亲属的合法权益。①公民可以通过申请审判人员、检察人员、侦查人员回避，保障亲属的合法权利。②当然，公民也可以作为代理人为其亲属提起诉讼、程序复议、变更、解除强制措施、上诉、再审。③在诉讼过程中，还有一些环节必须及时通知当事人的亲属，或者必须由当事人的亲属参与，不仅旨在确保诉讼程序合法化，还直接保障作为当事人及其亲属的实体权利。④

在实体权利保障方面，通过实体法规定了公民直接防范公权力对私权的侵犯，或者通过程序法规定，防范公权力在行政或司法程序中直接侵犯亲属的权利。⑤法律还规定，要防止司法及行政活动对当事人亲属权利

---

① 参见我国《刑事诉讼法》第三十三条、第三十四条、第四十四条。《民事诉讼法》第五十八条、第一百八十九条。《行政诉讼法》第三十一条。
② 参见我国《刑事诉讼法》第二十八条。《民事诉讼法》第四十九条。《治安管理处罚法》第八十一条规。
③ 参见我国《刑法》第九十八条。《刑事诉讼法》第九十五条规、第九十七条、第一百一十二条、第二百一十六条、第二百四十二条、第二百八十二条、第二百八十七条、第二百八十八条。《民事诉讼法》第一百八十七条。《行政诉讼法》第二十五条。《治安管理处罚法》第一百零七条。
④ 参见我国《刑事诉讼法》第四十一条、第七十三条、第二百七十七条。《民事诉讼法》第八十条、第八十五条、第二百四十五条、第二百五十条。《治安管理处罚法》第八十三条。
⑤ 参见我国《宪法》第四十一条。《刑法》第二百三十四条、第四百一十六条。《民事诉讼法》第四十四条。

直接或间接的侵害。①尤其是《刑事事诉讼法》第七十二条规定:"人民法院、人民检察院和公安机关对符合逮捕条件,有下列情形之一的犯罪嫌疑人、被告人,可以监视居住……(三)系生活不能自理的人的唯一扶养人。"与汉魏"存留养亲"制度宗旨和形式基本一致,实乃对传统"服制制罪"律条及精神的成功传承。当然,通过亲属参与程序,《刑事事诉讼法》第二百二十六条还禁止加重被告的罪刑。

## 二 明确亲属之间的权利义务

为防止男女不平等,我国《宪法》第四十八条规定:"妇女在……家庭的生活等各方面享有同男子平等的权利。"同时,《宪法》《民法典》《妇女儿童权益保障法》《老年人权益保障法》等法律详细规定了亲属之间平等的权利和应尽的赡养、抚养等义务。《宪法》第四十九条规定:"父母有抚养教育未成年子女的义务,成年子女有赡养扶助父母的义务。"《民法典》婚姻家庭编有16条专门规定了家庭成员之间的权利义务,其中第一千零四十一条、第一千零四十三条、第一千零五十五条、第一千零五十七条、第一千零六十一条、第一千零六十二条、第一千零七十条等7个条款规定了家庭成员平等的人格权、工作权、处理家庭财产权,第一千零五十八条、第一千零五十九条、第一千零六十一条、第一千零六十七条、第一千零六十八条、第一千零六十九条、第一千零七十二条、第一千零七十四条、第一千零七十五条等9个条款规定了夫妻、父母子女之间的相互义务。《民法典》总则中第二十六条专门规定了父母子女之间的抚养及赡养义务,还用第十九、二十、二十一、二十三、二十七、二十八、三十五等条7个法条明确了父母是未成年子女的监护人及其监护义务,确定了父母对未成年人的法定代理义务。同时,《民法典》总则中第三十五条、第三十六条要求监护人要认真履行责任。监护制度和作为监护人的法定代理制度最为本色地反映了服制亲情在当代的社会应用,我国《刑法》第十八条及《刑事诉讼法》第九十九条对此还予以补充规定。《妇女儿童权益保障法》及《老年人权益保障法》均规定了妇女儿童和老年人的合法权利。②《民法典》合同

---

① 参见我国《刑法》第五十九条。《刑事事诉讼法》第六十二条。《民事诉讼法》第二百四十三条、第二百四十四条。
② 参见我国《妇女儿童权益法》第四十五条。《老年人权益保障法》多条详细规定了老年人享有的权利。

编中第六百六十三条对伤害赠与人近亲属的赠与合同规定了撤销情况。

## 三 防范亲属之间的相犯

当代法律除规定亲属之间应尽的义务之外，还对不尽义务及亲属相犯行为予以禁止或法律处置。从现行法律看，主要涉及一下几个方面。

第一，禁止干涉婚姻自由，禁止重婚。提倡婚姻自由属于现代文明对家庭个人人格的彰显，[1]禁止重婚则是对古代婚姻观念的传承。现行《民法典》第一千零四十二条、第一千零四十六条、第一千零六十九条严禁父母干涉子女婚姻，严禁子女干涉父母再婚；第一千零五十一条及第一千零七十九条均明确规定重婚为无效婚姻；第一千零九十一条规定了因重婚而离婚的，无过错方有请求损害赔偿权。《刑法》第二百五十八条对重婚规定了专门罪名。

第二，防范不赡养老人。养老孝亲是中华文化的传承美德，我国现行法律对此多有规定。《宪法》《民法典》《老年人权益保障法》均规定了子女赡养老人情况。[2]

第三，禁止家庭暴力及虐待亲属。当代法律当然禁止亲属相犯，从立法上看，主要体现在家庭暴力和虐待亲属方面的规定。[3]尤其是我国《刑法》用两个条款，专门规定了虐待罪，二百六十条规定："虐待家庭成员，情节恶劣的，处二年以下有期徒刑、拘役或者管制。"第二百六十条规定："对未成年人、老年人、患病的人、残疾人等负有监护、看护职责的人虐待被监护、看护的人，情节恶劣的，处三年以下有期徒刑或者拘役。"

第四，防范家产分割纠纷。家庭财产的析产和继承是家庭重要的民事行为，也是家庭矛盾和纠纷产生的主要原因。尤其是在经济利益驱动下，许多家庭因财产纠纷导致父子、兄弟对簿公堂、反目为仇。为此，法律进行了较为详细的规定。我国《民法典》《老年人权益保障法》对亲属之间的

---

[1] 当然，我国古代虽然有父母包办婚姻现象，但它不属于儒家文化本身的内容，儒家强调婚姻讲究礼仪，并不反对婚姻自由，先秦主张婚姻自由，汉魏基本继承了这种风气。

[2] 参见《宪法》第四十九条。《民法典》第一千零六十九条、一千一百二十九条。《老年人权益保障法》第十三条、第十四条到第二十条。

[3] 参见我国《宪法》第四十九条。《老年人权益保障法》第三条。《民法典》第一千零四十二条、第一千零七十九条、第一千一百二十五条。《治安法》第四十五条。

继承权、继承顺序、代位继承、遗嘱及实际继承问题进行了规定。①《民法典》第一千一百三十二条还对总的继承精神进行了规定，要求"继承人应当本着互谅互让、和睦团结精神，协商处理继承问题"，对于"遗产分割的时间、办法和份额，由继承人协商确定。协商不成的，可以由人民调解委员会调解或者向人民法院提起诉讼"。为规制遗产继承可能的混乱，《民法典》第一千一百二十五条规定丧失继承权的一些行为。②

当然，我国现行法律对于亲情间的法律规定远不止所列举或分析的这些法规和法条，这说明亲情关系在当今社会仍然是一个备受道德和法律重视的重要社会问题。我国古代小农经济时代，儒家孝治政治实现了治亲就可以安邦，而现代商业社会，则可以说，亲不治则人的社会责任担当缺失、诚信缺失，社会便无法正常运行。家庭永远是社会和谐、天下太平的重大基础，儒家思想在 2000 多年中积累的良法善治经验，非常值得今天借鉴和弘扬。

## 第三节　丧服礼制的当代困境及创造性转化

"服制制罪"的价值已经部分转化为当代立法，其精神也部分融进当代生活及司法领域。然而由于我国当代法治建设尚处于起步阶段，加之我国近代法制转型是被动转型，以至于立法和司法长期受舶来法治理念的影响，尤其是司法裁判中常常出现亲情撕裂，甚至引发冲突与悲剧，传统丧服礼制功能得不到有效转化与发挥，陷入困境。这就造成依据中国哲学构建的传统礼法秩序与依据马克思主义哲学构建的当代法治秩序发生冲突。本书借用"二律背反"③概念描述丧服礼制的当代冲突及困境。解决该冲突需要进一步探索"服制制罪"的创造性转化及应用。

---

① 参见我国《民法典》第一千一百二十一条、第一千一百二十五条、第一千一百二十七条、第一千一百二十八条、第一千一百二十九条、第一千一百三十条、第一千一百四十一条、第一千一百五十二条、第一千一百五十三条、第一千一百五十五条。《老年人权益保障法》四二十二条、第二十四条。

② 即故意杀害被继承人的、为争夺遗产而杀害其他继承人的、遗弃被继承人的，或者虐待被继承人情节严重的、伪造、篡改或者销毁遗嘱，情节严重的诸种行为。

③ "二律背反"是德国哲学家康德提出哲学概念。它指双方各自依据普遍承认的原则建立起来的公认的两个命题之间的冲突。

## 第七章 "服制制罪"的礼法价值及其当代传承　253

### 一　"服制制罪"的当代"二律背反"

亲情服制在当代立法中得到传承的同时，也因时代不同出现许多问题，出现许多无法传承的困境。

（一）"服制制罪"当代"二律背反"的基本界定

通过前几章讨论可以看出，中国古代的丧服礼制及其入律后的"服制制罪"均建立在中国古代"天人合一"哲学基础之上，具有自身的合理性。因而，丧服礼制在中国古代社会能长期有效维护家庭和睦与社会和谐。然而在近代中国社会转型中，丧服礼制及"服制制罪"不仅作用乏善可陈，甚至被当作糟粕予以批判。客观上，唐宋以降的"服制制罪"在处置亲属违礼相犯事宜上确实发展出一些不良影响，比如前文提到的唐代"父母在不能别籍异财"，到宋明就不适应社会实际发展；还有服丧违礼过于机械，在调解或惩罚亲属相犯案件时，确实存在压制卑幼及偏向豪门望族等等问题。这实际是"服制制罪"的一个"二律背反"，即它符合中国传统文化的人道、天道规律，又能有效维护中国传统社会家庭和睦和社会稳定，甚至对中国几千年超稳定社会的礼法秩序塑造功勋卓著，却又在今天的中国社会中显得捉襟见肘，与当代和谐民主秩序形成矛盾。

然而当代社会发展也存在另一个与亲情服制相关的"二律背反"，那就是现代民主制度的法制一时难以保障家庭和睦和谐，以至于社会多有家庭暴力、兄弟阋墙、父子反目、亲情撕裂、乡邻不和，甚至导致诸多不利于社会稳定等问题。

这两个"二律背反"的问题出在哪里？研究发现，错误不在于中国传统哲学，也不在于马克思主义哲学及其法治，当然也不在于丧服礼制及现代民主制度。实际是康德所言的理性与知性之间发生了冲突，[①] 即受文化交流影响，人们的认知发生错误，由此导致矛盾冲突。既对丧服礼制及"服制制罪"认知发生了偏差，也受西方法治文明影响对民主法治认知产生认知偏差。

（二）"服制制罪"当代"二律背反"的突出表现

目前，我国法律中涉及亲情关系的规定很多，但这些规定并未有效规制好亲属之间的关系。涉及亲情服制的家庭养老、析产、遗产继承、家庭暴力、离婚子女抚养、新生代对家庭和社会的严重背离、不适当的强制亲

---

① 参见［加］约翰·华特生《康德哲学讲解》，韦卓民译，华中师范大学出版社2000年版，第210页。

属作证等一系列问题都严重影响着家庭和睦，由此导致的司法问题又不断撕裂着亲情关系，甚至威胁着社会的稳定和谐。这些问题不仅困扰着许多家庭，也对社会的和谐进步、对社会的法治建设带来巨大的障碍，这是前述亲情服制当代"二律背反"表现出的社会治理病，如果重视不够，"治疗"不及时，整个社会甚至民族都会因为源自于家庭的这些问题而出大问题。

1. 养老孝亲的困局

在小农经济的中国古代，儒家强调"父母在，不远游"，宋人邢昺为此作疏时指出，不远游的原因在于"使父母呼己得即知其处"，① 其中包含着要尽孝侍奉父母的目的。我国古代的孝亲包含着三重意思，"大孝尊亲，其次弗辱，其下能养"。② 供养父母只是养老孝亲的最低要求，如果只是供养老人，那就谈不上孝敬。③

然而，在我国经济社会转型时期，广大农村和小城镇居民逐渐脱离了农地束缚，客观上需要外出务工养家户口。这势必导致与自己的儿女和老人长期分离生活，出现大量留守儿童和留守老人。当教育被普遍认为是改变命运的关键出路时，许多外出打工的父母克服困难，将子女带到身边上学，于是留守老人成了更加孤独的生活群体。根据我国民政部的官方统计，2013 年中国农村留守老人数量已近 5000 万，④ 而 2017 年的报告显示我国空巢老人多大 7000 万人之多。⑤《2018 年最高人民法院工作报告》显示，2017 年全国法院"依法为老年人追索赡养费，审结相关案件 12.6 万件"。依古代孝道看，这 5000 万或 7000 万老人的子女都是不孝子孙，但是用当代眼光看，这些留守老人的子女未必都不孝敬老人。不过，客观上分析，没有子女照料后，这些老人生活居多艰难孤独，内心焦虑、烦躁、抑郁，有部分毫无疑问可以归为不孝。至少那些对驳公堂的赡养费案件中，身为子女的当事人确定无疑属于不孝敬老人。

目前养老孝亲问题还突出表现在有部分子女公然不关心、不赡养老

---

① 《论语注疏》卷 4《里仁》，邢昺疏，第 52 页。
② 《礼记正义》卷 48《祭义》，第 1332 页。
③ 子游问孝。子曰："今之孝者，是谓能养。至于犬马，皆能有养。不敬，何以别乎？"《论语注疏》卷 2《为政》，第 17 页。因此，人们只是供养父母而不敬，就与养狗养马没有区别，这根本不是孝，孝必须要对父母有敬爱之心。
④ 《民政部：农村留守老人近 5000 万》，http://www.bjnews.com.cn/news/2013/09/20/284312.html。
⑤ 《2017 年中国空巢老人现状报告》，http://baijiahao.baidu.com/s?id=1573301820392335&wfr=spider&for=pcl。

人，这种现象在农村和小城镇表现得尤为突出。农村及小城镇的老人，在身体逐渐不能从事重体力劳动后，不免被子女尤其儿媳视为累赘，加之婆媳关系紧张，或在照料小孩问题上观念不一致，都导致老人与子女，尤其与儿媳关系不同程度紧张。我们对豫西南及豫北一些乡镇的调查发现，约百分之四十的家庭都存在婆媳关系不和或紧张的情况，这其中有将近一半家庭不同程度存在冷落老人或詈骂老人现象，也就是说，整体上有四分之一的家庭存在不同程度的不孝亲养老现象。这种情况甚至在其他地方也很普遍。① 但是绝大多数老人怕没面子、给孩子丢脸或怕孩子训斥并威胁不照顾，不愿向邻居或所在地的村民或居民委员会反应情况。这些家庭老人即便子女在身边，依然内心孤独，身体有病后不是在乡村小诊所随便治疗，就是拖着或撑着，一旦不能自理，生命就不会维持多久。② 至于子女不赡养老人最终被诉上法庭者，可以随手拈来，不乏其例，仅110法律咨询网站最新更新的数据显示，不赡养老人案件就多达上千件，③ 而且子女成群地不赡养老人的现象普遍存在，④ 即便是2020年的《最高人民法院工作报告》也指出2019年，全国"审结赡养案件2.6万件"中，有些是以调解结案，有些甚至通过二审法院判决才结案。尽管在案件中亲情撕裂的程度不同，但是都造成了难以弥合的伤口。

---

① 来自湖北的一份调查显示，有35.5%的留守老人认为子女给的钱不够用，甚至24.8%的留守老人则认为生活过得不满意。参见钟曼丽《农村留守老人生存与发展状况研究——基于湖北省的调查》，《湖北社会科学》2017年第1期。另一份来自湖南的调查数据显示："家庭生活水平处于贫困时，农村留守老人感到生活满意的比例只有61.5%。"参见唐浩、施光荣《农村留守老人的生活满意度及其影响因素分析》，《安徽农业大学学报》（社会科学版）2015年第5期。与我们对河南的调查相比，这个数据显示工业省的湖北要比农业大省的河南略好一些，湖南情况与河南比较接近。

② 这种情况在城市没有那么突出，城市文明素质高，孝亲养老及物质保障都好许多。调查显示，我国城镇平均寿命比农村高4岁，大城市则比农村高12岁。参见胡英《中国分城镇乡村人口平均预期寿命探析》，《人口与发展》2010年第2期。《中国大城市人均寿命比农村高12年是何原因》，http://news.sina.com.Cn/c/ 2005-11-17/09387463625s.shtml。

③ 《最新子女不赡养老人判裁案例》，http://www.110.com/zhuanti/zinvbushanyanglaoren/panli/18/。

④ 2008年1月8日，江苏省新沂市人民法院判令7个被告子女分摊2414.44元医疗费。2015年顺义法院杨镇法庭审结母亲张某诉被告李某等6子女被赡养纠纷案。2008年6月26日湖北省宜昌市夷陵区人民法院开庭调解胡某某、黄某某诉4个子女不赡养案。2011年8月石湖司法所调解辖区丁巷村朱某夫妇辱骂及不赡养老人纠纷。2015年3月巴东县法院调解茶店子镇谭老汉诉2个儿子不养老案件。

各种复杂情况导致中国养老孝亲问题目前比较严峻。尽管学界在积极探索各种养老模式，政府也在努力缓解这一问题，但是由于以家庭为主导的养老模式是今后很长时期内符合中国国情和民族心理的重要模式，问题的关键还在于教育子女善待父母。古代经济条件远不如今天，但是养老孝亲风气十分浓郁，主要是文化教育比较到位。所以，我国《老年人权益保障法》规定："与老年人分开居住的家庭成员，应当经常看望或者问候老年人。"这已经明确指出了解决问题的方向。

2. 家庭财产分割导致的亲情撕裂

中国有句俗语，言"人为财死，鸟为食亡"。一方面道出人出于天性对财富适度追求具有合理性，另一方面也劝导人们要区别与动物，应当节制。虽说我国古代法的"父母在不能别籍异财"是小农经济条件下互助生存的需要，但并非意味着物质条件许可时，析产分家或继承遗产就可以不讲亲情进行撕裂和争夺。

根据我们对基层法院的调查，目前，我国因婚姻家庭财产纠纷而引起的亲情撕裂问题十分凸显，此类案件已经成为民事案件的一大主要案源，并且呈逐年上升的趋势。同时，在此将最高人民法院近年来工作报告涉及婚姻家庭纠纷类的案件数据进行列表，发现此类案件同样数量庞大，且一直呈上升趋势。[①] 表7-2 中的这些案件绝大多数都与家庭财产纠纷纠缠在一起。其中，2008年到2012年五年间此类案件总的上升了24.5%，平均每年递增约4.9%。而2018年最高人民法院报告中，虽然没有2017年婚姻家庭案件具体数字，但依据5年总数和前4年数据我们得出了2017年4.45%的递增率（见表7-2）。

表7-2

| 年份 | 类别 | 案件数量（单位：万件） | 比上年递增 |
| --- | --- | --- | --- |
| 2008—2012 | 一审婚姻家庭、抚养继承案件 | 738.7 | 24.5%（平均约4.9%） |
| 2013 | 一审婚姻家庭、抚养继承案件 | 161.2 | 4.29%[②] |
| 2014 | 一审婚姻家庭、抚养继承等案件 | 161.9 | 0.43% |

---

① 2019年最高人民法院报告，上年全国审结婚姻家庭案件181.4万件，虽然与前一年案件数量相比得到下降，但总数仍高居不下。

② 由于2012年的工作报告无当年此类案件的具体数据，2013年的增长率是依据2010年数据142.83万件和2013年161.2万件的3年平均递增率。

续表

| 年份 | 类别 | 案件数量（单位：万件） | 比上年递增 |
| --- | --- | --- | --- |
| 2015 | 一审婚姻家庭案件 | 173.3 | 7.04% |
| 2016 | 一审婚姻家庭案件 | 175.2 | 1.1% |
| 2017 | 审结婚姻家庭案件 | 183 | 4.45% |
| 2018 | 审结婚姻家庭案件 | 181.4 | −0.87% |
| 2019 | 审结婚姻家庭案件 | 185 | 1.95% |

家庭财产纠纷包含着养老引起的财产纠纷，但是并不止于此。它还包括：离婚问题导致的夫妻财产纠纷、家庭兄弟姐妹析产纠纷、继承引起的财产纠纷、城镇化过程中拆迁补偿引起的财产纠纷、家庭共同经营引起的财产纠纷、家庭债务引起的财产纠纷、家庭内部侵权引起的财产纠纷、子女抚养引起的财产纠纷、交通等死亡补偿引起的财产纠纷等。家庭财产纠纷不同于养老问题的最大特点是，为争财产亲情之间撕破面子，对簿公堂，有的甚至导致家庭成员相互人身伤害，造成家庭悲剧。财产分割中亲情撕裂与伤害的悲剧已经不再是一个家庭的悲剧，实际是当今整个社会的悲剧。家庭纠纷诉诸法庭并非不当，然而家庭纠纷区别于诉诸法庭的其他非亲属纠纷在于证据难以取得，亲情之间的财产协议多数以口头商定为主，一旦发生纠纷，难以取证。同时亲情之间也容易毁灭证据，挑事一方常常趁另一方不注意，事先毁灭证据，然后再诉诸法庭。挑事者利用亲情熟悉、不防备、容忍等因素，又打着"平等""自由""权利"等法律幌子对亲情展开无情的纠缠撕裂。没有了亲情的社会，不仅使人们丧失了做人的基本准则，而且又把这种恶劣行为言传身教于下一代将导致社会危机和民族价值观的文化危机。

3. 家庭暴力的恐怖

家庭暴力撕裂亲情。我国2016年3月生效的《中华人民共和国反家庭暴力法》第二条规定："家庭暴力，是指家庭成员之间以殴打、捆绑、残害、限制人身自由以及经常性谩骂、恐吓等方式实施的身体、精神等侵害行为。"家庭暴力给亲情之间造成身体损伤和精神上不可弥补的伤害。近年来，我国家庭暴力现象十分突出，中国社会科学院发布的《1995至2005年：中国性别平等与妇女发展报告》显示，约30%存在不同程度的家庭暴力，[1] 全国妇

---

[1] 湖南省妇女权益部：《促进地方法规出台，惩治家庭暴力》，世界妇女大会5周年研讨会论文，北京，1995年6月。

联会 2015 年统计，2014 年"我国有 24.7% 的家庭存在家庭暴力，多数受害人为妇女、儿童"。① 反家庭暴力法正是根据近年来我国家暴不断恶化情况而出台的法律。

家庭暴力的受害者一般是妇女、儿童和老人。家庭暴力问题和不养老问题有着共同的特点，即家庭成员一般不愿公之于众。就被施暴的妇女而言，绝大多数由于婚姻不和或丈夫有外遇等情况引起，女方一般都会委曲求全，或为了孩子而忍让，或期望丈夫能够悔改，不愿将家暴公开。孩子遭受家暴时，通常是父母一方再婚导致，孩子因幼小不敢倾诉。老人遭家暴情况不常发生，即便出现这种极端不孝情况，老人们多不愿讲出。当然，妇女和老人都有一种"家丑不可外扬"的心态，因而家庭暴力总是处于隐蔽状态。此外，家庭暴力取证艰难，即便受害者向外倾诉，由于得不到证据，通常也由基层社区进行劝导。从 2017 年 3 月 8 日公布的十大反家庭暴力典型案例来看，只有"程某申请撤销李某监护人资格案"中，因李某将孩子头部打为重伤二级被处承担刑事责任，其他均为"禁止实施家暴""禁止接近受害者"等不痛不痒的判决。② 如此，亲情之间遭受着感情的折磨和撕裂，受害者本来应该生活在亲情呵护的温暖中，却因家庭暴力而生活在恐怖的现实中。一旦这种恐怖发展到忍无可忍时候，很可能发生反暴力的情况，即被害者杀害施暴的亲人，整个家庭便彻底崩溃。可见，家庭暴力给家庭和睦和社会稳定带来巨大的隐患。

让妇女儿童和老人生活在一个没有暴力的家庭，是一个亟待解决的问题，这不是一部反家庭暴力法就可以完成的任务，它是一个社会文化机制反思与重构的问题。一些论者将家暴视为传统文化毒瘤，这恰恰是对传统文化的无知而发出的妄论。中国传统社会恰恰是禁止家暴的社会，传统社会通过教化提倡孝悌仁爱，通过"服制制罪"禁止亲属相犯，因此古代"服制制罪"的教化和规制经验非常值得借鉴。

4. 离婚子女抚养教育的悲哀

当时代进步后，人们思想更加自由，人格愈显独立，独立和自由本应为家庭和睦及社会和谐带来福祉，然而现实中因性格不合、价值观念不同、生活追求各异等诸多因素导致部分夫妻离婚任性随意，由此导致的离婚子女

---

① 《中国 24.7% 家庭存家庭暴力平均遭 35 次才报警》，http://china.huanqiu.com/article/2015-09/7454138.html。

② 详情可参见《最高法公布实施反家庭暴力法十大典型案例》，http://www.china.com.cn/legal/2017-03/08/ content_40428360_2.htm。

抚养教育问题成为一个社会难题。部分夫妻离异后甚至相互推诿，无人抚养教育，离婚子女在成长过程中看不到任何希望，一些还绝望地流浪社会，为社会增加了负担，甚至埋下不稳定的祸根。表 7-3 中民政部公布的 2013 年至 2019 年离婚数据（2014 年空白）。

表7-3

| 时间 | 离婚总数（单位：万对） | 比上年增长 | 民政登记离婚（单位：万对） | 法院判决或调解离婚（单位：万对） |
| --- | --- | --- | --- | --- |
| 2013 年 | 350 | 12.8% | 281.5 | 68.5 |
| 2015 年 | 384.1 | 5.6% | 314.9 | 69.3 |
| 2016 年 | 415.8 | 8.3% | 348.6 | 67.2 |
| 2017 年 | 437.4 | 5.2% | 369.3 | 66.9 |
| 2018 年 | 446.1 | 1.99% | 380.1 | 66 |
| 2019 年 | 470.1 | 5.4% | 404.7 | 65.4 |

每年多达 300 多万甚至 400 万以上的离婚家庭，到底造成多少子女生活在单亲家庭甚至无人照料，由于涉及多方面隐私以及离婚子女生活方式多种多样，目前尚无法分类准确统计。[①] 但是学界调查研究发现，早在 2000 年的时候，离婚导致的单亲家庭已经逐步成为单亲家庭的主要形式。[②]

离婚子女的抚养教育已是备受社会关注的问题。离婚子女中一部分跟随祖父母、外祖父母生活，这种隔代教育自身不同程度地存在着溺爱或难以尽责等问题。离婚子女跟随父母一方生活的也存在不少困难，父母再婚者，一部分子女表面上不再生活在单亲家庭，但是多数未必能融入父母新家庭中。离婚子女的问题不单是单一的生活照料问题，更重要的是涉及精神关怀和心理健康成长。他们的物质生活或许没问题，但是

---

① 中国知网中多篇文章作者相互引用，言 2002 年我国有上千万的单亲家庭孩子，预计此后每年还要增加五十到六十万。但这一数据最终查无根据。如果以此推算，2016 年我国单亲家庭孩子应该在一千八百万以上。不过根据我国央视相关报道，2010 年我国单亲家庭为"2010 年为 2396 万户"。《中国家庭户均 3.02 人单亲家庭超 2000 万户》，http://money.163.com/ 14/0515/19/9SADTNGG00253B0H.html。两个数据基本能够吻合。
② 王跃生：《当代中国农村单亲家庭变动分析》，《开放时代》2008 年第 5 期。

心理成长过程中绝大多数人出现了这样或那样的障碍。一些年轻父母，自身缺乏家庭责任感，轻率离婚，都给子女抚养、关怀和教育带来诸多问题。这些家庭的孩子由于得不到正常家庭父母那样的关心呵护，自幼心理上发生变异，或者内向自卑、胆小孤僻，或者抑郁冷漠，或者充满憎恨，或者易怒暴躁、多疑、嫉妒，有些人在初中或高中阶段已经成为问题青少年，或是些过早辍学，染上诸多恶习，甚至沦为罪犯，给社会秩序带来诸多问题。

孩子是家庭的希望，是社会的未来。中国古代十分注重家庭中孩子的教育，孔子在《论语·学而》中指出："其为人也孝弟，而好犯上者，鲜矣。不好犯上，而好作乱者，未之有也。"离婚子女连起码的关爱亲人的基本氛围都失去了，还谈什么成才？当他们缺乏从小由家庭塑造的社会价值认同感时，面对的只是：一面是人性对利益的无限贪婪，一面是以暴力为后盾的法律。只要有机会，他们就会钻法律空子，或者铤而走险攫取利益。他们甚至憎恨父母，憎恨社会，又何曾敬畏法律？这正是一些离婚子女在绝望中成长的恶果。

5. 强迫亲属作证对亲情的撕裂

我国古代"亲亲相隐"制度规定了普通犯罪"亲属得相为首匿"，然而近代法制却在这方面明确做出不得相为首匿的规定。2013年修订后生效的我国《刑事诉讼法》188条虽然将"被告人的配偶、父母、子女"作为强制出庭作证的例外，但是第16条"凡是知道案件情况的人，都有作证的义务"的规定，却意味着亲属必须作证。又2015年《最高人民法院关于审理掩饰隐瞒犯罪所得犯罪所得收益刑事案件适用法律若干问题的解释》尽管规定了"近亲属掩饰、隐瞒犯罪所得及其产生的收益，且系初犯、偶犯的""犯罪情节轻微，免予刑事处罚"，但这里仍然以罪论处，并未改变亲属不得隐匿的基本原则。

亲属可以首匿不仅古代中国有，古代罗马也有该制度。近代启蒙思想家们更是视亲属揭发、相告为违背人性。[1]近代以来，两大法系中各国均

---

[1] 孟德斯鸠在《论法的精神》中写道："妻子怎能告发丈夫呢？儿子怎能告发他的父亲呢？为了要对一种罪恶的行为进行报复，法律竟规定出一种更为罪恶的法律。"[法]孟德斯鸠:《论法的精神》，张雁深译，商务印书馆2012年版，第565页。

规定了刑事案件中亲属可以拒绝作证的规定。[①]由于受苏联和阶级斗争为纲思想影响，我国的刑事法律对于一般犯罪中的亲属相隐问题至今尚在探索和思考之中。禁止亲属相隐，一定程度上是公权煽动亲情之间的撕裂，不仅不利于社会的稳定，还导致社会的恐怖心理。

上述诸种现象充分展现了传统亲情服制教化及社会认知功能在当代的缺失，也体现了现代法治文明对古代优秀法制文明传承的缺失，两种缺失导致的前述两个"二律背反"必须由当代法治对传统宗法文明进行创造性传承来弥补。

## 二 "服制制罪"的创造性转化

现代文明与传统亲情服制在我国当代社会的如此割裂，一方面在于我们对当代民主法治认知存在偏差，另一方面在于对传统丧服礼制的敦睦和谐功能认识不够，缺乏对之创造性转化和应用。亲情矛盾及纠纷不能都靠单一的法律去规制，它需要伦理道德和法律共同规制和约束，甚至有些亲

---

[①] 参见《德国刑事诉讼法典》第258条规定："故意或者在明知的情况进行阻挠，致使他人的违法行为逃避刑罚或者措施追究的，处5年以下有自由刑或者罚金刑……使家属免于刑罚处罚而存在上述行为的，不处罚。"《德国刑法典》，徐永生、庄敬华译，中国方正出版社2002年版，第124页。《法国刑法典》第434条第一款规定："任何人了解某一重罪……或者在罪犯有可能实施新的重罪，但可以制止时，却不将此种情况告知司法当局或行政当局的，处……罚金。……下列人员不属于前款规定之列：1.重罪之正犯或共犯的直系亲属、兄弟姐妹以及这些人的配偶；2.重罪之正犯或共犯的配偶或者众所周知其一起姘居的人。"《法国刑法典》，罗结珍译，中国人民公安大学出版社1995年版，第166页。《日本刑法典》第105条规定："犯人或者脱逃人的亲属，为了犯人或者脱逃人的利益而犯前两条之罪的（隐灭证据罪、藏匿犯人罪），可以免除刑事处罚。"《日本刑法典》，张明楷译，法律出版社2006年版，第42页。《日本刑事诉讼法》第147条规定："任何人，都可以拒绝提供有可能使下列的人受到刑事追诉或者受到有罪判决的证言：1.自己的配偶、三代以内血亲或者两代以内姻亲，或者曾与自己有此等亲属关系的人；2.自己的监护人、监护监督人或者保佐人；3.由自己作为监护人、监护监督人或者保佐人的人。"《日本刑事诉讼法典》，宋英辉译，中国政法大学出版社2000年版，第34页。英国1898年《刑事诉讼法》规定："被告的丈夫或妻子在一般刑事案件中根据被告方的申请可以充当辩护人，但是不得强迫作证，并且不得充当控诉证人。"［英］J.W塞西尔·特纳：《肯尼刑法原理》，华夏出版社1989年版，第570页。《美国联邦刑事诉讼规则和证据原则》规定："不作对配偶不利的证言。"卞建林：《美国联邦刑事诉讼规则和证据原则》，中国政法大学出版社1996年版，第22页。

情问题只能需要伦理道德去自治约束。然而，近代以来舶来的西方民主法治不仅导致国人以西学观念理解"民主""法治""自由"，进而使得法律与道德割裂、甚至冲突；还导致个人与家庭"脱嵌"，家庭似乎仅仅成为衣食驻行的驿站，成为普通动物繁衍后代的巢穴。作为社会性的高灵动物——人，其家庭还承担着为社会培育合格后继人才的重要任务。我国古代超稳定的"家国一体化"社会结构正是很好地发挥了家庭教化作用，"服制制罪"在此方面的诸种价值在当代转型应用，最关键的是落脚到将"家"再次嵌入社会，发挥其培养后代的价值功能，实现家和万事兴，实现治亲安邦的功能。因此，实施家庭美德教化战略工程和推广家事法庭改革，是当下法治建设的先行举措。

（一）建设中国特色的仁爱法治

法治是人类文明进步的标志，它是一个历史的概念，也是一个文化的概念。不同时期、不同文明背景下，法治的内涵具有不同特征。古希腊亚里士多德最早指出，法治优于一人之治，因为法律是多数人审慎考虑而制定的，也是"免除一切情欲影响的神祇和理智的体现"。亚里士多德接着还提出了响彻古今的法治概念，"已经制定的法律必须获得普遍的遵守，而大家所服从的法律又应该是本身制定得良好的法律"。[1] 近代西方学者基于不同民族观念和不同视角对法治概念进行丰富和完善，对法治做出了不同解释。[2] 可见，法治在强调良法之治的前提下还随时代发展和民族不同均具有丰富的内涵。由此观之，法治不是一个民族或国家的专利，也不是一成不变的标准。[3] 中国的法治建设起步晚，需要借鉴人类法制发展诸多优秀成果。但是在现代文明背景下，我国的法治建设首先应当具有自己的民族特色和时代特色。

中国古代同西方古代一样，断然没有西方近现代意义上保障个人权利

---

[1] ［古希腊］亚里士多德：《政治学》，吴寿彭译，商务印书馆1997年版，第199页。

[2] 戴雪、拉兹、富勒、哈耶克、罗尔斯、哈特、哈贝马斯等西方学者们从形式法治、实质法治、福利法治、程序法治不同视角对"法治"进行诠释。诸如戴雪、哈特和拉兹特别强调形式法治，而E.C.S.韦德、富勒、罗尔斯、德沃金则强调实质法治。

[3] 比如古希腊法治与古罗马法治内涵就不同，前者强调城邦条件下城邦公民参与城邦事务，后者强调重商的契约精神。二者与近代西方法治观念又不同，古希腊古罗马法治基于人性善和城邦幸福至上，而近代法治则基于人性恶和个人利益至上。

第七章 "服制制罪"的礼法价值及其当代传承　263

的法治,①但是亚里士多德那种良法而治的观念则未必没有。《礼记》云:"先王之为乐也,以法治也,善则行象德矣。"②对此曹魏时期的经学家王肃解释道:"言先王为乐必以法治,治善则臣下之行皆象君之德也。"③即按照礼乐的礼法治理,天下人都会具有君王的美德。又北宋学者孙奭在注疏《孟子·公孙丑章句》时,引《谥法》曰:"法治而清省曰平。"④大意是讲,鲁平公的"平"字谥号是指依照"清平省约"的礼法治理而到达的太平盛世。这两处的"法治"均是以"礼法"治理的意思。中国古代的礼法遵循天理人道,追求良法善治,包含着亚里士多德的良法,同时,古代礼法注重教化,自然包含着遵守礼法之意。

当然,东西方古代的"法治"词语及内涵还是有着本质的不同。古代中国礼法背景下的"法治"词语和古希腊的"法治"最大的不同在于法治背后的经济背景不同,一个是落后的农业经济,一个是古代较为发达的地中海商业经济,商业铸就的自由平等观念和农业形成的聚族耕作观念大为不同。还有古代的中国礼法"法治"词语强调宗法内部的等差有序,而古希腊的城邦民主"法治"讲究城邦公民的平等参与。古代中国追求的是"家国一体"的大同世界,而古希腊追求的是构筑城池保卫其安全的城邦生活。因此,当人们说古希腊是西方民主法治的摇篮时,绝对不能说它也是中国当代民主法治的摇篮。我们需要借鉴古希腊民主法治,但是自身的法治建设需要在中国古代"礼法"基础上创造性转化出现代意义的重商法治文明。为此北京大学教授汤一介先生就指出:"我们能否通过继承儒家'礼'的精神并吸收和消化西方'法治'精粹来建立一套适应当代中国社会'礼法合治'的社会生活呢?"⑤

通过"服制制罪"所彰显的礼法价值我们发现,我国古代法的礼法属

---

① 近代个人权利指自由意志不可剥夺的求利资格。古希腊没有这种观念,公民与城邦在道德目的上是一致的,"个人几乎没有什么权利不可侵犯"。[英]厄奈斯特·巴克:《希腊政治理论·柏拉图及其前人》,卢华萍译,吉林人民出版社2003年版,第9页。古罗马虽然重视用契约调整人与人的利益关系,但私人利益仍然是国家权利的最高标准。从包含着个人利益含义的ius来看,它有多种说法,既指善良之物,又指荣誉法、裁判官法,既包括公法,又包括私法。参见[意]桑德罗·斯奇巴尼《民法大全选·正义和法》,黄风译,中国政法大学出版社1992年版,第40页。
② 《礼记正义》卷38《乐记》,第1102页。又见《史记》卷24《乐书》,第1199页。
③ 《史记》卷24《乐书》,注引集解王肃曰,第1200页。
④ 《孟子注疏》卷3上《公孙丑章句》,疏引《谥法》曰,第72页。
⑤ 汤一介:《论儒家的"礼法合治"》,《北京大学学报》(哲学社会科学版)2012年第3期。

性、礼法价值、认同观念都是以孝礼为纽带的仁爱法制。在超越了小农经济狭隘意识后，今天需要纠正对丧服礼制的误解。丧服礼制讲等差有序，固然不属于人人平等。但是卑幼都会成为尊长，服制圈内的主体人格都是独立的。而传统司法中存在的等级特权不是等差有序的必然产物，它是皇权政治裹挟的结果。五千年生生不息的华夏民族在新时期法治建设中，或许只能构建一种剔除了等级特权的新型礼法法治——仁爱法治。至少法律史学界清楚，儒家注重礼法互补，强调明德慎刑。我国当代法理学家张文显教授在谈到法治中国的文化建构时也特别强调，这些优秀的文化因素以及先秦法家强调的律令制度，还有当代社会主义性质，共同决定了中国现代法治的文化底蕴和发展方向。[1]龙大轩教授更是提出仁是中华法系的重要文化基因。[2]

"仁爱"强调，要像爱自己的亲人那样爱别人。《论语》第一篇即讲仁爱，云："弟子入则孝，出则悌，谨而信，泛爱众而亲仁。"[3]孔子改造周礼而提出仁，就是欲将礼内化到人们心中，否则，礼这种早期的法就不可能真正得到落实。曹魏何晏在注《论语》时言，"人而不仁，必不能行礼乐"，[4]将孔子"人而不仁，如乐何"的疑问或深邃思想明确表达。古代的"仁爱"无论在家庭或是推及泛爱众，都具有人格独立和平等的精神。

那么，仁爱强调的是否偏私的或有选择的爱呢？孟子言"仁者无不爱也，急亲贤之为务"，这可能会引起误解。孟子所言"急亲贤之为务"实际指要孝亲、察贤，否则"又安知先、后之务为缓急乎"？[5]孝亲与爱众关系实际还是儒家"齐家平天下"的问题，不知爱亲，可能根本不会爱人，因为孝悌是"为仁之本"。[6]只有那些能够内睦九族者，才能"外尊事黄耇，养老乞言"，[7]并且推及仁爱众生和草木。爱众与察贤关系则属于天下为公的范畴，不知察贤，可能无法实现爱人，因为天下是天下人的天下，必有天下贤人共治之。可见，就儒家原创文化自身而言，仁爱不惟强调等差或偏私。

---

[1] 参见张文显《法治的文化内涵——法治中国的文化建构》，《吉林大学社会科学学报》2015年第4期。
[2] 龙大轩：《仁：中华法系的重要文化基因》，《光明日报》2020年7月15日第11版。
[3] 《论语注疏》卷1《学而》，第7页。
[4] 《论语注疏》卷3《八佾》，注引包曰，第30页。
[5] 《孟子注疏》卷13《尽心章句上》，孙奭疏，第378页。
[6] 《论语注疏》卷1《学而》，第3页。
[7] 《毛诗注疏》卷17《大雅·生民之什·行苇》，第1079页。

## 第七章 "服制制罪"的礼法价值及其当代传承

就"仁"的本性而言,"仁"虽然可以后天修养而成,但"仁"讲的是人的本性或行为的道德改善,不具有求利的目的。子曰:"仁者安仁,知者利仁。"① 只有仁者才能常处于安乐,只有智者才能践行仁道。反之,那些以仁为求利目的者,长处困境则必造反,长处安逸则必骄奢淫逸。这就是孔子所言的"不仁者不可以久处约,不可以长处乐"。我们惊奇地发现,这和古希腊亚里士多德所强调的美德不具功利性如出一辙。② 无论是古代社会还是今天,人们诉求人的道德水平时,不会希望哪一个人的道德不如自己。因而,从"仁"的本性出发,仁爱同样强调均等。

然而,中国古代的"仁爱"又不是纯粹的道德问题,它是道德和法令一体化的礼法。就"仁爱"的起源问题,老子曾言:"失道而后德,失德而后仁,失仁而后义,失义而后礼。"③ 可见,仁爱的产生是由于自然生存之道及符合理性的公正应得之理被扭曲所致。"仁"最初讲的是基于恻隐之心的小团体之爱,后扩展到广泛对等的平等关爱,如果连这种仁爱也失去,则必将出现纷争。④ 可见仁爱旨在防范纷争产生,因此实践中的仁爱必定注重教化,注重用礼法规制和防范。汉代经学家孔安国就指出仁爱是公正司法的大道。⑤ 虽然仁爱还不是法令,但是没有仁爱为基础的法令又会如何?对此东汉的班固指出,"无教化,去仁爱,专任刑法而欲以致治"导致了秦代残害至亲,缺乏恩情。⑥ 此时,儒家仁爱与法家法令的关系就十分明晰,以"罚"辅助法和礼是刑的长处,但失去了仁爱,法令就寡恩薄情,社会动荡。可见,无论如何运用法令,没有仁爱的教化预防,没有仁爱作为法令制定与实施的基础,专任刑罚之治不会长久。汉魏"服制制罪"的最大功能就在于推动法制的礼法化发展,至唐代,律令一准乎礼,用刑又得两千年古代法制之平。

所以,本书"仁爱法治"的提出,不是盲目复古,而是从晚清睁开眼睛看世界到而今,几代人放眼中外、纵观古今,一百六七十年探索法制沧

---

① 《论语注疏》卷4《里仁》,第47页。
② 亚里士多德认为道德美德虽然具有选择性,但不具有功利主义,"因为道德行为本质在于以这种行为本身为目的,而不是以这种行为为结果。"[美]列奥·施特劳斯、约瑟夫·克罗波西:《政治哲学史》(上),李天然等译,河北人民出版社1998年版,第131页。
③ (魏)王弼注、楼宇烈校释:《老子道德经注校释》,中华书局2008年版,第93页。
④ 参见《周礼注疏》卷14《地官·师氏》,贾公彦疏,第350页。
⑤ 他指出:"宁失不常之罪,不枉不辜之善,仁爱之道。"《尚书正义》卷4《大禹谟》,孔安国注,第92页。
⑥ 《汉书》卷30《艺文志》,第1736页。

桑经历的共识。这种新型法治，是在驱除列强之后，60多年社会主义建设摸索的出路，更是改革开放法治中国建设的方向。仁爱型法治强调法律在社会生活中的至上地位，而且这种法律本身是符合最大多数人民利益的法律，是以人性教化为基础，共同遵守和认可的法律。这种法治虽然强调保障个体平等、个人权利和自由，但是并非西方道德与法律对峙的自由主义平等和自由，它是一种"己欲立而立人，己欲达而达人"及"己所不欲勿施于人"的仁爱法治，而不是随心所欲，只顾一己之私的西方近代自由和平等。一句话，中国构建仁爱型法治可以消除传统礼法与当代舶来法治观念的张力，也可以消除西方自由主义对当代法治的扭曲和威胁。

仁爱型法治的性质属于社会主义法治，主张将传统礼法中优秀的法制元素深深嵌进现代法治文明中。仁爱型法治主张更多的依法自治，主张借鉴古代皇权不下州县的精神，让法治成为主导民间和社会自治的圭臬，避免公权无限扩张，对私权造成侵害。仁爱型法治主张民主协商，在没有了围绕皇权政治的利益集团对民间百姓的盘剥掠夺后，国家政治与基层自治具有利益一致性的沟通与协商空间，这就可以避免古代乡绅假借朝廷之命的粗暴掠夺，也可避免西方以资本增殖为唯一目的的欺骗性民主。仁爱型法治主张发挥基层民主，关注民生发展，能够依靠社会主义优越性极大限度地避免社会转型时期官商勾结，对地方公共资源肆意妄为地攫取。仁爱型法治主张司法亲民，防止舶来的西式司法机械审判、撕裂亲情和法官腐败。仁爱型法治要积极借鉴和吸收借鉴世界法治文明，强调保障权利和依法办事，强调法在生活中具有至上地位，但是同时避免照搬原罪感为基础的西方法治。

（二）将家重新"嵌入"社会

"家"是人类进入文明时代后社会的基本单元，马克思称其为社会细胞，家庭在政治、经济和文化生活中具有举足轻重的地位。就中国历史而言，一部中国古代史实际是一部"家"的政治文化历史，也是丧服礼制演绎的历史。至少从西周宗法礼制时代开始，到清末皇权政治结束，"家"是这3000多年中国历史的聚焦点。中国古代社会结构是"个体—家庭（家族）—国家—社会（天下）"的结构，由于"国家"实际上代表或吸收了"天下"，"家庭"（或家族）一定程度代替了"个体"。因此，三千年中国古代礼法文化中的修身、齐家、治国、平天下，实际上只是演绎了"家国一体化"的文明发展。

中国古代宗法制度将"家"政治化，通过移孝作忠、家国同构、大同世界等政治理念的引导，再通过家庭、家族、乡里乃至官方办学等方式，推行宗法礼制教化，培育出绝大多数不对社会发生危害的社会成员，甚至培育成为合格的政治人才。汉魏400多年的"举孝廉"可谓是将"家"政治化的典型代表，即便是隋唐以降的科举制度仍然具有这种特征。又通过将"家"伦理化，将个体纳入"父父子子""等差有序"的服制人伦关系中，构建了"父子有亲、夫妇有别、长幼有序"的有序格局。在这一制度下，亲情之间的权利义务比较明晰，家族成员不仅能够按照儒家孝道要求的孝悌礼仪和睦相处，还各自履行着事生葬死的法律义务，整个家族乃至民间社会被丧服礼制笼罩在温情脉脉的和谐有序状态下。只是对少数违礼相犯的家庭、家族成员进行不同程度的训诫乃至严厉惩处，"服制制罪"是古代家庭伦理化中典型的防范制度。

然而，随着西方自由主义法制的东渐，多种因素迫使我国古代传统的"家"开始与社会相脱嵌，"家"对于个体性格和素质的塑造与培养处于一种极为扭曲的被动局面。一方面，家作为人们成长和生活的基本依存，仍然主导着人们成长与发展；另一方面，现代商业经济、民主政治又大大削弱了家庭对个人的影响，个体人格可能完全游离于家庭之外。这主要是受到西方现代民主政治冲击的结果。不可否认，在小农经济条件下，我国传统的"家"本位一定程度上遮蔽了个体人格的彰显，不利于现代民主政治中个体意识的彰显和发展，因而，东渐的自由主义民主政治迎合了个人独立的需要。但是这种舶来的自由民主属于古希腊及基督教文化的产物，更属于近代资本逐利扭曲的副产品，自身关于"家"的观念比较淡薄。在亚里士多德那里，人天然是城邦政治的动物，而"城邦在本性上优于个人和家庭"；[1] 又尽管基督教是效法家庭关系来设计上帝与人的关系，[2] 但是由于基督教强调每个人都是上帝的儿女，最终以宇宙的大"家"消解了每一个世俗的小"家"。此外，西方近代以来，从传统农业社会到近代工业社会的历史转型中，发生了一场世界性的"大脱嵌"，以满足人性对财富追求为基本出发点的个人主义强调，个人对国家的重要性远比家庭重要。[3]

这种脱嵌发生后，西方的个人与国家直接对接，社会彰显了个人自由主义，用麦克弗森的话讲，这是一个用自己以及自己所拥有财产来证明自

---

[1] ［古希腊］亚里士多德：《政治学》，第8页。
[2] 参见刘素民《托马斯·阿奎那自然法思想研究》，人民出版社2008年版，第167页。
[3] 参见［加］查尔斯·泰勒《现代性中的社会想象》，李尚远译，（台北）商周出版公司2008年版，第87—112页。

己的社会。①但是这样的社会只是"一个以利益为轴心的市场世界,缺乏温情,也没有意义",这种社会的人也只是"一个充满了物欲和追求的经济理性人。他孤独地面对整个世界"。②全世界的自由主义如此,在西方迫使下的我国的近代化转型,还有急促的现代化赶超所出现的亲情疏远、道德滑坡等诸种家庭及社会问题,也就不难理解。面临如此情况,西方后现代主义呼唤一种"共同需要"和"道德价值"。③在此,我们还发现宗法家庭与当代法治的张力其实是一种伪命题,无论是马克思主义法制观还是西方自身的法治,绝非纯粹的个人自由主义,法治虽然彰显个人人格,但反对个人自私以及由此导致的冰冷孤独世界。

我国在近代化和现代化转型的100多年中,尽管乡村社会的家族观念日趋淡薄,但是个人自由主义观念总体影响有限。只是在利益层面影响较大,导致社会功利、诚信失缺,还有家庭亲情出现疏远;而在整体文化和政治方面,个体仍然受制于家庭掣肘,处于较为保守的"中庸"事态,人们在社会和政治问题上不愿意当"露头椽子"而伤及家庭利益。同时,由于传统家族观念比较强大,当家族势力或者家族观念影响减弱时,核心的家庭④仍然是社会生活的主导单元,而且仍然是个人成长和发展的关键支撑。广大农村家庭联产承包制度和个体户的存在,基本表征着农村整齐划一的核心家庭观念未被肢解。城市以户为基础的市民政策和家族企业的存在,也说明城市生活中,家仍然居于核心地位。在法律制度方面,除了农村土地承包法、婚姻家庭法、有关妇女儿童权益保障法、老年人权益保障法强调家庭共同责任外,民事法律中的家庭共同财产、夫妻共同财产、监护制度等等也都聚焦于家庭,并以法律形式将"家"牢牢镶嵌在社会之中,发挥着家庭的重要功能。

在这种背景下,我们提出嵌入"家"的中国法治建设,既是对世界近

---

① 参见[英]莱斯诺夫《二十世纪的政治哲学家》,冯克利译,商务印书馆2001年版,第93—142页。
② 许纪霖:《现代中国的家国天下与自我认同》,《复旦学报》(社会科学版)2015年第5期。
③ [美]昂格尔:《批判法学运动》,《哈佛法律评论》1983年第3期。
④ 法国人类学家安德烈·比尔基埃将家庭分为核心家庭、主干家庭、扩展家庭(或联合家庭)。核心家庭由两代人组成,即夫妻和未婚子女;主干家庭是核心家庭的纵向延伸,由两代以上的人组成,除了夫妻和子女,还包括夫妻的父母甚至祖父母等更高一级的直系长辈;所谓扩展家庭则是核心家庭或主干家庭横向扩充,由这两者加上兄弟等旁系亲属组成的家庭就是扩展家庭。[法]安德烈·比尔基埃:《家庭史》(上),袁树仁等译,生活·读书·新知三联书店1998年版,第80—82页。

现代法治反思的结果，也是发挥中国古代优秀法文化传统的必然之路。但是如何将"家"镶嵌到中国法治建设中去是一个必要而困难的问题，在做出"如何"镶嵌"家"的解答前，应该厘清"为什么"要镶嵌"家"的问题。

社会中的人必须要学会合作，具有强烈的社会公德，如果社会中的人都是霍布斯描述的狼与狼的关系，这个社会或许就走到尽头了。因此，西方社会在步入近代社会时提出了社会契约论，一定程度上既保障了个体人格的发展，又对个体的私利性做出了适度限制。[①]但是利他的道德培育不是靠竞争性的社会市场所能解决的，而需要一个利他性的温暖家庭培养。西方的契约制度尽管对个人做了适度限制，不过由于缺乏浓郁的家庭意识和相应的文化传承，很容易导致自由民主法治趋向拜金主义。中国的孝文化中，一方面强调子女要孝敬尊亲，而另一方面，实际是父母为子女成长做出了长期利他性的奉献，这恰恰是中国传统"家国一体"化政治文化积极的一面。此外，就私权领域而言，家庭自身需要亲情之间的相互关照，这也是以亲情服制为纽带的传统中国文化优势。这一优势能够向社会输送更多爱家、爱集体、爱社会的具有责任心的社会公民。

仁爱型法治强调将"家"嵌入社会法治之中，不再强调"家"的唯一代表性，强调在民主政治中实施"一户一票制"。它强调的实际是要发挥家庭美德对塑造公民社会公德的作用，同时呵护家庭集体的和睦美满。如何发挥这些功能，中国传统法文化具有这方面的魅力，不必赘述。但是将"家"嵌入中国法治的路径中，要解决如何用"家"束缚个人极端"游离"——视"家"为"敝履"的问题。这就要高度重视道德礼仪教化问题。在我们的田野调查中，民间社会普遍认为，我国需要重塑"家"对个人成长的功能。

第一，注重以基层乡村和社区辅助的家庭教化。中国传统文化中的家庭教育并非是孤立的，它与家族和乡里教化互为一体，使家庭参与到国家政权建设中，某种程度上具备了中国本土特色的民主基因。当代家庭子女的教化不是单个家庭的事情，也不是宣传部门单一的政治宣传所能解决的事情。当前浙江枫桥依靠家庭、联手家庭进行基层自治方式比较成功。借鉴和推广"枫桥经验"，发挥基层教化功能，使家庭及家庭个体广泛参与到

---

① 尽管如此，我们说社会契约论某种程度是对罗马契约观念的发展，其在商业方面的发展没有多少可挑剔之处，但将社会契约论用于政治框架设计则不免牵强，需要认真探索。再将契约责任与道德割裂，进而加剧法律与道德割裂，更是缺乏周延的逻辑推理。

基层自治的民主管理中。

第二，发挥基层社区和基层工作单位熟人圈的监督功能。虽然今天的工业社会逐步替代了传统小农社会，但是人们在社区生活及各行各业工作中仍然处于熟人圈中。因而，对于成年后走向社会的人群，社区与基层工作单位仍然可以借鉴传统乡里放大了的"家"的熟人社会监督作用。

（三）社会核心价值认同观念的培育

近代以来，东西方社会都在价值多元化传播中飘摇和"进步"。但是东西方社会都认识到这种多元价值论存在社会离心力的弊端，尤其西方社会，较早地注重用协商连带价值观的教育来对抗多元价值观念，以至于杜尔克姆的社会连带理论在19世纪后期到20世纪风靡西方世界，形成了与多元主义相对抗的局势。连带理论明确指出："当国家利益与人权相冲突时，它们就必须抛弃那些狭隘的商业和政治好处。"[1] 可见，重塑核心价值观念，增强社会认同感，也是我们法治建设迫在眉睫的大事。

在将"家"镶嵌到国家法治建设而努力时，要防止个人极端游离家庭与社会，根本问题还在于一种认同价值观的塑造和培育。中国传统文化以孝亲为突出特点，而这种孝亲又包含着"事亲、事君、立身"[2]的内涵。"服制制罪"通过协助"家国同构"的教化，防范亲情冲突，并培育出"仁""义""礼""智""信"的核心价值观，这些核心价值又将中国古代政治认同和文化认同紧密地结合在一起，融入每一个人的内心中，成为个人的价值认同标准。在新的历史条件下，传统孝礼观念既然在生活中仍然深入人心，那么，它们必定能在社会主义核心价值的培育中发挥积极的作用。

党的十八大明确提出在新时期要培育和践行"二十四字"的社会主义核心价值观，[3] 基于我们提出仁爱型的社会主义法治，可以将传统礼法核心价值观的优秀基因转型升华并进一步迁移到社会主义核心价值观中。若以传统人伦礼法的"仁爱"为基础，则可挖掘出尊己、尊亲、尊他人和爱家、爱岗、爱集体、爱祖国的"三尊四爱"价值认同观念。这种价值观念自然是培育和践行社会主义核心价值观的基础。同时，传统价值观既然以礼法为核心，当代核心价值观当然也是以法治为核心纽带。不过，不必机械地将法治归于社会层面，因为法治不仅是社会层面的核心价值观和行为准则，

---

[1] Andrew Linklater, *Critical Theory and World Politics*, Published by Routledge, 2007, p.75.
[2] 参见《孝经注疏》卷1《开宗明义章》，第4页。
[3] 即倡导"富强、民主、文明、和谐，自由、平等、公正、法治，爱国、敬业、诚信、友善"。

也实际上与集体和个人价值息息相关,"法治不仅关注对公民权利的保护,而且关注义务的履行"。[①]

在孝礼文化的土壤中,由于"家"的"镶嵌"和维系,国家主义的强势因素与个人主义的极端私利因素都会通过"家"、通过各种社会性组织的缓冲得到一定弱化。个人人格和权利在法治社会既得到彰显,个人的责任和义务又受到国家、社会组织和家庭的监督,国家、社会、集体和个人等多方利益通过"家"的调节得到平衡与良性发展,就不会被物欲横流的拜金主义撕裂。只有在这样的文化国度中,重视"家"的康德所提出的"人既是工具又是目的"理想才能真正实现。

(四)运用法治和道德两种方法共同协调处理家庭矛盾

如果说加强基层民主建设,加强学校、社区、家庭、单位有机对接的道德教育旨在培养有家国价值情怀的法治公民,那么,推广家事法庭则是防范家庭矛盾和纠纷。用道德和法律两种手段,有效稳妥处理好家庭矛盾和纠纷,实现家庭和睦和基层社会和谐,最终落实治亲安邦的理念。

经过多年的法治建设和司法改革,我国政府已经认识到,大量的家庭矛盾和纠纷不能用单一的法律手段来解决,不能用舶来的极端"自由平等"理念作为处理家庭矛盾和纠纷原则,那样会引发家庭矛盾升级,即便在法庭上按照所谓人人平等理念裁定了养老、家庭暴力、家庭财产纠纷、离婚子女抚养纠纷,机械的裁定也未必能得到认真落实,很可能导致亲情撕裂,甚至老死不相往来。因此,更多还是需要强调基层调解和法院调解。近年来,我国在许多地方还设立了家事法庭,旨在通过法律、习俗、道德相结合的调解手段处理家庭矛盾和纠纷。这实际是对我国古代乡里社会组织准司法功能和"服制制罪"司法制度的借鉴和运用。

调查显示,我国在基层设立家事法庭确实受到民间的欢迎。通过基层法庭与基层自治组织的劝解、批评、谈心、教化,把恢复当事人的感情、实现亲情和解作为纠纷解决的价值取向。把家庭长远利益与个人诉求的眼前利益相结合,既注重纠纷事实,又注重亲情和睦,这样既解决了家事纠纷,也有效防止了家庭亲情撕裂,展现了家事审判的司法柔情,[②] 家事法庭也被称之为家庭情感的修复站。[③] 社会普遍给予很高评价,称赞家事法庭

---

① 江必新:《全面推进依法治国若干问题的思考》,《科学社会主义》2015年第5期。
② 郑雪君:《家事审判展现司法柔情》,《人民法院报》2017年3月15日第2版。
③ 邢东伟:《三亚城郊法院探索家事审判新模式——家事法庭变身"情感修复站"》,《法制日报》2016年12月8日第3版。

运用"亲文化拉家常"方式，解开家事案件乱麻；①家事法庭用"心"的审判，呼唤亲情的"归港"。②

但是，我国家事法庭毕竟处于试点运行阶段，在我们对中部数省的走访中发现，由于基层办案人员紧缺，许多试点地方的家事法庭缺乏人员配备，尚未形成专业化的家事法庭。还有，目前许多乡镇没有设立基层法庭，家事法庭远在县城或其他乡镇，给家事调解和审理带来了很多不便。家事法庭审判员配备需要有社会经验的工作人员，而当今经历十年寒窗的青年人，在通过了被称为"天下第一考"的司法资格考试，又经历选拔考试进入法院系统工作后，由于自身缺乏经验，也吃不了苦，而不愿到基层法庭锻炼。这都给家事法庭审判带来了严重障碍。加快家事法庭试点工作总结，国家下大力气，在人财物方面加大投资，推广家事法庭，确保乡村和基层社会的矛盾纠纷得到及时有效调处和裁判，保障基础社会亲情和睦和谐，已经迫在眉睫。

总之，以唯物史观范式方法研究汉魏"服制制罪"及其社会治理功能，确实展现出中国古代血缘纽带为基础的丧服礼制在礼法秩序重构与维护方面发挥了不可替代的功能，其治亲安邦功能即便在现代中国仍然显示出强劲的动力。诚然，以丧服礼制制罪教化的制度有其自身和受皇权私利裹挟的缺陷，但是建设新型法治中国必须建立在中国传统法制文化基础上，充分吸取我国古代良法善治的经验和智慧，这方面目前做得还远远不够，需要下大功夫持续探究，为我国法治建设提供本土法治资源和良方。

---

① 赵红旗：《河南首个家事法庭成立近两年审案 410 余件——"亲文化拉家常"解开家事案乱麻》，《法制日报》2016 年 2 月 25 日第 3 版。
② 杨委峰、何永刚：《用"心"审判唤亲情"归港"——河南省宁陵县法院家事法庭工作纪实》，《人民法院报》2016 年 8 月 18 日第 1 版。

# 参考文献

## 一 古籍文献类（经、史、子、集）

（周）左丘明传、（晋）杜预注、（唐）孔颖达正义、李学勤主编：《春秋左传正义》，北京大学出版社1999年标点本。

（西汉）孔安国传、（唐）孔颖达疏、李学勤主编：《尚书正义》，北京大学出版社1999年标点本。

（东汉）郑玄注、（唐）贾公彦疏、李学勤主编：《周礼注疏》，北京大学出版社1999年标点本。

（东汉）郑玄注、（唐）贾公彦疏、李学勤主编：《仪礼注疏》，北京大学出版社1999年标点本。

（东汉）郑玄注、（唐）孔颖达疏、李学勤主编：《礼记正义》，北京大学出版社1999年标点本。

（战国）公羊高、（东汉）何休解诂、（唐）徐彦疏、李学勤主编：《春秋公羊传注疏》，北京大学出版社1999年标点本。

（西汉）毛亨传、（东汉）郑玄笺、（唐）孔颖达疏、李学勤主编：《毛诗正义》，北京大学出版社1999年标点本。

（东汉）赵岐注、（北宋）孙奭疏、李学勤主编：《孟子注疏》，北京大学出版社1999年标点本。

（西汉）史游：《急就篇》，岳麓书社1989年版。

（西汉）董仲舒撰、（清）凌曙注：《春秋繁露》，中华书局1975年版。

（魏）何晏等注、（北宋）邢昺疏、李学勤主编：《论语注疏》，北京大学出版社1999年标点本。

（晋）范宁集解、（唐）杨士勋疏、李学勤主编：《春秋穀梁传注疏》，北京大学出版社1999年标点本。

（晋）郭璞注、（北宋）邢昺疏、李学勤主编：《尔雅注疏》，北京大学出版社1999年标点本。

（唐）李隆基注、（北宋）邢昺疏、李学勤主编：《孝经注疏》，北京大学出版社 1999 年标点本。
（南宋）朱熹：《四书章句集注》，中华书局 1983 年点校本。
（清）苏舆校注：《春秋繁露义证》，中华书局 2002 年版。
（清）方苞：《仪礼析疑》，文渊阁《四库全书》电子版，上海人民出版社 1999 年制版。
（清）皮锡瑞：《经学通论》，中华书局 1954 年版。
（清）阮元辑：《五服图解》，浙江古籍出版社 1998 年版。

（周）左丘明著、尚学锋等译：《国语》，中华书局 2007 年版。
（西汉）司马迁撰、（北宋）裴骃集解、（唐）司马贞索引、（唐）张守节正义：《史记》，中华书局 1959 年点校本。
（东汉）班固撰、（唐）颜师古注：《汉书》，中华书局 1962 年点校本。
（西汉）贾谊撰：《新书》，上海古籍出版社 1989 年版。
（东汉）应劭撰、王利器校注：《风俗通义》，中华书局 1981 年版。
（南朝宋）范晔撰、（唐）李贤等注：《后汉书》，中华书局 1965 年点校本。
（晋）袁宏撰：《后汉纪》，云南大学出版社 2008 年版。
（晋）陈寿撰、（南朝宋）裴松之注：《三国志》，中华书局 1964 年点校本。
（晋）常璩撰：《华阳国志》，巴蜀书社 1984 年版。
（晋）皇甫谧撰：《帝王纪事》，辽宁人民出版社 1997 年版。
（晋）和凝撰、杨奉琨校：《疑狱集·折狱龟鉴校释》，复旦大学出版社 1998 年版。
（唐）房玄龄撰：《晋书》，中华书局 1974 年版。
（后晋）刘昫等撰：《旧唐书》，中华书局 1975 年点校本。
（北宋）欧阳修、宋祁撰：《新唐书》，中华书局 1975 年点校本。
（唐）杜佑撰：《通典》，中华书局 1988 年版。
（唐）长孙无忌等撰：《唐律疏议》，中华书局 1983 年版。
（北宋）司马光撰：《资治通鉴》，中华书局 1956 年版。
（北宋）林虑编：《两汉诏令》，上海人民出版社 2006 年版。
（南宋）徐天麟撰：《西汉会要》，中华书局 1955 年版。
（南宋）徐天麟撰：《东汉会要》，中华书局 1955 年版。
（明）董说撰：《七国考》，中华书局 1956 年版。
（明）唐顺之撰：《稗编》，文渊阁《四库全书》电子版，上海人民出版社 1999 年制版。

（战国）吕不韦编：《吕氏春秋》，海潮出版社2014年版。
（战国）尉缭撰：《尉缭子》，贵州人民出版社1990年版。
（战国）商鞅撰：《商君书》，贵州人民出版社1990年版。
（西汉）刘安撰、顾迁译注：《淮南子》，中华书局2009年版。
（西汉）桓宽撰、王利器校注：《盐铁论校注》，天津古籍出版社1983年版。
（东汉）班固撰：《白虎通》，中华书局，1985年版。
（东汉）王符撰、（清）汪继培笺、彭铎校正：《潜夫论笺校正》，中华书局1985年版。
（东汉）蔡邕撰：《独断》，上海古籍出版社1990年版。
（南宋）朱熹弟子等撰：《朱子语类》，中华书局1994年版。
（清）王先慎集解：《韩非子集解》，中华书局1998年版。
（清）王先谦集解：《荀子集解》，中华书局1988年版。
（魏）王弼注、楼宇烈校释：《老子道德经注校释》，中华书局2008年版。
（南朝宋）刘义庆撰、徐震堮注：《世说新语校笺》，中华书局1984年版。
（北宋）李昉等撰：《太平御览》，中华书局1985年版。
（南宋）王应麟撰：《玉海》，江苏古籍出版社1988年版。
（南宋）王楙：《野客丛书》，上海古籍出版社1991年版。
（清）孙诒让撰：《墨子闲诂》，中华书局2001年版。
（清）赵翼撰：《廿二史劄记》，中华书局1984年版。
（清）顾炎武著、黄汝成集释：《日知录集释》，山花文艺出版社1990年版。
（清）黄宗羲撰：《明夷待访录》，中华书局2011年版。
（清）崔述：《崔东壁遗书》（上），上海古籍出版社2013年版。
（清）王念孙：《读书杂志》，中国书店1985年版。

## 二 专著类

### （一）国内著作

卞建林：《美国联邦刑事诉讼规则和证据原则》，中国政法大学出版社1996年版。
蔡枢衡编：《中国刑法史》，中国法制出版社2005年版。
蔡万进：《张家山汉简〈奏谳书〉研究》，广西师范大学2006年版。
常玉芝：《商代周祭制度》，中国社会科学出1987年版。
陈鼓应：《皇帝四经今译——马王堆汉墓出土帛书》，商务印书馆2007年版。
陈顾远：《中国法制史》，商务印书馆1946年再版。
陈梦家：《汉简缀述》，中华书局1981年版。

陈敏等:《西周甲骨文注》,学林出版社2003年版。
陈戍因:《秦汉礼制研究》,湖南教育出版社1993年版。
程树德:《九朝律考》,中华书局1988年版。
丁鼎:《〈仪礼·丧服〉考论》,社会科学文献出版社2003年版。
丁凌华:《五服制度与传统法律文化》,商务印书馆2013年版。
费成康:《中国的家法族规》,上海社会科学院出版社1998年版。
甘肃省博物馆编:《汉简研究文集》,甘肃人民出版社1984年版。
高恒:《秦汉简牍中的法律文书辑考》,社会科学文献出版社2008年版。
高敏:《云梦秦简初探》,河南人民出版社1981年版。
高文:《汉碑集释》(修订本),河南大学出版社1997年版。
勾承益:《先秦礼学》,蜀书社2002年版。
国家文物局考古文献研究室编:《出土文献研究续集》,文物出版社1989年版。
郭沫若:《郭沫若全集·历史编》(第1卷),人民出版社1982年版。
韩国河:《秦汉魏晋丧葬制度研究》,陕西人民出版社1999年版。
翦伯赞:《秦汉史》,北京大学出版社1983年版。
金观涛、刘青峰:《兴盛与危机——论中国封建社会的超稳定结构》,香港中文大学出版社1992年版。
栗劲:《秦律通论》,山东人民出版社1985年版。
廖伯源:《简牍与制度——尹湾汉墓简牍官文书考证》,广西师范大学出版社2006年版。
李范文等主编:《国外中国学研究译丛》(第一辑),青海人民出版社1986年版。
李如森:《汉代丧葬制度》,吉林大学出版社1995年版。
李学勤、李均明编:《简帛研究》,广西师范大学出版社2008年版。
李振宏:《居延汉简与汉代社会》,中华书局2003年版。
连云港市博物馆、中国文物研究所编:《尹湾汉墓简牍综论》,科学出版社1999年版。
梁启雄注:《荀子简释》,中华书局1983年版。
刘丰:《先秦礼学思想与社会的整合》,中国人民大学出版社2003年版。
刘素民:《托马斯·阿奎那自然法思想研究》,人民出版社2008年版。
吕思勉:《秦汉史》,上海古籍出版社1983年版。
宁汉林编:《中国刑法简史》,中国检察出版社1997年版。
马小红:《礼与法:法的历史连接》,北京大学出版社2004年版。

马新师：《两汉乡村社会史》，齐鲁书社1997年版。
钱穆：《中国历代政治得失》，生活、读书、新知三联出版社2004年版。
丘汉平：《历代刑法志》，群众出版社1984年版。
任继愈主编：《中国哲学发展史》（秦汉卷），人民出版社1985年版。
沈家本：《历代刑法考》，中华书局1985年版。
孙庆伟：《周代用玉制度研究》，上海古籍出版社2008年版。
汤志钧等：《两汉经学与政治》，上海古籍出版社1994年版。
天一阁博物馆、中国社会科学院历史研究所天圣令整理课题组校证：《天一阁藏明抄本天圣令校证》，中华书局2006年版。
田余庆：《秦汉魏晋南北朝史探微》，中华书局1983年版。
王宇信，杨升男主编：《甲骨学一百年》，社会科学文献出版社1999年版。
魏德胜：《〈睡虎地秦墓竹简〉词汇研究》，华夏出版社2003年版。
文化部文物局古籍文献研究室编：《出土文献研究》（第一辑），文物出版社1985年版。
闻钧天：《中国保甲制度》，直学轩1944年版。
吴树平：《秦汉文献研究》，齐鲁书社1988年版。
吴荣曾：《先秦两汉史研究》，中华书局1997年版。
谢桂华等：《居延汉简释文合校》，文物出版社1987年版。
徐复观：《两汉思想史》（1～3卷），华东师范大学出版社2001年版。
阎爱民：《汉晋家族研究》，上海人民出版社2005年版。
杨鸿烈：《中国法律发达史》（上、下），上海书店1990年版。
杨鸿年：《汉魏制度丛考》，武汉大学出版社1985年版。
杨树达：《汉代婚丧礼俗考》，商务出版社1933年版。
杨一凡主编：《中国法制史考证》（甲编1～5卷），中国国社会科学出版社2003年版。
杨志刚：《中国礼仪制度研究》，华东师范大学出版社2001年版。
俞荣根：《儒家法思想通论》，商务印书馆2018年版。
俞荣根：《礼法传统与中华法系》，中国民主法制出版社2016年版。
于省吾：《甲骨文字诂林》，中华书局1996年版。
夏基松、沈斐风：《历史主义科学哲学》，高等教育出版社1995年版。
肖群忠：《孝与中国文化》，人民出版社2001年版。
薛梅卿：《新编中国法制史教程》，中国政法大学出版社1995年版。
翟博撰：《中国家训经典》，海南出版社2000年版。
赵万里：《汉魏南北朝墓志集释》，科学出版社1956年版。

张伯元:《出土法律文献研究》,商务印书馆2005年版。
张德芳、郝树生:《悬泉汉简研究》,甘肃文化出版社2009年版。
张景明:《先秦丧服制度考》,(台北)中华书局1971年版。
张晋藩、朱勇主编:《中国法制史》,高等教育出版社2003年版。
张晋藩总主编:《中国法律通史》(共十卷),法律出版社1999年版。
张警:《〈晋书·刑法志〉注释》,成都科技大学出版社1994年版。
张亚初等:《西周金文官制研究》,中华书局2004年版。
中国社会科学院简帛研究中心编:《简帛研究译丛》(一),湖南出版社1996年版。
中国社会科学院简帛研究中心编:《简帛研究译丛》(二),湖南出版社1998年版。
中国社会科学院简帛研究中心编:《张家山汉简〈二年律令〉研究文集》,广西师范大学出版社2007年版。
中国文化遗产研究院编:《出土文献研究》(第二辑),中华书局1989年版。
中国文物研究所编:《出土文献研究》(第六辑),上海古籍出版社2004年版。
中国文物研究所编:《出土文献研究》(第七辑),上海古籍出版社2005年版。
中国文物研究所编:《出土文献研究》(第八辑),上海古籍出版社2007年版。
中华书局编辑部编:《云梦秦简研究》,中华书局1981年版。
周枏:《罗马法原论》(上、下),商务图书馆2004年版。
朱凤瀚:《商周家族形态研究》,天津古籍出2004年版。
朱明勋:《中国家训史论稿》,巴蜀书社2008年版。

(二)国外著作

[古希腊]修昔底德:《伯罗奔尼撒战争史》,谢德峰译,商务印书馆1985年版。
[古希腊]索福克勒斯:《安提戈涅》,载《罗念生全集》(第二卷),上海人民出版社2004年版。
[古希腊]亚里士多德:《政治学》,吴寿彭译,商务印书馆1997年版。
[法]孟德斯鸠:《罗马盛衰原因论》,婉玲译,商务出版社2003年版。
[法]孟德斯鸠:《论法的精神》,张雁深译,商务印书馆2012年版。
[法]安德烈·比尔基埃:《家庭史》(上),袁树仁等译,生活·读书·新知三联书店1998年版。

《法国刑法典》,罗结珍译,中国人民公安大学出版社1995年版。

[加]查尔斯·泰勒:《现代性中的社会想象》,李尚远译,(台北)商周出版公司2008年版。

[加]约翰·华特生:《康德哲学讲解》,韦卓民译,华中师范大学出版社2000年版。

[美]路易斯·亨利·摩尔根:《古代社会》,杨东莼等译,商务印书馆1997年版。

[美]列奥·施特劳斯等:《政治哲学史》,李天然等译,河北人民出版社1998年版。

[美]许烺光:《宗族·种姓·俱乐部》,薛刚译,华夏出版社1990年版。

[美]乔治·霍兰·萨拜因:《政治学说史》,邓正来译,上海人民出版社2008年版。

[美]T.S.库恩:《科学革命的结构》,李宝恒、纪树立译,上海科学技术出版社1980年版。

[德]哈贝马斯:《论包容他者》,曹卫东译,上海人民出版社2002年版。

《德国刑法典》,徐永生、庄敬华译,中国方正出版社2002年版。

[意]桑德罗·斯奇巴尼:《民法大全选·正义和法》,黄风译,中国政法大学出版社1992年版。

[日]崛毅:《秦汉法制史论考》,法律出版社1981年版。

[日]大庭脩:《汉简研究》,徐世虹译,广西师范大学出版社2001年版。

[日]大庭脩:《秦汉法制史研究》,林剑鸣等译,上海人民出版社1991年版。

[日]冨谷至:《秦汉刑罚制度研究》,柴生芳、朱恒晔译,广西师范大学出版社2006年版。

《日本刑法典》,张明楷译,法律出版社2006年版。

《日本刑事诉讼法典》,宋英辉译,中国政法大学出版社2000年版。

[英]莱斯诺夫:《二十世纪的政治哲学家》,冯克利译,商务印书馆2001年版。

[英]厄奈斯特·巴克:《希腊政治理论·柏拉图及其前人》,卢华萍译,吉林人民出版社2003年版。

[英]J.W.塞西尔·特纳:《肯尼刑法原理》,李启家等译,华夏出版社1989年版。

[英]梅因:《古代法》,沈景一译,商务印书馆1996年版。

《汉穆拉比法典》,杨帜译,法律出版社2000年版。

《摩奴法典》,蒋忠新译,中国社会科学出版社1986年版。

## 三 简牍文献类

长沙市文物考古研究所等:《长沙五一广场东汉简牍选释》,中西书局 2015 年版。

长沙市文物考古所:《长沙尚德街东汉简牍》,岳麓书社 2016 年版。

陈松编:《马王堆文字编》,文物出版社 2001 年版。

甘肃省博物馆、中国社会科学院考古研究所编著:《武威汉简》,文物出版社 1964 年版。

甘肃省文物考古研究所编、薛群英等注:《居延新简释粹》,兰州大学出版社 1986 年版。

甘肃省文物考古研究所、文化部古文献研究室、中国社会科学院历史研究所编:《居延新简》,文物出版社 1990 年版。

甘肃文物考古研究所编:《敦煌汉简》(上下),中华书局 1991 年版。

湖北省文物考古研究所、北京大学中文系编:《望山楚简》,中华书局 1985 年版。

湖南省文物考古研究所编著:《里耶秦简》(壹),文物出版社 2012 年版。

胡平生、张德芳编:《敦煌悬泉汉简释粹》,上海古籍出版社 2001 年版。

胡厚宣主编:《甲骨文合集释文》(上、下),中国社会科学出版社 1999 年版。

林海村、李均明编:《疏勒河流域出土汉简》,文物出版社 1984 年版。

李均明、何双全编:《散见简牍合集》,文物出版社 1990 年版。

李均明:《秦汉简牍文书分类集解》,文物出版社 2009 年版。

中国文物研究所等编:《尹湾汉墓简牍》,中华书局 1997 年版。

罗振玉、王国维:《流沙坠简》,中华书局 1993 年版。

睡虎地秦墓竹简整理小组:《睡虎地秦墓竹简》,文物出版社 1990 年版。

孙家洲主编:《额尔齐纳汉简释文校本》,文物出版社 2007 年版。

吴九龙:《银雀山汉简释文》,文物出版社 1985 年版。

吴礽骧等校释:《敦煌汉简释文》,甘肃人民出版社 1991 年版。

武威县博物馆:《武威新出土王杖诏令册》,载甘肃省文物工作队编《汉简研究文集》,甘肃人民出版社 1984 年版。

张家山二四七号汉墓竹简整理小组:《张家山汉墓竹简》,文物出版社 2006 年版。

中国文物研究所编:《龙岗秦简》,中华书局 2001 年版。

## 四 论文类

曹学群:《马王堆汉墓〈丧服图〉简论》,《湖南考古学辑刊》1994 年第 6 期。

晁福林:《试释甲骨文"堂"字并论商代祭祀制度的若干问题》,《北京师范大学学报》(社会科学版)1995 年第 1 期。

陈顾远:《汉之决事比及其源流》,《复旦学报》1947 第 3 期。

陈鹏飞:《"服制制罪"创制探原》,《现代法学》2015 年第 3 期。

陈鹏飞:《礼治视阈下先秦服制的精神及其社会功能》,《法学杂志》2015 年第 2 期。

陈威立:《西汉儒家对于法学的概念》,《三民主义半月刊》1953 年第 12 号。

陈乃华:《秦汉族刑考》,《山东师范大学学报》(哲社版)1985 年第 4 期。

陈直:《关于汉幽州书佐秦君石柱题字的补充意见》,《文物》1965 年第 4 期。

程关松:《礼法合治传统的两种法学范式——以管商为例证的现代解释》,《法律科学》2017 年第 5 期。

程政举:《经义决狱与汉代衡平法的形成和发展》,《法律科学》2012 年第 1 期。

初士宾:《居延简册〈甘露二年丞相御史律令〉考述》,《考古》1980 年第 2 期。

丁鼎、王明华:《"三年之丧"为武王创制说平议》,《华侨大学学报》(人文社科版)2001 年第 3 期。

杜林渊:《汉代丧归制度初步研究》,《江汉考古》2009 年第 3 期。

范忠信:《中西法律传统中的"亲亲相隐"》,《中国社会科学》1997 年第 3 期。

范忠信:《中国亲属容隐制度的历程、规律及启示》,《政法论坛》1997 年第 4 期。

范志军:《汉代丧礼研究》,博士学位论文,郑州大学,2006 年。

方述鑫:《"三年之丧"起源新论》,《四川大学学报》(哲学社会科学版)2002 年第 2 期。

甘肃居延考古队:《居延汉代遗址的发掘和新出土的简册文物》,《文物》1978 年第 1 期。

高恒:《论引经决狱》,载《法律史论丛》第三辑,法律出版社 1983 年版。

葛英会:《说茶祀立尸卜辞》,《殷都学刊》2000 年第 1 期。

郭沫若:《长安县张家坡铜器群铭文汇释》,《考古学报》1912 年第 1 期。

顾洪:《试论"三年之丧"起源》,《齐鲁学刊》1989 年第 3 期。

公方彬:《构建中华民族的核心价值观》,《文汇报》2006 年 12 月 4 日。
华友根:《戴德的丧服主张及其〈大戴礼记〉》,《学术月刊》1997 年第 11 期。
侯欣一:《孝与汉代法制》,《法学研究》1998 年第 4 期。
黄今言:《汉代三老、父老的地位与作用》,《江西师范大学学报》(哲学社会科学版) 2007 年第 5 期。
黄瑞琦:《"三年之丧"起源考辨》,《齐鲁学刊》1988 年第 2 期。
黄源盛:《两汉春秋折狱"原心定罪"的刑法理论》,《政大法学评论》2005 年第 6 期。
霍存福:《法家重刑思想的逻辑分析》,《法制与社会发展》2005 年第 6 期。
湖南省妇女权益部:《促进地方法规出台,惩治家庭暴力》,1995 年世界妇女大会论文。
胡英:《中国分城镇乡村人口平均预期寿命探析》,《人口与发展》2010 年第 2 期。
贾丽英:《秦汉时期族刑论考》,《首都师范大学学报》(社会科学版) 2008 年第 2 期。
江必新:《全面推进依法治国若干问题的思考》,《科学社会主义》2015 年第 5 期。
康世昌:《汉魏六朝家训研究》,博士学位论文,台湾文化大学,1985 年。
康宇:《试论"亲亲相隐"与中国古代司法制度》,《广西大学学报》(哲学社会科学版) 2007 年第 1 期。
李鼎楚:《春秋决狱再考》,《政法论坛》2008 年第 3 期。
李鼎楚:《中国传统"家法族规"的特征及现代法治意义》,《湘潭大学学报》(哲学社会科学版) 2016 年第 5 期。
李建业:《孝文化于汉代社会》,博士学位论文,山东师范大学,2007 年。
李力:《寻找商代法律的遗迹:从传世文献到殷墟甲骨文》,《兰州大学学报》(社会科学版) 2010 年第 4 期。
李莎:《论汉代丧礼中的以礼入法现象》,《东岳论丛》2007 年第 4 期。
李拥军:《"亲亲相隐"与"大义灭亲"的博弈:亲属豁免权的中国博弈》,《中国法学》2014 年第 6 期。
李玉洁:《中国古代丧服制度的产生、发展和定型》,《河南大学学报》(哲学社会科学版) 1989 年第 4 期。
李文玲:《汉代孝伦理法律化基础探析》,《求索》2010 年第 4 期。
梁治平:《"礼法"探原》,《清华法学》2015 年第 1 期。

刘海年：《秦律刑罚考析》，载中华书局编辑部编《云梦秦简研究》，中华书局1981年版。

刘厚琴：《汉代不孝入律研究》，《齐鲁学刊》2009年第4期。

刘敏：《从〈二年律令〉论汉代"孝亲"的法律化》，《南开大学学报》（哲学社会科学版）2006年第2期。

刘兴林：《殷墟墓上建筑及其相关问题》，《殷都学刊》1990年第1期。

龙大轩：《八议成制于汉论考》，《法学研究》2012年第2期。

龙大轩、梁健：《礼刑时代：中国法律传统肇始之基》，《华东政法学报》2016年第5期。

龙大轩：《仁：中华法系的重要文化基因》，《光明日报》2020年7月15日。

罗西章：《从周原考古论西周农业》，《农业考古》1995年第3期。

卢鹰：《汉代王杖制度对老年人权益的保障》，《人民法院报》2013年9月6日。

吕志兴：《〈春秋〉决狱与中国古代法制的真实关系》，《政法论坛》2016年第3期。

马小红：《"软法"定义：从传统的"礼法合治"中寻求法的共识》，《政法论坛》2017年第1期。

马新：《里父老与汉代乡村社会秩序略论》，《东岳论丛》2005年第6期。

马作武：《族刑的法文化诠释》，《广东社会科学》2009年第5期。

屈永华：《准五服以制罪是对儒家礼教精神的背离》，《法学研究》2012年第5期。

任勇：《从嵌入到断裂：中国社会认同的轨迹变迁》，《内蒙古社会科学（汉文版）》2009年第4期。

商言：《殷墟墓葬制度研究略述》，《中原文物》1986年第3期。

尚永琪：《中国古代的杖与尊老制度》，《中国文化与典籍》1997年第2期。

新京报社论：《"刀刺辱母者案"：司法要给人伦留空间》，《新京报》2017年3月26日。

沈文悼：《汉简〈服传〉考》（上），《文史》第24辑。

苏亦工：《"八议"源流与腹边文化互动》，《法学研究》2019年第1期。

孙绵涛：《西方范式方法论的反思与重构》，《华中师范大学学报》（人文社会科学版）2003年第11期。

唐浩、施光荣：《农村留守老人的生活满意度及其影响因素分析》，《安徽农业大学学报》（社会科学版）2015年第5期。

汤一介：《论儒家的"礼法合治"》，《北京大学学报》（哲学社会科学版）

2012 年第 3 期。

王健:《试论汉代纲常与法律的互动》,《宁夏社会科学》2009 年第 1 期。

王沛:《"刑"字古义辨正》,《上海师范大学学报》(哲学社会科学版) 2013 年第 4 期。

王雪岩:《汉代"三老"的两种制度系统》,《中国社会经济史研究》2009 年第 2 期。

王素:《长沙东牌楼东汉简牍选释》,《文物》2005 年第 12 期。

王跃生:《当代中国农村单亲家庭变动分析》,《开放时代》2008 年第 5 期。

吴凡明:《汉代的孝治及其社会秩序建构的德化机制》,《湖南大学学报》(社会科学版) 2009 年第 4 期。

武占江:《"引经决狱"与儒法法律文化的融通》,《法学杂志》2012 年第 7 期。

许纪霖:《现代中国的家国天下与自我认同》,《复旦学报》(社会科学版) 2015 年第 5 期。

徐世虹:《秦及汉初律中的城旦刑》,张中秋编《中华法系国际学术研讨会论文集》,中国政法大学出版社 2007 年版。

邢东伟:《三亚城郊法院探索家事审判新模式——家事法庭变身"情感修复站"》,《法制日报》2016 年 12 月 8 日。

邢义田:《从战国至西汉的族居、族葬、世业论中国古代宗族社会的延续》,《周秦文化研究》,陕西人民出版社 1998 年版。

杨朝明:《"三年之丧"应为殷代遗制说》,《史学月刊》1995 年第 2 期。

杨鸿勋:《关于秦代以前墓上建筑的问题》,《考古》1983 年第 7 期。

杨鸿勋:《关于秦代以前墓上建筑的问题要点的重申——答杨宽先生》,《考古》1983 年第 8 期。

杨宽:《先秦墓上建筑问题的在讨论》,《考古》1983 年第 7 期。

杨天宇:《略论汉代的三年丧》,《郑州大学学报》(哲学社会科学版) 2002 年第 5 期。

杨一凡:《明代榜例考》,《上海师范大学学报》(哲学社会科学版) 2008 年第 5 期。

杨英杰、毛玉春:《宗族奴隶制是发达的奴隶制吗》,《辽宁师范大学学报》(社科版) 1987 年第 2 期。

杨委峰、何永刚:《用"心"审判唤亲情"归港"——河南省宁陵县法院家事法庭工作纪实》,《人民法院报》2016 年 8 月 18 日。

杨颉慧:《从张家山汉〈二年律令〉看汉初法典的儒家化》,《学术论坛》

2006年第10期。

俞荣根、龙大轩:《东汉"律三家"考析》,《法学研究》2007年第2期。

俞荣根:《私权抗御公权——"亲亲相隐"新论》,《孔子研究》2015年第1期。

俞荣根:《礼法传统与良法善治》,《暨南学报》(哲学社会科学版)2016年第4期。

臧知非:《"闾左新证——以秦汉社会结构为中心"》,《史学集刊》2012年第3期。

查昌国:《友与两周君臣关系的演变》,《历史研究》1998年第5期。

张从军:《鸠杖与汉代敬老习俗》,《民俗研究》2005年第1期。

张宏、曾颜璋:《论"亲亲相隐"制度的人权价值》,《南华大学学报》(社会科学版)2007年第3期。

张仁玺:《汉代强化孝伦理的措施及社会影响》,《云南社会科学》2006年第2期。

张仁玺:《汉代强化孝伦理的措施及社会化于汉代社会》,博士学位论文,山东师范大学,2007年。

张伟仁:《中国法文化的起源、发展和特点》,《中外法学》2010年第6期。

张文显、于宁:《当代中国法哲学研究范式的转换——从阶级斗争范式到权利本位范式》,《中国法学》2001年第1期。

张文显:《法治的文化内涵——法治中国的文化建构》,《吉林大学社会科学学报》2015年第4期。

张燕玲:《家庭权的私法保障》,《法学论坛》2012年第9期。

张英:《汉代孝文化及其对社会发展的影响》,《兰台世界》2014年第7期。

张志鹏:《滕国新考》,《河南大学学报》(社会科学版)2011年第4期。

赵红旗:《河南首个家事法庭成立近两年审案410余件——"亲文化拉家常"解开家事案乱麻》,《法制日报》2016年2月25日。

赵克尧:《论汉代的以孝治天下》,《复旦学报》(社会科学版)1992年第3期。

赵沛:《论先秦到两汉宗族形态的变迁》,《学习与探索》2006年第4期。

郑雪君:《家事审判展现司法柔情》,《人民法院报》2017年3月15日。

钟曼丽:《农村留守老人生存与发展状况研究——基于湖北省的调查》,《湖北社会科学》2017年第1期。

[美]昂格尔:《批判法学运动》,《哈佛法律评论》1983年第3期。

## 五 英文文献

Andrew Linklater, *Critical Theory and World Politics*, London; New York: Routledge, 2007.

Burke, P. J., "The self: Measurement implications from a symbolic interactionist perspective", *Social Psychology Quarterly*, 1980.

Rothwell, R., "Philosophical paradigm and Qualitative Research", J. Higgs. *Writing Qualitative Research*, Sydney: Hampden Press, 1998.

Thoits, *P.A.*, "Personal agency in the accumulation of role-identities", Paper presented at The Future of Identity Theory and Research: A Guide for a New Century conference, Bloomington, IN, 2001.

## 六 工具类和法典类

（汉）许慎:《说文解字》，九州出版社2001年版。
高潮、马建石:《中国古代法学辞典》，南开大学出版社1989年版。
刘兴隆:《新编甲骨文字典》，国际文化出版公司出版1993年版。
《中华人民共和国民法典》。
《中华人民共和国宪法》。
《中华人民共和国刑法》。
《中华人民共和国刑事诉讼法》。
《中华人民共和国民事诉讼法》。
《中华人民共和国行政诉讼法》。
《中华人民共和国治安管理处罚法》。
《中华人民共和国妇女儿童权益保障法》。
《中华人民共和国老年人权益保障法》。
《中华人民共和国妇女儿童权益法》。

# 后　　记

　　十年弹指一挥间，板凳冷坐亦坦然。胸闷腰酸人憔悴，灯火阑珊何处现？

　　课题结项，书稿付梓，不免思绪万缕。庚寅秋余抵政法黄埔拜师读博。开课之时与导师酝酿欲在两汉选题，探索礼法治理社会智慧。经曾代伟老师和龙大轩老师点拨，余感两汉正史有服叙论罪记载，或可重探"服制制罪"；又华东政法丁凌华教授已对"服制制罪"成制于《晋律》有质疑，正可沿此指引前行。商议之后，便以《汉代服制论罪考议》为题开始细读先秦经典及两汉文献，考察先秦服制形成演变及两汉礼法融合，梳爬出土简牍和正史中的服制论罪案事例，甄别不同时段服制入律及其司法应用变迁，二重考证汉代服制论罪。历时二年梳理，癸巳岁初，余不揣浅陋，提交学位论文，承蒙论文盲审专家及答辩导师厚爱，得以顺利通过。

　　回到脚踏秦砖汉瓦的厚土中原，倍感博士论文未能展现汉代服制的社会治理功能。次年申报校重大课题《汉魏"服制论罪"及其当代社会治理价值研究》，以期继续探研。后于拙文《礼治视阈下先秦服制的精神及其社会功能》《"服制定罪"创制探原》中提出续研心得。一是西周嫡长子继承制乃丧服礼制运用结果，实非丧服礼制产生基础；服制辅助君统和分封制，不仅确保君统承嗣有序及边疆稳定，还推动着大宗法社会向"士农一体"化之小宗法社会过渡。二是汉代"服制制罪"中限制连坐开创了私权适度限制公权的礼法治理历史，且"服制制罪"于东汉成制。

　　戊戌岁秋，《汉魏"服制制罪"及其社会治理范式研究》获国家社科基金课题资助。课题不仅将服制论罪考察延至曹魏，且对相关问题又有新的认知。一则广义界定"服制制罪"。古汉语中，"制罪"之"制"有"规定""裁断""决断""控制""抑制"等义；"罪"也非独今之入刑违法行为，还指错误与过错。因此，"服制制罪"内容丰富，既指因服叙连坐获罪或因亲属违礼相犯获罪之治罪活动，也指官方审理、调解、教化之民事司法活动，还包括宗族乡里自治中以亲情服制之礼旌表、惩戒、教化等准司法活动。二则以唯物史观范式研究方法考察"服制制罪"之社会治理功能。在人文领域,范式研究强调某一制度通过本体论、认识论和方法论在人类生活中应用后,实现人自身和其他人意识及行为方式之认同。就服制而言,其"上事天,下事地,尊先祖而隆君师",作为人道其经纬万端,作为规矩又无所不贯,与中国古代"天人合一"哲学一脉相通。基于这种本体论哲学,经过先秦两汉思想持续发展,将天道自然规律与人伦精神融为一体,形成了"三纲""五常"等认识论及价值观,成为治国理政理论及原则。服制应用到治国理政领域成功之处在于,宗法人伦之礼被人们逐步接受,且通过教化达成"修身""齐家"乃至"治国""平天下"之理想共识。在家国同构之古代中国,孝老爱亲又延展出诚信、仁爱、知礼、守法、爱国等大孝价值观念,进而沉淀为民族性格和特征,成为古代小农经济和皇权政治背景下中华民族实现超稳定社会结构的认同观念。范式研究自身又与逻辑推演法相结合,其与二重证据法多重印证"服制制罪"参与汉魏社会治理的合理性和必然性。幸蒙课题五位盲审专家意见指点,又历时二年完善,始成今之书稿。

客观而论,古代服制论罪难免同罪异罚、出入人罪等不足。今虽无丧服制度及服制论罪,但亲情关系依然普遍存在,养老、析产、继承、离婚、子女抚养教育等亲情纠纷和家庭暴力已是社会关注问题。服制制罪之治亲安邦经验、价值以及所蕴含的法治资源,仍具参考价值和借鉴意义。

余愚钝浅陋,幸得多方指点。业师及西政导师组博导们均谆谆教诲,论文与课题盲审专家、好友周欣宇及赵天宝都提出诸多中肯意见。后期成立课题组,李琳、李丛束、鑑娜三位老师为本书完善付出辛苦;我的硕士生刘瑞莹辛苦校稿。贤妻全蕾老师一直不辞辛苦,博士论文写作的寒冬常将洗脚水端到电脑前,让我边泡脚解乏边工作,后期又发挥其专业特长为书稿修改提出很多建议。

时光易逝又漫漫!久坐伤筋,久站伤心。十年间两次腰椎发病,以至不能伏案写作。康复期间又站着做教改、录慕课,不慎疲劳心闷,所幸治疗及时,已无大碍。资助课题结项时,又幸法律史教改课程被认定为第一批国家一流课程。

愚掩卷感慨,经历沧桑苦,品得其中味,教书育人事,不敢有懈怠。

辛丑芒种於郑州龙子湖杨兑桥书斋